Robert B. Dilts, Todd Epstein, Robert W. Dilts
Know-how für Träumer
Strategien der Kreativität
NLP & Modelling
Struktur der Innovation

Ausführliche Informationen zu weiteren Titeln von Robert Dilts
sowie zu jedem unserer lieferbaren und geplanten Bücher
finden Sie im Internet unter **www.junfermann.de**
– mit ausführlichem Infotainment-Angebot
zum JUNFERMANN-Programm

Reihe
Pragmatismus & Tradition
Band 31
Herausgegeben
von Thies Stahl

Robert B. Dilts, Todd Epstein, Robert W. Dilts

Know-how für Träumer

Strategien der Kreativität • NLP & Modelling
Struktur der Innovation

Aus dem Amerikanischen von
Theo Kierdorf in Zusammenarbeit mit Hildegard Höhr

Junfermann Verlag • Paderborn
2000

© der deutschen Ausgabe: Junfermannsche Verlagsbuchhandlung,
Paderborn 1994
2. Auflage 2000
Copyright © 1991 by Meta Publications
Originaltitel: Tools for Dreamers

Übersetzung aus dem Amerikanischen: Theo Kierdorf in Zusammenarbeit mit Hildegard Höhr
Titelabbildung: Robert B. Dilts
Für die fachliche Beratung im Abschnitt »Wie man die Resultate des kreativen Prozesses schützen kann: Patente« danken wir Herrn Dr. Bernd Pohlmann (Frankfurt).

Alle Rechte vorbehalten.
Nachdruck oder Vervielfältigung des Buches oder von Teilen daraus nur mit ausdrücklicher Genehmigung des Verlages.

Satz: SpaceType, Köln

CIP-Titelaufnahme der Deutschen Bibliothek
Dilts, Robert B.:
Know-how für Träumer: Strategien der Kreativität. NLP und Modelling. Struktur der Innovation / Robert B. Dilts; Todd Epstein und Robert W. Dilts. Aus dem Amerikan. von Theo Kierdorf in Zus.arbeit mit Hildegard Höhr. – Paderborn: Junfermann, 1994

    Reihe Pragmatismus & [und] Tradition; Bd. 31
    Einheitssacht.: Tools for Dreamers <dt.>
    ISBN 3-87387-037-1

NE: Epstein, Todd:; Dilts, Robert W.:; GT

ISBN 3-87387-037-1

Inhalt

Widmung	9
Danksagung	10
Einleitung	11
1 Definition des kreativen Prozesses	27
Das R.O.L.E.-Modell	40
Repräsentationssysteme	41
Orientierung	41
Links (Verbindungen)	42
Effect (Wirkung)	43
Übung: Erforschen Sie die Struktur Ihres kreativen Prozesses	47
Das T.O.T.E.-Modell	49
Logische Ebenen	52
Diskussion: Makro-Pattern der Kreativität	55
Kontexte	56
Ziele	58
Evidenz	62
Operationen	65
Reaktion auf Probleme	69
Zusammenfassung	76
Übung: Erforschen des kreativen Prozesses anderer	80
Der kreative Zyklus	84
Träumer	85
Realist	85
Kritiker	86
Wohlgeformtheitsbedingungen für die Bewertung neuer Ideen in einem Team	86
Die Phase des Träumers	86
Die Phase des Realisten	87
Die Phase des Kritikers	87

2 Mikro-Werkzeuge für die Kreativität: Elizitieren von Strategien unter Verwendung des R.O.L.E.-Modells   89
Identifizieren von Mustern des R.O.L.E.-Modells   92
Physiologische Hinweise: Umwandeln von R.O.L.E. in B.A.G.E.L.   92
    Körperhaltung *(Body posture)*   93
    Zugangshinweise *(Accessing Cues)*   93
    Gesten *(Gestures)*   94
    Augenbewegungen *(Eye Movement)*   94
    Sprachmuster *(Language Patterns)*   95
Strategie-Elizitation – Prozeduren und Prinzipien   96
Übung: Grundlegende R.O.L.E.-Modell-Elizitation   103
Interview mit Michael Colgrass   119

3 Der Träumer – Werkzeuge und Strategien zum Entwickeln und Auswählen von Ideen   135
Übung: Verändern der Wahrnehmungsfilter   139
Übung: Etwas Wertloses in etwas Wertvolles verwandeln   140
Übung: Stimulieren der Gruppen-Kreativität   148
Diskussion: Beispiele für die Veränderung von Wahrnehmungsfiltern   151
Übungen für das »geistige Auge«   156
Übung: Erforschen von Repräsentationssystemen durch die Augenposition   156
Übung: Auswirkung der Augenposition auf das Problemlösungsverhalten   157
Übung: Erforschen der Augenbewegungsmuster und der Synästhesien   158
Übung: Neue neurologische Verbindungswege erzeugen und stärken   160
Übung: Erforschen und Erzeugen neuer Schaltkreise durch Augenbewegungsmuster   161

4 Der Realist   163
Werkzeuge und Strategien zur Umsetzung von Ideen   163
Übung: Sich auf die Physiologie und die Körpersprache der Kreativität kalibrieren   166
Werkzeuge für den Umgang mit Unterbrechungen: Verlassen des kreativen Zustandes und Wiedereintritt in denselben   168
Werkzeuge für den Umgang mit Ablenkungen   171
Werkzeuge für den Umgang mit kreativen Blockaden   175
T.O.T.E.-Utilisationsprozeß   177
Übung: Transferieren einer effektiven T.O.T.E.   178

Inhalt

Demonstration des T.O.T.E.-Utilisationsprozesses	179
Übung: Kooperatives Lernen	185
Übung: Utilisation des R.O.L.E.-Modells	187
Interview mit dem Erfinder Lowell Noble (vom 18. März 1983)	190
New-Behavior-Generator: Entwickeln des Realisten	209
New-Behavior-Generator-T.O.T.E.	210
Kreativität in der Kommunikation	227

5 Der Kritiker — 239

Integrieren multipler Perspektiven	242
Die Idee für andere »verpacken«	245
Filter und Verstärkungen	246
Soziale Filter	247
Interview mit Björn Rorholt, Oslo, Norwegen 1987	257
Werkzeuge zum Verwandeln von Problemen in Chancen und von Fehlschlägen in Feedback	277
Kreativität und das Lösen von Problemen	278
Das S.C.O.R.E.-Modell	280
Übung: Anwendung des S.C.O.R.E.-Modells	295
Diskussion: Erzeugen von Alternativen und Wahlmöglichkeiten	297
Wie man die Resultate des kreativen Prozesses schützen kann: Patente	302
Patente	303
Copyright	308
Warenzeichen und Dienstleistungsmarken	312
Copyrights versus Warenzeichen	316
Betriebsgeheimnisse	319
Diskussion: Beispiele für Copyright-Schutz	320
Utilisieren des Kritikers	325
Vorbereitung auf den Kritiker: Schritte zum Schutz der eigenen Ideen	330
Der engagierte Fürsprecher und der kreative Kritiker	332

6 Koordinieren des Träumers, des Realisten und des Kritikers — 337

Übung: Design-Raster	341
Phase 1 – der Träumer	347
Phase 2 – der Realist	350
Phase 3 – der Kritiker	357
Diskussion: Prozeß versus Inhalt	370

7 Abschluß: Nutzung der restlichen 90 Prozent 373

Nachwort 379
Bibliographie 381

Anhang A Übersicht über Strategien 383
Anhang B: Überblick über das R.O.L.E.-Modell 385
Anhang C: Das R.O.L.E.-Modell 387
Anhang D: Metaprogramm-Muster 395
Anhang E: Prozedur zur Elizitation von Strategien 396
Anhang F: Das S.C.O.R.E.-Modell der Veränderung 401
Anhang G: Anregungen zum Führen eines Arbeitstagebuchs 408
Anhang H: Wohlgeformtheitsbedingungen zur Evaluierung neuer Ideen 405

Widmung

Wir widmen dieses Buch mit großem Respekt und tiefer Zuneigung unserem Ko-Autor Robert W. Dilts. Er engagierte sich für dieses Projekt so wie für alles in seinem Leben – mit äußerstem Einsatz.

Robert B. Dilts, Todd Epstein

Danksagung

Wir möchten Richard Bandler und John Grinder dafür danken, daß sie die grundlegenden Werkzeuge des Neurolinguistischen Programmierens entwickelt haben, und wir möchten ihnen auch für ihre Träume und für die Unterstützung danken, die sie uns als Mentoren und Kollegen haben zukommen lassen. Außerdem gilt unser Dank George Miller, Eugene Galanter und Karl Pribram für die Formulierung des T.O.T.E.-Modells, das als grundlegendes Organisationsprinzip der in diesem Buch vorgestellten Arbeit dient. Gregory Bateson sei gedankt für die Entwicklung des so inspirierenden Modells der logischen Ebenen, und Walt Disney möchten wir danken, weil der von ihm entwickelte Prozeß des Träumers, Realisten und Kritikers als Meta-Programm für dieses Buch dient.

Außerdem möchten wir unseren drei Rollen-Modellen, Michael Colgrass, Lowell Nobel und Bjorn Rorholt, dafür danken, daß sie ihre kreativen Einsichten mit uns geteilt haben. Und schließlich möchten wir unseren Dank auch an die Teilnehmer jenes Seminars richten, aus dem dieses Buch hervorgegangen ist, sowie an das U.S.-Patent-System, das den Kontext lieferte, in dem wir unsere eigene Kreativität zum Ausdruck bringen konnten.

Robert B. Dilts
Todd Epstein
Robert W. Dilts

Einleitung

Phantasie ist wichtiger als Wissen.
                                        Albert Einstein

Jedes Tier hinterläßt Spuren von dem, was es einmal war; nur der Mensch hinterläßt Spuren von dem, was er geschaffen hat.
                                        J. Bronowsky, *The Ascent of Man*

Wenn Sie um sich schauen, dann ist wahrscheinlich das meiste von dem, was Sie sehen, in irgendeiner Hinsicht ein Produkt menschlicher Kreativität: Bücher, Gebäude, Computer, Möbel, Straßen, Fernsehgeräte, Telefone, Glühbirnen, Flugzeuge, Musik… Diese Liste könnte man beliebig fortsetzen. Alle diese Dinge waren irgendwann einmal ein Traum im Geiste eines Menschen. Und nun sind sie eine Realität. Diese Tatsache hat etwas äußerst Magisches. Was ist es, das dies möglich macht? Wie kommt es zustande? In diesem Buch geht es um einige der Werkzeuge, die Träume in Wirklichkeit zu verwandeln vermögen.

Einsteins obiger Ausspruch impliziert, daß Wissen ohne Phantasie nutzlos ist. Phantasie (Imagination) ist der Faktor, der Wissen zum Leben erweckt. Imagination und Kreativität sind die Antriebskräfte von Veränderung, Anpassungsleistung und Evolution. Die menschliche Kreativität ist die Quelle neuer Möglichkeiten und Hoffnungen, der Ursprung von Träumen, Aktivität und des Erreichens von Zielen. Außerdem ist sie auch die Ursache für Ungewißheit und Unsicherheit. Imagination und Kreativität können ebensoviele Probleme verursachen, wie sie lösen, wenn man nicht richtig mit ihnen umgeht. In einem sehr praktischen Sinne ist die Fähigkeit, die kreativen Prozesse steuern zu können, eine der wichtigsten Voraussetzungen für Erfolg und Überleben, wenn Individuen und Organisationen versuchen, sich an die immer schneller aufeinander folgenden Veränderungen anzupassen, die auf der ganzen Welt sowohl in der Technologie als auch in der Gesellschaft auftreten.

Immer wieder wird Thomas Edisons Ausspruch zitiert, daß der Prozeß des Erfindens aus »einem Prozent Inspiration und neunundneunzig Prozent Transpiration« bestünde. Diese Aussage impliziert, daß der größte Teil aller kreativen Aktivitäten in Form eines strukturierten Wachstumsprozesses verläuft, dessen erfolgreicher Verlauf Organisation und ständige Bemühung erfordert. In vielerlei Hinsicht ist Kreativität jedoch bislang unfaßbar geblieben – eine scheinbar geheimnisvolle *Gabe* oder *Begabung*, die man entweder »hat« oder »nicht hat« – also keine Ansammlung von Fähigkeiten, die sich auf systematische und klare Weise vermitteln und steuern ließe.

Sicherlich bringt die Entwicklung und Steuerung des kreativen Prozesses spezifische Probleme und Fragen mit sich. Kreativität wird im allgemeinen als etwas Individuelles angesehen. Kreative Fähigkeiten erlernen wir gewöhnlich allein, auf eine uns eigene Weise, und, wenn wir kreativ *sind*, sind wir uns meist nicht ganz sicher, wie wir das, was wir tatsächlich tun, tun. Kreative Menschen sind sich größtenteils nicht der Strategien bewußt, die sie benutzen, um etwas zu schaffen. Es ist eine wohlbekannte Tatsache, daß wir das, was wir am besten können, unbewußt tun. Wir sind uns nicht all der komplizierten Berechnungen und Programme bewußt, die wir benutzen, wenn wir ein Auto steuern, aus einer Speisekarte ein Menü auswählen oder auch nur, während wir über die Straße gehen, das Gleichgewicht halten. Daß wir etwas gut gelernt haben, erkennen wir daran, daß wir nicht mehr bewußt darüber nachzudenken brauchen, während wir es tun.

Beispielsweise leiten Sie, während Sie dies lesen, einen Sinn aus den Wörtern auf dieser Seite ab; doch wahrscheinlich sind Sie sich nicht dessen bewußt, *wie* Sie das genau bewerkstelligen. Während wir sprechen und schreiben, bilden wir Sätze, die komplizierten grammatischen Regeln entsprechen, ohne daß wir uns des Prozesses bewußt sind, der dabei stattfindet. Genausowenig sind sich die meisten von uns der Regeln und Strategien bewußt, die unsere Fähigkeit, kreativ zu denken, beeinflussen. Die Konsequenz dieser Einschränkung unseres Bewußtseins ist, daß unsere Kreativität von Faktoren wie unserer jeweiligen Inspiration, unserer Stimmungslage, der Länge unserer Nachtruhe in der vergangenen Nacht und dergleichen mehr abhängig ist. Sie steht uns also nicht jederzeit nach Belieben zur Verfügung. Infolgedessen wird die bewußte Steuerung der Kreativität in den folgenden Bereichen erschwert:

1. Das Vokabular zur Beschreibung unserer inneren Prozesse ist sehr beschränkt, und dies erschwert es erheblich, sich mit anderen über Kreativität zu unterhalten, selbst wenn es sich um Menschen handelt, die einander sehr gut kennen;

Einleitung

2. Es ist schwierig, anderen zu vermitteln, was wir selbst über Kreativität gelernt haben und wie sie es auf ihre eigenen Probleme übertragen können.
3. In manchen Situationen fühlen wir uns plötzlich festgefahren und wissen nicht, wie wir aus diesem Zustand wieder herauskommen können.
4. Es ist schwer, bei anderen Menschen zweifelsfrei festzustellen, ob sie über das Potential und/oder die Fähigkeit verfügen, das beizusteuern, was zur Ausführung einer bestimmten Aufgabe erforderlich ist.

Das *Neurolinguistische Programmieren* (NLP) stellt uns eine Reihe von Werkzeugen zur Verfügung, mit deren Hilfe wir an der Überwindung dieser Begrenzungen arbeiten können. Die Mission des NLP ist es gewesen, die Grenzen des menschlichen Wissens zu definieren und sie zu erweitern – insbesondere die Grenzen des menschlichen Wissens über Menschen. Zu den großen Verdiensten des NLP zählt, daß es uns eine Möglichkeit an die Hand gegeben hat, über den verhaltensmäßigen *Inhalt* dessen, was Menschen tun, hinauszublicken und uns den unsichtbaren Kräften, die jenen Verhaltensweisen zugrundeliegen, zuzuwenden, den Gedankenstrukturen, die es Menschen ermöglichen, gute Leistungen zu erbringen. NLP stellt uns eine Struktur und eine Sprache zur Verfügung, mit deren Hilfe wir die relevanten mentalen Prozesse, derer sich kreative und innovative Menschen bedienen, in Form einer nachvollziehbaren Folge von Schritten organisieren können, so daß man über jene mentalen Prozesse kommunizieren kann und sie auf systematische Weise stimuliert und gesteuert werden können.

Das Neurolinguistische Programmieren hat sich aus dem Modellieren menschlicher Denkfähigkeiten entwickelt. Der Modellierungsprozeß des NLP beinhaltet, daß untersucht wird, wie das Gehirn (»Neuro«) vorgeht, indem man Sprachmuster (»linguistisch«) und non-verbale Kommunikation analysiert. Die Ergebnisse dieser Analyse werden dann in Strategien oder Programme (»Programmieren«) umgesetzt, die in einer bestimmten Folge von Schritten verlaufen und mit deren Hilfe man die betreffende Fähigkeit anderen Menschen übermitteln oder sie auf andere Bereiche übertragen kann.

In diesem Buch geht es darum, Struktur und Prinzipien der Kreativität zu untersuchen, um durch Anwendung der so gewonnenen Erkenntnisse die Kreativität und Produktivität von Einzelnen, Teams und Organisationen zu verbessern und zu ergänzen. Indem wir die Verhaltenstechnologie benutzen, die uns das Neurolinguistische Programmieren an die Hand gibt, können wir die Strategien und Schritte des kreativen Prozesses auf verschiedenen Ebenen herauszuarbeiten. Unsere Ziele sind:

1. den kreativen Prozeß auf der individuellen Ebene, der Ebene der Gruppe und der Ebene der Organisation zu definieren;
2. ein Vokabular zu schaffen, das den kreativen Prozeß unterstützt und bereichert;
3. spezifische Methoden zu entwickeln, die es ermöglichen, die Kreativität von Einzelnen und Gruppen wirkungsvoller zu unterstützen, zu verstärken und zu lenken.
4. Methoden zu entwickeln, um verschiedene Arten von kreativen Menschentypen unterscheiden zu können.

Diese Prinzipien, Modelle und Fähigkeiten lassen sich anschließend auf folgende Weisen nutzen:

1. Förderung der persönlichen Kreativität: zur Erweiterung der alltäglichen Kreativität und Flexibilität im persönlichen Bereich;
2. Steuerung der Kreativität von Gruppen: zur Anregung innovativer Prozesse innerhalb der dynamischen Strukturen von Gruppen und Teams.
3. Förderung unternehmerischer Überzeugungen (Glaubenssätze) und Verhaltensweisen.

Dieses Buch ist größtenteils aus einem Seminar zum Thema *Strategies for Creativity and The Structure of Invention* (»Strategien für Kreativität und die Struktur des Erfindens«) hervorgegangen, das die drei Autoren Robert B. Dilts, Todd Epstein und Robert W. Dilts im Mai des Jahres 1983 in San Francisco (Kalifornien) durchgeführt haben. Wir halten es für dem Vorhaben angemessen, daß wir dieses Material über die Kreativität hier alle drei gemeinsam vorstellen. Kreativität ist ein facettenreicher Prozeß, bei dem verschiedene Perspektiven miteinander kombiniert werden. Jeder von uns dreien hat eine etwas andere Sichtweise zu diesem Thema, und jede dieser Sichtweisen wird dazu beitragen, Ihnen einen Überblick über die Schlüsselelemente zu geben, die in den mannigfaltigen Ausdrucksformen von Kreativität enthalten sind.

Obgleich wir hier nicht das gesamte Material in Form von Transkripten präsentieren werden, wollen wir – da es sich um ein Buch über Kreativität handelt – doch versuchen, dem Leser die Spontaneität, den Humor und die Atmosphäre jenes Seminars zu vermitteln. Wir haben jeweils durch Angabe der Initialen gekennzeichnet, von welchem Autor ein bestimmter Beitrag stammt, um einen Eindruck von der Vielfalt und der dynamischen Interaktion zu geben. Außerdem haben wir Transkripte von Interviews mit außergewöhnlich kreativen Menschen

Einleitung 15

verwendet, um die Prinzipien und Elemente der Kreativität noch lebendiger veranschaulichen zu können.

Zunächst möchten wir uns selbst vorstellen und Ihnen, lieber Leser, einen Eindruck davon geben, welche speziellen Perspektiven jeder von uns in diese Untersuchung der Kreativität einbringen wird.

Robert B. Dilts (RBD):

Ich beschäftige mich seit 1975 mit NLP. Ich habe bei den Begründern des NLP, John Grinder und Richard Bandler, studiert, als diese dabei waren, die Grundkonzepte des NLP zu formulieren. Ich habe als Co-Autor bei einem Buch dieser beiden Begründer, *Strukturen subjektiver Erfahrung*, mitgewirkt, und ich habe einige weitere Bücher, Artikel und Monographien über verschiedene Anwendungen und Weiterentwicklungen im Bereich des NLP geschrieben, unter anderem eine Serie von Studien über berühmte kreative Menschen wie Albert Einstein, Leonardo da Vinci, Mozart, Walt Disney und andere, ein Projekt, das den Namen *Strategies of Genius* trägt. Ich habe auch Computer-Software entwickelt, die auf den Prinzipien des NLP basiert und die Menschen helfen soll, effektive Zustände und Strategien für bestimmte Arten von produktivem Denken zu entwickeln.

Meine Zielsetzung in dieser Untersuchung über Kreativität wird es sein, die spezifischen mentalen Ereignisse zu identifizieren, die im Geiste eines Menschen stattfinden, wenn er kreativ ist. Dies nennt man im NLP eine *Strategie* (siehe Strategien-Überblick in Anhang A). Beispielsweise war ich einmal mit einem Modelling-Projekt für Activision befaßt, einer erfolgreichen Produktionsgesellschaft für Videospiele. Die Firma hatte innerhalb eines Jahres mit fünf Software-Entwicklern 50 Millionen Dollar verdient und wollte diesen Trend natürlich gerne fortsetzen. Es ging darum herauszufinden, welche mentalen Strategien die fünf erfolgreichsten Spiele-Entwickler beim Entwickeln von Videospielen einsetzten.

Von diesen Voraussetzungen ausgehend hatten wir die folgenden Optionen:

1. Wir konnten herausdestillieren, welche Arten von Denkprozessen bei der speziellen Kreativität der besonders geschätzten, weil erfolgreichen Entwickler der Firma eine Rolle spielten. Sobald dies geklärt war, konnte die Firma bei der Anwerbung weiterer Mitarbeiter feststellen, ob die Kandidaten ebenfalls die betreffenden Präferenzen hatten. Dazu mußte man feststellen, ob sie sich der gleichen Denkprozesse bedienten wie die bereits angestellten Entwickler. Wenn man Hunderte von Menschen auf ihre Eignung hin überprüfen muß, ist es

nützlich zu wissen, woran man erkennen kann, ob ein bestimmter Kandidat über die Art von Kreativität verfügt, nach der man Ausschau hält.
2. Wir konnten aber auch versuchen, die kreativen Strategien derjenigen zu optimieren, die bereits für die Firma arbeiteten. Jeder Mensch hat in bestimmten Bereichen seine spezifischen Stärken und in anderen Bereichen Schwächen. Beispielsweise zeigt sich bei manchen Menschen die Kreativität darin, daß sie neue Ideen entwickeln, doch wenn sie ein Spiel dann fertigstellen sollen, haben sie diese Aufgabe nach einem halben Jahr nicht einmal zur Hälfte gelöst. Einer der Entwickler jener Firma sagte: »Wenn man das Spiel, an dem man gerade arbeitet, völlig leid ist und man nichts mehr damit zu tun haben will, dann hat man ungefähr die Hälfte der Arbeit hinter sich gebracht.« Ich meine, daß diese Aussage von sehr viel Einsicht in den kreativen Prozeß zeugt. Manche Entwickler zeichnen sich also durch ihre brillanten Einfälle aus. Die Stärke anderer liegt in ihrer Zähigkeit und Ausdauer. Wie aber läßt sich nun das, was der eine Mensch hat, auf seine Kollegen übertragen, die genau diese Fähigkeit bräuchten?

Ich werde mich in diesem Buch mit der Entwicklung einer Technologie zur Generalisierung kreativer Prozesse befassen, so daß sich die hier gemachten Aussagen auf unterschiedliche Menschen und auf unterschiedliche Zusammenhänge anwenden lassen. Was mir beispielsweise damals an jenen Videospiel-Entwicklern auffiel, war, daß nur sehr wenige von ihnen die Strategien, die sie im Bereich ihrer kreativen beruflichen Tätigkeit anwendeten, auf andere Bereiche übertrugen, in denen sie nicht weiterkamen. Statt einen Schritt von ihren Problemen zurückzutreten und die kreativen Fähigkeiten, die sie zur Lösung von Software-Problemen benutzten, auch beim Lösen persönlicher und zwischenmenschlicher Probleme anzuwenden, beschränkten sie ihre Kreativität auf einen sehr engen Bereich. Es war ihnen nicht möglich, ihre Fähigkeiten für ihre persönlichen Probleme zu nutzen.

An einem ähnlichen Projekt habe ich auch einmal bei der Firma Xerox mitgearbeitet. Bei Xerox hatte man sich vorgenommen, die kreativen Strategien von Chester Carlson untersuchen zu lassen, des Mannes, der die Xerographie erfunden hat. Die Xerographie war ein sehr cleverer Einfall gewesen – ein Einfall, der Carlson viele Millionen Dollar eingebracht hat und durch die außerdem eine 9-Milliarden-Dollar-Firma entstanden war. Bei Xerox wollte man nun versuchen herauszufinden, ob sich Carlsons Strategie nutzen ließe, um etwas Neues zu entwickeln. Deshalb zeigte man uns Videos von Interviews mit ihm, um uns die Möglichkeit zu geben, etwas über seinen Denkprozeß herauszufinden.

Einleitung 17

Eine Sache, die NLP uns zu tun ermöglicht, ist, über den bewußten Inhalt der Antwort eines Menschen hinauszublicken und sich mit den tieferen, unbewußten kognitiven Strukturen zu befassen. Wenn man jemanden fragt, was in seinem Geist vorgeht, wenn er oder sie kreativ ist, dann wird der oder die Betreffende den Fragesteller wahrscheinlich verwundert anschauen und sagen: »Ich weiß es nicht, es passiert einfach.« Nur wenige Menschen kennen ihr eigenes Gehirn gut genug, um solche Fragen aufgrund ihrer eigenen Introspektion beantworten zu können. Manchen Leuten ist die Funktionsweise ihres Gehirns sogar so unbegreiflich, als würde es sich nicht um einen Teil ihres Körpers, sondern um das Organ eines anderen handeln. Wenn Ihr Gehirn wirklich Ihr eigenes wäre, weshalb sollte es Ihnen dann Bilder von Desserts zeigen, wenn Sie gerade versuchen, eine Diät einzuhalten? Warum sollte jene Stimme sich einschalten und Ihnen sagen, daß Sie es wieder einmal nicht schaffen werden, wenn Sie gerade versuchen, etwas zu tun, das Sie tun wollen? Richard Bandler hat einmal die Theorie entwickelt, weil die Erdachse leicht gekippt sei, habe jeder praktisch ein Gehirn, das dem Gehirn des Menschen entspräche, der sich unmittelbar neben ihm befände. Und da das Gehirn unglücklich sei, weil es sich in der falschen Person befände, versuche es unentwegt, wieder zu seinem rechtmäßigen Besitzer zurückzukehren.

Viele Menschen haben das Gefühl, Ihre Gedanken hätten die Kontrolle über Sie, statt daß Sie die Kontrolle über ihre Gedanken hätten. Ich wünsche mir, daß dieses Buch Ihnen unter anderem hilft, die Fähigkeit zu entwickeln, Ihre Art des Erkennens und des Denkens zu verändern, wenn Ihnen diese nicht dienlich ist, insbesondere wenn sie Ihnen nicht zu den Ergebnissen verhilft, die Sie anstreben.

Eines der interessanten Themen, die ich in Zusammenhang mit dem kreativen Prozeß ansprechen möchte, ist der Unterschied zwischen dem Zustand des »Schwangergehens« *(gestation)*, der Zeit, in der man sich darauf vorbereitet, kreativ zu werden, und dem Zustand des »Zauderns« *(procrastination)*, in dem man aufgehört hat, an etwas zu arbeiten, weil man sich festgefahren hat. Manchmal gibt es gute Gründe dafür, daß man Dinge aufschiebt; in anderen Fällen ist dies destruktiv. Wenn Sie nicht kreativ sind, obwohl sie dies sein wollen, ist dies dann so, weil Sie eine »Blockade« haben, oder ist es so, weil es etwas Wichtiges gibt, auf das Sie warten, bevor Sie auf ökologische Weise in Ihrer kreativen Aktivität fortfahren können?

Ich habe einmal mit einer Frau ein Beratungsgespräch geführt, die die Rohfassung eines Romans geschrieben hatte und das Manuskript dann im Jahre 1977 in die Schublade gelegt hatte, wo es sich zum Zeitpunkt des Gesprächs, acht Jahre später, immer noch befand! Sie hatte den Roman während dieser ganzen Zeit fertigstellen wollen, hatte es aber nie getan. In diesem Fall erhob sich die Frage, ob es sich hier um eine Art »Trächtigkeit« oder lediglich um ein »Zaudern« handelte. Und dies ist generell eine sehr wichtige Frage, über die man sich Klarheit verschaffen muß.

Man könnte sagen, daß bestimmte Strategien auf bestimmte Teile des Geistes wie Telefonnummern wirken. Wenn Sie eine Pizza bestellen wollen, wählen Sie eine bestimmte Telefonnummer. Wenn Sie sich die Haare schneiden lassen wollen, rufen Sie eine andere Nummer an. Manchmal kommen Sie durcheinander, rufen den Friseur an und bestellen bei ihm eine Pizza mit Sardellen. Der Friseur weiß dann natürlich nicht, was Sie von ihm wollen. Und Sie warten und warten, und nichts geschieht, und die Pizza kommt niemals an. Und ein anderes Mal rufen Sie vielleicht irrtümlich den Pizza-Service an, fragen nach einem Klavierstimmer und bekommen dann eine Pizza mit Gesangsbegleitung geliefert. In solch einem Fall haben Sie etwas Kreatives getan. Besonders nützlich ist es, die Telefonnummern herauszufinden, die besonders kreative Menschen wie beispielsweise Albert Einstein benutzt haben. Was stellte er mit seinem Geist an, das es ihm ermöglichte, die Relativitätstheorie zu entwickeln? Natürlich haben die meisten Menschen ihre inneren Telefonnummern nicht in einem Telefonverzeichnis erfaßt. Ich hoffe jedoch, daß wir, wenn dieses Buch fertiggestellt ist, ein »Telefonbuch« von Strategien zusammengestellt haben werden, die wir alle benutzen können.

Um es noch einmal zusammenzufassen: Meine spezielle Zielsetzung in diesem Buch ist herauszufinden, wie wir die spezifischen Vorgänge identifizieren können, die in unserem Geist stattfinden, wenn wir kreativ sind und wenn wir es nicht sind. Wenn Ihnen dies klar geworden ist, können Sie mehr von dem tun, was Sie tun wollen, wann immer Sie es wollen, und die Kreativität steht Ihnen jederzeit auf Wunsch zur Verfügung, statt daß Sie darauf warten müssen, daß sie auf magische Weise irgendwann in Aktion tritt, ohne daß Sie Einfluß darauf hätten.

Todd Epstein (TE):
Ich beschäftige mich seit 1979 mit NLP. Zusammen mit Richard Bandler habe ich eine Reihe von Anwendungen der sogenannten »Submodalitäten« erarbeitet. Robert hat eben eine Strategie mit dem Wählen der richtigen Telefonnummer verglichen. Ich werde darüber sprechen, was Sie tun, wenn jemand am anderen Ende den Hörer abnimmt. Wenn Sie eine Verbindung zum Telefonanschluß eines anderen Menschen hergestellt haben, wie bringen Sie dann den Empfänger dazu, tatsächlich mit Ihnen zu sprechen? Sie mögen die richtige Nummer gewählt haben,

Einleitung

aber nachdem Sie dies geschafft haben, können die verschiedensten Dinge geschehen. Denken Sie zum Beispiel an die Erfindung des Knopfes zur Gesprächsunterbrechung beim Halten der Verbindung oder an den Anrufbeantworter.

Ich werde Ihnen etwas über einige der feineren Unterscheidungen (*small chunk distinctions*) im kreativen Prozeß beibringen. Zum Beispiel wird Kreativität oft mit der Fähigkeit assoziiert, bildliche Vorstellungen zu visualisieren und zu beeinflussen. Oft reicht es nicht aus, sich einfach nur ein bestimmtes Bild innerlich vorzustellen. Denken Sie etwa daran, was für ein Unterschied es ist, ob Sie ein lebensechtes, sich bewegendes Bild oder ein zweidimensionales, stehendes Bild auf einer Wand vor Augen haben. Denken Sie darüber nach, wie unterschiedlich es ist, ein farbiges oder ein schwarzweißes Bild zu betrachten. Dies sind einige der kleinen Unterschiede, die Sie vielleicht jener »Telefonnummern«-Zahlenfolge der Kreativität hinzufügen müssen. Sie können sich das ungefähr so vorstellen wie bei Postleitzahlen. Sie stellen dem Wohnort des Adressaten fünf Ziffern voran, die garantieren, daß die Post an ihren Bestimmungsort befördert wird. Diese Ziffernfolge ist eine Art Werkzeug zur Feineinstellung. Ich werde unter anderem über diese Thematik sprechen.

Ich habe zwanzig Jahre lang in der Musikbranche gearbeitet, und zwar als Kreativberater für Produktion, Komposition und Technik. Und wenn es einen Bereich gibt, in dem man viel über Kreativität hört, dann im künstlerischen Bereich. Ganz gleich, ob es sich um Musiker, Tänzer oder Schauspieler handelt, Künstler sagen ständig: »Laßt uns kreativ an die Sache herangehen!« Oder: »Das erscheint mir nicht sonderlich kreativ; können wir nicht stattdessen irgend etwas anderes machen?«

Eines der Phänomene, die mich interessieren, ist das der unbewußten Kreativität. Es ist eine Sache, einen bestimmten Denkprozeß zu entschlüsseln und genau zu wissen, wann man kreativ ist, doch es ist etwas völlig anderes, kreativ sein zu können, wann immer man es möchte. Kreative Fähigkeiten zu entwickeln ähnelt sehr dem Fahrradfahren – man tut es unbewußt. Man schwingt sich nicht auf das Fahrrad und denkt: »Also, welchen Fuß setze ich nun zuerst auf die Pedale? Wie halte ich das Gleichgewicht? Wohin setze ich dies? Und wie soll ich sehen, wohin ich fahre, während ich die Pedale trete und gleichzeitig das Fahrrad lenke?« Tatsächlich setzen Sie sich einfach auf das Fahrrad und fahren los.

Nachdem man einige der spezifischen Prozesse entschlüsselt hat, die Robert erwähnte, ist der nächste Schritt herauszufinden, wie man erreichen kann, daß sie automatisch in Funktikon treten. Wie Robert sagte, ist es ein Unterschied, ob Sie kreativ sind oder nicht. Was mich jedoch interessiert, ist, woran man erkennen kann, *wann* man kreativ ist. Zu wissen, wie man kreativ sein kann, hilft Ihnen nicht unbedingt, die Entscheidung zu treffen, wann Sie kreativ sein wollen und wann Sie unbewußt kreativ sein wollen.

Zum Beispiel hatten wir hier vor einiger Zeit einen gewaltigen Sturm, der die gesamte kalifornische Küste bis zur Unkenntlichkeit verwüstete. Die meisten Menschen, die hier leben, sagten damals: »Das ist eine Katastrophe!« Nur sehr wenige rannten zur Küste und sagten: »Mann, war das kreativ! Hast du gesehen, was der Sturm gemacht hat?« Viele Menschen erkennen ihre kreativsten Phasen oder ihre Kreativität in bestimmten Situationen nicht einmal. Sie halten nach der »richtigen Antwort« Ausschau, und alles, worauf sie auf dem Weg zu dieser »richtigen Antwort« stoßen, kommt ihnen nicht besonders kreativ vor. Das hat für sie nichts mit Kreativität zu tun.

Für mich ist alles, was man tut, ganz gleich, ob man es beabsichtigt hat oder nicht, kreativ.

Es könnte beispielsweise sein, daß Sie Punkt A erreichen wollen, jedoch bei Punkt B ankommen und sich deshalb als Versager fühlen. Dennoch könnte die Art, wie Sie zu Punkt B gelangt sind, ziemlich kreativ gewesen sein, selbst wenn das Ergebnis nicht Ihren Vorstellungen entspricht. Als NLP-Praktiker würde ich herausfinden wollen, wie ich auf so kreative Weise so weit von dem von mir angestrebten Ziel abkommen konnte. Denn es könnte ja sein, daß ich eines Tages tatsächlich so weit weg vom angestrebten Ziel landen *will*, als wollte ich absichtlich jede Vorsicht außer Acht lassen. Meist geht es um die Glaubenssätze, die jemand über Kreativität hat, und darum, was er darunter versteht. Manchmal ist man mit seiner Weisheit am Ende, man sitzt fest und fragt sich: »Was könnte ich jetzt nur tun?« Und dann wirft man die Hände in die Luft und sagt: »Irgendwas! Alles ist besser als das, was ich getan habe.« Und plötzlich merkt man, daß man kreativ ist. Das ist ein weiterer Bestandteil des kreativen Prozesses, an dem ich interessiert bin: Menschen über das hinwegzuhelfen, was sie für Blockaden ihrer Kreativität halten.

Was geschieht, wenn Sie plötzlich vor einer Mauer stehen? Was passiert, wenn Sie blockiert sind? Welche Auswirkungen hat Streß? Manche Leute glauben zum Beispiel, daß sie nur unter Streß kreativ sein können. Menschen können äußerst kreativ darin sein, einen von Streß geprägten Kontext zu schaffen. Im Amerikanischen sagt man: »When the going gets tough, the tough get going.« (»Wenn die Situation hart wird, kommen die harten Kerle in die Gänge.«) Manche Menschen scheinen tatsächlich wesentlich kreativer zu sein, wenn sie unter starkem Druck stehen. Andere können nur kreativ sein, wenn sie wirklich entspannt sind. Wie unterschiedliche Bewußtseinszustände die Kreativität beeinflussen, ist ein weiteres

Thema, mit dem ich mich beschäftigen werde. Sobald wir herausfinden, was es uns ermöglicht, kreativ zu sein, was dabei vor sich geht, welche mentalen Prozesse dabei stattfinden, stellt sich die Frage:»Wie können wir uns wieder in jenen Bewußtseinszustand hineinversetzen, in dem wir sind, wenn wir kreativ sind?« – »Wo ist unser An-und-Aus-Schalter?« – »Was müssen wir tun, um uns in den richtigen ʼgeistigen Rahmenʻ (in die richtige geistige Verfassung) zu versetzen, so daß wir in der Lage sind, die Strategien zu nutzen, die wir zum Vorschein gebracht (»elizitiert«) und enthüllt haben?

Das sind im wesentlichen die Dinge, mit denen ich mich beschäftigen werde: mit unbewußten Phänomenen, mit der Auflösung von Blockaden, dem Umgang mit Streß, und damit, wie man seinen Spaß hat. Meine Überzeugung lautet: »Sieh zu, daß du Spaß hast, und wenn du Geld verdienst und etwas lernst, wirst du zwangsläufig irgendwann und irgendwo kreativ.« Auch wenn *Ihnen selbst* nicht klar ist, daß Sie kreativ sind, werden andere dies möglicherweise merken. Sie können auch kreativ darin sein, wie Sie anderen glauben, wenn diese Ihnen sagen, Sie seien kreativ.

Robert W. Dilts (RWD):
Ich arbeite seit etwa dreißig Jahren auf dem Gebiet des Patentrechts. Deshalb kenne ich mich gut mit den sozialen und gesetzlichen Aspekten der Kreativität aus.

In meiner langjährigen Berufspraxis habe ich viele Erfinder und viele hochkreative Menschen kennengelernt. Die Schwierigkeit besteht darin, daß diese Leute bereits kreativ tätig gewesen waren, bevor sie zu mir kamen. Andere Menschen haben oft Dinge zu mir gesagt wie: »Es muß doch sehr interessant sein, mit all diesen Erfindern zusammenzuarbeiten.« Darin steckt die Annahme, daß Erfinder in irgend einer Hinsicht grundlegend anders sind als alle anderen Menschen: »Sie arbeiten mit *Erfindern* zusammen.« Und je länger ich auf dem Gebiet des Patentrechts arbeitete, um so größer wurde meine Verwirrung. Denn zuerst sah ich es genauso: »Du müßtest doch in der Lage sein, einen Erfinder sofort zu erkennen, wenn du ihm auf der Straße begegnest oder wenn er in dein Büro kommt. Du müßtest erkennen können, ob dieser Mann ein Erfinder ist oder nicht. Es muß irgend etwas Besonderes an einem Erfinder sein.« Es ist mir jedoch nie gelungen, irgendwelche spezifischen Besonderheiten herauszukristallisieren.

Mir ist bekannt, daß immer wieder kreative Bemühungen in den Versuch investiert worden sind, kreative Menschen und Erfinder zu erkennen. Man hat versucht, Erfinder aufgrund ihres Alters, ihrer Nationalität und ihrer Persönlichkeit zu identifizieren, aber es ist bei all diesen Untersuchungen nie jemandem gelungen, ein eindeutiges Muster herauszufiltern. Meiner Erfahrung nach gibt es Erfinder in allen Größen, sie können jeder Nationalität und jeder Altersgruppe angehören. Sicher bin ich mir lediglich darüber, daß Erfinder immer ziemlich eigensinnig sind.

Einer der Faktoren, die mich dazu veranlaßt haben, mich mit NLP zu beschäftigen, ist die Überzeugung, daß NLP die Frage zu beantworten versucht, wie Menschen dazu kommen, etwas zu erfinden. Ich weiß, warum sie es tun. Ich weiß auch, wo sie es tun. Ich weiß, was das Ergebnis ihrer Bemühungen ist. Aber die Antwort auf die Frage nach dem Wie habe ich so lange nicht finden können, bis mir klar wurde, daß jeder Mensch kreativ ist.

Ich bin der Überzeugung, daß jeder Mensch von Geburt an kreativ ist. Ein Kind durchlebt vom Alter von sechs Monaten bis zur Vollendung seines zweiten Lebensjahres eine der kreativsten Zeiten seines ganzen Lebens. Wenn Kinder zwei Jahre alt und groß genug sind, um auf den eigenen Beinen zu stehen und sich selbständig zu bewegen, fangen sie an, sich »wohlerzogen« zu verhalten. Und meiner Meinung nach ist Erziehung in den meisten Fällen kaum mehr als die Unterdrückung der natürlichen Kreativität des Individuums. »Das kannst du doch so nicht machen.« – »Man schreibt doch Katze nicht mit einem •C• am Anfang.« – »Das tut man nicht.« Der größte Teil aller Erziehungsbemühungen ist das Gegenteil von kreativitätsfördernd. Die Strategien, die ein junges Lebewesen erlernt und die es ihm ermöglichen, sich in der unglaublich kurzen Zeitspanne von einem oder zwei Jahren zu einem Menschen zu entwickeln, der gehen, sprechen, kommunizieren und selbständig Nahrung aufnehmen kann, werden anschließend allmählich unterdrückt oder in manchen Fällen sogar durch Schläge ausgetrieben.

Wir erkennen nun allmählich, daß Methoden wie NLP es ermöglichen, jene frühen Strategien wieder zu aktivieren, um wieder zu ihnen zurückzukehren und sie zu rekonstruieren. Es gibt ein paar glückliche Menschen, die zur richtigen Zeit während ihrer Wachstumsperiode eine Unterstützung erhalten haben, durch welche ihre kreativen Strategien angeregt wurden, und durch ein günstiges Geschick war es ihnen außerdem möglich, sich trotz all der behindernden Faktoren, die die Gesellschaft ihnen auferlegte, ihre kreativen Fähigkeiten zu erhalten.

Die Gesellschaft ähnelt einem Monster mit zwei Köpfen. Sie fördert einerseits Erfindergeist und Kreativität, doch gibt es leider auch andere Elemente – beispielsweise die Regierung, aber auch unsere eigenen Einstellungen –, die Erfindergeist und Kreativität hemmen. Kreativität führt Veränderungen herbei, und Veränderungen bringen Unsicherheit mit sich. Jeder möchte, daß alles nett, bequem und normal ist. Und dieser Zustand kann durch Veränderungen bedroht werden.

Einleitung 23

Denken Sie daran, was im Bereich der Elektronik passiert ist. Gott, wie ich die alte Elektronik geliebt habe! Ich habe bei RCA angefangen, als die Vakuumröhre die Krönung der Entwicklung war. Es waren wunderbare, kunstvolle Gebilde: Glasrohre, in denen sich Kathoden und Anoden befanden. Man konnte die Elektroden *sehen* – Ich meine, man konnte wirklich sehen, was da vor sich ging. Und dann hat irgendein verdammter Idiot den Transistor erfunden. Heute gibt es diese ganze »Festkörper«-Technologie (Halbleitertechnik), und niemand kann mehr sehen, was tatsächlich vor sich geht. Es ist einfach zu klein, als daß man etwas erkennen könnte. Es gibt keine helle Kathode mehr, die aufleuchtet, wenn der Stromkreis geschlossen ist. Wie soll man da erkennen, ob das Ding richtig funktioniert? Man sieht rein gar nichts.

Ich habe mich gegen diese Entwicklung gesträubt. Und es gab große Firmen, wie RCA, die sich aus dem gleichen Grunde nicht so schnell in das Geschäft mit den Transistoren gestürzt haben, wie sie es besser hätten tun sollen. Sie sind nicht auf den fahrenden Zug aufgesprungen. Sie haben dagegen angekämpft; eine Menge Leute haben dagegen gekämpft. In der Industrie und in der Gesellschaft gibt es das Problem der Trägheit, die mangelnde Bereitschaft, sich zu verändern.

Ich werde mich in diesem Buch unter anderem mit den folgenden Themen befassen: (1) Welche Art von gesetzlicher Unterstützung gibt es für die Kreativität? (2) Wie ermutigt die Gesellschaft zur Kreativität und wie unterstützt sie Kreativität? Wenn Sie hier Strategien erlernen, die es Ihnen ermöglichen, kreativ zu sein, dann möchte ich Ihnen klarmachen, daß Sie einen gewissen Teil Ihrer Bemühungen darauf verwenden sollten, die Produkte Ihres kreativen Schaffens zu schützen. Und Sie sollten sich auch über die Hindernisse und Probleme im klaren sein, denen Sie mit Ihrer Kreativität zum Opfer fallen können. Ich werde mich dem Thema Kreativität widmen, indem ich mich mit der Situation beschäftige, die der Phase des eigentlichen kreativen Schaffens folgt.

Wenn man versucht herauszufinden, auf welche Weise Menschen kreativ sind, dann ist das so, als würde man versuchen zu analysieren, was innerhalb eines Transistors vor sich geht, in den man nicht hineinschauen kann. Mir wird jedesmal aufs neue schwindelig, wenn ich nur daran denke. Deshalb überlasse ich diesen Teile der Sache meinen Kollegen.

RBD: Nachdem Sie nun ein wenig über uns gehört haben, möchten wir Sie bitten, sich die folgende Frage zu stellen: »*Wenn ich durch dieses Material das bekommen hätte, was ich bekommen wollte, und wenn meine Kreativität dadurch erheblich ver-*

stärkt worden wäre, was hätte ich dann? Woran würde ich es erkennen?« Das heißt, was würden Sie aufgrund der verbesserten Kreativität besser tun können? Wären Sie in der Lage, Dinge *schneller* zu tun? Wären Sie in der Lage, *mehr* Dinge zu tun? Welche spezifische Art von Erfahrungen würden Sie machen, aufgrund derer Sie erkennen würden, daß irgend etwas sich geändert hätte?« Denken Sie einen Augenblick lang darüber nach.

Welche Ziele haben Sie beim Studium dieses Materials? Kreativität kann sehr viele verschiedene positive Auswirkungen haben, ganz gleich, in welchem beruflichen Bereich sie tätig sind.

Es folgen die Antworten einiger Teilnehmer des Kreativitätsseminars, aus dem heraus dieses Buch entstanden ist. Vielleicht reflektieren, stimulieren oder bereichern diese Antworten einige Ihrer eigenen Ideen und Ziele bezüglich der Anwendung dieses Materials auf Ihr eigenes Leben.

Kathy: Ich glaube, ich bin in einigen Bereichen sehr kreativ, beispielsweise in der Musik und im Schreiben. Ich würde gerne lernen, diese Qualität in einige andere Bereiche meines Lebens zu übertragen. Mein Wunsch ist, daß mir andere Dinge ebenso leicht von der Hand gehen wie die Musik.

James: Ich befinde mich im Augenblick in einer Priester-Ausbildung, und ich arbeite als Lehrer. Nachdem ich mit meiner Schöpfungskraft in Kontakt gekommen bin, würde ich nun gerne lernen, diese zu fokussieren.

Bob: Ich bin Berater für kommerzielle Beziehungen *(industrial relations consultant)*, Computer-Analytiker. Und um Ihre Frage zu beantworten, woran ich eine positive Auswirkung dieses Kurses erkennen würde: Geld. Werde ich aufgrund dieses Kurses mehr Geld verdienen?

Alan: Ich arbeite für Boeing. Ich würde mir gerne die Welt anschauen und Dinge sehen, die ich nie gesehen habe, um sie für mich nutzen zu können.

Tom: Ich unterrichte Mathematik und kreatives Schreiben an einer Universität. Außerdem schreibe ich Bücher und Zeitungsartikel. Ich möchte gerne auf sehr viele verschiedene Weisen kreativ sein und andere Menschen auch dazu anleiten, kreativ zu sein.

Betty: Ich arbeite als Software-Manager für eine Computerfirma, die kundenspezifische Hard- und Software verkauft. Ich würde gerne kreativer sein und diesen Zugewinn an Kreativität für mein weiteres Leben nutzen können. Alles, was mit meiner beruflichen Tätigkeit zusammenhängt, ist sehr kreativ. Ich würde nun gerne auch in meinem übrigen Leben mehr Kreativität entwickeln.

Mary: Ich arbeite im Bereich der Kommunikation. Ich bin Spezialistin auf dem Gebiet der Anwendung wissenschaftlicher Erkenntnisse, und deshalb habe ich mich jetzt auf die Philosophie der Geisteswissenschaften spezialisiert. Meine besondere Begabung liegt darin, ein sehr abstraktes Konzept auf sehr kreative Weise in das Programm einzubauen, so daß unser Beauftragter draußen interpretieren kann, was ich schreibe, und damit erfolgreich sein kann.

Wayne: Ich bin Programmierer und möchte lernen, bei meiner Tätigkeit kreativer zu sein, mehr Lösungen zu den Problemen, die sich mir stellen, zu finden, neuere und bessere Lösungen.

Chuck: Ich bin Chiropraktiker. Kreativität ist bei allem, was ich tue, wichtig, aber es fällt mir schwer, das, was ich tue, zu einem Endergebnis zu bringen. Ich würde gerne kreativer in der Art sein, wie ich Menschen sehe.

Mark: Ich bin selbständig und habe eine kleine Firma. Ich würde den Erfolg dieses Seminars danach beurteilen, ob ich im Anschluß daran besser in der Lage bin, meinen Kunden etwas zu verkaufen, und ob ich mein Geschäft besser zu führen verstehe.

Frank: Ich bin Physiotherapeut. Bei mir kommt es gelegentlich zu Ausbrüchen von Kreativität, und ich würde diese gerne auf effektivere und systematischere Weise nutzen können.

Offensichtlich hatten unsere Seminarteilnehmer recht unterschiedliche Zielsetzungen: Sie waren Programmierer, Therapeuten, Priester, Musiker, Lehrer, Verkäufer, Berater und Manager. Die Ziele, die sie formulierten, bezogen sich auf viele Ebenen und Facetten der Kreativität – angefangen beim *Wo* und *Wann* der Kreativität und der Innovation bis hin zum *Was, Wie* und *Warum* des kreativen Prozesses.

Wir gehen davon aus, daß unsere Leser eine ebenso vielfältige Gruppe bilden. Kreativität und Innovation sind in einem breiten Spektrum von Anwendungsbereichen von Bedeutung, unabhängig vom speziellen Beruf eines Menschen. Natürlich werden wir uns in unserer Untersuchung nicht auf eine bestimmte Art von Inhalten konzentrieren. Wir werden Prinzipien, Modelle und Strategien vorstellen, mit deren Hilfe Sie Ihre Fähigkeit zu kreativen und innovativen Leistungen derart verbessern können, daß sich dies in allen oben erwähnten Bereichen positiv einbringen läßt.

Die Fähigkeit, den kreativen Prozeß so allgemein darzustellen (zu generalisieren), daß er sich von einem bestimmten Bereich auf einen anderen übertragen läßt, wird ein Nebenprodukt des Verständnisses der Strukturen und Strategien sein, die dem kreativen Denken zugrundeliegen. Außerdem werden Sie, indem Sie lernen, die Strategien und den kreativen Prozeß von Menschen aus den verschiedensten beruflichen Bereichen zu verstehen, immer mehr darüber lernen, wie andere Menschen denken. Dies kann Ihnen helfen, Ihre eigenen kreativen Denkfähigkeiten zu erweitern und Ihre Ideen anderen auf effektivere Weise mitzuteilen.

1 Definition des kreativen Prozesses

Was meinen wir, wenn wir vom kreativen Prozeß sprechen?

RWD: Meiner Meinung nach gewährt uns eine Studie, die die Firma RCA vor einigen Jahren in Auftrag gab, sehr wichtige Einsichten in den kreativen Prozeß. Meine berufliche Auseinandersetzung mit dem Patentrecht begann bei der Firma RCA. Natürlich interessierte sich die Firma RCA nur für die Art von Kreativität, durch die patentierbare Erfindungen entstehen. In den fünfziger Jahren hatte man nicht viel Interesse an anderen Formen von Kreativität. Man wollte damals bei RCA dahinter kommen, welche Menschen wahrscheinlich Erfinder werden würden. Wenn Mitarbeiter für die Forschungs- und Entwicklungsabteilung, die David Sarnoff Laboratories, gesucht wurden, sollten möglichst gleich die »geborenen Erfinder« aus der Schar der Bewerber herausgefiltert werden. Also suchte man nach bestimmten Erfinder-Attributen – man hatte die Vorstellung, Erfinder ließen sich aufgrund von Kriterien wie Persönlichkeit, Größe und Alter erkennen. Die Überprüfung des Alterskriteriums führte zu einem interessanten Ergebnis. Es war üblich, daß jeder, der eine Erfindung machte, bei der Patentabteilung eine Meldung machte. Der Erfindung wurde dann eine Zahl zugeordnet, so daß man darüber buchführen konnte, wie viele Erfindungen ein bestimmter Mitarbeiter im Laufe der Zeit machte.

Als nun die Untersuchung über die charakteristischen Merkmale von Erfindern begann, fing man an, jene Meldekartei für die Erfindungen der Mitarbeiter zu analysieren. Man wollte feststellen, wie viele Erfindungen die einzelnen Erfinder in bestimmten Altersstufen gemacht hatten. Natürlich war niemand darunter, der jünger als achtzehn Jahre alt war, weil technische Mitarbeiter gewöhnlich im Alter zwischen achtzehn und zweiundzwanzig Jahren eingestellt wurden. Da es ein paar Jahre dauerte, bis sich die Neueingestellten an die Firma gewöhnt und »Fuß gefaßt« hatten, waren sie um die dreißig Jahre alt, wenn sie anfingen, bei der Patentabteilung Mitteilungen über Erfindungen einzureichen. Bei den älteren Angestellten sank die Zahl der eingereichten Erfindungen dann wieder stark ab.

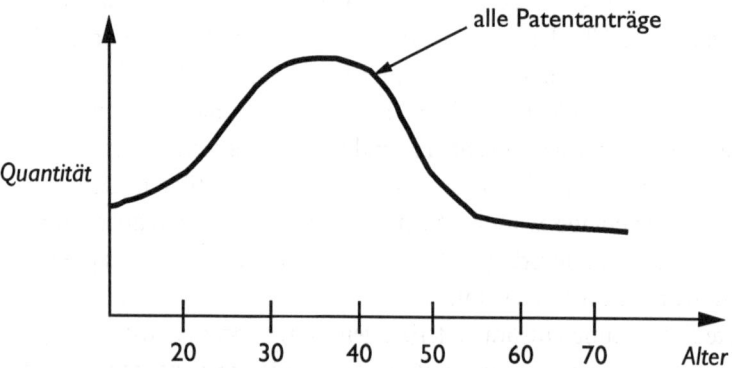

Abbildung 1.1.: Zahl der Patentanträge in Relation zum Alter der Erfinder

Diese Ergebnisse wurden geheimgehalten. Das Diagramm enthält nämlich die Implikation, daß praktisch der größte Teil der Erfindungen im Alter zwischen dreißig und vierzig Jahren gemacht wird und daß die kreativen Fähigkeiten der Mitarbeiter nach Erreichen dieser Altersstufe sehr stark abnehmen. Die Vorstellung, daß dies eine wahrheitsgemäße Bewertung der menschlichen Kreativität sei, bereitete den Verantwortlichen ziemliches Kopfzerbrechen, weil es in der Firma viele hochgeschätzte Angestellte gab, die älter als vierzig waren. Schließlich wies jemand darauf hin, daß das Ergebnis der Untersuchung ausschließlich auf der *Zahl* der eingereichten Meldungen über Erfindungen basierte. Nun weiß jeder, daß junge Menschen viele kreative Impulse haben, daß sie aber nicht so gut darin sind, ihre Ideen kritisch zu filtern. Die kreativste Periode im menschlichen Leben ist wahrscheinlich die Zeit zwischen dem zweiten und vierten Lebensjahr, wenn wir all die Dinge lernen, die wir benötigen, um in der Welt als menschliche Wesen überleben zu können. Wir entwickeln uns in dieser Zeit vom Baby zum voll funktionsfähigen Menschen. Viele Attribute der Jugend sind notwendig, damit sich der Mensch erfolgreich kreativen Aktivitäten widmen kann. Ein Beispiel hierfür ist der Optimismus. Hingegen beschäftigen sich junge Menschen weniger mit der Einschätzung und mit dem Filtern ihrer Ideen.

Irgend jemand sagte einmal: »Russel Varian (der Erfinder des Kleistrons) hat jeden Augenblick eine neue Idee, und manche von diesen sind gut.« Bei der schöp-

Definition des kreativen Prozesses

ferischen Aktivität muß man zuerst den Ideen freien Lauf lassen, man muß so viele Einfälle wie möglich »ausspucken«, und der zweite Schritt besteht dann darin, sich all dieses Rohmaterial noch einmal genauer anzuschauen. Man kann nicht Ideen gleichzeitig produzieren und sie in dieser ersten Phase auch schon kritisch untersuchen.

Aufgrund dieser Überlegungen sagten die Verantwortlichen von RCA: »Wir sollten nicht alle eingereichten Erfindungen in unsere statistische Auswertung einbeziehen. Berücksichtigen wir doch einfach nur die, die wirklich gut waren.« Statt also wie vorher *alle* eingereichten Erfindungen zu berücksichtigen, bezog man nun nur die wirklich brauchbaren Erfindungen in die Statistik ein. Denn nicht alle eingereichten Vorschläge waren tatsächlich als Patente brauchbar. Vermutlich wurden dazu die Patentanträge geordnet und bewertet. Das Ergebnis dieser erneuten Analyse waren sehr interessant.

Die erste Feststellung entsprach derjenigen in der ersten Statistik: Es gab unter den Erfindern niemanden, der jünger als achtzehn oder zwanzig Jahre alt war. Das neue Diagramm spiegelte immer noch, daß jüngere Erfinder mehr brauchbare Patentanträge einreichten. Die Kurve des Diagramms wurde wesentlich flacher und langgestreckter, aber sie fiel an einem bestimmten Punkt immer noch sehr steil ab.

Die Ergebnisse deuteten nach wie vor darauf hin, daß die Kreativität der Angestellten im vorgerückten Alter erheblich nachließ. Damals glaubten viele, dies sei nun ein der Realität entsprechendes Ergebnis. Andererseits herrschte aber auch die Überzeugung, daß die Ideen junger Leute nicht sonderlich brauchbar wären, weil diese über zu wenig Hintergrunderfahrung verfügten. Es schien, als würden Erfindungen, die von tatsächlichem Wert waren, in der zentralen Altersgruppe der Dreißig-bis-Vierzigjährigen gemacht.

Doch die Verantwortlichen bei RCA waren auch mit diesem Ergebnis noch nicht zufrieden. Deshalb entschlossen sie sich, mit einer anderen Untersuchungsmethode einen weiteren Versuch zu machen.

Viele Patentanträge werden anerkannt, führen jedoch nie zu einer praktischen Auswertung. Also entschloß man sich, sich die wertvollsten Erfindungen der Firma vorzunehmen und festzustellen, wie alt die Urheber derselben zum Zeitpunkt der Erfindung gewesen waren. Diesmal kam ein brauchbareres Ergebnis zustande. Die Kurve dieses Diagramms begann ein wenig früher und tiefer als die vorige, und sie war sogar noch langgestreckter als jene. Diese neue Analyse basierte auf dem ökonomischen Wert von Patenten seit Bestehen der Firma.

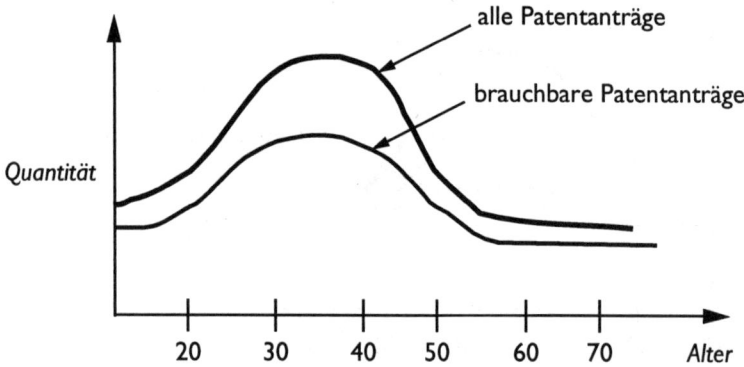

Abbildung 1.2.: Zahl der anerkannten Patentanträge, in Relation zum Alter der Erfinder zum Zeitpunkt der Erfindung

Dann beschloß man, noch eine letzte Untersuchung durchzuführen. Nun hieß es: »Wir wollen uns nicht nur mit den Patenten beschäftigen, sondern auch Gemälde und musikalische Kompositionen einbeziehen. Wir wollen uns einmal außerhalb der Firma umschauen und dabei die gleichen Kriterien anwenden, die wir auch bei der Analyse der brauchbaren Patente angewandt haben. Wir werden einfach willkürlich die musikalischen Kompositionen und die Werke der Poesie herausgreifen, die allgemein als bedeutende Kunstwerke gelten. Wir werden uns mit dem Alter all jener beschäftigen, die in der Öffentlichkeit als besonders kreative Menschen gelten.« Jene letzte Untersuchung ergab, daß bedeutende musikalische Kompositionen im Alter von zehn Jahren geschaffen worden waren und daß es Erfindungen gab, die von achtzigjährigen Erfindern stammten. Es stellte sich heraus, daß sich keine spezielle Korrelation ergab, wenn man alle Filter anwendete und über eine lange Zeitspanne alle Ideen überprüfte, wobei jeweils Leistungen berücksichtigt wurden, die jeder Mensch als besonders kreativ bezeichnen würde. Der »Buckel«, der zuvor im Alter zwischen dreißig und vierzig Jahren in der Kurve aufgetreten war, war nun verschwunden, und die Kurve war insgesamt wesentlich länger geworden; sie war nun fast eine Gerade. Dies deutet darauf hin, daß man die Fähigkeit zu bedeutenden kreativen Leistungen nicht mit einem bestimmten Alter in Verbindung bringen kann.

Definition des kreativen Prozesses 31

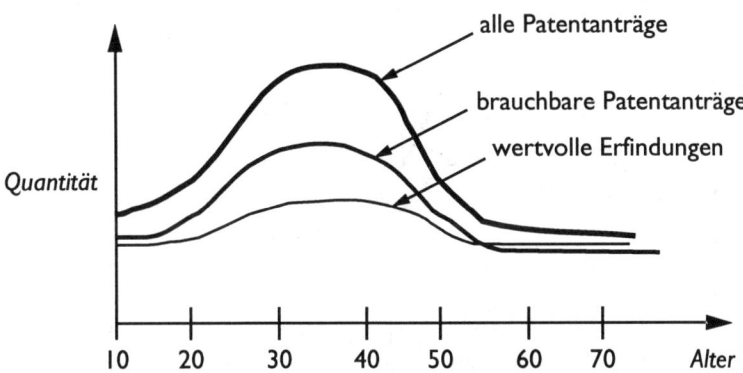

Abbildung 1.3.: Zahl der wertvollen Erfindungen in Relation zum Alter der Erfinder

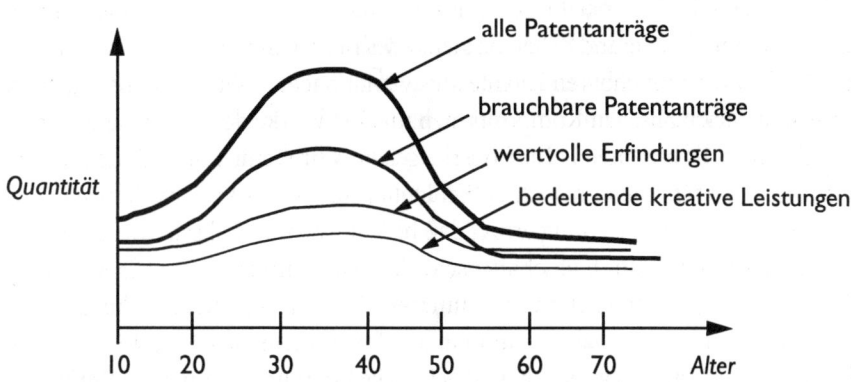

Abbildung 1.4.: Zahl der bedeutenden kreativen Leistungen in Relation zum Alter der Erfinder

Das Ergebnis der ersten Diagramme entspricht vermutlich dem, was Sie erwartet haben: Junge Menschen sind aggressiver, und daher ist es wahrscheinlicher, daß sie Patentanträge einreichen. Deshalb war die Kurve bei den ersten Diagrammen so stark gekrümmt. Die entscheidende Aussage der ersten Diagramme lautet, daß junge Menschen ihre Ideen gewöhnlich nicht filtern. Ein Sechzigjähriger reicht weniger Patentanträge ein, weil er besser weiß, worauf es ankommt. Er weiß ziemlich genau, welche Ideen zu nichts führen werden, und deshalb filtert er diese von vorneherein aus und reicht sie gar nicht erst ein. Der Dreißigjährige reicht mehr Anträge ein, weil sein Geist ständig aktiv ist und weil er noch nicht über die notwendigen Filter verfügt.

Daß im Geiste eines jungen Menschen ständig neue Ideen auftauchen, ist an sich völlig in Ordnung. Nur ähneln junge Menschen nun einmal häufig dem weiter oben erwähnten Russell Varian: Sie haben jeden Augenblick einen neuen Einfall, und gelegentlich ist auch einmal ein guter darunter.

Sowohl RCA als auch die Urheber der amerikanischen Verfassung glaubten, daß kreative Tätigkeit etwas Besonderes sei. Sie waren der Meinung, daß die Tätigkeit des Erfinders sich von der Art der Aktivität unterscheide, die erforderlich ist, um Menschen bei der Ausführung einer bestimmten Aufgabe zu leiten oder um ein Unternehmen zu führen. Es bleibt die Frage: »Was ist das eigentlich, der Akt des Erfindens?« Unterscheidet sich die Tätigkeit des Erfindens von der geistigen Aktivität, die erforderlich ist, um sich auszudenken, was man zum Abendessen zu sich nehmen möchte?

RBD: In meiner Untersuchung über die Strategien von Genies bin ich bei Walt Disney auf eine der besten Beschreibungen des kreativen Prozesses gestoßen. Einer seiner Animatoren [Figurenzeichner, die die einzelnen Bewegungsphasen eines Trickfilms zeichnen, Anm. d. Übers.] hatte behauptet: »Es gab tatsächlich drei verschiedene Walts, den *Träumer*, den *Realisten* und den *(Spiel-)Verderber*. Man konnte nie wissen, welcher von diesen Dreien zu einer Konferenz kam.«

Meiner Meinung nach erfordert Kreativität alle drei dieser Prozesse. Eine der Implikationen der RCA-Untersuchung ist, daß bei den wertvollsten und bedeutensten kreativen Beiträge alle drei genannten Funktionen einbezogen sind. Der *Träumer* bringt die initiierenden konzeptuellen Formulierungen der Idee hervor. Der Träumer ist derjenige, der jede Minute eine neue Idee produziert. Der *Realist* erfüllt die Aufgabe, die Idee in eine »handfeste« Form zu bringen. Der Realist macht die Träume lebensfähig oder verwertbar. Der *(Spiel-)Verderber*, den ich im weiteren Verlauf dieses Buches den *Kritiker* nennen werde, ist derjenige, der etwas tatsächlich in einen wertvollen Beitrag umwandelt. Der Kritiker ist es, der beurteilt und bewertet. Wenn etwas den Kritikern gefällt, ist es wahrscheinlich von dauerhaftem Wert.

Definition des kreativen Prozesses

Alle drei genannten Prozesse sind eine Funktion dessen, was man in seinem Geist machen kann. Und jeder dieser Prozesse setzt sich wiederum aus untergeordneten Komponenten und Fähigkeiten zusammen, die wir im Verlauf dieses Buches detailliert untersuchen werden. Im Zusammenhang dieser Untersuchung werden wir Ihnen auch spezifische Werkzeuge an die Hand geben, mit deren Hilfe Sie das Spektrum Ihrer Kreativität auf allen drei Gebieten erweitern können: auf dem Gebiet des Träumers, des Realisten und des Kritikers.

Im NLP ist man der Ansicht, daß Kreativität sich nicht grundsätzlich von Dingen wie der Fähigkeit, Wörter richtig zu schreiben oder zu lesen, unterscheidet. Es handelt sich dabei um eine Folge von mentalen Schritten, die man erlernen kann und die andere nachvollziehen können. Natürlich unterscheiden sich die Resultate der Kreativität ein wenig von denen der Rechtschreibung (obwohl Sie wahrscheinlich überrascht wären, wenn Sie wüßten, wie sehr sich diese Prozesse manchmal ähneln). Das Ziel der Kreativität ist im Idealfall, etwas Einzigartiges zu schaffen, wohingegen es das Ziel des richtigen Schreibens ist, etwas zu produzieren, das einem anderen gleich ist. Wie mein Vater (RWD) gesagt hat, erhält man als Kind kein positives, verstärkend wirkendes Feedback, wenn man Wörter auf kreative Weise buchstabiert. Das ist für ein Kind manchmal verwirrend. Ich erinnere mich noch gut daran, daß ich verwirrt war, weil ich in einer Hinsicht kreativ sein sollte und in einer anderen nicht. Ich neige zu der Ansicht des amerikanischen Präsidenten Andrew Jackson, der einmal gesagt hat: »Ich kann einfach niemandem vertrauen, der ein Wort nur auf eine ganz bestimmte Weise buchstabieren kann.«

Doch während das Ergebnis der Kreativität sich vom Ergebnis anderer mentaler Prozesse unterscheidet, sind die Grundelemente, die zur Entstehung jenes Ergebnisses führen, die gleichen. Obgleich wir alle mit kreativer Begabung geboren werden, ist diese Gabe doch nicht die Funktion eines spezifischen Kreativitäts-Gens. Ich glaube nicht, daß irgend jemand ein »Rechtschreib-Gen« oder ein Gen speziell für Physik hat. Ich meine, daß Kreativität eine Funktion dessen ist, wie wir unsere neurologischen Strukturen benutzen – eine Funktion der Art, *wie* wir über etwas nachdenken und wie wir diesen Prozeß organisieren. Ziel des NLP ist es, Menschen zu helfen, die verschiedensten Arten von Fähigkeiten zu entwickeln. Und die Fähigkeit zu denken ist – zumindest nach Ansicht des NLP – erlernbar.

Thomas Edisons Bemerkung, Erfindungen bestünden zu einem Prozent aus Inspiration und zu neunundneunzig Prozent aus Schweiß, will sagen, daß es eine Menge Arbeit erfordern kann, etwas zu erfinden. Doch die andere Implikation jenes Ausspruchs ist, daß die Fähigkeit, etwas zu erfinden, nicht magischer oder mystischer Natur ist, sondern eine Funktion der Bemühung und Fähigkeit des

Einzelnen. Ich bin der Meinung, daß Erfinden nicht unbedingt mit viel Arbeit verbunden sein muß, aber in jedem Fall ist dazu die Fähigkeit zu systematischem Denken erforderlich. Natürlich lautet die nächste Frage dann: »Was ist Denken?«

Eine der wichtigsten Funktionen des Gehirns ist es, sensorische Repräsentationen zu verarbeiten. Mit anderen Worten, Sie nehmen all diese Informationen mit Hilfe Ihrer Sinnesorgane auf und kartieren sie in jenem Klumpen grauer Zellen zwischen Ihren Ohren. Sie fangen an, Repräsentationen von der Welt um Sie herum zu erzeugen. Und die Art, wie Sie mit jenen Repräsentationen umgehen, entscheidet darüber, wie kreativ Sie sind. Wie gut Sie Ihre Repräsentationssysteme zu nutzen verstehen, entscheidet darüber, wie vielfältig Ihr Modell von der Welt ist. Die Fähigkeit kreativ zu sein entsteht dadurch, daß Sie lernen, Ihre sensorischen Repräsentationssysteme auf eine bestimmte Art zu nutzen – daß Sie lernen, Ihre Phantasie (Imagination) zu entwickeln und zielgerichtet einzusetzen.

Daß es Einstein gelang, seine Relativitätstheorie zu entwickeln, ist nicht unbedingt auf seine mathematischen Fähigkeiten zurückzuführen. Tatsächlich verwendete er dazu eine Gleichung, die jemand anders bereits fünfzehn Jahre vor ihm entwickelt hatte, um die Relativität zu beschreiben. Einsteins Kommentar zur Mathematik lautete: »*Kein wirklich produktiver Denker könnte auf eine so papierne Weise denken.*« Die Relativitätstheorie war in mathematischer Hinsicht keineswegs eine Innovation. Das Innovative daran bestand vielmehr in der Art ihrer Anwendung, nämlich darin, wie sie es ermöglichte, aus multiplen Perspektiven über die Realität nachzudenken. Die Relativitätstheorie ist eine Beschreibung dessen, wie man die Imagination (Phantasie) auf eine bestimmte Weise benutzen kann. Nach Einsteins eigenem Bericht ist sie aus einer Art Tagtraum heraus entstanden, den der Erfinder in seiner Kindheit hatte. Diesen Tagtraum hatte er, so weit mir bekannt ist, als er sich während des Mathematikunterrichts langweilte. Seit dem Alter von sechzehn Jahren hatte er sich immer wieder gefragt, wie es wohl wäre, auf dem Ende eines Lichtstrahls zu reiten. Er stellte sich vor, er würde auf Lichtstrahlen reiten, und wie Sie sich vielleicht vorstellen können, sah die Welt von dort aus völlig anders aus. Dies lieferte Einstein die Inspiration für die Relativitätstheorie – den Versuch, die Realität mit dem zu versöhnen, was er in seiner Imagination (Phantasie) gesehen hatte.

Von Einstein stammt der Ausspruch: »*Phantasie ist wichtiger als Wissen.*« Tatsächlich hat er versucht, die Physiker dazu zu bringen, im Geiste »Gedankenexperimente« durchzuführen. Er forderte sie auf sich vorzustellen, sie würden sich auf Lichtstrahlen umherbewegen, oder sie würden in einem Aufzug durch den Raum fallen und dabei mit einem Blitzlicht durch ein Loch an der Seite des Auf-

Definition des kreativen Prozesses 35

zugs hinausschauen. Ein anderes Mal ließ er sie dreidimensionale Schatten visualisieren. Einsteins Kreativität war auf seine einzigartige Fähigkeit gegründet, bestimmte Arten von visuellen Vorstellungen zu erzeugen. Und nach der Anschauung des NLP können auch andere Menschen diese Fähigkeit entwickeln. Wie viele von denen, die dies jetzt lesen, könnten sich wohl vorstellen, wie es wäre, mit Lichtgeschwindigkeit durch den Raum zu fliegen, in dem Sie sich gerade befinden?

Der Reichtum unserer Phantasie entsteht durch unsere Fähigkeit, mit Hilfe von etwas, das wir *Repräsentationssysteme* nennen, in unserem Geiste Landkarten zu entwickeln. Diese Repräsentationssysteme entsprechen prinzipiell unseren Sinnen: *Sehen, Hören, Fühlen, Schmecken* und *Riechen*. Nach Ansicht des NLP konstruieren wir unsere geistigen Landkarten aufgrund von Informationen unserer fünf Sinne. Unsere Sinne konstituieren die Form oder Struktur des Denkens im Gegensatz zu dessen Inhalt. Jeder Gedanke, den Sie haben, unabhängig von seinem Inhalt, ist immer eine Funktion von Bildern, Klängen und Geräuschen, Gefühlen, Gerüchen und Geschmäcken sowie der Beziehungen dieser Repräsentationen untereinander.

TE: Wir alle verbinden ständig sensorische Repräsentationen miteinander, um unsere Landkarte von der Realität aufzubauen und sie immer wieder auf den neuesten Stand zu bringen. Es ist so, als würden sie als kleines Kind zum ersten Mal eine geschlossene Tür sehen und versuchen, durch sie hindurchzugehen, so als wäre sie gar nicht vorhanden – und sich dabei die Nase stoßen. Sie haben eine bestimmte Landkarte der Wirklichkeit kreiert, und dann merken Sie, daß die anderen Leute irgend etwas mit einem kleinen runden Ding an der Tür machen, woraufhin diese sich wie von Zauberhand öffnet. Deshalb spielt auch das Kind mit jenem kleinen runden Ding herum, und plötzlich öffnet sich die Tür. Und dies fügt es dann seiner Landkarte hinzu. Schon bald danach hat es gelernt, seine Hand elegant auszustrecken, den Türöffner zu drehen und so ungehindert durch die Tür zu kommen, und dadurch wird seine Landkarte erneut bereichert. Doch dann gerät es eines Tages an eine Tür, an der es keinen solchen Öffner gibt. Was nun? Es muß kreativ werden und herausfinden, wie die anderen Leute es schaffen, durch diese Tür hindurchzukommen, und dann muß es dieses Ergebnis auf seiner Landkarte vermerken. Auf diese Weise entsteht eine Kategorie »Türen mit Klinken und Türgriffen« und eine andere »Türen mit Riegeln, die man aufschieben muß«, und dann kommt noch die Kategorie »Drehtüren« hinzu. Wenn ich als Kind zum Supermarkt ging, versuchte ich dort anfangs immer, die Hand nach dem Türöffner auszustrecken. Aber da war eine merkwürdige Gummimatte vor der Tür, und wenn man auf diese trat, öffnete sich die Tür, ohne daß man gegen irgend etwas zu drücken brauchte. Ich fügte diese neue Erfahrung damals sofort in meine Landkarte über Türen ein. Wir entwickeln derartige Landkarten oder Beschreibungen aufgrund des Feedbacks, das wir durch unsere sensorischen Erfahrungen erhalten.

RBD: Wenn Sie eine Landkarte entwickeln, so ermöglicht Ihnen das, Dinge zu tun – aber gleichzeitig wird dadurch auch ihre Art, diese Dinge wahrzunehmen, eingeschränkt. In der Geschichte von Tausendundeiner Nacht beispielsweise kommt der Held an eine Tür, an der er keinen Türgriff findet und auch keine Matte, auf die er treten könnte. Es gibt nichts, was er in kinästhetischer Hinsicht tun könnte. Seine Aufgabe besteht darin zu entdecken, daß er auf sein auditives Repräsentationssystem umschalten und sagen muß: »Sesam öffne dich!« Um durch jene Tür zu kommen, muß er wirklich kreativ werden.

TE: Das war übrigens das erste Sicherheitssystem der Welt.

RBD: Einerseits ermöglicht uns das Entwickeln von Landkarten (Abbildungen der Realität), effizienter zu handeln. Andererseits jedoch können existierende Landkarten unsere Fähigkeit, neue Möglichkeiten wahrzunehmen, stark einschränken. Vertrautheit mit etwas kann ebenso eine Begrenzung wie eine Ressource sein. Sobald Sie glauben, Sie wüßten nun ein für alle Male, wie Türen funktionieren, erfindet irgend jemand einen neuen Mechanismus zum Öffnen und Verschließen von Türen.

Wenn Sie in der Teilchenphysik kreativ sein wollen, benötigen Sie ein gewisses Hintergrundwissen und bestimmte Informationen, ohne die Sie auf diesem Gebiet nicht kreativ sein können. Doch das Paradoxe ist, daß das Erwerben jenes Wissens Ihr Denken über das betreffende Gebiet beeinflussen und sogar Ihre Kreativität in diesem Bereich behindern kann. Es ist eine wohlbekannte Tatsache, daß die Menschen, die in einem bestimmten Bereich am kreativsten sind, in diesem Bereich oft keine formelle Ausbildung erhalten haben. Sie sind in der Lage, kreativ zu sein, weil ihre Sicht nicht vorbelastet ist. Sie fangen einfach »bei Null« an.

TE: Ich habe es oft in Problemlösungs-Situationen erlebt, daß jemand, der keinerlei Ahnung davon hatte, worum es in der betreffenden Situation ging, hereinkam und sagte: »Warum könnt ihr nicht einfach dieses und jenes tun?« Und dann sagten die Leute, die in dem betreffenden Fachgebiet zwanzig Jahre lang ausgebildet worden waren: »Komisch, wieso sind *wir* eigentlich nicht auf diese Idee gekommen?«

Definition des kreativen Prozesses 37

Einer der kreativen Prozesse, mit denen wir uns beschäftigen werden, ist etwas, das wir »*nicht Wissen*« nennen. Die meiste Zeit über schauen Sie sich etwas an und sagen: »Ich weiß, was das ist.« Sie bauen augenblicklich auf der Grundlage eines dieser Repräsentationssysteme eine Landkarte auf, die die Möglichkeit in sich birgt, Sie zu begrenzen. Jemand fragt: »Wissen Sie, was das ist?« Und Sie antworten: »Ja, ich weiß, was das ist.« Und sobald Sie wissen, »was das ist«, haben Sie schon eine jener bereits existierenden Landkarten in Ihrem Geist mobilisiert, und sie mit dem, was Sie außen sehen, passend gemacht. Sie haben Ihre Kriterien für »ich weiß« angetroffen, und dabei lassen Sie es oft bewenden.

Die Frage ist, ob Sie zu etwas, von dem Sie glauben, Sie kennen es, hingehen und sagen können: »Nein, ich weiß nicht, was das ist« – »Ich habe nicht die geringste Ahnung, was das ist.« Glauben Sie, Sie könnten sich einen Tisch anschauen und sagen: »Ich weiß nicht, was das ist«? Das ist die Art von kindlicher, ungetrübter Sicht, die es Ihnen ermöglicht, neue Landkarten zu entwickeln, andere Arten von Landkarten. Das ist die Aktivität, die ich »nicht Wissen« nenne. Wie Robert (RWD) gesagt hat, sind Kinder sehr kreativ, weil sie nicht so viele Landkarten zur Verfügung haben. Sie entwickeln ständige neue Landkarten. Und wir wollen uns hier unter anderem mit der Fähigkeit, neue Landkarten zu entwickeln, beschäftigen.

RBD: Man könnte auch sagen, daß das, was die Kreativität am stärksten einschränkt, der Erfolg ist. Sie tun etwas, es führt zum angestrebten Ziel, und deshalb beschließen Sie, es immer wieder zu tun. Das heißt, wenn der »Hausstein«[*] sich gut verkauft, beschließen Sie, auch »Pet-Sand« und »Pet-Ziegel« zu verkaufen, und schließlich »Pet-Ton«. Oder Sie stellen große Autos her, die sich gut verkaufen. Deshalb bauen Sie eine ganze Industrie auf, die große Autos produziert und verkauft, und dann kommt es infolge von Benzinknappheit zu einer Veränderung der Marktsituation, und schon sind Sie mit Ihrem »Geniestreich« in Schwierigkeiten.

Die Firma Xerox hatte sich zunächst an uns gewendet, damit wir mehr über die Kreativität in diesem Unternehmen herausfinden sollten. Der Grund hierfür war, daß man versucht hatte, den Blick auf die Zeit zehn Jahre weiter in der Zukunft zu richten, und daß man da nicht mehr viel Papier gesehen hatte und deshalb auch keine Kopierer in den Büros. Man befürchtete, daß sich die Unternehmen mehr und mehr der »elektronischen Post« und den Computern zuwenden würden. Und wer würde schon noch dasitzen, Briefe öffnen und mit Papier herumhantieren,

---

[*] »Pet-rock« ist ein amerikanisches Phänomen, nichts weiter als ein gewöhnlicher schöner Stein, der lediglich zum »Hausstein« (wie ein Haustier) erklärt und teuer verkauft wird; Anm. d. Übers.

einen Knopf drücken konnte und dann alles, was man brauchte, auf einem Computerbildschirm erschien?

Ein Mann von der Firmenleitung von Xerox führte mit Richard Bandler und mir ein Gespräch über das Büro der Zukunft. Seine erste Frage lautete: »Wie stellen Sie sich das Büro der Zukunft vor?« Wir schauten uns einen Augenblick lang an und sagten dann: »Büro?« Wir unterhielten beide eine Beratungspraxis mit internationaler Klientel, und wir betrieben diese mehr oder weniger von unserer Privatwohnung aus. Weil wir beide jeweils mehrere Computer hatten, standen uns alle Informationen, die wir benötigten, jederzeit zur Verfügung. Ich habe durch mein Computer-Modem, mein Faxgerät und mein Telefon ständig unmittelbare Verbindung zu fast jedem Ort der Welt. Man braucht wirklich nicht unbedingt jeden Tag ein Büro aufzusuchen, um zu arbeiten.

Bei Xerox war man sich dieses Trends bewußt, aber die Firma befand sich in einer Art Falle, die mit ihrem eigenen Erfolg in der Vergangenheit zu tun hatte. Die Verantwortlichen interessierten sich dafür, in das Geschäft mit Personal Computern einzusteigen. Das Problem lag in der Popularität des Namens »Xerox«. Wenn ich zu Ihnen sagen würde: »Ich brauche ein Xerox*«, dann würden Sie mit ziemlicher Sicherheit annehmen, daß ich von einer Fotokopie spreche. Für die meisten Amerikaner war Xerox ein Synonym für das Fotokopieren, nicht für den Personal Computer. Die Firma Apple hingegen wurde mit Personal Computern in Verbindung gebracht. Und meiner Ansicht nach hat die Firma Apple letztlich die meisten der kreativen Entwicklungen, die Xerox-Mitarbeiter im Bereich des Computers entwickelt hatten, in die Tat umgesetzt und vermarktet.

Damit will ich sagen, daß Erfolg manchmal ebenso hinderlich sein kann wie alles andere, wenn man es nicht schafft, die Türen geöffnet zu lassen. Wenn man mit einer bestimmten Sache sehr erfolgreich ist, ist es schwer, einen Schritt zurückzutreten, von all dem Erfolg ein wenig Abstand zu nehmen, um offen zu bleiben, die eigenen vorgefaßten Meinungen in Frage stellen und weiterhin die eigenen Landkarten an die sich verändernden Realität anpassen zu können.

Das gleiche Muster ist auch auf der persönlichen Ebene wirksam. Oft entwickelt sich die Stärke einer bestimmten Repräsentationsfähigkeit auf Kosten einer anderen. So hatte Einstein beispielsweise eine ausgezeichnete Vorstellungskraft (Imagination / Phantasie), aber er hatte Schwierigkeiten, an Verabredungen zu denken, er vergaß auch manchmal zu frühstücken usw. Bei ihm waren bestimmte innere Prozesse sehr stark entwickelt und andere waren ein wenig schwächer.

---

* In Amerika nennt man Fotokopien noch häufig nach der Firma, die diese Geräte zuerst auf den Markt gebracht hat. Man spricht von »einem Xerox« oder vom »Xeroxen«. Anm. d. Übers.

Definition des kreativen Prozesses

Im NLP unterscheiden wir zwischen:

1. sehr stark *entwickelten*,
2. sehr hoch *geschätzten*, und
3. sehr *bewußten* Repräsentationssystemen.

Die *Entwicklungsstufe* eines Repräsentationssystems ist bestimmt durch die Fähigkeit, Informationen innerhalb jenes Systems zu manipulieren, zu organisieren, zu synthetisieren und zu unterscheiden.

Wie sehr ein Repräsentationssystem *geschätzt* wird, hängt davon ab, wie dasselbe auf das Verhalten eines Menschen einwirkt. Bei manchen Menschen ist beispielsweise die Fähigkeit, die Sprache zu benutzen, sehr stark entwickelt, doch das, was sie sagen, steht kaum mit dem, was sie tun, in Zusammenhang. Andere Menschen bewerten vielleicht Gefühle sehr hoch, sie verfügen jedoch über wenig Unterscheidungsvermögen in dieser Hinsicht und sind auch nicht besonders begabt darin, Gefühle zu verändern.

Wie *bewußt* jemandem ein bestimmtes Repräsentationssystem ist, hängt davon ab, wie sehr ein Mensch sich der im betreffenden System verarbeiteten Information bewußt ist. Jemand kann sich seiner Gefühle sehr bewußt sein, ohne sie deshalb hoch zu bewerten oder ohne sie beeinflussen zu können – und manchmal ist das eben genau deshalb so, weil sie so sehr bewußt sind. Andererseits kann die Fähigkeit eines Menschen, visuelle Vorstellungen zu entwickeln und darauf zu reagieren, sehr ausgeprägt sein, und trotzdem hat der oder die Betreffende keinerlei Gewahrsein davon, daß er oder sie diese inneren Bilder erzeugt.

Es ist möglich, daß jemand ein Repräsentationssystem in hohem Maße entwickelt hat, das er als sehr wertvoll und wichtig ansieht *und* dessen er sich außerdem auch noch sehr bewußt ist. Bei einem anderen Menschen verteilen sich diese Funktionen möglicherweise auf verschiedene sensorische Systeme. Ein solcher Menschen könnte beispielsweise sehr begabt im Umgang mit Wörtern und Klängen sein, andererseits am stärksten auf Gefühle reagieren, während auf der Ebene des Bewußtseins das, was er oder sie sieht, am ausgeprägtesten im Vordergrund stünde.

Der entscheidende Punkt ist, daß die Menschen sich hinsichtlich ihrer Fähigkeit, ihre Sinne zu benutzen, unterscheiden. Zum Beispiel konnten sich einige der an früherer Stelle erwähnten Entwickler von Computerspielen nicht vorstellen, wie ihr Spiel aussehen würde, bis sie tatsächlich anfingen, daran zu arbeiten. Sie mußten das Spiel erfinden, bevor sie wußten, wie es aussehen würde. Dadurch entsteht eine sehr interessante Herausforderung. Andere Entwickler hatten das Spiel zwei-

oder dreimal in ihrem Geiste durchgespielt, bevor sie auch nur eine einzige Zeile Programmcode geschrieben hatten. Einer der Entwickler pflegte sich tatsächlich hinzusetzen, die Augen zu schließen und das Spiel in seinem Geiste durchzuspielen, ohne auf einen realen Bildschirm zu schauen. Ich denke, wenn wir es schaffen, dies Menschen beizubringen, so werden wir damit einem echten Bedürfnis gerecht. Auf diese Weise läßt sich eine Menge Geld sparen. Vielleicht könnte man sogar ein paar neue Einsteins »erschaffen«.

TE: Man könnte der Videospiel-Industrie das Geschäft verderben. Man würde dann den Leuten sagen: »Spielt das doch einfach in eurem Kopf. Ihr braucht nicht euer ganzes Taschengeld für all diese Spiele zu verplempern. Und außerdem wissen dann eure Eltern und Lehrer gar nicht, daß ihr gerade spielt. Ihr bräuchtet nicht einmal die Schule zu schwänzen. Ihr könntet es dann nämlich einfach während des Mathematikunterrichts tun. Oder ihr könntet es sogar zu einem Bestandteil des Mathematikunterrichts machen.«

RBD: Jedenfalls spielen diese grundlegenden Repräsentationsfähigkeiten eine Schlüsselrolle bei der Entwicklung kreativer Kompetenz. Eines der wichtigsten Ziele dieses Buches ist es, die Repräsentationsstrategien zu definieren, die mit der Kreativität einhergehen, und Ihnen zu helfen, Ihre Flexibilität hinsichtlich der Repräsentationen zu entwickeln und diese zu vergrößern.

Das R.O.L.E.-Modell

Eine der grundlegendsten Werkzeugsammlungen, die wir benutzen werden, um die Struktur der für die Kreativität bedeutsamen Denkprozesse zu untersuchen und zu fassen, ist das, was ich das R.O.L.E.-Modell nenne. Ziel des R.O.L.E.-Modellierungsprozesses ist es, das entscheidende Element des Denkens und Verhaltens zu identifizieren, das benutzt wird, um zu einer bestimmten Reaktion oder zu einem bestimmten Ergebnis zu gelangen. Dazu muß man die entscheidenden Schritte der geistigen Strategie identifizieren sowie auch die Rolle *(role)*, die jeder Schritt im übergreifenden neurologischen »Programm« spielt. Diese Rolle wird durch die folgenden vier Faktoren bestimmt, die durch die vier Buchstaben des Akronyms »R.O.L.E.« angedeutet werden: *R*epräsentationssystem, *O*rientierung, *L*inks (Verbindungen), *E*ffekt (Wirkung). (Eine detailliertere Beschreibung der verschiedenen Kategorien des R.O.L.E.-Modells finden Sie in den Anhängen B und C.)

Repräsentationssysteme

Die Repräsentationssysteme haben etwas damit zu tun, welcher der fünf Sinne bei einem bestimmten mentalen Schritt innerhalb einer Strategie dominiert: Visuell (Sehen), Auditiv (Hören), Kinästhetisch (Fühlen), Olfaktorisch (Riechen), Gustatorisch (Schmecken).

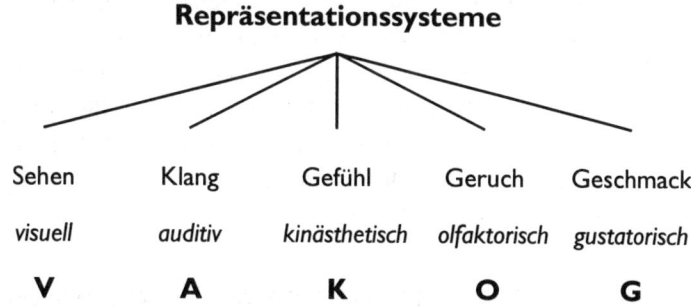

Abbildung 1.5.: Sensorische Repräsentationssysteme

Jedes Repräsentationssystem hat die Aufgabe, bestimmte grundlegende Qualitäten der Sinneserfahrung wahrzunehmen. Dazu gehören Charakteristika wie *Farbe, Helligkeit, Ton, Lautstärke, Temperatur, Druck* usw. Diese Eigenschaften werden im NLP als »Submodalitäten« bezeichnet, weil sie untergeordnete Bestandteile der einzelnen Repräsentationssysteme sind.

Orientierung

Die Orientierung beinhaltet, ob eine bestimmte sensorische Repräsentation nach außen (extern) also auf die äußere Welt gerichtet ist oder nach innen, entweder auf erinnerte oder auf konstruierte Erfahrungen. Beispielsweise: Wenn Sie etwas sehen, befindet es sich dann in der Außenwelt, in Ihrer Erinnerung oder in Ihrer Phantasie?

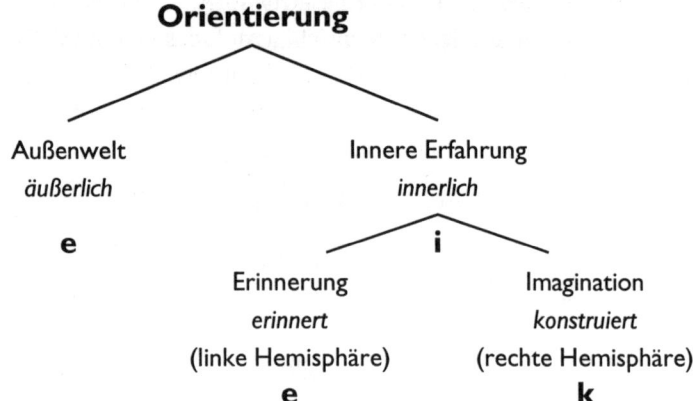

Abbildung 1.6.: Mögliche Orientierungen der Sinne

Links (Verbindungen)

Verbindungen haben etwas damit zu tun, wie ein bestimmter Schritt oder eine sensorische Repräsentation mit den übrigen Repräsentationen verbunden ist. Beispielsweise: Wird etwas, das in der äußeren Umgebung geschehen wird, mit inneren Gefühlen, mit konstruierten Bildern oder mit Wörtern verbunden? Ist ein bestimmtes Gefühl mit konstruierten Bildern, mit Erinnerungen an Klänge oder mit anderen Gefühlen verbunden?

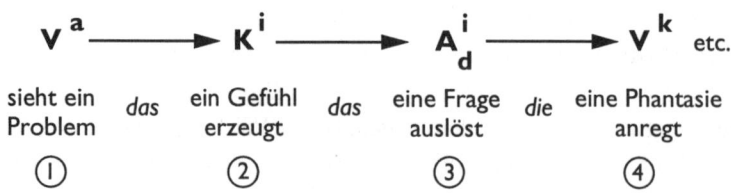

Abbildung 1.7.: Sequentielle Verbindungen *(Links)*

Definition des kreativen Prozesses 43

Es gibt zwei grundlegende Arten, wie Repräsentationen miteinander verbunden werden können: sequentiell oder simultan. Sequentielle Verbindungen fungieren als *Anker* oder Trigger (Auslöser), was bewirkt, daß ein Repräsentationssystem einem anderen in einer linearen Ereigniskette folgt.

Simultane Verbindungen treten als etwas auf, das man *Synästhesie* nennt. Bei Synästhesien handelt es sich um fortlaufend auftretende Überschneidungen zwischen sensorischen Repräsentationen. Bestimmte Qualitäten von Gefühlen sind mit bestimmten Qualitäten von bildlichen Vorstellungen verbunden, beispielsweise das Visualisieren der Form eines Klangs oder das Hören einer Farbe.

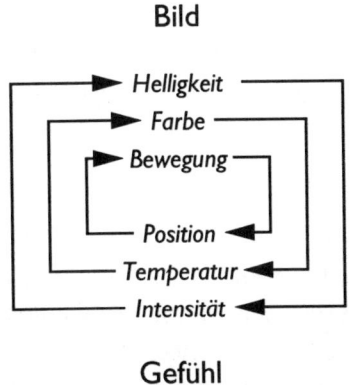

Abbildung 1.8.: Synästhetische Verbindungen

Natürlich sind beide Arten von Verbindungen für den Prozeß effektiver Kreativität und Innovation wesentlich.

Effect (Wirkung)

Wirkung hat etwas zu tun mit dem Ergebnis, der Wirkung oder dem Zweck des einzelnen Schrittes in einem Gedankenprozeß. Beispielsweise könnte es die Funktion eines Schritts sein, eine sensorische Repräsentation zu erzeugen oder sie von außen ins System zu bringen, eine bestimmte sensorische Repräsentation zu testen oder zu bewerten oder im Verlaufe einer bestimmten Operation einen Teil einer Erfahrung bzw. eines Verhaltens in Beziehung zu einer sensorischen Repräsentation zu verändern. Die Arten von Inputs, Tests und Operationen, derer wir uns bedienen, werden sich verändern, wenn wir uns vom Träumer zum Realisten und schließlich zum Kritiker weiterbewegen.

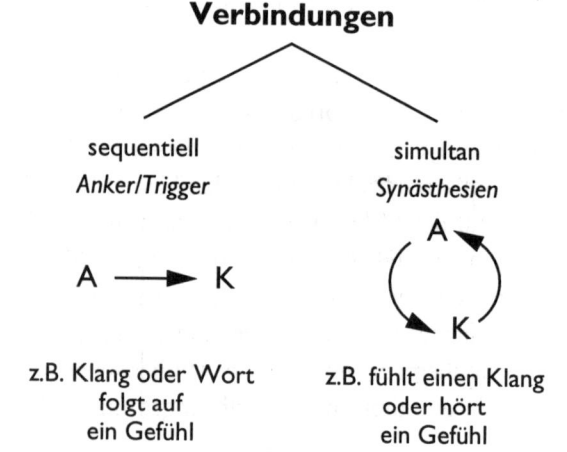

Abbildung 1.9.: Arten von Verbindungen zwischen den Sinnen

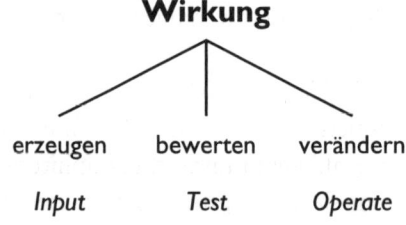

Abbildung 1.10.: Arten von Wirkungen

Die ersten beiden Elemente des R.O.L.E.-Modells – Repräsentationssysteme und Orientierung – haben es mit der Mikrostruktur des Denkprozesses hinter der Kreativität zu tun. Wenn wir die Verbindungen zwischen diesen Elementen sowie ihre Effekte, ihre Wirkungen auf der Mikro-Ebene erforschen, führt uns das zu der Beschäftigung mit der Makrostruktur des kreativen Prozesses.

Die Mikrostruktur einer Strategie betrifft die spezifischen individuellen Schritte, die sie ausführen, während sie denken. Sie sagen eine bestimmte Folge von Worten zu sich selbst, dann formen Sie eine visuelle Vorstellung oder bekommen ein bestimmtes Gefühl, und Sie tun diese Dinge in dieser Reihenfolge und in Echtzeit (*real time*). Es verhält sich damit genauso wie mit den Instruktionen eines Computer-Programms. Mit Hilfe spezifischer Schritte sollen spezifische Ergebnisse erzielt werden.

Doch diese Mikroprozesse sind generell Sub-Operationen, die innerhalb eines umfassenderen Rahmens oder Makroprogramms stattfinden. Wenn Sie sich beispielsweise Ernest Hemingways Stil anschauen und diesen mit dem William Faulkners oder Virginia Woolfs vergleichen, so werden Sie mit Sicherheit feststellen, daß alle diese Autoren auf der Mikro-Ebene, die wir bisher beschrieben haben, unterschiedliche Strategien anwenden. Sie alle betonen unterschiedliche Repräsentationsqualitäten, Ansichten, sensorische Details, unterschiedliche Anteile von Imagination und Erinnerung usw. Doch auf einer anderen Ebene drücken alle drei sich durch kreatives Schreiben aus, und es mag Ähnlichkeiten geben, die ihnen allen gemeinsam sind, da alle drei innere Erfahrungen durch das geschriebene Wort ausdrücken.

Meiner Meinung nach hat die Unfähigkeit, klar zwischen den verschiedenen Ebenen der Informationsverarbeitung zu unterscheiden, eine Menge Verwirrung hinsichtlich des Verständnisses und der praktischen Umsetzung von Kreativität und Innovation hervorgerufen. Beispielsweise könnte man sagen, daß der Prozeß, der zur Erfindung eines neuen Produkts führt, auf einer bestimmten Ebene dem Prozeß entspricht, der beim Schreiben eines Buches stattfindet. Auf einer anderen Ebene jedoch gibt es wichtige und notwendige Unterschiede zwischen diesen beiden kreativen Prozessen.

Ein weit verbreitetes Problem von Menschen, die Schwierigkeiten mit dem Schreiben haben, ist beispielsweise, daß sie sich, schon während sie einen Text entwickeln, ständig grammatikalisch und orthographisch korrigieren. Das führt dazu, daß sie vergessen, was sie als nächstes sagen wollten, oder dazu, daß sie ihre eigene Arbeit zu früh beurteilen, so daß ihnen diese nie gut genug erscheint. Die Folge von alldem ist, daß ihr Buch oder ihre wissenschaftliche Arbeit nie fertig wird. Statt das Ganze zunächst einmal hinzuschreiben und erst danach mit dem »Feinschliff« zu beginnen, redigieren sie bereits in der Entstehungsphase, so daß diese beiden Ebenen des Prozesses (die des anfänglichen Entwickelns und die der Bearbeitung) in Kollision geraten.

Das bedeutet jedoch nicht, daß es generell unmöglich wäre, Mikrostrategien in andere Bereiche zu übertragen. Die gleichen Mikroprozesse lassen sich gleichermaßen bei der Entwicklung eines Computerspiels, bei der Entwicklung eines besseren Mikrophons oder eines besseren Lautsprechers wie auch beim Schreiben eines Buches oder beim Entwerfen einer Rede einsetzen – aber sie müssen dem jeweiligen übergeordneten Rahmen angepaßt werden. Strategien und Programme der Mikro-Ebene – Sequenzen von sensorischen Repräsentationen – sind in Makro- oder Metaprogramme »eingebettet«, wie beispielsweise »Träumer«, »Realist« oder »Kritiker«.

Wir wollen nun das R.O.L.E.-Modell zum Leben erwecken, indem wir seine Verbindung zu Ihren eigenen persönlichen Erfahrungen mit der Kreativität herstellen. Die nun folgenden Fragen sollen Ihnen helfen, etwas über die Mikro- und Makrostrukturen Ihres eigenen kreativen Prozesses herauszufinden.

Definition des kreativen Prozesses 47

Übung: Erforschen Sie die Struktur Ihres kreativen Prozesses

Nehmen Sie sich einige Augenblicke Zeit, und beantworten Sie die folgenden Fragen so vollständig wie möglich.

1. In welchem Kontext sind Sie in der Lage, kreativ oder innovativ zu sein?
2. Welche Ziele versuchen Sie zu erreichen, indem Sie in jenem Kontext kreativ oder innovativ sind?
3. Was ist für Sie der Beweis dafür, daß Sie diese Ziele erreicht haben?
4. Was tun Sie, um jene Ziele zu erreichen? Welcher spezifischen Schritte und Aktivitäten bedienen Sie sich, um Ihre Ziele in diesem Zusammenhang zu erreichen?
5. Wenn Sie beim Versuch, Ihre Ziele in diesem Zusammenhang zu erreichen, auf unerwartete Probleme oder Schwierigkeiten stoßen, wie reagieren Sie dann? Welche spezifischen Aktivitäten oder Schritte leiten Sie ein, um die Hindernisse zu überwinden?

Schauen Sie sich nun Ihre Antworten auf die Fragen noch einmal genau an, und versuchen Sie herauszufinden, welche Elemente des R.O.L.E.-Modells Sie identifizieren können. Untersuchen Sie zunächst die Muster der Mikro-Ebene. Zum Beispiel: Was sagen Ihre Antworten über die Art aus, wie Sie ihre Repräsentationssysteme benutzen?

Welche Rolle spielt in dem Kontext, in dem Sie kreativ zu sein vermögen, das Sehen? In welchem Maße spielt das Hören dabei eine Rolle? Und welche Rolle kommt dem Fühlen oder Tun zu?

Wie repräsentieren Sie die Ziele, die Sie in jenem Kontext zu erreichen versuchen? Visualisieren Sie sie? Verbalisieren Sie sie sich selbst oder anderen gegenüber als Aussagen oder Schlüsselwörter? Sind Ihre Ziele etwas, das Sie primär fühlen?

Wenn Sie sich Ihre Ziele visuell vorstellen, handelt es sich dann um Bilder, die eher aus der Erinnerung stammen, oder sind es solche aus dem Bereich der Phantasie? Wie genau sehen Sie Ihre Ziele? Sind sie hell? Sind sie farbig? Handelt es sich um bewegte Bilder?

Wenn Sie Ihre Ziele verbalisiert oder gehört haben, haben Sie sie dann nur allein für sich formuliert, oder haben Sie sie auch äußerlich und für andere hörbar ausgesprochen? Welche Art von Stimmcharakteristik benutzen Sie, um Ihre Ziele zu formulieren, und in welchem Tempo sprechen Sie dabei?

Wenn Sie Ihre Ziele in Form von Gefühlen repräsentieren, fühlen Sie sie dann als Emotionen oder als Handlungen? Handelt es sich um bekannte Gefühle oder um solche, von denen Sie annehmen, daß sie möglich sind? Wo in Ihrem Körper spüren Sie sie?

Mit Hilfe welchen Repräsentationssystems überprüfen Sie Ihren Fortschritt in bezug auf Ihre Ziele? Wie erkennen Sie, ob Sie den Zielen näherkommen? Aufgrund dessen, was Sie sehen, was Sie hören oder was Sie fühlen? Wie groß ist der Anteil der Evidenz, der der Außenwelt entstammt, und wieviel davon ist Ihren inneren Erfahrungen zuzurechnen? Wie klar muß Ihre Evidenz sein? Wie intensiv? Wie präzise?

Welche Rolle spielt für Sie bei Schritten in Richtung auf Ihr Ziel hin physische Aktivität? Welche Rolle spielt verbale Kommunikation? In welchem Maße spielt dabei eine Rolle, daß Sie sich etwas anschauen oder daß Sie etwas zeigen? In welchem Maße spielt Sehen, Handeln, Logik oder Emotion dabei eine Rolle? Vielleicht verwenden Sie eine Kombination von Bildern, Wörtern und Gefühlen oder Handlungen. Wenn dies der Fall ist, in welcher Reihenfolge treten diese Elemente dann auf? Verhält es sich bei Ihnen so, daß Sie »schauen, bevor Sie springen«? Oder sagen bei Ihnen Taten mehr als Worte? Oder sagt bei Ihnen ein Bild mehr als tausend Worte? Sind bei Ihren kreativen Schritten Synästhesien im Spiel? Beziehen sich alle Ihre Schritte auf die Außenwelt, oder sind bei einigen von ihnen Phantasien oder Erinnerungen beteiligt?

Wenn Sie sich vor Probleme oder Schwierigkeiten gestellt sahen, wie haben Sie darauf reagiert? Haben Sie irgendwelche Gefühle dazu gehabt? Und von welcher Art waren diese? Haben Sie Fragen gestellt? Hat sich dadurch Ihr inneres Bild von dem verändert, was geschehen würde? Haben Sie etwas zu sich selbst gesagt oder zu anderen Menschen?

Wie haben Sie Ihre bisherige Vorgehensweise revidiert, um dem Problem zu begegnen? Haben Sie es sich genauer angeschaut? Sind Ihre Gefühle stärker geworden? Haben Sie die Art, wie Sie mit den anderen Menschen oder mit sich selbst (darüber) gesprochen haben, abgeändert? Sind Sie in einen anderen Denkmodus übergewechselt? Haben Sie Logik eingesetzt? Sind Sie emotionaler geworden? In welchem Maße haben Sie die Erinnerung einbezogen? In welchem Maße haben Sie Ihre Vorstellungskraft (Phantasie) eingesetzt? Wie wichtig war das, was in der Außenwelt geschehen ist?

Dies sind nur einige der Fragen, die Sie sich stellen könnten. Nehmen Sie sich einen Augenblick Zeit, und erforschen Sie Ihre Antworten auf alles eventuell vorhandene, das Aufschluß über Ihre Mikrostrategie geben könnte.

Haben Sie irgend etwas darüber erfahren, was Ihre am stärksten entwickelten, Ihre geschätztesten und Ihre bewußtesten Repräsentationssysteme sind? Einen Hinweis darauf kann Ihnen die Tatsache liefern, daß Ihre *Ziele* wahrscheinlich mit dem von Ihnen *am höchsten eingeschätzten* Repräsentationssystem assoziiert sind. Das Repräsentationssystem, das Sie benutzen, um *Evidenzen* für jene Ziele zu finden, ist wahrscheinlich eines derjenigen, die Ihnen *am bewußtesten* sind. Die Repräsentationssysteme, die Sie bei dem Versuch, Ihre Ziele zu erreichen oder auf Probleme zu reagieren, benutzen oder *verändern*, sind wahrscheinlich die am stärksten entwickelten.

Während Sie über Ihre Antworten nachdenken, sollten Sie sich auch darüber klar werden, wo Flexibilität ist und wo nicht. Wenn Sie beispielsweise die Repräsentationssysteme wechseln, die Sie benutzt haben, um Ihre Ziele zu repräsentieren, würde das in signifikanter Weise das Ergebnis des Prozesses verändern? Wenn Sie beispielsweise anstelle von Wörtern Bilder als Evidenzen akzeptieren würden, welche Auswirkung hätte das auf den Verlauf des Prozesses? Wenn Sie beobachten würden, statt zu handeln, was würde das ändern?

Alle diese Überlegungen beziehen sich auf die Mikrostruktur der Strategie. Nun wollen wir uns für einen Moment der Makro-Ebene zuwenden.

Wir haben die Fragen bewußt so formuliert, daß Ihre Antworten bestimmte Arten von Verbindungen und Wirkungen enthüllen. Die Fragen zielen darauf, daß durch die Antworten das zum Vorschein kommt, was man als T.O.T.E. bezeichnet.

Das T.O.T.E.-Modell

Das Verfolgen in der Zukunft liegender Ziele und das Wählen von Mitteln, mit deren Hilfe sich jene Ziele erreichen lassen, sind Kennzeichen und Kriterium für die Präsenz von Geist in einem Phänomen.

William James, Principles of Psychology

Eine geistige Strategie ist typischerweise in Form einer Feedback-Schleife organisiert, die man auch als T.O.T.E. (Miller et al. 1960) bezeichnet. Die Buchstaben T.O.T.E. stehen für *Test-Operate-Test-Exit*. Das T.O.T.E.-Konzept geht davon aus, daß alle mentalen Programme und alle Verhaltensprogramme darum kreisen, daß ein *festes Ziel* besteht und daß es *variable Mittel* gibt, *um jenes Ziel zu erreichen*. Dieses Modell bringt die Ansicht zum Ausdruck, daß wir, wenn wir denken, in unserem Geist (bewußt oder unbewußt) Ziele festlegen und daß wir einen TEST dafür entwickeln, wann ein Ziel erreicht ist. Wenn das Ziel auf dem eingeschlagenen Weg nicht erreicht wird, verändern wir unsere Vorgehensweise etwas (OPERATE), um dem Ziel näherzukommen. Wenn unsere TEST-Kriterien schließlich erfüllt sind, beenden wir den Prozeß (EXIT) und wenden uns dem nächsten Schritt zu. Somit könnte es die Funktion jedes einzelnen Teils eines Verhaltensprogramms sein, von den Sinnen kommende Informationen zu (T)esten, um den Fortschritt auf das Ziel hin zu überprüfen oder auf eine Weise aktiv zu werden [(O)perate], die einen Teil der aktuellen Erfahrung so verändert, daß sie die Bedingungen des (T)ests erfüllt und man zum nächsten Teil des Programms übergehen kann [(E)xit]. (Details zu T.O.T.E. siehe Anhang C.)

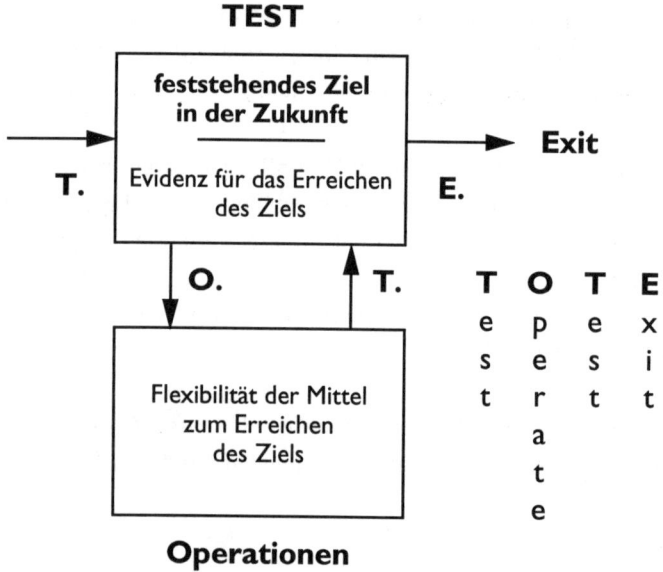

Abbildung 1.11.: Das T.O.T.E.-Schema

Beispielsweise könnte der TEST für Kreativität sein, daß eine Idee »einzigartig« ist. Ist das Konzept, das Sie entwickelt haben, nicht einzigartig genug, so werden Sie eine Prozedur einleiten (OPERATE), um die Idee einzigartiger zu machen, oder Sie werden ein besseres Konzept entwickeln.

Definition des kreativen Prozesses

Ebenso wie es für die anderen Elemente des R.O.L.E.-Modells gilt, unterscheiden sich Menschen in der Art, wie sie Ziele für die Zukunft festlegen (Tests), sowie auch hinsichtlich ihrer Flexibilität und ihrer Wahlmöglichkeiten beim Variieren ihrer Mittel, um jene Ziele zu erreichen (Operationen). Je nach Art des Ziels und der Evidenz, die festgelegt worden ist, kann beispielsweise das gesamte innere Programm in zwei Grundrichtungen orientiert sein:

1. Erreichen eines erwünschten Ergebnisses oder
2. Vermeiden eines negativen Ergebnisses.

Jeder Mensch hat eine andere Art – je nach seiner persönlichen Vorliebe für bestimmte Repräsentationssysteme –, so etwas wie »Einzigartigkeit« zu TESTEN. Beispielsweise läßt sich Einzigartigkeit anhand folgender Kriterien bestimmen:

1. Was jemand in dem Ziel sieht.
2. Was jemand körperlich tut, wenn er das Ziel erreicht.
3. Welche Gefühl jemand in bezug auf das Ziel hat.
4. Was jemand in Zusammenhang mit dem Ziel hört oder sagt.

Diese Varianten können entscheidend beeinflussen, zu welchem Ergebnis der kreative Prozeß führt, sowie auch, welchem Publikum dieses Ergebnis gefällt. Manche Ideen enthalten beispielsweise hinsichtlich ihrer Funktion Elemente anderer, bereits existierender Produkte, obgleich sie völlig anders aussehen als diese. Andere Produkte hingegen sehen bereits existierenden Dingen sehr ähnlich, dienen jedoch einem völlig anderen Zweck.

Ich möchte noch einmal zusammenfassen: Um ein Minimum an Information darüber zu erhalten, wie jemand denkt, müssen wir herausfinden:

1. Die Ziele des oder der Betreffenden.
2. Die Evidenz, derer sich die betreffende Person bedient, um Fortschritt in Richtung auf das Ziel hin festzustellen.
3. Die Wahlmöglichkeiten, die der betreffenden Person zur Verfügung stehen, um das angestrebte Ziel zu erreichen, sowie die spezifischen Verhaltensweisen, die eingesetzt werden, um jene Wahlmöglichkeiten in die Tat umzusetzen.
4. Die Art, wie die Person reagiert, wenn das Ziel zunächst nicht erreicht wird.

Es gibt noch eine zweite Art von Unterscheidungen hinsichtlich der Makrostruktur der Kreativität. Diese stehen in Zusammenhang mit der Tatsache, daß jedes System von Aktivitäten ein Subsystem ist, das in ein anderes System eingebettet ist, welches seinerseits ebenfalls in ein System eingebettet ist, usw. Durch diese Art von Beziehungen zwischen Systemen ergeben sich in bezug zu dem System, innerhalb dessen Sie operieren, unterschiedliche Ebenen der Kreativität und Innovation.

Logische Ebenen

Es wird oft davon gesprochen, daß man auf verschiedenen »Ebenen« auf Vorgänge reagieren kann. Beispielsweise könnte jemand sagen, daß eine Erfahrung auf einer Ebene negativ war, jedoch auf einer anderen positiv. In unserer Gehirnstruktur, unserer Sprache und unseren Wahrnehmungssystemen gibt es natürliche Hierarchien oder Ebenen der Erfahrung. Diese Ebenen organisieren und beeinflussen die Information auf den ihnen jeweils untergeordneten Ebenen. Wenn man etwas auf einer der oberen Ebenen verändert, muß sich zwangsläufig auch etwas auf den unteren Ebenen verändern; wenn man etwas auf einer der unteren Ebenen verändert, so kann, aber muß das nicht unbedingt die oberen Ebenen beeinflussen. Der Anthropologe Gregory Bateson hat zwischen vier Grundebenen des Lernens und der Veränderung unterschieden – wobei jede dieser Ebenen abstrakter ist als die darunterliegende, jedoch einen stärkeren Einfluß hat als jene untere. Diese Ebenen entsprechen ungefähr der folgenden schematischen verbalen Darstellung:

- Wer bin ich: *Identität*   Wer?
- Mein System von Glaubenssätzen (Überzeugungen):
  Werte und Bedeutungen   Warum?
- Meine Fähigkeiten: *Strategien und Zustände*   Wie?
- Was ich tue oder getan habe: *spezifische Verhaltensweisen*   Was?
- Meine Umgebung: *Äußere Einschränkungen*   Wo? / Wann?

Die Ebene der Umgebung umfaßt die spezifischen äußeren Bedingungen, unter denen unser Verhalten zutage tritt. Verhalten ohne jede innere Landkarte, ohne einen Plan oder eine Strategie, durch die es gelenkt wird, sind, wie etwa der Knie-Reflex, Reaktionen, Gewohnheiten oder Rituale. Auf der Ebene der Fähigkeiten sind wir in der Lage, eine Klasse von Verhaltensweisen auszuwählen zu verändern und an eine weiter definierte Menge von äußeren Situationen anzupassen. Auf der

Definition des kreativen Prozesses 53

Ebene der Überzeugungen oder Glaubenssätze können wir eine bestimmte Strategie, einen Plan oder eine Denkweise fördern, unterdrücken oder verallgemeinern (generalisieren). Identität vereinigt, folgerichtig, ganze Systeme von Glaubenssätzen oder Werten zu einem Selbst-Sinn. Während die Ebenen in zunehmendem Maße von den Charakteristika des Verhaltens und der sensorischen Erfahrung abstrahiert werden, haben sie gleichzeitig eine immer umfassendere Wirkung auf unser Verhalten und unsere Erfahrung.

- *Umweltfaktoren* determinieren die äußeren Möglichkeiten oder Einschränkungen, auf die eine Person reagieren muß. Antwort auf die Fragen Wo? und Wann?
- *Verhalten* besteht aus den spezifischen Aktionen und Reaktionen, die der/die Betreffende in der Umgebung produziert. Antwort auf die Frage Was?
- *Fähigkeiten* lenken Verhaltensweisen und geben ihnen eine Richtung durch eine mentale Landkarte, durch einen Plan oder eine Strategie. Antwort auf die Frage wie?
- *Glaubenssätze (Überzeugungen)* und *Werte* liefern die Bestärkung (Motivation und Erlaubnis [Per-mission]), die eine Fähigkeit unterstützt oder untergräbt. Antwort auf die Frage warum?
- *Identitäts*faktoren determinieren den allgemeinen Zweck (Mission) und formen Glaubenssätze und Werte mittels unseres Selbst-Sinns. Antwort auf die Frage wer?

Jeder dieser Prozesse bezieht sich auf eine andere Ebene der Organisation und Bewertung, die die Information auf der darunterliegenden Ebene auswählt, zugänglich macht (*access*) und nutzt (utilisiert). Auf diese Weise entsteht eine Hierarchie jeweils ineinander »eingebetteter« T.O.T.E.-Prozesse, so wie es in der anschließenden Graphik dargestellt ist.

Kreativität ist eindeutig ein vielschichtiger (*multi-level*) Prozeß, der auf all diesen Ebenen unterstützt werden muß, damit er zur völligen Entfaltung gelangen kann. Jede Ebene kann, wenn sie nicht mit den anderen Ebenen ausgerichtet ist, den kreativen Prozeß stören. So kann es beispielsweise jemandem gelungen sein, in einem bestimmten Kontext etwas Neues zu tun (spezifisches Verhalten), ohne daß der/die Betreffende ein geistiges Modell oder eine Landkarte hat, die es ihm/ihr ermöglichen würde, dieses Neue auch weiterhin zu tun oder in einem anderen Umfeld Neues oder Innovatives zu tun (Fähigkeit). Auch wenn jemand in der Lage ist, kreative Optionen zu entwickeln, sieht er oder sie Kreativität möglicherweise nicht als eine wichtige oder notwendige Funktion an und nutzt sie deshalb nur selten. Und selbst Menschen, die in der Lage sind, kreativ zu sein, und die Kreativität für eine wichtige Funktion halten, sehen sich nicht immer als »Innovatoren« oder »Erfinder«.

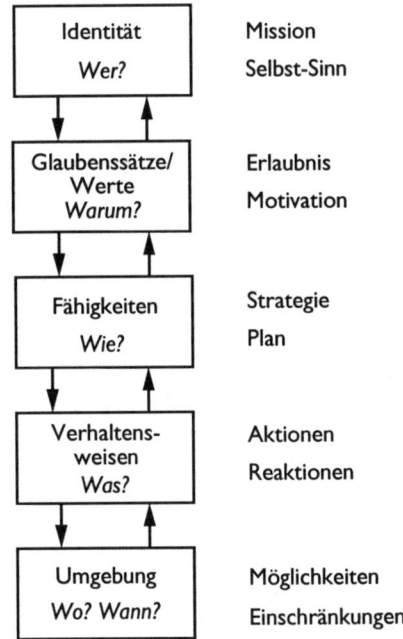

Abbildung 1.12.: Logische Ebenen, bezogen auf die Kreativität

Die folgenden Aussagen zeigen, wie die Kreativität durch jede der erwähnten Ebenen eingeschränkt werden kann.

a. Identität: *»Ich bin kein kreativer Mensch.«*
b. Glaubenssätze: *»Kreativität kann schwierig sein und störend wirken.«*
c. Fähigkeit: *»Ich weiß nicht, wie ich verläßlich kreativ denken soll.«*
d. Verhalten: *»Ich weiß nicht, was ich in dieser Situation anders machen soll.«*
e. Umgebung: *»Es war nicht genügend Zeit vorhanden, um etwas Innovatives zustande zu bringen.«*

Diskussion: Makro-Strukturen der Kreativität

RBD: Ihre Antworten auf die Fragen, die an früherer Stelle in diesem Kapitel gestellt wurden, kann Ihnen erheblichen Aufschluß über die verschiedenen Ebenen geben, die bei Ihrem kreativen Prozeß eine Rolle spielen.

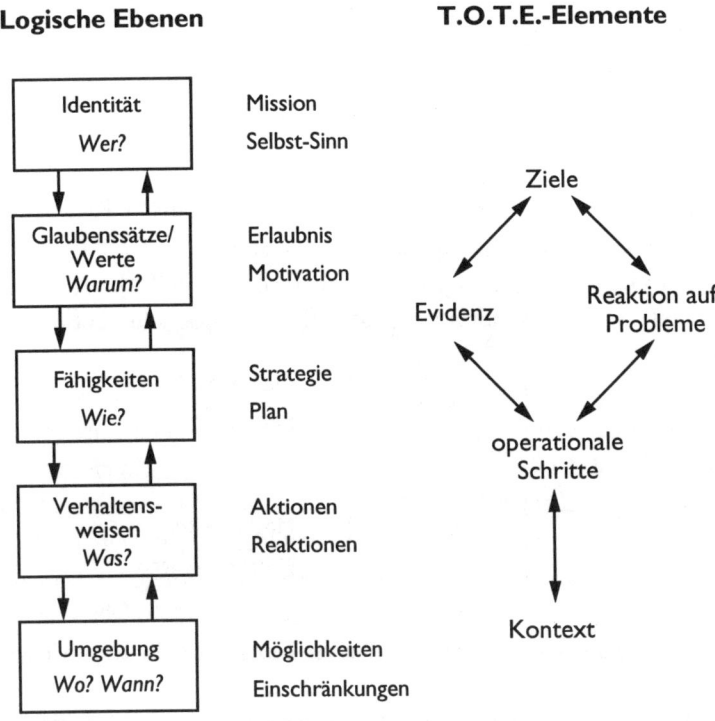

Abbildung 1.13.: Logische Ebenen und T.O.T.E.-Funktionen

Kontext hat etwas mit dem *Wo* und *Wann* der Kreativität zu tun und steht in Beziehung zu unserer Wahrnehmung der Umgebung. Ziele deuten auf die Werte hin, die wir haben, sowie darauf, wie diese zu unserer Identitätswahrnehmung in einem bestimmten Kontext in Beziehung stehen. Ziele stehen meist zum *Warum* und *Wer* der Kreativität in Beziehung. Die Evidenz, die wir benutzen, um festzustellen, ob wir unser Ziel erreicht haben oder nicht, ist mit den inneren Landkarten und mit den geistigen Modellen verbunden, die wir benutzen, um unsere Ziele zu repräsentieren. Evidenz bezieht sich darauf, *wie* wir einen bestimmten Wert oder einen Glaubenssatz umsetzen. Spezifische Operationen und Schritte sind mit Verhaltensmanifestationen der Kreativität verbunden – also mit dem *Was*. Wie wir auf Probleme und Schwierigkeiten reagieren, steht ebenfalls in Beziehung zu unseren Werten und Glaubenssätzen sowie auch zu unserer Landkarte oder unserem Plan. Es bildet die Verbindung zwischen dem *Wie* und dem *Warum*.

Wir wollen nun einige der potentiellen Implikationen der obigen Fragen und Ihrer Antworten untersuchen.

Kontexte

Ein bestimmter Kontext kann entweder als Hindernis für die Kreativität oder als Chance für die Kreativität wahrgenommen werden. Was der eine Mensch als Hindernis wahrnimmt, mag ein anderer als Herausforderung verstehen. Was an dem Kontext, den Sie gewählt haben, hat es Ihnen ermöglicht oder Sie dazu angeregt, kreativ zu sein?

Manchmal hindern wir uns selbst daran, eine Strategie, die wir in einem bestimmten Kontext entwickelt haben, in anderen Bereichen unseres Lebens anzuwenden. Oft ist der Grund dafür, daß wir keine Möglichkeit kennen, die inhaltsunabhängigen Elemente ihrer Struktur zu isolieren. In einem späteren Kapitel werden wir demonstrieren, wie man eine Strategie, die es ermöglicht, in einem bestimmten Zusammenhang eine gute Leistung zu erbringen, in einem anderen Bereich anwenden kann, indem man bestimmte Aspekte derselben so abwandelt, daß sie in den neuen Kontext hineinpassen. Man muß die Strategie an das Ziel und an den Kontext anpassen.

Natürlich ist eine Strategie, die sich in einigen Kontexten als gut erwiesen hat, nicht unbedingt für alle anderen Zwecke geeignet. Manchmal versuchen Menschen, eine kreative Strategie, die in einer Situation ihren Zweck erfüllt hat, auf etwas anzuwenden, auf das diese Strategie nicht paßt, sofern man sie nicht dem anderen Ziel und dem neuen Kontext angepaßt hat.

Ich habe einmal einer Frau geholfen, die Innenarchitektin war. Ihre Strategie bestand darin, in einen Raum zu treten und sich dann das Gefühl zu vergegenwärtigen, das sie beim Betreten dieses Raumes gerne gehabt hätte – das Gefühl, wie sie diesen Raum am liebsten vorgefunden hätte. Sie visualisierte dann, wie sich die

Dinge in diesem Raum veränderten, bis schließlich ein Bild entstanden war, das dem Gefühl entsprach, nach dem sie suchte. Dann verließ sie den Raum, kaufte ein, was sie benötigte, und stattete den Raum ihrem inneren Bild entsprechend aus. Ihre Strategie funktionierte gut, wenn es um das Einrichten von Innenräumen ging. Doch hatte diese arme Frau große Probleme in Beziehungen. Sie stellte sich unentwegt vor, wie der »perfekte Mann« auszusehen hätte, und sie machte sich ein sehr konkretes Bild von dieser Person. Und dann machte sie sich auf die Suche, um den Mann zu finden, der ihrem Bild entsprach. Das Problem war, daß sie bei dieser Suche nicht einfach die Elemente verändern oder austauschen konnte, die ihr nicht gefielen. Man kann das Innere eines Menschen nicht auf die Weise verändern, wie man es mit der Einrichtung eines Raumes macht. Der Umgang mit einem Menschen ist nicht so einfach. Auf diese Weise wechselte sie von einem Mann zum anderen. Es war stets Liebe auf den ersten Blick: Dieser Mann entsprach genau dem, wonach sie suchte. Eine Zeitlang lief alles ausgezeichnet, doch dann hatte sie plötzlich Schwierigkeiten, verbal mit dem Betreffenden zu kommunizieren. Wörter und Sprache mögen beim geschmackvollen Einrichten eines Raumes nicht so wichtig sein, doch in einer Beziehung zwischen zwei Menschen können sie von entscheidender Bedeutung sein.

Eine der wichtigsten Motivationen und Anlässe für Kreativität ergibt sich aus der Notwendigkeit, sich immer wieder an sich verändernde Umgebungen und Zusammenhänge anzupassen.

Wenn man sich verschiedene Arten von Erfindungen anschaut, kann man feststellen, daß einige der kreativsten Perioden Kriegszeiten waren – in denen wir immer neue Möglichkeiten erfanden, Menschen zu töten. Wäre es nicht großartig, wenn wir die Strategie aus jenem Kontext verwenden könnten und den kreativen Prozeß mit der gleichen Entschiedenheit, jedoch ohne die unglücklichen Implikationen des ursprünglichen Kontextes nutzen könnten?

Die Kontexte, in denen Sie kreativ sind, sind mit Glaubenssätzen und Werten verbunden. Menschen nehmen aufgrund ihrer Glaubenssätze (Überzeugungen) bestimmte Zusammenhänge als ungeeignet (unpassend) für Kreativität wahr, oder sie sind der Meinung, daß diese Bereiche keine Kreativität erfordern.

Die Zusammenhänge, in denen Sie Kreativität wertschätzen und umsetzen, sind sogar damit verbunden, wie Sie Ihre Identität wahrnehmen. Beispielsweise gibt es viele, die sagen, daß sie glauben, mehr Kreativität entwickeln zu müssen, weil sie »Designer«, »Manager« oder »Ingenieure« sind. Doch sind viele dieser Menschen außerdem auch Eltern mit Kindern. Das Gefühl, mehr Kreativität entwickeln zu müssen, beziehen sie auf ihre Arbeit, nicht auf ihre Elternrolle. Wenn Sie als Manager oder Erfinder einen Fehler machen, verlieren Sie Zeit, Geld oder ein Produkt. Aber wenn Sie als Eltern einen Fehler machen, können Sie einen ganzen Menschen verlieren. Wenn Adolf Hitlers Eltern mehr Kreativität beim Umgang mit ihrem Sohn gezeigt hätten, sähe die Welt heute vielleicht anders aus. Kreativität wird überall gebraucht.

Ziele

Das Ziel des Kreativseins oder des Erfinderdranges hat einen erheblichen Einfluß auf die Art von Verbindungen (*links*), die Sie auswählen. Das Ziel dient als eine Art Filter. Es steht in enger Verbindung zum »Warum« der Kreativität. Ziele haben etwas mit der Motivation zur Kreativität zu tun.

Sind Sie kreativ tätig, um Geld zu machen? Sind Sie es, weil Sie einen positiven Beitrag zum Weltgeschehen leisten wollen? Sind Sie kreativ, weil Sie kommunizieren wollen? Warum sind Sie kreativ tätig?

Manche Menschen erfinden Dinge, wenn sie sich langweilen. Andere machen nur dann Erfindungen, wenn sie wütend sind. Wieder andere können nur dann neuartige Ideen entwickeln, wenn sie sich wohlfühlen, wenn sie sich inspiriert fühlen. Das »Warum« kann ein wichtiger Stimulus sein, es kann aber auch ein Hindernis darstellen. Manche Menschen können nur kreativ sein, wenn sie auf etwas in der Zukunft Liegendes zugehen. Manche sind dann am kreativsten, wenn sie versuchen, ein Problem in der Gegenwart zu vermeiden. Was sagen unsere Ziele über unsere Werte und Glaubenssätze aus?

Auf der Mikro-Ebene führen unterschiedliche Ziele zu unterschiedlichen Ergebnissen. Zum Beispiel habe ich bei meiner Arbeit mit Computer-Programmierern festgestellt, daß es ziemlich gravierende Unterschiede hinsichtlich der Art gibt, wie Programmierer Videospiele entwickeln. Manchen geht es darum, daß beim Spielen des Spiels ein bestimmtes Gefühl erzeugt wird. Andere bauen ihre Spielideen um eine bestimmte Figur herum auf. Sie sagen: »Dies ist die Figur, die ich haben möchte. Was kann ich damit tun?« Sie produzieren dann zunächst mehr oder weniger zufällige Ideen, die man mit dieser Figur verbinden kann, und versuchen herauszufinden, ob diese dem Publikum gefallen. Das ist eine völlig andere Vorgehensweise, als zu sagen: »Das Programm soll bei mir ein bestimmtes Gefühl hervorrufen, und es ist mir egal, welche Spielfiguren dabei mitwirken.«

Programmierer, deren Ausgangspunkt Gefühle waren, die sie erzeugen wollten, entwickelten ihre Programme zuerst in einfachen Quadraten und Blöcken. Sie

Definition des kreativen Prozesses 59

hatten einen Block hier und einen anderen dort, und sie beschäftigten sich mit der Interaktion zwischen diesen einzelnen Teilen. Die andere Art von Programmierern begann mit einer bestimmten Spielfigur. Sie konnten nichts darüber sagen, welche Richtung die Handlung nehmen würde, bis sie einen »Hauptdarsteller« gefunden hatten. Diese verschiedenen Arten von Zielen und diese verschiedenen Arten, Ziele zu repräsentieren, führen zu sehr unterschiedlichen Ergebnissen, und dies läßt sich auch bei anderen Arten von kreativer Tätigkeit beobachten.

Das sensorische System und die Orientierung, die Sie wählen, um ein Ziel zu repräsentieren, haben auch einen Einfluß darauf, wie effektiv Sie in Ihrem Bemühen, etwas zu erreichen, sind. Beispielsweise wendet man bei kreativen Prozessen häufig die Strategie an, ein inneres Bild des gewünschten Ergebnisses zu produzieren. Der kreative Prozeß organisiert sich dann um den Versuch herum, die äußere Welt jenem inneren Bild anzupassen. Das funktioniert prächtig, wenn man etwas aus Holz schnitzen will, aber wenn Ihr Vater und Sie der Meinung sind, daß Ihre Familie einem bestimmten Bild entsprechen sollte, und Sie versuchen dann, alle übrigen Familienmitglieder dazu zu bringen, sich dementsprechend zu verhalten, dann können dabei einige Probleme entstehen.

Ein und dasselbe Ziel kann durch Bilder, logische oder verbale Beschreibungen oder Spezifikationen, durch Emotionen oder durch kinästhetische Aktionen repräsentiert werden. Welches Repräsentationssystem benutzen Sie gewöhnlich, um Ihre Ziele zu repräsentieren? Wie würde es Ihren kreativen Prozeß verändern, wenn Sie zu einem anderen Repräsentationssystem überwechseln würden?

Es gibt eine Reihe von Schlüssel-Makro-Ebenen oder »Metaprogramm«-Mustern, die zu häufig genannten Zielen der Kreativität und Innovation in Beziehung stehen (Anhang D enthält eine Liste verbreiteter Metaprogramm-Muster). Etwa:

1. Etwas »Einzigartiges« zu finden ist häufig ein Ziel im Prozeß der Kreativität oder Innovation. »Ich möchte etwas machen, das sich gänzlich von allem, was heute bekannt ist, unterscheidet.«
2. Eine Unannehmlichkeit vermeiden. Es kann sein, daß Sie versuchen, eine Unannehmlichkeit zu umgehen. »Ich empfinde es als äußerst unangenehm, daß man fünf Tage braucht, um über den Atlantik nach Paris oder London zu kommen. Ich würde das liebend gerne schneller schaffen. Was können wir tun, um dies zu erreichen?«
3. Identifizieren und Erfüllen eines Bedürfnisses. »Man könnte nachts wesentlich sicherer fahren, wenn es auf der Fahrbahn kleine Erhebungen gäbe, die man sehen und fühlen könnte, so daß man wüßte, wo die Straßenränder sind.«

4. Die Antwort auf eine neue Frage finden. »Wenn die Welt rund ist, dann frage ich mich, ob man sie ganz umsegeln kann.« Eine Frage erzeugt ein Loch oder ein Vakuum, und Sie versuchen, dieses auszufüllen. »Wohin verschwindet all das Licht in einem Raum, wenn man den Lichtschalter auf »aus« stellt? Wird es von den Wänden absorbiert? Und wenn die Wände aus Spiegeln bestünden, so daß es nicht absorbiert werden könnte, würde der Raum dann hell bleiben?« – »Wenn Sie auf dem Ende eines Lichtstrahls reiten und in einen Spiegel schauen würden, würden Sie dann Ihr Spiegelbild sehen oder nicht?« Menschen wie Einstein versuchten, Fragen wie diese zu beantworten.
5. Das wohl am weitesten verbreitete Metaprogramm für Kreativität ist der Wunsch, einen Traum zu verwirklichen – ein Ziel zu erreichen. Jemand hat gesagt: »Ein Ziel ist nichts weiter als ein Traum, dem eine Frist gesetzt ist.« Es braucht kein zwingendes Bedürfnis vorhanden zu sein. Man sagt: »Die Notwendigkeit ist die Mutter der Erfindung«, aber ebensogut kann man sagen, »die Erfindung ist die Mutter der Notwendigkeit.«

RWD: Das ist so ähnlich wie bei Marconis Entwicklung des Radios. »Ich will hier sprechen. Ich will dort drüben gehört werden. Und ich möchte nichts mit irgendwelchen Drähten zu tun haben.« Es gab vor vielen Jahren in Amerika einmal einen Comic-Strip mit dem Titel »Little Orphan Annie«, und in dieser Geschichte gab es einen Daddy Warbucks, der schon damals, in den zwanziger Jahren, ein Fernsehgerät hatte. Schon damals existierte der Wunsch, Bilder zu sehen, die ohne irgendwelche Drähte von einem zum anderen Ort übertragen wurden.

RBD: Selbst wenn kein unmittelbares Bedürfnis besteht, sobald ein klar definiertes Ziel existiert, wird derjenige, der es definiert hat, herausfinden wollen, wie man zu jenem Ziel gelangt. Manchmal wird es zum Selbstzweck, das Ziel zu erreichen. Ein gelöstes Problem ist wie ein Boot, das auf dem Trockenen liegt. Es ähnelt einem ausgefüllten Kreuzworträtsel. Wer wird es sich an die Wand hängen? Viele Erfinder scheinen diese Art von Metaprogramm zu haben.

Wie wir bereits an früherer Stelle erwähnt haben, sind Ziele oft in hohem Maße mit Glaubenssätzen (Überzeugungen), mit Werten und mit Identität verbunden. Einer der machtvollsten Glaubenssätze, die den kreativen Prozeß antreiben, scheint zu sein, »Es ist möglich« – »Ich kann diese Situation oder diese Person beeinflussen« – »Ich kann etwas tun«. Vor sechzig Jahren hat niemand geglaubt, daß es möglich wäre, zum Mond zu fliegen. Niemand konnte sich vorstellen, wie das vonstatten gehen sollte. Bis schließlich jemand glaubte, daß es möglich sei, sah man

Definition des kreativen Prozesses 61

es als Zeitverschwendung an, auch nur den Versuch zu machen, die dazu notwendigen technischen Voraussetzungen zu entwickeln.

Der Film *2001 – Odyssee im Weltraum* ist ein interessantes Beispiel dafür, wie Überzeugungen geschaffen werden, daß etwas möglich ist. Durch diesen Film entstand im Geist der Zuschauer das Bild, daß ein Raumschiff der Firma *Pan-Am* zum Mond flog. Die Leute sagten danach: »Mensch, das ist möglich. Ich glaube, so könnte es wirklich einmal sein.« Obwohl das, was in dem Film geschildert wurde, Fiktion war, also nicht in Wirklichkeit geschah, entstand durch ihn ein Bild, ein Ziel, das ein ungeheures Interesse an der Entwicklung der Raumfähre weckte.

RWD: Möglichkeit ist sehr wichtig im Bereich der Industriespionage: zu wissen, was die Konkurrenz tut. Wenn Sie herausfinden, daß es Ihrer Konkurrenz gelungen ist, bei 50 Gigazyklen ein Megawatt zu produzieren, dann wissen Sie, daß dies möglich ist. Dann stecken Sie Ihr Geld in die Realisierung dieses Ziels, und Sie beauftragen die erforderlichen Leute, das Problem zu lösen.

RBD: Ich habe manchmal darüber nachgegrübelt, ob es so etwas wie eine Firma für die Verbreitung von politischen Gerüchten gibt. Man setzt Gerüchte in die Welt wie beispielsweise, daß die Russen eine Möglichkeit entwickelt hätten, mit deren Hilfe man Menschen von einem Ort zu einem anderen »teleportieren« könne. Wenn dieses Gerücht verbreiten werden würde, würde wahrscheinlich tatsächlich irgendwann jemand eine Möglichkeit finden, dieses Ziel in die Tat umzusetzen.

Ein interessantes Detail ist, daß die Konzeption für dieses ganze Projekt über Kreativität und Innovation entstand, als die Russen vor Jahren Afghanistan besetzten. Damals machte man sich große Sorgen darüber, daß die Russen sich die Kontrolle über die Ölvorräte der Welt aneignen könnten. Ich habe zu jener Zeit mit meinem Vater (RWD) über dieses Thema diskutiert, und mir kam die Idee, daß sich die Sicht der Situation in dramatischer Weise verändern würde, wenn es uns gelänge, eine wirkliche Alternative zum Öl zu finden. Stellen Sie sich vor, Sie würden auf etwas stoßen, wodurch es so leicht würde, Energie zu beschaffen, daß man sich keine Gedanken mehr darüber zu machen bräuchte, wer die Macht über das Öl hat. Dann hätten die Russen lediglich die Kontrolle über eine Menge Sand. Mir schien damals, daß die Möglichkeit, die russischen Hegemoniebestrebungen aufzuhalten, nicht darin bestünde, eine noch größere Bombe zu bauen, sondern darin, die Notwendigkeit einer solchen Bombe zu beseitigen.

Im Lichte der Veränderungen, die seither in der Sowjetunion und in Osteuropa stattgefunden haben, scheint es, als ob in gewisser Weise genau dies geschehen wäre.

Vielleicht schreien die noch bestehenden Probleme im Mittleren Osten danach, daß man noch mehr Kreativität in die Entwicklung alternativer Energiequellen investiert.

Oder, wenn wir eine Möglichkeit fänden, auf leichtere Weise zum Mond zu kommen, und wenn wir anfingen, andere Planeten zu kolonisieren, würden die Menschen sich nicht mehr so große Sorgen darüber machen, was auf dem kleinen Felsbrocken geschieht, auf dem wir leben, und wir würden unsere Werte einem größeren Rahmen entsprechend neuorganisieren.

Evidenz

Was ist Ihre Evidenz für Kreativität? Woran erkennen Sie, daß Sie die Ziele erreicht haben, die Sie sich für den kreativen Prozeß gesteckt haben?

Verlassen Sie sich in Ihrer Entscheidung, ob Ihre Idee kreativ ist, auf Ihre eigenen Gefühle, oder verlassen Sie sich dabei auf die Reaktion eines anderen? Dies könnte in sehr entscheidender Weise beeinflussen, welche Ideen Sie zu realisieren versuchen, ob die Idee sich gut verkaufen läßt oder wieviel Schutz Sie für die Idee erhalten. Wenn Ihre Evidenz für Einzigartigkeit ist, daß sich etwas gesetzlich sehr gut schützen läßt, dann wird dies erheblichen Einfluß darauf haben, was Sie für eine akzeptable Idee halten.

Ziele stehen mit dem in Zusammenhang, was man im NLP als *Kriterien* bezeichnet. Evidenz steht in Zusammenhang mit dem, was man *Kriterien-Äquivalenz* nennt. Kriterien und Werte sind gewöhnlich sehr allgemein, abstrakt und mehrdeutig. Sie können viele Formen annehmen. Ihre Kriterien-Äquivalenz [die der Leser/innen; Anm. d. Übers.] ist die spezifische sensorische oder verhaltensmäßige Demonstration oder die Referenz(-erfahrung), die Sie benutzen, um zu wissen, ob ein Kriterium eines Wertes erfüllt ist. Die *Evidenz-Prozedur* verbindet das *Warum* mit dem *Wie*.

Die Form der sensorischen Evidenz, die Sie benutzen, um eine Idee zu bewerten, beeinflußt in erheblichem Maße, ob jene Idee akzeptiert und verstärkt oder abgelehnt und ignoriert wird.

Ein Schlüsselfaktor bei Evidenz-Prozeduren ist der *Bezugsrahmen (frame of reference)*. Benutzen Sie Ihre eigene Reaktion oder die Reaktion eines anderen Men-

Definition des kreativen Prozesses 63

schen? In meiner Arbeit mit Software-Entwicklern beispielsweise habe ich festgestellt, daß einige von ihnen Programme entwickelten, die bei ihnen ein bestimmtes Gefühl erzeugten. Andere entwickelten Programme, die eine bestimmte Reaktion bei anderen Menschen erzeugten. Beispielsweise sagte ein Entwickler, wenn er ein Gefühl des Erfolgs hätte, dann wisse er, ob er kreativ sei. Ich fragte ihn daraufhin: »Was gibt Ihnen das Gefühl des Erfolgs?« Er sagte, er wisse, daß er erfolgreich sei, wenn ein Spiel, das er erfunden hätte, anderen Menschen gefalle. Dadurch hatte er allerdings mit einem Problem zu kämpfen. Er arbeitete an dem Spiel, bis er ein gutes Gefühl dabei hatte, und dann zeigte er es anderen Leuten. Und weil es einigen gefiel, anderen hingegen nicht, hatte er nie das Gefühl, erfolgreich zu sein. Solange es auch nur einen Menschen gab, der auf sein Spiel nicht positiv reagierte, hatte er das Gefühl, versagt zu haben.

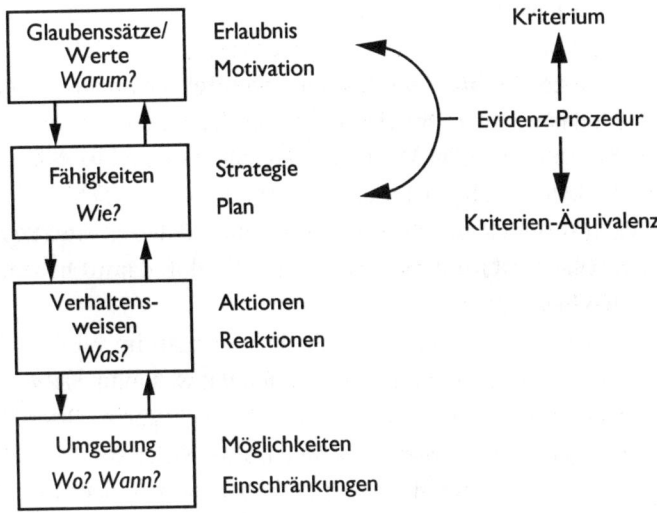

Abbildung 1.14.: Logische Ebenen und Evidenz-Prozeduren

TE: Genauso wird es in der Musikindustrie gemacht. Wenn man eine Band betreut, und man stellt einer großen Schallplattenfirma ein Musikstück dieser Gruppe vor, dann heißt es gewöhnlich: »So etwas verkauft sich im Augenblick nicht.« Das ist die übliche Reaktion der Manager in der Schallplattenindustrie. Sie vergleichen neue Produkte mit dem, was bereits im Radio läuft, und dann fragen sie: »Wird sich das wohl so gut verkaufen wie das, was sich im Augenblick gut verkauft?« Wodurch entstehen neue Schallplattenfirmen und neue Produzenten? Weil Menschen Dingen eine Chance geben, die sich noch nicht »gut verkaufen«, weil sie diese Dinge mögen. Und dann wird eine solche neue Produktion irgendwann zu einem populären Standard. Wie oft haben Sie in den letzten fünfundzwanzig Jahren Veränderungen im Stil der Musik miterlebt? Was vor zehn Jahren noch als »esoterisch« galt, hört man heute täglich im Radio. Die Musik, der Sie als Jugendliche gelauscht haben, ist heute Gebrauchsmusik, mit der in großen Einkaufszentren die Konsumenten berieselt werden. Das gleiche kann man in vielen Branchen und Firmen in Amerika beobachten. Sie alle glauben, wenn ein Produkt nicht so sei wie etwas, das bereits existiert, könne es nicht gut sein.

RWD: Das ist einer der Gründe, weshalb jemand, der aus einem anderen Bereich in eine etablierte Industrie kommt, dort oft Erfindungen macht. Solche Leute bringen andere Eindrücke mit. Sie stellen Assoziationen her, die vor ihnen noch niemand hergestellt hat.

RBD: Manchmal sind Evidenzen und Kriterien-Äquivalenzen zu eng gefaßt, und in anderen Fällen sind sie zu unspezifisch.
  Abgesehen vom Repräsentations-Aspekt der Evidenz-Prozeduren kann auch das Timing der Evidenz (der Zeitpunkt, zu dem die Evidenz festgestellt wird) wichtig sein. Wenn eines Ihrer Kriterien für Kreativität Rentabilität ist, welche Art von Zeitrahmen stecken Sie dann, um festzustellen, ob mit einem Produkt Geld zu verdienen ist? Wann bewerten Sie dies?

RWD: *Wann* Filter angewendet werden, ist besonders dann wichtig, wenn Kreativität nach der erhaltenen Anerkennung beurteilt wird. In vielen Untersuchungen, in denen beurteilt wurde, in welchen Fällen es sich um gute Erfindungen und um in hohem Maße kreative Ideen handelte und in welchen Fällen nicht, wurde der Filter Jahre später angewendet. Zu dem Zeitpunkt, als die Erfindung tatsächlich gemacht worden war, sah das Bild möglicherweise völlig anders aus.

RBD: Die Repräsentation und das Timing der Filter und der Evidenz-Prozeduren können sehr wichtig sein hinsichtlich der Frage, wie Sie Kreativität definieren. Wenn Ihre Evidenz für Kreativität ein bestimmtes Gefühl ist, dann sind Sie so lange kreativ, wie Sie dieses Gefühl haben, selbst wenn Sie sich nur an das Gefühl erinnern.

Manche Menschen erkennen nur nachträglich, daß sie kreativ waren. Sie blicken auf das zurück, was sie getan haben, und sagen: »Mensch, das war ja kreativ!« Wohingegen die übrigen hundertfünfzig Millionen Ideen, die sie entwickelt haben, nicht kreativ waren, nur weil sie nicht auf jene Ideen zurückgeblickt und weil sie sie nicht registriert haben.

Eine der Strategien, die Menschen beim Praktizieren künstlerischer Kreativität benutzen – etwa Musiker oder Maler –, besteht darin, den kreativen Prozeß um ein Gefühl herum zu organisieren. Ihr Ziel ist es, jenes Gefühl mit Hilfe einer anderen sensorischen Modalität zu repräsentieren oder zu vermitteln. Es spielt dabei keine Rolle, wie sehr das betreffende Bild der Realität entspricht, sofern man nur, wenn man es anschaut, jenes Gefühl hat.

Es gibt eine Geschichte über jemanden, der mit Picasso zusammen in einem Zug fuhr. Als der andere Reisende merkte, daß er jenen berühmten Maler vor sich hatte, sagte er: »Ich habe den Eindruck, daß Sie versuchen, etwas völlig Neues und Einzigartiges zu tun, aber ich mag das, was dabei herauskommt, ganz und gar nicht.« Picasso antwortete daraufhin: »Oh wirklich? Was gefällt Ihnen denn?« Der Mitreisende antwortete: »Ich mag Dinge, die wie die Wirklichkeit aussehen. Wissen Sie, was ich meine? Dinge, die *wirklich* existieren, so wie dieses Bild von meiner Frau. *Genau so* sieht sie aus.« Picasso schaute sich daraufhin das Foto sehr genau an und entgegnete: »Dann ist sie aber schrecklich klein, nicht wahr?«

Jede Landkarte enthält irgendeine Art von Verzerrung. Wir akzeptieren bestimmte Arten der Verzerrungen, andere dagegen nicht, je nach dem Ziel oder Zweck unserer Landkarte.

Natürlich stehen auch Evidenz-Prozeduren und Kriterien-Äquivalente in Beziehung zu Werten und Glaubenssätzen.

Die kreativsten Software-Entwickler haben beispielsweise einen Glaubenssatz, der ungefähr so lautet: »Ich kann die Maschine in jedem Fall dazu bringen, daß sie tut, was ich möchte. Wenn es mir nur gelingt zu definieren, was ich möchte, kann ich dies immer irgendwann umsetzen.« Sie sagen nicht: »Schauen wir, was die Speichergrenzen meiner Maschine sind. Das entscheidet darüber, was ich tun kann.«

Operationen

Die Arten von Operationen, die im Bereich der Kreativität benutzt werden, sind ein anderes wichtiges Element der Makro-Ebene. Operationen sind der greifbarste

Ausdruck des kreativen Prozesses. Sie beinhalten die tatsächlichen Schritte, die Sie unternehmen, um Ideen zu produzieren und sie in Aktionen umzusetzen.

Ein verbreitetes Metaprogramm-Muster bei solchen Operationen ist das, was Arthur Koestler als *Bissoziation* bezeichnet hat: das Verbinden oder Kombinieren von Dingen zu einer neuartigen Synthese. Man fügt Dinge auf einer Mikro-Ebene zusammen, um auf einer Makro-Ebene etwas Neues zu schaffen. Im NLP nennen wir dies *Chunking up*[*]. So hat Gutenberg aus den Technologien des Blockdrucks, der Weinpresse und der Münzherstellung die Druckerpresse synthetisiert.

Die entgegengesetzte Operation, die ebenfalls oft im kreativen Denken verwendet wird, ist das *Chunking down*[**] oder Separieren (Trennen). Ein Element auszuwählen und es aus einem Konglomerat herauszulösen, ist eine andere Möglichkeit, kreativ zu sein – so wie man Aluminium aus Aluminium-Erz gewinnt. Durch *Chunking down* von Dingen, die vorher stets als feste Einheit angesehen wurden, gelangt man zu etwas Neuem.

Eine andere sehr verbreitete und hochwirksame Operation im Bereich der Kreativität ist eine Art von *lateralem Chunking* – durch Metaphern und Analogien. Dabei stellt man sich etwas so vor, »als ob« es etwas anderes sei, beispielsweise einen Menschen als einen Computer oder umgekehrt. Oder wenn es mir nicht gelänge, Ihnen eine bestimmte Idee in der ursprünglich vorgestellten Form zu vermitteln, und ich Ihnen statt dessen eine Metapher geben würde – selbst wenn diese nicht genau den Inhalt zum Ausdruck brächte, um den es mir ginge –, könnte ich Ihnen eventuell ein Bild, ein Gefühl oder einen Klang übermitteln, durch das oder den Ihnen klar würde, wie die Dinge zusammenpassen würden oder es »klick« machen würde.

Beispielsweise war bis vor kurzem die treffende Analogie für das, was unsere Technik leistet, die Arbeit der Muskeln. Heute nehmen wir den Geist als Modell. Die Informationsrevolution und ihr Triumph über die industrielle Revolution ist eine Folge der Entdeckung, daß man keine Kraft braucht, um Dinge zu tun. Was man vielmehr braucht, ist Intelligenz. Anstelle von Kraft und Stärke interessiert sich die Technik heute für Kreativität, Anpassungsfähigkeit, Flexibilität und Eleganz. In früheren Zeiten interpretierte man Darwins Ausdruck *Survival of the fittest* als »Überleben der Stärksten und Mächtigsten«. Heute jedoch lautet die Deutung eher, »das Überleben desjenigen, was am besten paßt« *(which has the best fit)* – das, was sich am kreativsten und ökologischsten in das Gesamtsystem einpaßt.«

---

[*] Überwechseln auf eine abstraktere, umfassendere Informationsebene; Anm. d. Übers.

[**] Überwechseln auf eine spezifischere und konkretere Ebene; Anm. d. Übers.

Definition des kreativen Prozesses 67

Die Art, wie man über Ideen denkt, zu verändern, kann für den kreativen Prozeß wichtig sein – der Versuch, ein Bild von etwas zu erzeugen, das nicht abbildbar ist, oder der Versuch, ein Gefühl aus etwas zu machen, das nicht mit einem Gefühl verbunden ist.

Eine der einfachsten Operationen der Kreativität ist ein Geräuschgenerator mit einem Filter. Das heißt, man nimmt sich irgendwelche beliebigen Dinge vor, filtert sie und läßt nur bestimmte Dinge durch den Filter passieren, so wie es bei einem Prisma der Fall ist. Das Prisma filtert weißes Licht so, daß verschiedene Farben sichtbar werden. Der Prozeß ähnelt auch ein wenig der Tätigkeit eines Goldgräbers. Man durchkämmt in einem Brainstorming so viele verschiedene wilde und verrückte Ideen wie möglich und filtert dann ein paar besonders gute aus alldem heraus. Diese Art von Brainstorming wird als *divergentes Denken* bezeichnet. Dabei wird versucht, in so viele unterschiedliche Richtungen abzuweichen wie nur möglich.

Das Gegenteil hiervon, *konvergentes Denken*, ist ebenfalls eine häufig verwandte Verfahrensweise, wenn man ein kreatives Ziel anstrebt. Sie entscheiden sich für ein bestimmtes Ergebnis und versuchen, dieses dann mit hundertprozentigem Einsatz zu erreichen. Dabei tun Sie nur Dinge, die zu jenem Ergebnis hinführen, und nichts, was im Hinblick auf dieses Ergebnis von peripherer Bedeutung wäre. Sie konzentrieren sich auf das Ziel, indem Sie alles aussondern, was nicht unmittelbar dazu beiträgt, dieses Ziel zu erreichen. Dies ist in vielen Zusammenhängen des Geschäftslebens die bevorzugte Strategie.

RWD: Ich bin der Meinung, daß es ein wichtiges Merkmal des kreativen Prozesses ist, zuerst die Ideen zu entwickeln und sie erst später zu filtern. Ich habe mit einer Reihe von Erfindern gesprochen, die sagten, sie würden alle ihnen zugänglichen Informationen sammeln, dann über die Sache einmal schlafen, und am nächsten Morgen sei die Lösung da. Andere Erfinder haben mir gesagt, sie würden sich hinsetzen und versuchen, sich all die verschiedenen Möglichkeiten vorzustellen, wie sie die Idee zu einem Erfolg machen könnten. Das würden sie in einer einzigen Arbeitssitzung tun, und am nächsten Tag würden sie dann wieder auf die Sache zurückkommen und analysieren, welche von den Möglichkeiten ihren Zweck erfüllten und welche nicht. Sie entwickeln die Idee am ersten Tag in den Grundzügen und spezifizieren sie am folgenden und schränken sie damit ein.

RBD: Entscheidend ist hier die Feststellung, daß Kreativität nicht durch eine einzige Art von Vorgehensweisen entsteht. Es gibt eine unglaubliche Vielfalt von

Operationen, die bei kreativen Prozessen eine Rolle spielen können. Manchmal erfordert der kreative Akt ein Hin-und-Herwechseln zwischen verschiedenen Arten zu denken. Wenn es um Kreativität geht, geht es weniger darum, was die richtige Strategie oder Operation ist, sondern darum, wie gut Sie in der Lage sind, verschiedenartige Operationen zu nutzen und zwischen verschiedenen Operationen zu wechseln. Wie umfassend ist ihr Modell von der Welt?

Letztlich ist es nicht so, daß die Kreativität ausschließlich dem »Operations«-Teil des T.O.T.E.-Schemas zuzuordnen ist. Kreativität kann ebensosehr daraus entstehen, daß man die Ziele und Evidenzen verändert. Während man das eigentliche »Erfinden« neuer Produkte mit dem Operations-Teil des T.O.T.E.-Prozesses assoziieren mag, entstehen Prozesse wie »Innovation« und »Entdeckung« durch andere Bestandteile des T.O.T.E.-Ablaufs.

RWD: Kurz nachdem ich meine Arbeit bei RCA begonnen hatte, sprach ich einmal mit einem Ingenieur. Wir unterhielten uns über Kreativität, Erfindungen und ähnliches. Er sagte, daß er Ingenieur sei und daß er nicht glaube, daß die Arbeit der R&D-Leute (der Angehörigen der »Research and Development«-Abteilung) sonderlich wertvoll sei. Er sähe keinen Grund, weshalb man ihnen soviel Geld bezahle. Er brachte sein Unverständnis darüber zum Ausdruck, warum von Erfindungen so viel Aufhebens gemacht würde. Er verstand nicht, was an diesen R&D-Typen so besonders sei. Er sagte: »Es ist doch ganz einfach. Sie sagen mir, was ich erfinden soll; dann erfinde ich es. Kein Problem. Sagen Sie mir, was erfunden werden soll, dann erfinde ich es.«

RBD: Ihm war nicht klar, daß es das eine Prozent Inspiration war, das die neunundneunzig Prozent Transpiration möglich und der Mühe Wert machten. Die R&D-Leute beschäftigen sich nicht mit dem Erfinden, sondern mit dem Entwickeln von Innovationen. Innovationen haben etwas damit zu tun, daß man Ziele verändert oder erweitert – damit, daß man jemandem sagt, was er erfinden soll. Erfinden hat etwas mit dem Erreichen von Zielen zu tun. Überhaupt erst einmal herauszufinden, was erfunden werden soll, ist ein ebenso wichtiger kreativer Prozeß wie das Erfinden selbst.

Beim Entdecken geht es nicht darum, unbedingt etwas Neues zu schaffen. Was entdeckt wird, kann schon seit Jahren da gewesen sein, oder es kann ein Nebenprodukt von etwas sein, daß Sie ohnehin tun. Entdecken ist die Folge davon, daß man etwas aus einer anderen Perspektive sieht und sich plötzlich einer Sache bewußt wird, die man nie zuvor bemerkt hatte. Zu Entdeckungen kommt es durch

Definition des kreativen Prozesses 69

Veränderung und Bereicherung der Wahrnehmungsfilter und der Evidenz-Prozeduren.

RWD: Es ist so, als würde man als erster alle sieben Monde des Planeten Saturn sehen. Einen neuen Mond zu entdecken mag keine Erfindung sein, aber es erfordert Kreativität.

RBD: Entdeckungen werden häufig in der Feedback-Phase des kreativen Prozesses gemacht, wenn Sie Ihre Filter benutzen. Deshalb ist es manchmal wichtig, Ideen zuerst zu entwickeln und die Filter erst später ins Spiel zu bringen. Oft entdeckt man auf diese Weise etwas, das man nicht erwartet hat, etwas, das nicht Bestandteil der ursprünglichen Absicht oder des Plans war.

Reaktion auf Probleme

RWD: Es gibt eine Geschichte über einen Menschen, der in einer Sägemühle arbeitet. Eines Tages, als er zur Arbeit kommt, hört er von der anderen Seite des Gebäudes her einen Schrei. Er läuft dorthin und sieht, daß die Hand eines seiner Kollegen stark blutet. Der Mann hat sich gerade mit der Säge einen Finger abgeschnitten. »Mein Gott, was ist passiert?« stößt der Hinzukommende entsetzt hervor. Der Verletzte sagt: »Ich griff gerade nach dem Brett dort, so... und... Autschhhh! Jetzt ist noch einer weg!«

RBD: Einer der wichtigsten Aspekte des kreativen Prozesses ist, wie wir reagieren, wenn unsere Evidenz-Prozedur zu einem negativen Resultat führt. Die Dinge entwickeln sich nicht immer so, wie wir es geplant haben. Selbst eine gut durchgeteste Operation, die in der Vergangenheit erfolgreich war, muß zu einem späteren Zeitpunkt nicht unbedingt zu positiven Ergebnissen führen. Eine der verbreitetsten Täuschungen in allen Bereichen menschlicher Aktivität ist die Ansicht, weil etwas in der Vergangenheit einmal seinen Zweck erfüllt hätte, würde es dies auch weiterhin tun. Weil unsere Umgebung sich verändert, kann etwas, das in der Vergangenheit seinen Zweck erfüllt hat, plötzlich zu einer schwerwiegenden Einschränkung werden.

Wir beschneiden uns häufig selbst in unserer Kreativität, weil es so leicht ist, zu dem zurückzukehren, was wir schon immer getan haben. Tatsächlich ist früherer Erfolg häufig die schwerwiegendste Behinderung für die Kreativität. Ein Autohersteller mag jahrelang auf einem blühenden Markt mittels einer bestimmten Strategie erfolgreich seine Autos verkauft haben. Doch wenn der Markt oder die ökonomische Situation sich verändert, kann genau diese Strategie ihm in einem enger werdenden Markt zum Verhängnis werden. Irgendwann wird der Hersteller entweder seine Produkte oder seine Strategie verändern und diversifizieren müssen.

Xerox war über lange Zeit sehr erfolgreich mit dem Verkauf von Fotokopiergeräten, nämlich zu einer Zeit, als die Welt vom Papier abhängig war. Doch mit dem Aufkommen der elektronischen Postdienste und der elektronischen Datenspeicherung wurde den Verantwortlichen klar, daß der Erfolg ihrer Produkte nicht mehr lange anhalten würde. Doch wollte natürlich niemand in der Firma für das Risiko verantwortlich sein, ein Neun-Milliarden-Dollar-Unternehmen durch einen Fehler in ein Zwei-Milliarden-Dollar-Unternehmen zu verwandeln. Hier geht es um den Glaubenssatz, daß es, wenn man erfolgreich ist, ein Fehler ist, zwei Schritte zurückzutreten. Doch Kreativität erfordert die Fähigkeit, sich zu verändern und neue Dinge auszuprobieren. Es ist oft anstrengend oder riskant, etwas Neues auszuprobieren. Deshalb verläßt man sich lieber auf die Art, wie man es schon immer gemacht hat.

Auch in dieser Situation sind Glaubenssätze im Spiel. Manchmal begegnet man einer Blockade in Form eines Glaubenssatzes, wie etwa: »Ich benutze diese Strategie schon seit langer Zeit. Sie hat immer funktioniert – sie hat sogar großartig funktioniert. Ich möchte sie nicht aufgeben.«

Man kann diese Blockade überwinden, indem man sich daran erinnert, daß Strategien keine Alles-oder-Nichts-Prozesse sind. Kreativ zu sein bedeutet nicht, daß man die zuvor angewandten Strategien und Operationen völlig aufgeben muß. Vielmehr geht es darum, ihnen etwas Neues hinzuzufügen – das zu bereichern, was sich bereits als wirksam erwiesen hat, indem man weitere Wahlmöglichkeiten hinzufügt. Viele Menschen glauben: »Veränderungen bedeuten, daß ich aufgeben muß, was ich bereits habe«, und »Kreativ zu sein bedeutet, daß ich das Alte aufgeben muß.« Aber das ist nicht unbedingt zutreffend. Kreativität und Innovation sind Prozesse, die auf bereits Erworbenem aufbauen. Die Leute bei Xerox dachten, sie müßten ihre Strategie völlig verändern, statt einfach dem, was sich bereits als funktionsfähig erwiesen hatte, etwas hinzuzufügen.

Der Prozeß der aufbauenden Kreativität und Innovation beinhaltet, daß eine ständige Feedback-Schleife zwischen Zielen, Evidenzen und Operationen bestehen muß. Wie reibungslos diese Feedback-Schleife funktioniert, hängt von den Glaubenssätzen ab, die wir mit dem Prozeß des Feedbacks und der Bewertung verbinden. Ich habe viele Menschen kennengelernt, die im kreativen Bereich arbeiten und

Definition des kreativen Prozesses

die sagen: »Ich wünschte, ich hätte ein stärkeres Erfolgsgefühl und würde nicht so hohe Ansprüche an mich selbst stellen.« Doch gleichzeitig hatten diese Menschen auch das Gefühl, wenn sie ihre Ansprüche an sich selbst herunterschrauben würden, müßten sie sich mit mittelmäßiger Arbeit zufriedengeben. Diese Verknüpfung entsteht durch ihre Glaubenssätze.

Ich habe einmal mit einer Frau gearbeitet, die aufgrund ihrer Evidenz-Prozedur für Erfolg und aufgrund ihrer Reaktion auf dieselbe ständig in derartige Doublebinds hineinrutschte. Die von ihr angewandte Strategie bestand darin, daß sie, wenn sie etwas Neues lernte – beispielsweise Kalligraphie –, sich sagte, es wäre nicht so schlimm, Fehler zu machen, da sie ja eine Anfängerin sei. Anfänglich sah sie Fehler als Feedback an und lernte infolge dessen sehr schnell. Aber wenn sie besser wurde und sich ihre Arbeit immer mehr dem angestrebten Ziel näherte, wurde sie immer intoleranter ihren eigenen Fehlern gegenüber, und es verstärkte sich in ihr zunehmend das Gefühl, eine Versagerin zu sein. Je näher sie dem Erfolg kam, um so schlimmer fühlte sie sich, wenn es ihr nicht gelang, durch ihre Arbeit ein perfektes Ergebnis zu erbringen. Mit anderen Worten, je näher sie dem Punkt kam, in einem Bereich eine gute Leistung zustande zu bringen, um so schmerzlicher wurde es für sie, an der Sache weiterzuarbeiten, weil sie sich schrecklich fühlte, wenn sie es nicht »richtig machte«. Die Folge war, daß sie sich anfangs jeweils sehr schnell entwickelte, doch wenn sie sich der Stufe des tatsächlichen Beherrschens einer Fertigkeit näherte, gab sie einfach auf, weil das Gefühl zu versagen für sie zu intensiv war. Sie war sehr kreativ, aber je näher sie dem von ihr angestrebten Ziel kam, um so stärker wurde das Gefühl in ihr, dieses Ziel nicht erreichen zu können.

Ihre erste Reaktion auf diese Problematik war zu sagen: »Ich sollte einfach nicht so hohe Ansprüche an mich selbst stellen.« Aber diese Methode funktionierte nicht, denn wenn sie ihre Ansprüche senkte, kam sie auch schneller an den Punkt, sich schlecht zu fühlen, weil sie dann dem Ziel, das sie sich gesetzt hatte, auch rascher näher kam. Die Lösung tauchte auf, als wir die Absicht oder den Zweck des schlechten Gefühls erforschten – d.h., welche Funktion es im Rahmen der Strategie hatte. Ihre Antwort war, der Zweck dessen, daß sie sich schlecht fühlte, weil sie ihren eigenen Ansprüchen nicht gerecht zu werden vermochte, liege darin, sich dazu zu motivieren, mit ihren Bemühungen fortzufahren. Aber genau darin bestand natürlich der Double-bind.

Von einem bestimmten Punkt ab motivierte das schlechte Gefühl sie in die entgegengesetzte Richtung, nämlich aufzugeben, weil sie sich so unwohl fühlte. Ich fragte sie, welche anderen Gefühle außer dem Vermeiden von Schmerz sie zum

Handeln motivierten. Sie sagte, freudige Erregung motiviere sie ebensosehr wie Schmerz. Deshalb setzten wir an die Stelle des negativen Gefühls in ihrer Strategie das Gefühl wachsender freudiger Erregung, wobei die Möglichkeit einbezogen wurde, daß sie jederzeit wieder auf das andere Gefühl zurückgreifen könnte, wenn sie es brauchte. Dadurch wurde ihre Fähigkeit, kreative Ziele zu erreichen, völlig verändert. Übrigens stammt die Kalligraphie auf der Broschüre für unser erstes *Creativity and Innovation*-Programm von dieser Frau – und ich möchte hinzufügen, daß sie das sehr gut gemacht hat und sich sehr wohl dabei fühlte.

Die Auseinandersetzung mit potentiell einschränkenden Glaubenssätzen ist ein wichtiger Bestandteil jeglicher Kreativität.

RWD: Es gibt eine interessante Geschichte über Michael Faraday, den Entdecker der elektromagnetischen Induktion. Faraday fand heraus, daß, wenn man zwei Glühdrähte hatte und durch den einen von diesen elektrischen Strom leitete, auch in dem benachbarten eine elektrische Spannung auftrat. Er entdeckte dies Anfang des 19. Jahrhunderts, und es war sehr schwierig für ihn zu beweisen, daß in dem zweiten Glühfaden tatsächlich ein Strom auftrat. Er gab sich ungeheuer viel Mühe, um jene Schlußfolgerung zu untermauern. Faraday publizierte einen Aufsatz, und eine Frau schrieb ihm in einem Brief: »Dr. Faraday, das ist eine wunderbare Erfindung. Könnten Sie dieses Prinzip nicht dazu verwenden, Information durch den Raum zu transportieren?« Und Faraday ließ in seinem Antwortschreiben an die Frau keinen Zweifel daran, daß er es für völlig närrisch hielt zu denken, so etwas würde jemals von irgendeinem Nutzen sein, es sei denn als Kuriosität in einem Labor. Faraday war ein sehr kreativer Mensch – und die Frau, die ihm den Brief geschrieben hatte, war noch wesentlich kreativer als er.

RBD: Glaubenssätze entscheiden darüber, ob etwas als Feedback oder als Fehlschlag wahrgenommen wird. Eine meiner Lieblingsgeschichten ist die von zwei Schuhverkäufern, die nach Mexiko geschickt werden. Nehmen wir an, der eine ist Faraday, und die andere die Frau, die ihm den erwähnten Brief geschrieben hat. Beide werden nach Mexiko geschickt, damit sie dort Schuhe verkaufen. Nach einem Monat schreibt Faraday an seine Firma: »Niemand hier trägt Schuhe. Alle tragen Sandalen. Ich komme zurück nach Hause. Unsere Produkte haben hier keine Chance.« Die Frau hingegen schreibt: »Schickt mir alle Schuhe, die ihr nur bekommen könnt. Hier hat niemand Schuhe. Wir können sie praktisch an jeden verkaufen!« Ist das Glas halbleer oder halbvoll? Das hängt von dem Metaprogramm und von der Evidenz ab, auf die Sie sich beziehen.

Definition des kreativen Prozesses 73

RWD: Das ist so wie mit dem Menschen, der das Auto erfand. Die Leute sagten: »Naja, das ist ja eine hübsche Spielerei, aber dieses Ding wird doch nie das Pferd ersetzen. Wenn wirklich jeder so ein Ding besitzen würde, bräuchte man unglaublich viel Treibstoff, und dann wären überall diese Tankstellen, weil das Ding mit einem Tank Kraftstoff nur eine begrenzte Strecke zurücklegen kann. Außerdem müßte man unglaublich viele Meilen befestigter Straßen bauen, damit diese Dinger überhaupt fahren könnten. Das wird nie geschehen. Das Pferd kann über fast jede Art von Oberfläche laufen, und es frißt Gras, das überall zu finden ist. Deshalb ist es bei weitem das überlegene Transportmittel. Vergeßt das Automobil.«

RBD: Eine andere Geschichte, die ich erzählen möchte, handelt von einem Mann, der in einem Gemüseladen arbeitet. Er ist jung und kräftig, und der Chef hat seine Pläne mit ihm. Eines Tages kommt ein alter Mann in den Laden und möchte einen halben Salatkopf kaufen. Der Bursche versucht dem Kunden höflich klarzumachen, daß in diesem Geschäft nur ganze Salatköpfe verkauft werden. Aber der Alte beharrt darauf, daß er einen halben Kopfsalat haben möchte; mehr würde er nicht nehmen. Weil der junge Verkäufer es den Kunden möglichst recht machen möchte, lenkt er schließlich ein: »Ich werde mit dem Chef darüber sprechen.« Dann geht er in den Hinterraum des Ladens, wo er den Chef findet. Verzweifelt sagt er: »Da ist so ein Trottel, der einen halben Salatkopf haben will.« Plötzlich sieht er, daß der Alte ihm gefolgt ist und daß er jedes Wort gehört haben muß. Deshalb wendet sich der Verkäufer dem Alten zu und fährt fort: »Und dieser nette Herr hier würde gerne die andere Hälfte kaufen.«

Im NLP glauben wir: »Es gibt keine Fehler, es gibt nur Gelegenheiten, kreativ zu sein.« Übrigens endet die Geschichte damit, daß der Alte – natürlich mit dem halben Salatkopf – davongeht und der Chef den jungen Verkäufer beiseite nimmt und zu ihm sagt: »Das hast du großartig gemacht. Du bist sehr kreativ. Ich habe darüber nachgedacht, daß ich dich zum Manager des Ladens machen möchte, den ich in Toronto eröffnen werde. Daraufhin zeigt sich der junge Verkäufer zwar dankbar, zögert aber ein wenig. Der Chef fragt ihn warum, und er antwortet: »Naja, Toronto liegt in Kanada, und ich habe gehört, daß es dort nur Huren und Hockeyspieler gibt. Ich fürchte, daß es dort wenig Interessantes für mich geben wird.« Daraufhin wird der Chef wütend und schnaubt: »Meine Frau stammt aus Kanada! Sieh dich vor, was du sagst!« – »Oh«, antwortet der Verkäufer nach einer kurzen Pause, »in welchem Team hat sie denn gespielt?«

Manchmal erweist sich etwas, das zunächst wie ein riesiger Mißerfolg aussah, im nachhinein als echte Innovation, wenn Sie es schaffen, Ihre Filter neu einzustellen und Ihre Strategie und Ihren Glauben aufrechtzuerhalten. Die Blockaden (*blocks*) verwandeln sich dann in Bausteine (*building blocks*).

RWD: Es ist ein Bestandteil der Kreativität, sich eine optimistische Einstellung zu erhalten. Die Fähigkeit, übertriebenes Selbst-Bewußtsein und übertriebene Selbstkritik zu vermeiden, ist sehr wichtig beim Erfinden. Viele Erfinder sammeln alles, worauf sie stoßen, auch wenn es sich bei der Lösung des aktuellen Problems als unbrauchbar erweist. Ich habe das beim Schreiben von juristischen Dokumenten ebenso gemacht. Wenn ich etwas geschrieben hatte, das an der betreffenden Stelle nicht paßte, habe ich es aufgehoben, um es später in einem anderen Zusammenhang zu verwenden.

RBD: Die Witzeschreiber, die für professionelle Komiker wie Johnny Carson arbeiten, sehen immer eine Ersatz-Pointe vor (*backup joke*), für den Fall, daß die eigentlich geplante Pointe nicht »zündet«. Manchmal gefällt den Komikern dieser »Ersatz« so gut, daß sie es regelrecht darauf anlegen, die erste Pointe zum Scheitern zu bringen.

Das T.O.T.E.-Modell impliziert, daß es wichtig ist, in Operationen, die zum Erreichen von Zielen eingesetzt werden, Varianten zu erforschen, statt einfach die gleichen Dinge ständig zu wiederholen – selbst dann, wenn sie in der Vergangenheit zu kreativen Resultaten geführt haben. Weil das Umfeld und die Inhalte, in denen sie ihre Funktion früher einmal erfüllten, sich verändert haben, führt eine bestimmte Vorgehensweise nicht immer wieder zum gleichen Ergebnis. Wenn Sie auf konsistente Weise auf Ihr Ziel zugehen wollen, müssen Sie die Operationen (Vorgehensweisen), auf die Sie dabei zurückgreifen, variieren; nur so können Sie das Ziel erreichen. Wenn Sie sich immer wieder der gleichen Prozedur bedienen, werden Sie zu unterschiedlichen Ergebnissen gelangen – die Ergebnisse werden also variiert.

In der System-Theorie gibt es ein Prinzip, das *Gesetz der erforderlichen Vielfalt* (*Law of Requisite Variety*) genannt wird. Es beinhaltet, daß ein Mitglied eines Systems, um sich erfolgreich anpassen und um überleben zu können, ein gewisses Minimum an Flexibilität benötigt. Das Maß an Flexibilität muß im Verhältnis zur Vielfalt des übrigen Systems stehen. Eine der Implikationen des Gesetzes der erforderlichen Vielfalt (Variabilität) lautet, daß man, um einen bestimmten Zielzustand zu erreichen, die Zahl der Operationen erhöhen muß, die zu diesem Ziel führen könnten, und daß dies proportional zum Grad der Variabilität im System geschehen muß. Das bedeutet, daß mehr Flexibilität erforderlich ist, wenn ein

System komplexer wird. Eine weitere Implikation des Gesetzes der erforderlichen Vielfalt ist, daß der Teil des Systems, der am flexibelsten ist, das katalytische Element innerhalb jenes Systems sein wird – so wie im Schachspiel die Königin.

Der Prozeß der Kreativität erfordert häufig, daß man, um Ziele zu erreichen, auf auftauchende Probleme reagiert. Im folgenden sind mehrere Prinzipien der Kreativität aufgeführt, die wichtig sind, wenn es darum geht, effektiv auf Schwierigkeiten zu reagieren, denen man auf dem Weg zum angestrebten Ziel begegnet.

1. *Ziel-Rahmen* – Erhalten Sie die Orientierung auf das in der Zukunft liegende Ziel, das Sie erreichen wollen, aufrecht, statt darauf, wie Sie von dem Problem wegkommen können. Selbst wenn Sie versuchen, das Problem zu überwinden, ist es wichtig, dies innerhalb einer umfassenderen Perspektive und im Kontext des Zielzustandes zu tun.
2. *Feedback versus Fehlschlag-Rahmen* – Wenn eine Idee sich als unbrauchbar erweist, erhalten Sie durch die Art des Fehlschlags ein Feedback darüber, was Sie tun könnten, um Erfolg zu haben (aus Fehlern lernen). Manchmal müssen Sie sogar etwas tun, um das Feedback zu erhalten, das Sie für den nächsten Schritt brauchen.
3. *Flexibilitätsrahmen* – a) Sie sollten stets zumindest zwei weitere Wahlmöglichkeiten haben, auf die Sie zurückgreifen können, und zwar *bevor* Sie anfangen, eine bestimmte Verfahrensweise (Operation) anzuwenden. b) »Wenn das, was Sie tun, nicht zum Ziel führt, dann tun Sie etwas anderes – tun Sie *irgend etwas* anderes.« Fast alles ist besser als das, was Sie gerade tun, wenn Sie bereits festgestellt haben, daß diese Option ihren Zweck nicht erfüllt.

Zusammenfassung

Kreativität ist ein vielschichtiger facettenreicher Prozeß. Wir haben eine Reihe von Werkzeugen und Prinzipien vorgestellt, die dazu dienen, den kreativen Prozeß zu definieren und zu erforschen. Sie sind mit dem R.O.L.E.- und mit dem T.O.T.E.-Modell sowie mit unterschiedlichen logischen Ebenen der Interaktion assoziiert.

Auf der Mikro-Ebene haben wir uns damit beschäftigt, inwiefern die sensorischen Systeme und die Orientierung, mit deren Hilfe wir unsere Erfahrung kartieren oder repräsentieren, essentielle Elemente des kreativen Prozesses sind. Kreativität ist eine Funktion dessen, wie wir denken und wahrnehmen. Die Art, wie Repräsentationen miteinander verbunden sind, ist ebenfalls eine wichtige Quelle der Kreativität.

Sinneserfahrungen und innere Landkarten werden im Kontext der Makro- und Metaprozesse miteinander verbunden, die gleichzeitig, jedoch auf verschiedenen Ebenen stattfinden. Die Art, wie wir unsere Umgebung wahrnehmen, ist gleichzeitig mit unseren Verhaltensweisen verbunden, die außerdem mit unseren inneren Landkarten und Plänen verbunden sind, welche ihrerseits wiederum zu unserem Wertesystemen und unseren Glaubenssätzen in Beziehung stehen; und diese stehen mit unserem Selbst-Gefühl in Verbindung. Diese Art von Verbindungen auf den Meta-Ebenen erzeugt die »Logik«, die den sequentiellen und synästhetischen Verbindungen einer Mikrostrategie zugrunde liegt.

Die beschriebenen Arten von Verbindungen haben generell die Form der T.O.T.E.-Schleife, und sie determinieren:

1. die Art von Kontext, in welchem Sie kreativ und innovativ sind.
2. Ihre Ziele hinsichtlich des kreativen Prozesses.
3. die Art der Evidenz-Prozedur, mit deren Hilfe Sie einen Fortschritt in Richtung auf diese Ziele hin feststellen.
4. die Wahlmöglichkeiten, mit deren Hilfe Sie jene Ziele zu erreichen versuchen, und das Verhaltensspektrum, das Ihnen zur Verfügung steht, um diese Wahlmöglichkeiten umzusetzen.
5. die Art, wie Sie reagieren, wenn Sie nicht gleich beim ersten Versuch Ihre Ziele erreichen.

Verschiedene Arten von Kreativität lassen sich aufgrund dessen definieren, wie dadurch verschiedene Bestandteile des T.O.T.E.-Prozesses verändert werden.

Innovation: Das Entwickeln einer völlig neuen Idee – bezieht sich auf das Setzen von Zielen.

Entdeckung: Verändern des Wahrnehmungsfilters, so daß man etwas Vertrautes auf andere Weise wahrnimmt – bezieht sich auf Evidenz-Prozeduren.

Erfindung / praktische Umsetzung einer innovativen Idee: Operieren innerhalb eines bestimmten Sets von Parametern, um ein bestimmtes Ziel zu erreichen – bezieht sich auf die Mittel, die zum Erreichen eines Ziels erforderlich sind.

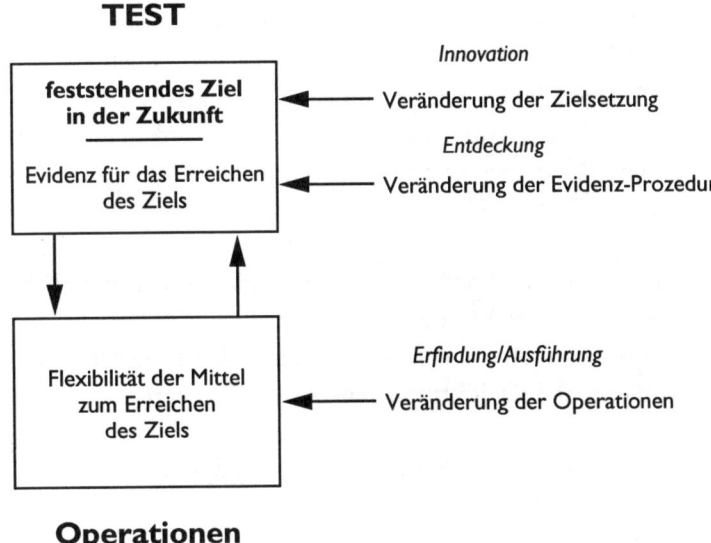

Abbildung 1.15.: Arten der Kreativität in Beziehung zu Veränderungen im T.O.T.E.-Prozeß

Außer den Mikro-Strukturen gibt es noch Muster der Makro-Ebene, die sich darauf beziehen, wie wir die verschiedenen T.O.T.E.-Funktionen etablieren und umsetzen. Diese Muster beeinflussen die Reichweite und die Art einer bestimmten kreativen Bemühung. Die folgende Abbildung faßt einige der wichtigsten Muster der Makro-Ebene zusammen.

Meta-Programm-Muster

zum Positiven hin - vom Negativen weg
Annäherung - Vermeiden

Aufgabe - Beziehung

innerer Bezug - äußerer Bezug
Selbst - Andere - Umgebung

Match - Mismatch
Ähnlichkeiten - Unterschiede

langfristig - kurzfristig
Vergangenheit - Gegenwart - Zukunft

Repräsentations-Präferenz
Vision - Logik - Aktion - Emotion

große Chunks - kleine Chunks
Allgemeines - Details

T.O.T.E.-Elemente

Abbildung 1.16.: Meta-Programm-Muster in Beziehung zu T.O.T.E.-Funktionen

TEST

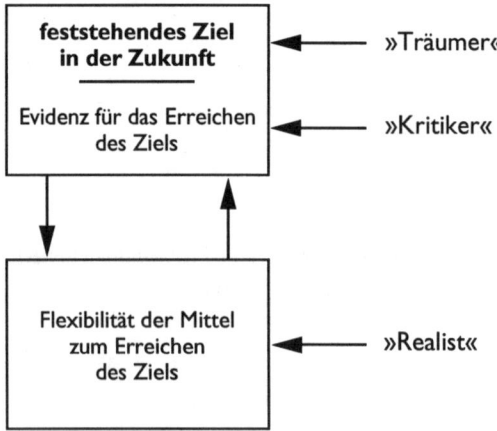

Operationen

Abbildung 1.17.: T.O.T.E.-Funktionen in bezug zum Träumer, Realisten und Kritiker

Definition des kreativen Prozesses

In einer effektiven kreativen Strategie befinden sich diese Muster in einem Zustand der Ausgewogenheit, gewöhnlich in Form eines Zyklus von Prozessen, die wir mit den Namen *Träumer, Realist* und *Kritiker* bezeichnet haben. Verallgemeinernd gesagt besteht die Rolle des Träumers darin, neue Ziele festzulegen, die des Realisten bezieht sich auf den Prozeß des Umsetzens jener Ziele oder des Hinarbeitens auf jene Ziele, und die Rolle des Kritikers besteht darin, Evidenz-Prozeduren festzulegen und zu beurteilen, ob Fortschritte in Richtung auf die angestrebten Ziele gemacht worden sind.

Die Prozesse des Träumers, des Realisten und des Kritikers kann man auch anhand von Clustern oder Metaprogramm-Mustern definieren, die sich auf verschiedene Aspekte des Gesamtbereichs der kreativen Arbeit beziehen. Zum Beispiel sind in der nachfolgenden Tabelle einige häufig vorkommende Muster der Makro-Ebene aufgeführt, die zu den Strategien des Träumers, des Realisten und des Kritikers assoziiert sind.

	Träumer	**Realist**	**Kritiker**
Orientierung	*Was*	*Wie*	*Warum*
Repräsentations-Präferenz	Vision	Aktion	Logik
Ansatz	auf etwas zu	auf etwas zu	weg von etwas
Zeitrahmen	langfristig	kurzfristig	langfristig/kurzfristig
Zeit-Orientierung	Zukunft	Gegenwart	Vergangenheit/Zukunft
Bezug	nach innen Selbst	nach außen Umgebung	nach außen Andere

Abbildung 1.18.: Cluster von Meta-Programm-Mustern in Beziehung zum Träumer, Realisten und Kritiker

Übung: Erforschen des kreativen Prozesses anderer

Als kurze Übung sollen Sie nun die Beschreibungen zwei bekannter amerikanischer Romanschriftsteller über ihren kreativen Prozeß des Schreibens vergleichen. Was läßt sich über die Unterschiede und über die Ähnlichkeiten der Mikro- und Makrostrategien dieser beiden Autoren sagen? Achten Sie auf jede Art von Mustern in den Orientierungen ihrer Repräsentationssysteme, in ihren Zielen, Vorgehensweisen, Operationen und Metaprogrammen.

> Ich bin immer dann am produktivsten und habe die genialsten Einfälle, wenn Stift, Papier und Schreibmaschine weit weg sind. Die zahllosen nebulösen Ideen nehmen dann in meinem Geist Form an, als würden schöne neue Welten geboren. Lebhafte Charaktere bewohnen plötzlich jene Welten und stürzen sich in wunderbar komplexe, aber nichtsdestoweniger logische Abenteuer. Und all dies spielt sich ab in Passagen, die so fließend, so treffend und so kraftvoll sind, daß ich unwillkürlich ins Staunen gerate. Und sollten mir noch irgenwelche Zweifel bleiben, so werden diese endgültig durch die begeisterten Rezensionen zum Schweigen gebracht – imaginäre Rezensionen, die ich im Geiste vor mir sehe –, noch bevor meine mentale Arbeit an der Traum-Erzählung beendet ist. Rezensionen über die eigene Arbeit, so sagen einige Autoren, können nie gut genug sein. Aber während ich jene imaginären Kritiken vor meinem inneren Augen vorüberziehen lasse, bin ich manchmal nahe daran, angesichts der überwältigenden Ehrfurcht und der Bewunderung, die sie mir entgegenbringen, zu erröten.
>
> Soweit die gute Nachricht. Die schlechte Nachricht ist, daß stets ein Tag zu kommen scheint, an dem ich in die Realität hinabsteigen und tatsächlich einige jener Wörter zu Papier bringen muß. Und wenn ich damit beginne, muß ich einmal wieder erkennen, daß ich mit einer unzulänglichen Verbindung zwischen Geist und Hand geboren worden bin, was darauf hindeutet, daß ich jene wundervollen Geschichten in Venusianisch ersonnen habe, einer Sprache, die sich praktisch nicht ins Englische übersetzen läßt...
>
> Nachdem ich den Abgabetermin in riesigen Lettern auf ein Blatt geschrieben und dieses auf meinen Schreibtisch gestellt habe..., mache ich mich daran, eine Seite zu schreiben. Anschließend schaue ich mir das Geschriebene noch einmal genau an und komme zu der schrecklichen Erkenntnis, daß eine literarische Karriere, die recht vielversprechend begonnen hatte, soeben zu einem abrupten Ende gekommen

Definition des kreativen Prozesses

ist – so wie ja alle Dinge letztlich irgendwann einmal zu Ende gehen müssen... Ich formuliere mein Werk also um und versuche, ihm ein wenig von jener Qualität zu geben, die jenem mentalen Venusianisch eigen gewesen war, und diesmal scheint es mir ein wenig besser zu gelingen. Manchmal komme ich auf diese Weise sogar zu dem Punkt, daß ich mich an eine zweite Seite heranwage, und dann eine dritte, eine vierte, und so weiter, bis ich schließlich am Ende angelangt bin – gewöhnlich etwa zehn Minuten vor Überschreitung des endgültigen Abgabetermins. Natürlich würde mich niemand erhängen lassen, wenn ich jene Frist überschreiten würde, doch habe ich mich nun einmal dazu konditioniert, den Abgabetermin als heilig anzusehen. Wenn das nicht so wäre, würde ich einer anderen Arbeit nachgehen.

Es gibt gute Tage und schlechte Tage, häufig abrupte Wechsel zwischen dem manischen und dem depressiven Zustand... Man kommt im alltäglichen Kampf nicht umhin, jene Unannehmlichkeiten zu ertragen, auf jenen Wellen des Wechsels zwischen manischen und depressiven Zuständen zu reiten und auf ewig ruhelos zu bleiben.

Stanley Ellin, Autor von *Dreadful Summit* und *The Eighth Circle*
aus: *Writer's Digest*, Oktober 1983, S. 22-23

Ich plane meine Bücher nicht im voraus. Ich habe eine vage Vorstellung davon, wohin ich mit dem Buch kommen möchte. Ich weiß ungefähr, was geschehen wird. Aber das Erste, was ich tue, ist, handelnde Personen in einem Notizbuch zu sammeln. Ich versuche herauszufinden, wer diese Charaktere sind, wie sie beschaffen sind und wie sie sich anhören. Und ich gebe jedem von ihnen einen Namen – wenn ich nicht für jeden der Charaktere einen Namen hätte, würde ich wohl nicht wissen, was ich tun sollte. Wenn ich schließlich anfange zu schreiben, habe ich schon eine ziemlich genaue Vorstellung davon, wer die Hauptpersonen sein werden, aber ich weiß immer noch nicht genau, wie die Geschichte verlaufen wird. Und etwas passiert mir fast in jedem Buch: Eine Person, die ich mir zunächst als unwichtig vorgestellt hatte, übernimmt plötzlich eine Hauptrolle. Ich höre die Figur sprechen, und plötzlich wird mir klar: Dieser Kerl ist interessant. Als ich mit dem Schreiben des Buches begann, war mir das noch nicht klar.

Wenn ich anfange, habe ich keinen Plan über Folge und Verlauf der einzelnen Kapitel. Ich mag es nicht, mich an einen im voraus festgelegten Handlungsverlauf zu halten – ich finde das langweilig. Ich möchte nicht, daß das vorausgeplante Ziel der Handlung das wichtigste Element der Geschichte ist. Ich möchte, daß die handelnden Personen das Interessanteste am gesamten Buch sind. Ich möchte, daß sich die Leser mehr für die Charaktere interessieren als für den Handlungsverlauf. Dadurch wird das Ergebnis dem wirklichen Leben ähnlicher. Deshalb fertige ich keine Skizze des Handlungsverlauf für das Buch an. Aber was die einzelnen Charaktere betrifft, so weiß ich, was in den einzelnen Kapiteln mit ihnen geschehen wird. Ich mache mir ein paar Notizen, damit ich im Auge behalte, in welche Richtung sich die einzelnen Figuren bewegen sollen. Oft enden meine Szenen mit einer Pointe, und es kann Tage dauern, bis ich die passende gefunden habe. Ich versuche, ein Kapitel so zu beenden, daß der weitere Verlauf vorbereitet wird. Und ich versuche, ein Kapitel mit etwas zu beginnen, das bereits im Gange ist. Sehr selten beginne ich ein Kapitel mit einer Beschreibung oder damit, wie das Wetter gerade ist oder etwas ähnlichem. Ich springe sofort mitten ins Geschehen.

Ich wünsche mir einen intelligenten Leser. Ich wünsche mir einen Leser, der bereit ist zu arbeiten. Wenn ich etwas in der Hoffnung schreibe, daß der Leser es versteht, und dann höre ich von irgend jemandem, daß er es tatsächlich verstanden hat – eine bestimmte Bezugnahme oder was auch immer –, dann ist das für mich eine regelrechte Genugtuung, eine echte Befriedigung.

Elmor Leonard, Autor von *Glitz* von den *San Jose Mercury News*
24. August 1985, S. 9

Diese beiden Beschreibungen bilden einen faszinierenden Kontrast bezüglich der Schreibstrategien.

Auf der Mikro-Ebene ist Ellins primäres Repräsentationssystem (zumindest während der Träumer-Phase seiner Strategie) visuell, während das von Leonard auditiv ist. Ellin schreibt über »lebhafte Charaktere« in einer »Traum-Erzählung« und beobachtet »imaginäre Kritiker, die vor seinem inneren Auge vorüberziehen«. Er sieht die gesamte Geschichte, bevor er auch nur ein einziges Wort geschrieben hat. Leonard hingegen schreibt, daß er zunächst einmal festlegt, wie seine handelnden Personen »sich anhören«, er »gibt jedem von ihnen einen Namen«, er hört sie »sprechen«, und er beendet Kapitel mit einer verbalen »Pointe«. Er bekommt sein Feedback durch das, was er von seinen Lesern »hört«. Bei ihm entwickelt sich das Buch während des Schreibens.

Die Tatsache, daß Leonard in seiner Vorgehensweise stärker auditiv orientiert ist, scheint der Grund zu sein, weshalb es ihm leichter fällt, seine mentalen Prozesse zu Papier zu bringen, als dies bei Ellin der Fall ist. Ellin behauptet, seine Visionen kämen, wenn er weit weg von »Stift, Papier und Schreibmaschine« sei, und er spricht über die Schwierigkeit, sein mentales »Venusianisch« ins Englische zu über-

Definition des kreativen Prozesses

setzen. Der Grund hierfür ist zweifellos, daß seine inneren Repräsentationen die Form von Bildern haben, im Gegensatz zu sprachlichen Repräsentationen. Deshalb lassen sie sich nicht so leicht in sprachlichen Ausdruck umwandeln. Leonard hingegen beginnt seine Arbeit, indem er mit Stift und Papier die handelnden Personen in einem »Notizbuch« festlegt. Weil er sich lebhaft vorstellt, daß sie sprechen, fällt es ihm leichter, seine innere Erfahrung sprachlich zu formulieren und zu Papier zu bringen. Während Ellin seinen Prozeß in Begriffen der Vision, der Emotion und der Logik beschreibt, spricht Leonard davon, daß er seine Kapitel mit Handlungen und Wörtern beginnt und beendet.

Diese Unterschiede bezüglich der Repräsentationssysteme scheinen wichtige Unterschiede auf der Makro-Ebene zu produzieren. Ellins Ziele kreisen darum, die »komplexen«, aber »logischen Abenteuer« aufzuzeichnen, die er bereits vor seinem inneren Auge gesehen hat. Im Gegensatz dazu kreisen Leonards Ziele darum, den sich entwickelnden Dialog der handelnden Personen zu transkribieren, wobei er behauptet, die Handelnden seien wichtiger als der geplante Verlauf und das Ziel der Handlung (der »Plot«). Ellins stärker visuell orientierte Strategie beinhaltet die Bewegung vom Allgemeinen zu den Details – er muß seine Traum-Erzählung Abenteuer um Abenteuer, Seite um Seite, Wort um Wort konkretisieren (*to chunk down*). Im Gegensatz dazu besteht Leonards Strategie darin, Details zu sammeln, um auf diese Weise zum Allgemeinen zu kommen – er baut seine Geschichte Namen um Namen, Wort um Wort, Person um Person, Kapitel um Kapitel in einer linearen Folge auf.

Was die Evidenz betrifft, so benutzt Ellin eindeutig einen äußeren Bezug, während Leonard einem inneren Bezug den Vorzug gibt. Ellin muß eine äußere Abgabefrist einhalten und sie »heilig halten«, um seine Arbeit zum Abschluß bringen zu können, und er schätzt die Rezensionen und Kritiken anderer. Leonard hingegen beschreibt die Art von Lesern, die *er* haben möchte, er beschreibt, wofür er sie interessieren möchte, und er »hofft«, daß sie begreifen, was er zu vermitteln versucht. Ellin beurteilt sich selbst; Leonard beurteilt die Leser. Als Autor scheint Ellin sich eher als einen *Kanal* zwischen seiner Vision und seinen Lesern zu verstehen, während Leonard sich als die *Quelle* seiner Ideen versteht.

Die Folge ist, daß Ellin zwischen Träumer und Kritiker hin- und herzuspringen scheint – *auf* das Positive *zu* und *weg* vom Negativen; *Selbst* und dann *andere*; *Matching* und dann *mismatching*. Wegen seines äußeren Bezuges muß er sich mit »häufigen drastischen Wechseln zwischen manischen und depressiven Stimmungslagen« abfinden. In Leonards Prozeß hingegen geht es mehr um die Beziehung zwischen dem Träumer und dem Realisten. Er produziert sein Werk in gegenwartsorientierten, kurzfristigen kleinen Chunks – seine Geschichten entwickeln sich wie das »richtige Leben«. Er geht langsam, aber sicher auf etwas zu.

Ellin
Visuell – logisch – emotional
äußere Referenz
auf etwas zu – weg von
langfristig
Zukunft
Wechsel (Chunking) von groß nach klein
Träumer / Kritiker

Leonard
auditiv – Handlung
innere Referenz
auf etwas zu
kurzfristig
Gegenwart
Wechsel (Chunking) von klein nach groß
Träumer / Realist

Ellin und Leonard ist jedoch gemeinsam, daß sie ständig eine aufbauende Feedback-Schleife anwenden, die das Material, mit dem sie arbeiten, immer weiter verfeinert.

Der kreative Zyklus

Man kann den kreativen Prozeß unter anderem so definieren, daß eine wohlgeformte Kreativitätsstrategie aus einer Sequenz von Programmen besteht, die einem Zyklus folgt, welcher sich aus folgenden Stufen zusammensetzt:

1. Hervorbringen und Auswählen neuer Ideen – *Träumer*
2. Umsetzen ausgewählter Ideen – *Realist*
3. Feedback – Einbeziehen / Zurückweisen der Ideen und Reaktionen anderer Menschen – *Kritiker*
4. Vollendung des Projekts – Beenden der T.O.T.E.-Schleife
5. Wiedereintritt – Vorbereitung auf den Beginn eines neuen Projekts

Jede dieser Phasen des kreativen Zyklus läßt sich auch als separater T.O.T.E.-Prozeß mit eigenen spezifischen Tests und Operationen verstehen.

Definition des kreativen Prozesses

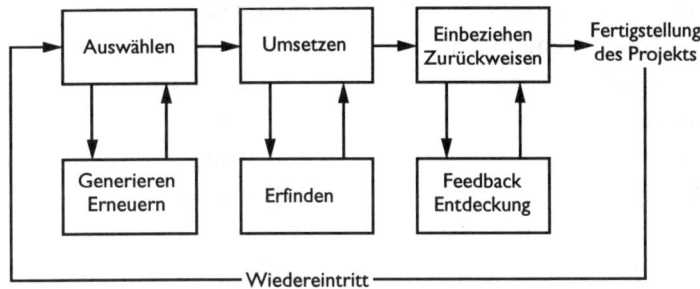

Abbildung 1.19.: Abfolge der T.O.T.E.-Prozesse im Rahmen des vollständigen kreativen Zyklus

Die Kriterien, die für die Testphase jeder dieser Stufen benutzt werden, entsprechen in etwa dem, was man im NLP als »Wohlgeformtheitsbedingungen« bezeichnet. Diese Bedingungen dienen dazu, die Minimalanforderungen festzustellen, die eine Idee oder ein Ergebnis erfüllen muß, um »wohlgeformt« zu sein. Es folgt eine Standardliste der Wohlgeformtheitsbedingungen des NLP.

Träumer
1. Das Ergebnis wird in positiver Form ausgedrückt. Das heißt, es formuliert, was Sie wollen, im Gegensatz zu dem, was Sie nicht wollen.
   Fragen: *Was wollen Sie? Was ist möglich? Was ist die Belohnung?*

Realist
2. Das Ergebnis kann durch die Person oder die Gruppe, die dies wünscht, hervorgerufen und aufrechterhalten werden.
   Frage: *Was speziell werden Sie tun, um dieses Ziel zu erreichen?*
3. Das Ergebnis läßt sich durch die Sinneserfahrung überprüfen.
   Frage: *Woran genau werden Sie erkennen, wenn Sie das Ziel erreicht haben?*

Kritiker
4. Das Ergebnis bewahrt die positiven Nebenprodukte des aktuellen Verhaltens oder der aktuellen Aktivität.
   Fragen: Welche positiven Wirkungen welcher Art auch immer hat für Sie, wie Sie Dinge zur Zeit tun? Wie werden Sie diese Dinge unter Ihrer neuen Zielsetzung beibehalten?
5. Das Ergebnis ist auf angemessene Weise kontextualisiert und ökologisch vernünftig.
   Fragen: *Unter welchen Bedingungen würden Sie dieses neue Ziel nicht in die Tat umsetzen wollen? Auf wen und was sonst noch könnte es einen Einfluß haben?*

Wie Sie wahrscheinlich schon bemerkt haben, habe ich die Wohlgeformtheitsbedingungen den verschiedenen Phasen der Kreativität zugeordnet, für die sie von Bedeutung sind. Was etwas wohlgeformt sein läßt, ist in verschiedenen Phasen unterschiedlich. Die Kriterien des Träumer-T.O.T.E.-Prozesses sind primär um die Frage der Möglichkeit sowie um die Frage, ob etwas wünschenswert ist, organisiert. Die Kriterien für den T.O.T.E.-Prozeß des Realisten drehen sich um die Frage der Machbarkeit und Durchführbarkeit. Die Kriterien des T.O.T.E.-Prozesses des Kritikers betreffenden die Frage der Annehmbarkeit (Akzeptabilität) sowie die Frage, ob das Ergebnis in das größere System hineinpaßt, in welchem die Idee zum Ausdruck gebracht wird.

Natürlich beziehen sich die Formulierungen dieser NLP-Wohlgeformtheitsbedingungen, so wie sie hier ausgedrückt sind, auf die Sicht des Einzelnen. Doch geht es bei einem großen Teil der Kreativität und des kreativen Zyklus um die Arbeit von Gruppen und Teams – insbesondere gilt das für Organisationen. Während die allgemeinen Ziele jedes T.O.T.E.-Prozesses bei einem Team für alle Beteiligten gleich sind, kann es doch nützlich sein, die Aussagen und Fragen, die mit diesen Wohlgeformtheitsbedingungen in Verbindung stehen, so zu erweitern, daß die Perspektive des Teams berücksichtigt ist.

Wohlgeformtheitsbedingungen zur Bewertung neuer Ideen in einem Team

Die Phase des Träumers
1. Drücken Sie es positiv aus.
   Was ist möglich? Was ist das Ziel? Was werden wir tun? (Im Gegensatz zu dem,

Definition des kreativen Prozesses

was wir nicht mehr tun, vermeiden oder aufgeben werden.) *Was kommt dabei heraus?* (Einen Konsensus herstellen.)

Die Phase des Realisten
2. Sorgen Sie dafür, daß das Ziel durch die richtige Person oder die richtige Gruppe initiiert und aufrechterhalten werden kann.
   Wer wird es tun? (Übertragen Sie Verantwortung, und sichern Sie die verbindliche Zusage derjenigen, die die Aufgabe ausführen werden.)
3. Der Fortschritt auf das Ziel hin muß mit Hilfe sinnlicher Erfahrung überprüfbar sein.
   Wie lauten die Erfolgskriterien? Wie werden sie überprüft werden? Woran werden wir erkennen, ob das Ziel erreicht ist?

Die Phase des Kritikers
4. Sorgen Sie dafür, daß alle positiven Nebenprodukte der derzeitigen Bemühung(en), das Ziel zu erreichen, erhalten bleiben.
   Welche positiven Dinge erhalten wir durch die derzeitige(n) Bemühung(en)? Wie können wir jenes Positive erhalten, wenn wir die neue Idee umsetzen?
5. Sorgen Sie dafür, daß es für jeden, der davon betroffen ist, ökologisch ist, und daß es angemessen kontextualisiert wird.[*]
   Wen wird diese neue Idee betreffen? Wer wird die Effektivität im Guten wie im Schlechten beeinflussen, welche Bedürfnisse haben diese Leute, und welche Belohnungen erwarten sie? Unter welchen Bedingungen würden Sie diese neue Idee nicht umsetzen wollen?

Bis jetzt haben wir uns mit dem Identifizieren und Definieren der Schlüsselelemente und der Schlüsselprinzipien befaßt, die beim kreativen Prozeß eine Rolle spielen. In den folgenden Kapiteln werden wir demonstrieren und erforschen, wie sich diese Prinzipien und Werkzeuge auf spezifische Zusammenhänge und Situationen anwenden lassen, bei denen Kreativität eine Rolle spielt.

---

[*] Gemeint ist, daß definiert wird, in welchen Kontexten es stattfinden soll und in welchen nicht. Anm. d. Übers.

2 Mikro-Werkzeuge für die Kreativität: Elizitieren von Strategien unter Verwendung des R.O.L.E.-Modells

RBD: Wir haben im vorangegangenen Kapitel erklärt, daß nach dem Gesetz der erforderlichen Variabilität der Prozeß der Kreativität ein ständiges Aktualisieren, Erweitern und Revidieren der eigenen kreativen Strategien und Landkarten erfordert. Dies allein ist schon eine ständige Herausforderung. Doch manchmal stoßen Sie, wenn Sie eine Ihrer Landkarten aktualisieren wollen, auf eine zusätzliche Herausforderung: Was und wo ist die Landkarte, die Sie aktualisieren müssen? Unsere mentalen Strategien sind ein so fester Bestandteil unserer Realitätswahrnehmung, daß wir uns oft nicht dessen bewußt sind, worin sie bestehen und wie sie funktionieren, so wie ein Fisch sich nicht des Wassers bewußt ist, in dem er schwimmt.

Ebenso werden wir, wenn wir versuchen, die kreativen Strategien anderer Menschen zu identifizieren und davon zu profitieren, oft sofort mit den Grenzen des bewußten Gewahrseins konfrontiert. Es ist ein wohlbekanntes Phänomen, daß man, je mehr man über eine Sache lernt, sich um so weniger dessen bewußt ist, was man tut, während man diese Sache tut. Ich war zufrieden über meine Fertigkeit im Gitarrenspiel, als ich mich während des Spielens mit jemand anderem unterhalten konnte und nicht mehr allzusehr auf das zu achten brauchte, was ich auf der Gitarre gerade spielte. Ich brauchte nicht mehr jeden einzelnen Schritt völlig bewußt zu vollziehen. Ich hatte ein gewisses Maß an unbewußter Kompetenz entwickelt. Und obgleich diese Fähigkeit bei Konzerten sehr nützlich ist, gibt es dabei einen problematischen Punkt: Wenn es nämlich zwanzig Jahre her ist, seit man etwas bewußt getan hat, und jemand sagt dann plötzlich: »Sie können das wirklich gut. Wie machen Sie das eigentlich?« dann wird es ziemlich schwierig, genau Schritt für Schritt zu rekonstruieren, wie man das, was man da tut, tatsächlich gemacht hat.

Einer der echten Bereicherungen, die das NLP uns gebracht hat, ist, daß es Werkzeuge bereitstellt, mit deren Hilfe man in gewisser Weise im Geiste anderer Menschen lesen kann. Genau genommen liest man bestimmte minimale Hinweise, die Information über die Form (im Gegensatz zum Inhalt) des Denkprozesses eines anderen Menschen geben.

Wenn Gedanken eine Funktion der Verbindung zwischen Bildern, Klängen und Gefühlen sind, die in einer bestimmten Anordnung zueinander in Beziehung stehen – so wie eine Telefonnummer oder ein Computerprogramm –, dann brauchen wir eine Möglichkeit, uns Zugang zu diesem Prozeß zu verschaffen, selbst wenn der Mensch, in dessen Geist diese Gedanken auftreten, sich dessen nicht bewußt ist. Durch Untersuchungen, die wir im NLP durchgeführt haben, haben wir herausgefunden, daß bei bestimmten Arten von Denkprozessen bestimmte Hinweise im Verhalten auftreten. Wir sind davon überzeugt, daß Geist und Körper durch unsere neurologischen Systeme miteinander verbunden sind. Es ist nicht möglich, etwas zu denken, ohne daß der Körper irgend etwas äußerlich Sichtbares tut, in dem sich etwas von jenen inneren Gedanken spiegelt. Und je umfassender man über etwas nachdenkt – je stärker das neurologische Engagement *(commitment)* ist, daß Sie in den Gedanken investieren –, um so stärker verändert sich Ihr Körper.

Wenn Sie jemanden bitten würden, an eine Zeit zu denken, in welcher der oder die Betreffende sehr zuversichtlich war, und die Person würde dann einen Augenblick lang wegschauen und anschließend mit tonloser Stimme sagen, »Ja, ich habe gerade an so eine Situation gedacht«, dann wäre ich nicht sonderlich davon überzeugt, daß diese Person wirklich an eine solche Erfahrung gedacht hat. Doch wenn sie in die Weite des Raumes schauen würde, ihre Pupillen würden sich ein wenig weiten, ihre Haut würde mehr Farbe bekommen, ihre Atmung würde tiefer werden, und sie würde mit lauter Stimme »Jaaa!« sagen, dann würde ich ihr glauben, daß sie wirklich Zugang zu jener Erfahrung gehabt hat. Mit anderen Worten, je stärker die Reaktion ist, die Sie sehen, um so überzeugender demonstriert die Person, daß sie tatsächlich an die betreffende Erfahrung gedacht hat.

Es stellt sich nun die Frage: »Welche physiologischen Signale treten in Verbindung mit der Kreativität auf?« Ein Phänomen, das Menschen zu charakterisieren scheint, die sehr kreativ sind, ist ein hochkonzentrierter mentaler und physischer Zustand, den John Grinder einen »Dämonenzustand« nennt. (Wenn es Ihnen lieber ist, können Sie auch von einem »Engelszustand« sprechen.) Wahrscheinlich haben Sie alle diesen Zustand schon einmal erlebt. Er tritt auf, wenn man an etwas so intensiv arbeitet, daß man an nichts anderes mehr denken kann. Es nimmt einen völlig in Anspruch. Sie haben keine Möglichkeit, sich zu entscheiden, es nicht zu tun. Wir haben festgestellt, daß Menschen, die aufgrund ihrer Kreativität sehr erfolgreich sind, oft davon reden, daß sie sich getrieben fühlen, als würde ein kleiner Dämon in ihrem Inneren sie dazu antreiben, ihre Arbeit zu vollenden. Und es gibt auch bestimmte physiologische Reaktionsmuster, die mit dieser Art von Zustand einhergehen.

TE: Es ist keineswegs so, daß es nur eine einzige korrekte physiologische Reaktionsweise gibt. Es ist nicht möglich, alle kreativen Menschen und alle Erfinder daran zu erkennen, daß sie beispielsweise alle leicht hinken oder daß sie einen etwas verkürzten rechten Arm haben. Aber es gibt tatsächlich eine Physiologie, die der kreativen geistigen Aktivität entspricht; sie ähnelt einem Hologramm und ist Bestandteil Ihres kreativen Prozesses.

Ein Hologramm ist ein dreidimensionales Bild, und um ein Hologramm herzustellen, muß man Information in einer ganz bestimmten Weise speichern. Alle Informationen über die Kreation des Bildes werden in allen Teilen des Bildes gespeichert. Wenn Sie ein Hologramm, das sich auf einer gläsernen photographischen Platte befindet, in Stücke zerbrechen, enthalten alle diese Stücke die gesamte Information, die man benötigt, um das vollständige dreidimensionale Bild zu erzeugen. Wenn Sie eines dieser Stücke mit einer speziellen Lichtquelle und im richtigen Winkel betrachten, können Sie immer noch das gesamte Bild erkennen, obwohl Sie nur ein Stück der ursprünglichen Platte, auf der das Bild erzeugt worden war, vor sich haben. Der Vergleich des kreativen Prozesses mit den Charakteristika des Hologramms hilft uns zu verstehen, daß alle Bestandteile der Kreativität – die Repräsentationssysteme ebenso wie die physiologischen Reaktionen – Informationen über den gesamten kreativen Prozeß enthalten. Das bedeutet, daß jeder Aspekt des kreativen Prozesses uns Zugang zu der im gesamten Prozeß enthaltenen Information verschaffen kann.

Nehmen wir an, daß Sie normalerweise eine bestimmte Physiologie zeigen, wenn Sie sehr kreativ sind, daß Sie mit zurückgezogenen Schultern und in aufrechter Haltung dasitzen und auf eine bestimmte Weise atmen. Wenn Sie vornübergebeugt dasitzen würden, so könnte dies Ihren mentalen Prozeß behindern, weil die Physiologie ein Bestandteil des kreativen mentalen Prozesses ist. Sie ist ein wichtiges Element bei der Erschließung jener Kreativität. Man kann Geist und Körper nicht voneinander trennen.

RBD: Der Film *Butch Cassidy and the Sundance Kid* enthält eine interessante Veranschaulichung dieser Tatsache. Wenn Sundance Kid sich Zeit ließ und wirklich mit seinem Revolver auf etwas zielte, traf er nie etwas. Er mußte sich beim Schießen bewegen. Wenn er rückwärts durch die Luft flog und unter seiner Schulter hindurch schoß, traf er alles, was er nur treffen wollte.

Identifizieren von Mustern des R.O.L.E.-Modells

Wie wir bereits an früherer Stelle erwähnt haben, liegt eine der größten Schwierigkeiten beim Identifizieren von mentalen Landkarten darin, daß man sich, *je stärker man die Fähigkeit entwickelt, tatsächlich etwas zu tun, um so weniger dessen bewußt ist,* **wie genau** *man es tut.* Die meisten Menschen konzentrieren sich auf das, was sie tun, und nicht auf die subtilen mentalen Prozesse, mit deren Hilfe sie es tun. Effektives Verhalten ist meist gekennzeichnet durch »unbewußte Kompetenz«. Dies verringert zwar die bewußte Anstrengung, die man investieren muß, um das Ziel zu erreichen, doch wird es dadurch andererseits schwieriger, anderen zu erklären, wie man dieses Maß an Kompetenz entwickelt hat. Außerdem spielen viele Menschen wichtige Schritte in ihrem eigenen Denkprozeß als »trivial« oder banal herunter, ohne sich darüber im klaren zu sein, daß jene scheinbar unwichtigen Bilder, Wörter oder Gefühle, die sie als Selbstverständlichkeiten ansehen, genau das sind, was ein anderer wissen müßte, um die betreffende mentale Strategie zu vervollständigen.

Das Neurolinguistische Programmieren hat eine Reihe von verbalen und nonverbalen Indikatoren herausgearbeitet, mit deren Hilfe sich die Einzelheiten des mentalen Prozesses eines Menschen entschlüsseln lassen, wobei der Betreffende sich dieser Untersuchung bewußt sein mag oder nicht.

Physiologische Hinweise: Wie man die R.O.L.E. in ein B.A.G.E.L. umwandelt[*]

Die Elemente des R.O.L.E.-Modells betreffen hauptsächlich kognitive Prozesse. Um ihre Funktion erfüllen zu können, müssen diese mentalen Programme jedoch zu ihrer Konsolidierung und um zum Ausdruck kommen zu können durch bestimmte körperliche und physiologische Prozesse unterstützt werden. Diese physi-

---

[*] Ein unübersetzbares Wortspiel: »R.O.L.E.« entspricht phonetisch »role«, was ein flaches, längliches Brötchen ist, in das man eine Wurst oder ähnliches »einrollt«. Ein »bagel« (auch »beigel«) ist ein rundes, ringförmiges Brötchen. Anm. d. Übers.

schen Reaktionen sind vor allem dann von Bedeutung, wenn es darum geht, bestimmte mentale Prozesse zu lehren und zu entwickeln sowie auch für deren äußere Beobachtung und Bestätigung. Die primären Verhaltenselemente beim R.O.L.E.-Modellieren sind:

    Körperhaltung   (**B**ody Posture)
    Zugangshinweise   (**A**ccessing Cues)
    Gesten   (**G**estures)
    Augenbewegungen   (**E**ye Movements)
    Sprachmuster   (**L**anguage Patterns)

Körperhaltung (**B**ody Posture)

Menschen nehmen häufig systematisch habituelle Haltungen ein, wenn sie tief in Gedanken versunken sind. Diese Haltungen können viel über das Repräsentationssystem aussagen, das die betreffende Person vorwiegend benutzt. Es folgen ein paar typische Beispiele:

Visuell: *Die Person lehnt sich zurück, wobei sich Kopf und Schultern in aufrechter Position befinden sind oder eine Rundung bilden; die Atmung ist flach.*
Auditiv: *Der Körper ist nach vorn gebeugt, der Kopf ist zur Seite geneigt, die Schultern sind zurückgezogen und die Arme verschränkt.*
Kinästhetisch: *Kopf und Schultern sind nach unten geneigt; die Person atmet tief.*

Zugangshinweise (**A**ccessing Cues)

Wenn Menschen denken, lösen sie bestimmte Repräsentationen aus, und zwar auf verschiedene Arten, unter anderem: durch die Atemfrequenz, durch nonverbales »Grunzen und Ächzen«, durch ihren Gesichtsausdruck, durch Fingerschnippen, indem sie sich am Kopf kratzen usw. Einige dieser Hinweise sind spezifische Eigenarten eines bestimmten Menschen, und sie müssen auf den Betreffenden hin »kalibriert« werden. Viele dieser Signale *(cues)* werden jedoch mit bestimmten sensorischen Prozessen assoziiert.

Visuell: *Hohes, flaches Atmen, Blinzeln, erhöhte Stimmlage und schnelleres Sprechtempo.*
Auditiv: *Zwerchfellatmung, gerunzelte Augenbrauen, Wechsel von Stimmlage und Sprechtempo.*

Kinästhetisch: *Tiefe Bauchatmung, tiefe, rauchige Stimme und langsameres Sprechtempo.*

Gesten (Gestures)

Menschen berühren oft die Sinnesorgane, die sie gerade benutzen oder deuten auf sie oder machen Gesten, die auf ein bestimmtes Sinnesorgan hinweisen. Einige hierfür typische Beispiele sind:

Visuell: *Berühren der Augen oder Deuten auf dieselben; Gesten, die oberhalb der Augenhöhe gemacht werden.*
Auditiv: *Deuten auf die Ohren oder Gesten, die in Ohrhöhe gemacht werden; Berühren des Mundes oder des Kiefers.*
Kinästhetisch: *Berühren der Brust und des Bauchbereichs; Gesten unterhalb des Halses.*

Augenbewegungen (Eye Movements)

Automatische, unbewußte Augenbewegungen begleiten oft bestimmte Denkprozesse, die auf den Zugang zu einem der Repräsentationssysteme hinweisen. Das NLP hat diese Hinweise in folgender Zuordnung zusammengefaßt.

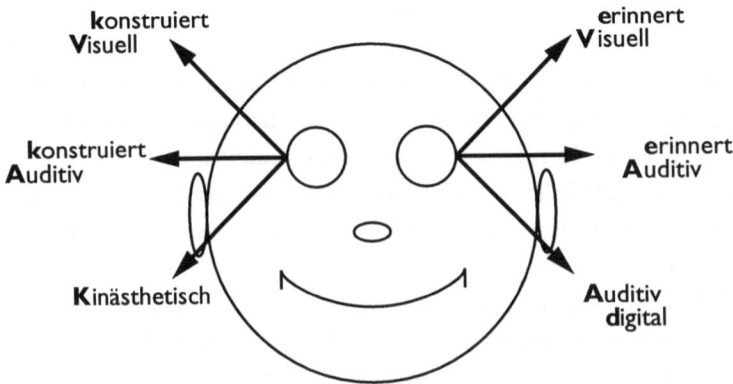

Abbildung 2.1.: NLP-Tabelle der Zugangshinweise

Sprachmuster (Language Patterns)

Eine der wichtigsten Methoden der neurolinguistischen Analyse besteht darin, nach bestimmten linguistischen Mustern zu suchen, beispielsweise nach »Prädikaten«, die auf ein bestimmtes neurologisches Repräsentationssystem oder auf eine Submodalität hindeuten und die anzeigen, wie jenes System oder jene Qualität im allgemeinen Programm des Denkens benutzt wird. Prädikate sind Wörter – beispielsweise Verben, Adverben und Adjektive –, die auf Handlungen oder Eigenschaften – im Gegensatz zu Dingen – hinweisen. Derartige sprachliche Ausdrücke werden gewöhnlich auf der Ebene des Unbewußten ausgewählt, und deshalb spiegeln sie die zugrundeliegende unbewußte Struktur, durch die sie zustande gekommen sind. Es folgt eine Liste häufig verwendeter, auf Sinnesorgane bezogener Prädikate:

Visuell	**Auditiv**	**Kinästhetisch**
sehen	hören	greifen
schauen	zuhören	Berührung
Sicht	Klang	Gefühl
klar	resonierend	fest
hell	laut	schwer
Bild	Wort	handhaben
verschwommen	geräuschvoll	rauh
ans Licht bringen	etwas zum Klingen bringen	verbindet
zeigen	erzählen	bewegen

Indem wir mit Hilfe der weiter oben angeführten Liste von Werkzeugen herausfinden, wie bestimmte Menschen ihre Sinne benutzen und miteinander kombinieren, können wir nicht nur selbst zu einem umfassenderen Verständnis des Prozesses der Kreativität und Innovation gelangen, sondern auch andere in diesen Aspekten des Denkprozesses trainieren und fördern, so daß sie ihre Denkfähigkeit verbessern können.

Durch Untersuchung des Verhaltens und der Sprache von Menschen, die kreative oder innovative Leistungen vollbracht haben, können wir uns ein umfassendes Bild von den kognitiven Strukturen der Gedankenprozesse machen, die Kreativität und Innovation zugrundeliegen. Wichtig für das R.O.L.E.-Modellieren ist nicht der Inhalt eines kreativen Produkts oder eines Verhaltens, sondern die konkreten sensorischen Elemente des Denkprozesses, der jenes Produkt oder Verhalten hervorgebracht hat. Erst diese zugrundeliegende Struktur ermöglicht es uns, die produktiven Elemente des Denkens auf andere Themen oder Bereiche zu übertragen.

Strategie-Elizitation* – Prozeduren und Prinzipien

RBD: Ich elizitiere eine Strategie gewöhnlich auf die gleiche Weise, wie ich zeichne: **Zuerst** fertige ich eine grobe Skizze an, dann arbeite ich die Details aus. (In Anhang E ist ein Überblick über Prozeduren zur Strategie-Elizitation zu finden.) Beispielsweise könnte ich zu Beginn einfach fragen: »Aus welchen spezifischen Einzelschritten setzt sich Ihrer Meinung nach Ihr kreativer Prozeß zusammen? Was genau sehen, hören oder fühlen Sie innerlich, und in welcher Reihenfolge?«

Eine andere Möglichkeit, eine solche grobe Skizze zu bekommen, besteht darin, eine sogenannte *kontrastive Analyse* zu erstellen. Es ist für viele Menschen wesentlich schwerer, die Frage *»Wie sind Sie kreativ?«* zu beantworten, als die Frage: *»Denken Sie an eine Situation, in der Sie wirklich kreativ waren, und denken Sie anschließend an eine Situation, in der es Ihnen nicht gelungen ist, kreativ zu sein, obwohl Sie dies gern gewesen wären. Was ist der **Unterschied** zwischen diesen beiden Situationen? Was war anders in Ihrem Geist, als Sie kreativ waren, im Gegensatz zu der Situation, in der Sie dazu nicht in der Lage waren?«*

Wenn man jemandem die Möglichkeit gibt, etwas mit etwas anderem zu vergleichen, erhält man eine wesentlich spezifischere Antwort. Auf diese Weise tritt der *entscheidende Unterschied* zutage, also das, worin sich beide Situationen unterscheiden, und genau danach suchen Sie ja. Was Sie herausfinden wollen, ist: *Was war der entscheidende Unterschied?*

Ein weiteres allgemeines Prinzip effektiver Elizitation ist das der *inhaltlichen Ähnlichkeiten und Unterschiede*. Einerseits versuchen Sie, Beispiele für sehr ähnliche inhaltliche Bereiche zu finden, die einander in jeder Hinsicht entsprechen, abgesehen vom Ergebnis der Strategie. Denn wenn Sie diese finden, können Sie sicher sein, daß der Unterschied nur in der **Strategie**, nicht aber auf im Inhalt liegt. Wenn Sie beispielsweise jemanden bitten, eine Situation, in der diese Person extrem kreativ in der Beantwortung einer Aufsatzfrage war, mit einer Situation zu vergleichen, in der ihr bei einer ebensolchen Frage nichts einfiel, so gibt Ihnen dies möglicherweise mehr Aufschluß über die *Essenz* der kreativen Strategie jener Person, als

---

* Der Begriff Elizitation umfaßt das Bedeutungsspektrum der deutschen Begriffe »Hervorlocken« und »Auspacken«. Anm. d. Übers.

wenn Sie ihre Schwierigkeiten beim Lösen einer Aufsatzfrage mit beispielsweise ihren Schwierigkeiten beim Kochen oder beim Verkaufen von irgend etwas vergleichen würden. Der Grund hierfür ist, daß durch die inhaltlichen Unterschiede der Strategie eine Menge *»Störgeräusche« (noise)* und andere Variationen eingeführt werden, wenn der jeweilige Kontext sich sehr stark vom Vergleichskontext unterscheidet.

Ebenso werden Sie wahrscheinlich qualitativ bessere Informationen über die Essenz der kreativen Strategie eines Menschen erhalten, wenn Sie einen Vergleich zwischen Aufsatzfragen aus der gleichen Prüfung (am gleichen Tag, beim gleichen Lehrer, über das gleiche Thema usw.) anstellen, wobei die einzige Variante die kreative Fähigkeit des jeweils Geprüften ist. Je weniger Einflüsse infolge der inhaltlichen Unterschiede der Strategie zum Tragen kommen, um so sicherer können Sie sich sein, daß Ihr Fokus nur auf die Unterschiede in der eigentlichen Strategie gerichtet ist.

Andererseits kann es aber auch erheblichen Aufschluß über das Wesen der Kreativität jener Person geben, wenn Sie ihre Kreativität auf verschiedenen Gebieten vergleichen und wenn Sie dabei darauf achten, was an den jeweiligen Strategien **gleich** ist. Das heißt, wenn der betreffende Mensch die **gleiche** kreative Strategie beim Kochen und bei der Problemlösung im beruflichen Bereich benutzt, dann wissen wir, daß es sich dabei um eine signifikante Strategie handelt.

Ein weiteres wichtiges Elizitationsprinzip ist, daß ein *Verhaltensbeispiel* für die Strategie, nach der Sie suchen, Ihnen qualitativ hochwertigere Informationen gibt, als wenn *über* ein Beispiel *gesprochen* wird. Mit *Qualität* der Information meine ich: Es ist wesentlich leichter für mich, einem Menschen einen Test vorzulegen und ihn zu fragen: *»Welche Fragen empfanden Sie als leicht und welche als schwer?«* als zu sagen: *»Denken Sie an eine Prüfung, die Sie vor drei Jahren abgelegt haben. Was genau ging bei der Beantwortung jener Fragen damals in Ihrem Geist vor?«* Das wäre eher eine Art Neuro-Linguistischer »Archäologie«! Die Information wird im zweiten Fall zu stark mit allen möglichen Arten von »Störgeräuschen« kodiert, die durch die Erinnerungen der vergangenen drei Jahre ins Spiel gekommen sind. Sie wollen ein möglichst starkes Signal und möglichst wenig »Störgeräusche«.

Sie erhalten qualitativ hochwertigere Information, wenn Sie **die Person dabei beobachten, wie sie die** Prüfungsarbeit schreibt, als wenn Sie sie über eine Prüfungsarbeit befragen, die sie bereits geschrieben hat. Wenn Sie etwas über die Strategie herausfinden wollen, die ein Mensch in einem akademischen Bereich benutzt, dann stellen Sie dem Betreffenden ein paar Prüfungsfragen, und beobachten Sie dann die Reaktion. Auf diese Weise können Sie **die Strategie beobachten, wäh-**

rend diese stattfindet. Unmittelbar danach können Sie dann fragen: *Vergleichen Sie jetzt bitte einmal: Welche von diesen Fragen war für Sie am schwierigsten zu beantworten und welche am leichtesten? Und was ist der Unterschied zwischen diesen beiden Arten von Fragen?«* Es könnte sein, daß der oder die Gefragte dann **nach oben links** schaut und etwas im Sinne von: *»Tut mir leid, ich weiß es nicht«* sagt. Mit anderen Worten lautet die Aussage: »Ich weiß es nicht.« Aber tatsächlich hat er oder sie Ihnen die Antwort soeben **durch sein oder ihr Verhalten demonstriert.** Wenn Sie zu jemandem sagen: *»Denken Sie an eine Prüfung, die Sie vor drei Jahren abgelegt haben«,* und der oder die Gefragte schaut dann nach oben links und sagt: *»Ich kann mich nicht daran erinnern«,* dann könnte es sein, daß das, was Sie da hören, lediglich ein Bestandteil der Erinnerungsstrategie der betreffenden Person ist. Aber wenn Sie sagen: *»Sie sind diese Sache jetzt noch einmal durchgegangen. Was hat sich in Ihrem Geist abgespielt?«* dann ist das, was Sie hören werden, in wesentlich geringerem Maße der Erinnerungsstrategie zuzuordnen und mehr eine Rekapitulation der Prozesse, die gerade im Inneren des Betreffenden abgelaufen sind.

Das heißt, daß es das Beste ist, jemanden etwas im betreffenden Augenblick tun zu lassen – dadurch erhält man Informationen von höchster Qualität. Und dann versucht man eine Gegenüberstellung: *»Was davon war für Sie am Schwierigsten?«* Dadurch kommen die Unterschiede zum Vorschein. Anschließend könnten Sie einfach fragen: *»Was **genau** hat sich in Ihrem Geist abgespielt?«* und erneut beobachten, was die gefragte Person dann tut, denn nur so können Sie zweifelsfrei herausfinden, daß das, was Sie beobachtet haben, tatsächlich eine Wiederholung eines allgemeingültigen Musters ist.

Natürlich gelingt es nicht immer augenblickliche Verhaltensbeispiele zu finden. Sie sollten aber auch daran denken, daß Menschen *sehr oft das tun, worüber sie sprechen.* Das heißt, wenn sie über eine Situation berichten, wiederholen sie häufig, was sie in jener Situation getan haben, weil sie währenddessen den Zugang zu jener Strategie und zu jener Erinnerung wiederherstellen. Es kommt zum Beispiel oft vor, daß Menschen, die von einem Streit mit einer anderen Person erzählen, erneut wütend werden. Halten Sie also ständig nach Mustern Ausschau.

Wenn ich mich auf die Erinnerung der Person verlassen muß, mit der ich mich unterhalte, dann frage ich sie nach mindestens drei verschiedenen Situationen, in denen Kreativität eine Rolle spielte. Ich kann dann nach dem allgemeinen Muster suchen, das sich aus diesen Situationen ableiten läßt. Dabei interessieren mich die Einzelheiten der Denkstrategie des Betreffenden weniger als die Elemente, die sich in allen drei Beispielen wiederholen.

Nach diesen einleitenden Schritten habe ich gewöhnlich eine grundlegende Vorstellung oder eine Skizze davon, wie ihre Strategie aussieht. Mit Hilfe von ein paar einfachen Fragen kann man sich einen recht guten Eindruck davon verschaffen, welche Unterschiede hinsichtlich der Physiologie und der Repräsentation zwischen einer erfolgreichen und einer nicht erfolgreichen Strategie bestehen. Zum Beispiel könnte ich rasch herausfinden, daß ein Mensch, wenn er kreativ ist, sich *zurücklehnt, beide Hände bewegt, nach oben rechts schaut und sich dessen bewußt ist, daß er innere Bilder entwickelt.* Befindet er sich hingegen in einem unproduktiven, festgefahrenen Zustand, dann *spannen sich seine Schultern an, er hört auf zu atmen, wechselt mit der Blickrichtung zwischen unten links und unten rechts hin und her und ist sich einer vagen, kritischen inneren Stimme bewußt.*

Um die Details der Strategie herauszufinden, würde ich die Struktur des Prozesses ein wenig genauer untersuchen. Wenn ich die Evidenzprozedur herausfinden wollte, könnte ich sagen: *»Wenn Sie die Antwort* **haben,** *wenn Sie damit fertig sind, wenn Sie wissen, daß Sie die Antwort auf jene Frage gefunden haben, woran* **genau** *erkennen Sie das dann?«* Es fällt den Befragten wahrscheinlich wesentlich leichter, diese Frage zu beantworten, *nachdem* ich die allgemeine Skizze angefertigt habe, als wenn ich gleich mit dieser Frage beginnen würde. Nachdem sie darüber nachgedacht haben, nachdem ich sie die Sache schon ein paarmal habe durchgehen lassen, frage ich: *»Woher* **wissen** *Sie, wann Sie die Antwort gefunden haben?«* Das ist wahrscheinlich einer der wichtigsten Bestandteile der Strategie, da man daran ihr Kriterium für Erfolg erkennen kann.

Sie dürfen auch nicht vergessen, daß das, was der Betreffende **sagt,** und das, was tatsächlich geschehen ist, sich sehr stark voneinander unterscheiden kann. Ein Mensch kann *aufblicken, tief durchatmen* und sagen: *»Ich habe gesehen, daß es richtig war.«* Was er gesehen hat, kann ihm dann entweder gesagt haben, daß es richtig war, **oder** es kann ein *Gefühl* gewesen sein, das so habituell ist, daß es ihm »wirklicher« erschien als ein Gefühl.

Im allgemeinen ist es besser, *der nonverbalen Reaktion mehr Glauben zu schenken.* Wenn jemand einen tiefen Atemzug tut und sich zurücklehnt, so zeigt das an, daß sich der innere Zustand des Betreffenden wahrscheinlich verändert hat. Es könnte sein, daß die Person einen anderen physiologischen Hinweis gespürt oder erhalten hat, durch den sie nun die Antwort weiß. Vielleicht hat sie gespürt, wie sich Anspannung in Entspannung verwandelt hat. Und dadurch hat sie **gewußt,** *»O.k., das ist die passende Antwort.«* Um mit einer Elizitationsfrage zu einem befriedigenden Ergebnis zu gelangen, müssen Sie wissen, *wann* Sie nach der Antwort Ausschau halten müssen.

Wenn Sie eine Elizitationsfrage von einem Stück Papier ablesen und erst danach Ihren Klienten wieder anschauen, haben Sie höchstwahrscheinlich die gesamte wichtige Information schon verpaßt. *Die unbewußte, unmittelbare Reaktion ist es, die das entscheidende Mehr an Information übermittelt.* Das einzige, was der Klient auf der verbalen Ebene tun kann, ist, die eigenen Reaktionen *bewußt zu interpretieren.* Das heißt, daß die Person, der Sie die Frage stellen, die Antwort durchgeht und dann versucht, die Worte dafür zu finden, von denen sie glaubt, daß Sie sie hören wollen. Bei einer erfolgreichen Elizitation ist es jedoch ziemlich gleichgültig, was die gefragte Person **darüber sagt**. Sie wollen ja lediglich wissen, was sie tatsächlich **getan** hat. Deshalb ist das Timing Ihrer Beobachtungen sehr wichtig. Die *drei bis vier Sekunden*, nachdem Sie die Frage gestellt haben, sind der entscheidende Zeitraum, den Sie im Auge behalten müssen. Ihnen geht es ja nicht darum, dazusitzen und alle folgenden zwanzigtausend Augenbewegungen der Person zu registrieren. Ihnen geht es ausschließlich um die Augenbewegungen, die in dem kurzen, entscheidenden Zeitraum stattfinden.

In vielen der Untersuchungen, die mir bekannt sind, haben die Forscher die bewußte Meinung ihrer Probanden über ihre Denkprozesse registriert, nicht jedoch ihre Zugangshinweise.

Ich möchte es noch einmal wiederholen: Je näher Sie dem tatsächlichen Verhaltensbeispiel kommen, um so besser. Das erspart Ihnen eine Menge Raterei. Wenn Sie absolut keine Möglichkeit sehen, die Person dazu zu bringen, die betreffende Aktivität auszuführen, dann sollten Sie Erlebnisse der Person aus möglichst naher Vergangenheit untersuchen, weil diese die Information, nach der Sie suchen, mit dem kleinstmöglichen Anteil an »Störgeräuschen« infolge von Erinnerungseinflüssen und Interpretation enthalten.

Um es noch einmal zusammenzufassen: Suchen Sie nach einer **verhaltensmäßigen Demonstration** der Strategie, oder wählen Sie ein Beispiel, das möglichst nahe an der Gegenwart ist. **Kontrastieren** Sie dieses Beispiel mit dem **ähnlichsten** Beispiel, das Sie finden können, bei dem jedoch **das Ergebnis das genaue Gegenteil war**. Nachdem Sie diesen Vergleich angestellt und den Klienten orientiert haben, fragen Sie: *»Was haben Sie in dem Fall getan, in dem Ihre Strategie erfolgreich war? Was genau ging dabei in Ihrem Geist vor?«* Zusätzlich können Sie die Strategie mit einem möglichst **andersartigen** Beispiel **vergleichen**, bei dem jedoch **die gleiche Strategie angewandt** wurde.

Dies alles sind grundlegende Orientierungsfragen, und sie geben Ihnen die Möglichkeiten, den Ablauf der Strategie mehrmals nacheinander zu beobachten. Denken Sie daran: Wenn alles sehr schnell geht und Sie beim ersten Mal nicht mitbekommen, was da vor sich geht, dann versuchen Sie, nicht in Panik zu geraten. Wenn es sich wirklich um die Strategie der betreffenden Person handelt, dann wird diese immer wieder auftauchen. Ihr Interesse gilt ohnehin den sich ständig wiederholenden Mustern. Wenn Sie Ihren Klienten orientiert haben, haben Sie die Strategie wahrscheinlich ohnehin schon zwei- oder dreimal ablaufen sehen und somit die Möglichkeit gehabt, sich eine generelle Meinung darüber zu bilden. **Dann**, unmittelbar nachdem Sie den Vergleich angestellt haben, fragen Sie: *»Was haben Sie eigentlich gerade in Ihrem Geist gemacht?«* Und dabei beobachten Sie wieder. In diesem Augenblick ist für Sie nicht von besonderem Interesse, was die Person zu dieser Frage sagt. Aller Wahrscheinlichkeit nach wird sie Ihnen ohnehin nicht die Information geben, nach der Sie suchen. Sie können sich mit ziemlicher Sicherheit darauf verlassen, daß die Person nicht sagen wird: *»Nun, ich habe dieses **bildlich** vor mir gesehen und dann jenes zu mir selbst **gesagt**, und bei dem **Bild** habe ich dieses **Gefühl** gehabt, aber es hat noch nicht richtig **ausgesehen**, und deshalb habe ich eine andere **Frage** gestellt...«*

Tatsächlich sollen viele Elizitationsprozeduren den Klienten auf dieses *Sekundenbruchteil-Erlebnis* fokussieren, den Schlüssel zu der ganzen Angelegenheit.

Zuerst fragen Sie also: *»Woran haben Sie gemerkt, daß Sie die richtige Antwort gefunden hatten?«* **Dann** erst werden Sie fragen wollen: *War es ein **Bild**, ein **Klang** oder ein **Gefühl**?«*

Um mit der **detaillierten** Untersuchung der Strategie zu beginnen, ist es meiner Erfahrung nach gewöhnlich besser, zunächst das **Ende** einer Strategie zu präzisieren. Wenn ich frage: *»Wann haben Sie angefangen, kreativ zu sein?«*, so ist das gewöhnlich schwerer zu beantworten als die Frage: *»Nachdem Sie nun etwas Kreatives getan haben, an welchem Punkt haben Sie **gewußt**, daß Sie damit erfolgreich waren?«*

Die meisten Menschen wissen nicht, wo, wann und wie sie angefangen haben, mit einem bestimmten Problem kreativ umzugehen. Doch fast jeder kann angeben, wann die Sache **abgeschlossen** war. Vielleicht ist es Ihnen möglich, Einflüsse, die sich auf den Beginn des Prozesses ausgewirkt haben, über Jahre zurückzuverfolgen. Aber das *Ende ist gewöhnlich ein eindeutiger Punkt*. Es ist ein wenig leichter, ihn zu bestimmen. Wenn Sie fertig sind, wissen Sie, daß Sie fertig sind.

Ich wende diese »Faustregel« – am Ende anzufangen –, immer an, es sei denn, es gibt einen bestimmten Grund dafür, irgendwo anders zu beginnen. Wenn es sich um eine schriftliche Prüfung handelt, ist der Punkt, an dem Sie sich mit der Frage beschäftigt haben, gewöhnlich ein guter Anfangspunkt. Doch haben viele Strategien keinen so eindeutigen Anfangspunkt.

Sobald Sie am Ende der Strategie angelangt sind, fragen Sie: »*Was genau haben Sie gesehen, gehört oder empfunden?*«« Anschließend können Sie einfach fragen: »*Und was ist unmittelbar davor passiert?*«, um die Details der Strategie-**Sequenz** und der **Verbindungen** (*links*) herauszuarbeiten.

Um die **Wirkung** (*effect*) jedes einzelnen Schritts der Strategie zu elizitieren, stelle ich grundlegende T.O.T.E.-Fragen und beobachte, welche der Hinweise (*cues*), die ich bisher beobachtet habe, erneut auftreten, während die Befragten antworten oder über die Antwort nachdenken. Außer den T.O.T.E.-Fragen, die in dem Fragekatalog im vorangegangenen Kapitel aufgelistet sind, habe ich im folgenden noch einige weitere Fragen zusammengestellt, die man in diesem Zusammenhang verwenden kann.

1. Was sind Ihre *Ziele*, wenn Sie kreativ sind?
    a. Welche Schritte unternehmen Sie, um eine Idee auszuwählen?
        1) Wie genau erkennen Sie, wann Sie ein gutes Konzept haben, mit dem Sie sich weiter beschäftigen wollen?
        2) Wie unterscheiden Sie gute Ideen von schlechten?

2. Welche Schritte unternehmen Sie, um Ihre Idee umzusetzen?
    a. Wann führen Sie Einschränkungen ein, während Sie Ihre Idee entwickeln und umsetzen, und welche Arten von Einschränkungen sind es?
    b. Wo befinden sich Ihre »fortsetzen/abbrechen«-Markierungen?
    c. Welche Teile Ihrer Erfahrung oder Ihrer Umgebung nutzen Sie, um Ihr Ziel zu erreichen?

3. Was genau dient Ihnen als *Evidenz*, um festzustellen, ob Sie tatsächlich Ihrem Ziel näherkommen?

4. Wann brauchen Sie *Feedback*?
    a. Von welcher Art?
    b. Von wem?

5. Was *hindert* Sie daran, kreativ/produktiv zu sein?
    a. Woran erkennen Sie den Unterschied zwischen »Zaudern« und »Schwanger-Gehen«?

6. Wie reagieren Sie, wenn Sie mit *Problemen* konfrontiert werden?
   a. Denken Sie an eine Situation, in der Sie sich festgefahren hatten und in der es Ihnen gelungen ist, sich aus diesem Zustand der Lähmung zu befreien. Was haben Sie damals getan?

7. Wie schützen Sie sich vor *Unterbrechungen*? Vor *Ablenkungen*? Vor *Kritik*?

8. Was würde der ideale Kreativitätsmanager Sie tun lassen?

Übung: Grundlegende R.O.L.E.-Modell-Elizitation

RBD: Wir würden Sie nun gern mit einer kurzen Übung zu einigen Grundlagen der Strategie-Elizitation bekannt machen.

Wie ich bereits erwähnt habe, besteht eine der schnellsten Methoden, Informationen über die Denkprozesse von Menschen zu elizitieren, darin, zu kontrastieren. Wenn ich herausfinden will, in welchem Bereich ein Mensch Schwierigkeiten hat, kontrastiere ich eine Situation, in der er Schwierigkeiten gehabt hat, mit einer Situation, die ihm keine Probleme bereitet hat. Dadurch fokussiere ich wesentlich schneller auf die Schwierigkeit, als wenn ich lediglich nach dem Versuch-und-Irrtum-Verfahren vorgehen würde, so wie man es beim Durchgehen einer Check-Liste tut.

Wenn ich herausfinden möchte, was die entscheidenden Faktoren für die Fähigkeit, orthographisch richtig zu schreiben sind, suche ich mir zwei gleichaltrige Kinder von gleicher Größe, mit dem gleichen kulturellen Hintergrund und mit einer gleichartigen Schulbildung aus, die die gleiche Schule besuchen. Ideal wäre, zwei eineiige Zwillinge zu haben, von denen der eine gut und der andere schlecht in der Rechtschreibung ist. Dann bitte ich beide, ein Wort zu buchstabieren. Auf diese Weise schaffe ich mir eine optimale Vergleichsmöglichkeit, denn alles, was an beiden gleich ist, hat offensichtlich keinen Einfluß auf die unterschiedliche Leistung der beiden in der orthographischen Leistung. Nur das, worin sich die Vorgehensweise der beiden unterscheidet, kann mir Hinweise darüber liefern, welche Faktoren für die Beherrschung der Rechtschreibung von Bedeutung sind.

Ebenso verhält es sich mit der Kreativität. Durch kontrastierende Gegenüberstellungen stößt man sehr schnell auf die signifikanten Ereignisse. Beispielsweise wird man Sie in der folgenden Übung bitten, sich an Situationen zu erinnern, in denen Sie kreativ waren, und an andere Situationen, in denen Sie kreativ sein wollten, Ihnen dies aber nicht gelungen ist. Nachdem Sie sich an Prozesse erinnert haben, auf die eine der beiden gesuchten Bedingungen zutrifft, können Sie anfangen, alles auszublenden, was in beiden Fällen gleich ist. Danach können Sie sich anschauen, was in der Situation, in der Sie kreativ waren, anders war, und so erhalten Sie einige sehr wichtige Aufschlüsse über Ihre Kreativitätsstrategie.

Wir wollen in dieser Übung anfangen, den Prozeß der Elizitation zu erforschen, indem wir eine Prozedur anwenden, die es uns ermöglicht, verschiedene Elemente des R.O.L.E.-Modells zu beobachten und zu protokollieren. Auf der folgenden

Seite finden Sie einen Fragebogen mit freien Rubriken, in die Sie die entscheidende Information über das R.O.L.E.-Modell eintragen können.

Diese Übung führt man am besten mit einem oder mit zwei Partnern aus, da diese Details, derer man sich selbst nicht bewußt ist, eher wahrnehmen können. Sie können natürlich auch versuchen, die Fragen allein zu beantworten, aber es ist ziemlich schwierig, die eigenen Augenbewegungen in einem Spiegel zu beobachten!

Die Beobachter sollten demjenigen, der seinen kreativen Prozeß untersuchen will (dem »Untersuchenden«), gegenübersitzen. Jedesmal, wenn Sie als Beobachter eine der Fragen auf dem Fragebogen gestellt haben, beobachten Sie die Augenposition des Untersuchenden, während er über die Frage nachdenkt und sie beantwortet, und tragen diese dann in das entsprechende Kästchen ein. Auf diese Weise können Sie die Sequenz der Augenbewegungen aufzeichnen.

Machen Sie sich im Augenblick keine Sorgen darüber, wie die jeweiligen Augenbewegungen zu interpretieren sind oder wie man sie umkehren muß, so daß sie der Position des Untersuchenden entsprechen, sondern notieren Sie einfach, was Sie sehen. Einfacher ausgedrückt bedeutet das: Wenn ich Ihnen gegenübersitze, und Ich schaue nach unten links, dann sehen Sie, daß sich meine Augen nach unten rechts bewegen. Kümmern Sie sich nicht darum, ob es meine linke oder Ihre rechte Seite ist, sondern zeichnen Sie das, was Sie sehen, so auf, wie Sie als Beobachter es sehen – als würden Sie durch ein Glas schauen, auf dem ein Gitter angebracht ist, und Sie würden einfach versuchen festzuhalten, was Sie da sehen.

RBD: Es ist empfehlenswert, ein Signalsystem zwischen den Beobachtern und dem Untersuchenden zu vereinbaren. Die Beobachter warten, bis der Untersuchende die Idee oder Erfahrung innerlich präsent hat, bevor sie anfangen, Details zu notieren. Andernfalls könnten Sie Artefakte seiner »Erinnerungsstrategie« aufzeichnen. Wenn Sie sagen: »Denken Sie an eine Situation, in der Sie kreativ waren«, muß der oder die Befragte zuerst den Prozeß der Wiedererinnerung an die betreffende Situation durchlaufen. Sie werden dann die Hinweise *(cues)* beobachten, die mit jenem Prozeß verbunden sind, statt diejenigen, die etwas mit der Kreativität zu tun haben.

TE: Beispielsweise könnte jemand zunächst in sich gehen und sich fragen: »In welcher Situation war ich wirklich kreativ?« In diesem Moment denkt die befragte Person noch nicht an eine bestimmte Situation. Sie ist vielleicht mit einem anderen Prozeß befaßt, der ihr helfen soll, Zugang zu jener speziellen Situation und zu dem Ort, an dem sie stattfand, zu verschaffen. Man erhält dann Informationen über den Prozeß des Erinnerns sowie auch über den Motivationsprozeß.

Fragen	Augen-bewegungen	Repräsen-tations-systeme	Körperhal-tungen und Gesten
Erleben Sie eine Zeit wieder, in der Sie besonders kreativ waren.	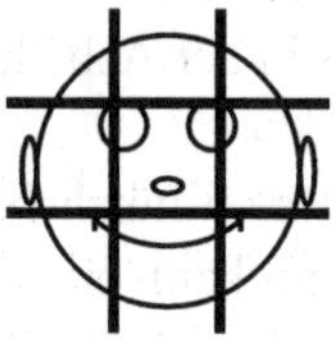	O Bild(er) O Worte O Klänge O Gefühle	
Erleben Sie eine Zeit wieder, in der Sie wirklich Ihre volle Kreativität entfaltet haben.	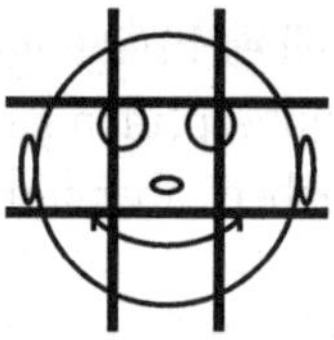	O Bild(er) O Worte O Klänge O Gefühle	
Erleben Sie eine Zeit wieder, in der Sie kreativ sein wollten, Ihnen dies jedoch nicht gelang.	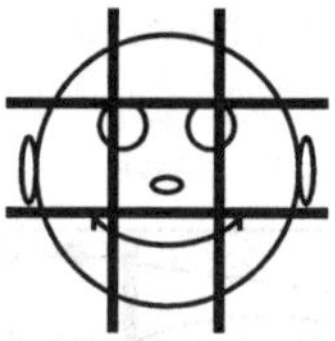	O Bild(er) O Worte O Klänge O Gefühle	
Erleben Sie eine Zeit wieder, in der Sie nicht in der Lage waren, kreativ zu sein.	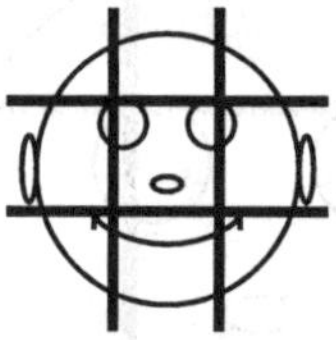	O Bild(er) O Worte O Klänge O Gefühle	
Stellen Sie sich eine leichte Aufgabe, und versuchen Sie, jetzt sofort kreativ zu sein.	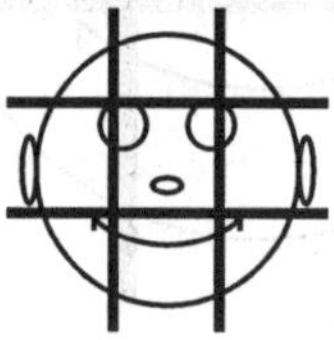	O Bild(er) O Worte O Klänge O Gefühle	
Wählen Sie etwas Schwieriges aus, und versuchen Sie, jetzt sofort kreativ zu sein.	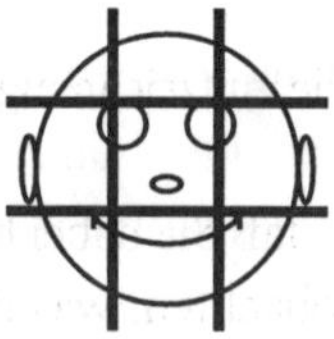	O Bild(er) O Worte O Klänge O Gefühle	

Abbildung 2.2.: Tabelle zum Elizitieren von kreativen Strategien

Mikro-Werkzeuge für die Kreativität

RBD: Lassen Sie Ihren Partner also signalisieren, wann er Zugang zu der spezifischen Situation hat. Und sagen Sie dann: »Versetzen Sie sich jetzt im Geiste wieder in jene Situation.« Während er die Erfahrung innerlich nachvollzieht, beobachten Sie die Folge seiner Augenpositionen. Und halten Sie diese Sequenz der Augenbewegungen in der Tabelle fest. Am einfachsten ist es, dies mit Hilfe von Zahlen und Pfeilen zu tun, so wie es in der Abbildung weiter unten gezeigt wird.

Wie wir bereits erwähnt haben, ist es oft nützlich, diese Übung in einer Gruppe von drei Personen auszuführen. Dann kann ein Teilnehmer beobachten und die Augenbewegungen notieren, während der zweite die Beobachtungen beurteilt. Auf diese Weise erhält man eine »Doppelbeschreibung«, mit deren Hilfe man die Beobachtungen des ersten Beobachters überprüfen kann. Beide Beobachter stimmen sich ab über das, was sie gesehen haben, aber nur einer von beiden schreibt das Beobachtete auf.

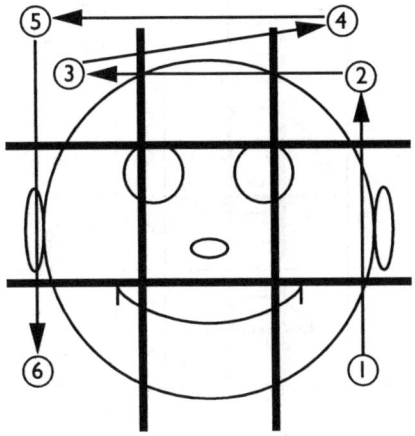

Abbildung 2.3.: Beispiel für die Aufzeichnung der Augenbewegungen

Das Interessante an dieser Übung ist, daß Sie dabei buchstäblich die Gedanken des Untersuchenden beobachten. Sie beobachten, was im Geiste dieses Menschen vor sich geht. Wenn Sie sehr genau beobachten, können Sie eine Menge über jene Person herausfinden.

Wenden Sie die gleiche Prozedur auch auf den Fall an, in dem die betreffende Person kreativ sein wollte, es aber nicht konnte. Bitten Sie die Person, an eine sehr ähnliche Situation zu denken, in der sie kreativ sein wollte, dazu aber nicht in der Lage war. Warten Sie, bis der oder die Betreffende die Situation gefunden hat, und fordern Sie ihn oder sie auf, Ihnen ein Signal zu geben, wenn dies der Fall ist. Sagen Sie dann: »Durchleben Sie das Ganze noch einmal innerlich«, und notieren Sie sich die Folge der Augenbewegungen, die dann zu beobachten ist. Vielleicht stellen Sie dabei fest, daß die Augen der Person sich zunächst an der gleichen Stelle wie zuvor befinden, jedoch im zweiten Szenario schließlich unten links ankommen, statt oben rechts. Versuchen Sie herauszufinden, worin der Unterschied besteht.

Es ist nützlich, eine Reihe unterschiedlicher Beispiele zu benutzen, um ein Muster in den Augenbewegungen zu entdecken. Falls es sich wirklich um ein Gedankenmuster handelt, wird die Sequenz der Augenbewegungen sich wiederholen, auch wenn der spezifische Inhalt des Beispiels ein anderer ist.

Außerdem ist es wichtig, das Sie kreativ und neugierig sind. Wenn Sie merken, daß die Person ihr Muster verändert, dann fragen Sie: »Haben Sie auf genau die gleiche Weise darüber nachgedacht? Oder haben Sie plötzlich etwas hinzugefügt?« Denn Sie werden feststellen, daß eine Veränderung des Musters darauf hindeutet, daß die Person etwas anderes entdeckt hat. Sie werden den Unterschied erkennen können. Wenn Sie etwas bemerken, das nicht konsistent ist, dann versuchen Sie herauszufinden, ob die Person in Gedanken wirklich ununterbrochen bei der Sache gewesen ist.

Abgesehen vom Notieren der Augenbewegungen und vom Anstellen dieser Vergleiche sollten Sie auch Fragen stellen über die Verbindung zwischen dem, was Sie sehen, und dem, was im Inneren des Untersuchenden vor sich geht. Dafür ist die Spalte mit der Überschrift »Repräsentationssystem« gedacht. Machen Sie sich Notizen darüber, welche Sinne während der verschiedenen Erfahrungen auf welche Weise zum Einsatz gekommen sind. Sie können den Untersuchenden zunächst seine eigene subjektive Erfahrung überprüfen lassen, indem Sie etwas fragen wie: »Wessen sind Sie sich in dieser Erfahrung besonders bewußt? Handelt es sich um Bilder, Klänge, Gefühle oder Wörter?« Überprüfen Sie, welche Repräsentationssysteme in allen Erfahrungen eine Rolle gespielt haben.

Doch wie bereits früher erwähnt, besteht die Möglichkeit, daß sich Teile des R.O.L.E.-Modells dem Bewußtsein des Untersuchenden entziehen. Wenn Sie also als Beobachter etwas Interessantes bemerken, dann befragen Sie den Untersuchenden darüber. Wenn Sie feststellen, daß er nach oben rechts schaut und dort über lange Zeit verweilt, könnten Sie beispielsweise fragen: »Was machen Sie da oben? Haben Sie sich irgend etwas bildlich vorgestellt?« Verbinden Sie das, was Sie sehen, mit dem, was im Inneren jenes Menschen vor sich geht. Meine Faustregel lautet: »Im Zweifelsfalle sollte man prüfen, was los ist.« (engl.: *When in doubt, check it out.*)

Als zusätzliche Hilfe können Sie, um unbewußte Prozesse aufzudecken, die im folgenden abgebildete Darstellung der NLP-Augenbewegungen verwenden, von der bereits im Abschnitt über das R.O.L.E.-Modell die Rede war. Sie können dieses Diagramm als Anhaltspunkt dafür benutzen, was im Inneren des Untersuchenden vor sich gehen könnte, wenn sich seine Augen in bestimmten Positionen befinden.

Anmerkung: Obwohl wir festgestellt haben, daß die durch die Augenpositionen angezeigten Sinnesaktivitäten bei Rechtshändern verschiedenster Nationalitäten und Kulturen übereinstimmen, sind bei vielen Linkshändern sowie auch bei einigen Rechtshändern die Funktionen umgekehrt. Das heißt, daß sich diese Menschen aktiv etwas vorstellen, wenn sie nach links schauen, und daß sie sich an ein Bild erinnern, wenn sie nach rechts schauen. Es ist wichtig, stets daran zu denken, daß das Modell an die Person angepaßt werden sollte, nicht die Person an das Modell.

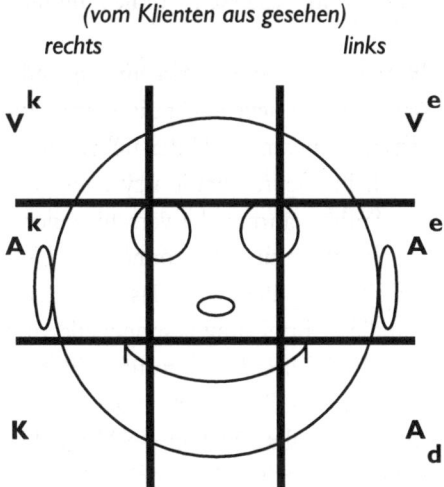

Abbildung 2.4.: Repräsentationssysteme, die durch die Augenposition angezeigt werden

Denken Sie auch daran, daß die Sinne nicht entweder hundertprozentig oder gar nicht aktiv sind. Wenn Sie mit sich selbst sprechen, so bedeutet das nicht, daß der visuelle Teil Ihres Gehirns während dieser Zeit ausgeschaltet ist. Er arbeitet auch dann, und es ist tatsächlich möglich, zu jedem beliebigen Zeitpunkt eine Erfahrung zu machen, an der mehrere oder alle Sinne beteiligt sind. Im NLP nennen wir den fortlaufenden Prozeß der multi-sensorischen Erfahrung ein *4-tuple*. Die Augenpositionen zeigen nur an, welcher der Sinne zu einem bestimmten Zeitpunkt der fokale Punkt ist.

Wenn Sie der Untersuchende sind, könnte es sein, daß es Ihnen schwerfällt, sich dessen bewußt zu sein, was Sie im Augenblick der Fragestellung getan haben. Und wenn Sie sich dessen schließlich zum Teil bewußt geworden sind, dann ist es möglicherweise nicht eine einzige Sache, sondern ein Durcheinander von Sachen. Im Bereich der Kreativität kommt es nur selten vor, daß ein Mensch sich von einem einzigen Bild zu einem einzigen Gefühl bewegt. Oft handelt es sich um eine Integration zweier Dinge: Bilder und Wörter oder Klänge (Geräusche) und Gefühle oder Gefühle und Bilder usw. Der kreative Prozeß ist häufig eine Kombination zweier sensorischer Systeme, eine *Synästhesie*. Angesichts solcher Kombinationen muß das Assoziieren einzelner Augenbewegungen mit Kreativität unangemessen erscheinen.

Wenn sich die Augen des Klienten in der Mitte befinden, also weder links noch rechts, so ist das ein relativ verläßlicher Hinweis darauf, daß sehr wahrscheinlich irgendeine Art von Synästhesie oder eine Überlappung unterschiedlicher sensorischer Informationen vorliegt.

Untersuchen Sie die sensorischen Orientierungen und Verbindungen, die in den beiden Erfahrungen auftreten, sehr genau. Im allgemeinen gibt Ihnen die Oben-Unten-Position der Augen Aufschluß darüber, welches Repräsentationssystem benutzt wird; die Links-Rechts-Position der Augen gibt Ihnen einige grundlegende Informationen über die Orientierung des Repräsentationssystems; und die Abfolge der Bewegungen verrät Ihnen etwas über die Verbindungen zwischen den einzelnen Repräsentationssystemen.

Als Ergebnis einer solchen Übung können Sie auf eine Anzahl unterschiedlicher Muster stoßen. Das Ziel ist, mit Ihren Partnern zusammen Ihr eigenes spezielles Muster für Kreativität herauszuarbeiten. Zum Beispiel könnten Sie feststellen, daß Ihre Augen, wenn Sie kreativ denken, dazu tendieren, von oben rechts nach oben links zu wechseln, und daß sie, wenn Sie sich »festgefahren« haben, in eine Position wechseln, in der sie dann verharren.

Die Frage, welches Repräsentationssystem gerade benutzt wird, ist nicht so wichtig wie die Frage, *wie* das betreffende Repräsentationssystem benutzt wird. Im kreativen Zustand geht vermutlich ein hohes Maß an mentaler Aktivität mit einer Vielzahl von Inputs einher, wohingegen man in einem Zustand, in dem man festgefahren ist, lediglich aus einem einzigen Kanal Input bezieht und aus diesem nicht herauswechseln kann.

Derartige Muster der Kreativität können mit Strategien zum effektiven Gebrauch des Erinnerungsvermögens verglichen werden, wie es beispielsweise bei der Orthographie der Fall ist. Wenn ein Mensch, der die Rechtschreibung gut beherrscht, sich an die richtige Buchstabenfolge eines Wortes erinnert, werden seine Augen beim Abrufen der Buchstaben aus der Erinnerung gewöhnlich nach oben links wandern und dort verweilen. Wenn jemand Schwierigkeiten mit der Rechtschreibung hat, bewegen sich seine Augen auf der Suche nach Informationen durch alle Positionen hindurch.

Die Art der Augenbewegung entspricht dem, was im Kopf des betreffenden Menschen vor sich geht. Als Beobachter besteht Ihre Aufgabe in dieser Übung darin, auf das Muster der Augenbewegungen sowie auch auf die konkreten einzelnen Positionen zu achten, in die hinein Sie sich bewegen. Notieren Sie, *wie oft* die Augen Ihres Partners sich bewegen, und *wie* sie sich bewegen: Haben sie sich langsam oder schnell bewegt?

Achten Sie sorgsam darauf, daß Sie nicht irgendwelche vorgefaßten Meinungen ins Spiel bringen, die Ihre Beobachtungen beeinflussen könnten. Im Gegensatz zu dem Beispiel, könnten Sie feststellen, daß die Augen Ihres Partners, wenn er kreativ ist, sich kaum bewegen, und daß sie sich, wenn er festgefahren ist, rundherum hin- und herbewegen. Für den einen Menschen kann Kreativität bedeuten, daß er bei etwas bleibt und es bis zum Abschluß weiterverfolgt, statt ständig neues in den Sinn zu bekommen, wohingegen Kreativität für einen anderen darin bestehen kann, wieder beweglich (*unstuck*) zu werden und die Augen wie zufällig umherzubewegen.

TE: Das Muster der Augenbewegungen kann sich auch je nach Art der kreativen Tätigkeit verändern. In bestimmten Kontexten sind Sie vielleicht kreativ, indem Sie die Augen in alle Quadranten bewegen. In anderen Kontexten kann Kreativität darin bestehen, daß Sie bei einem einzigen Repräsentationssystem verweilen. Es gibt Unterschiede zwischen Kreativität beim Kochen, beim Schreiben eines Liedes oder beim Malen eines Bildes. Der Fokus ist jeweils auf unterschiedlichen Repräsentationsfähigkeiten: Geschmack, Klang und visuelle Vorstellung.

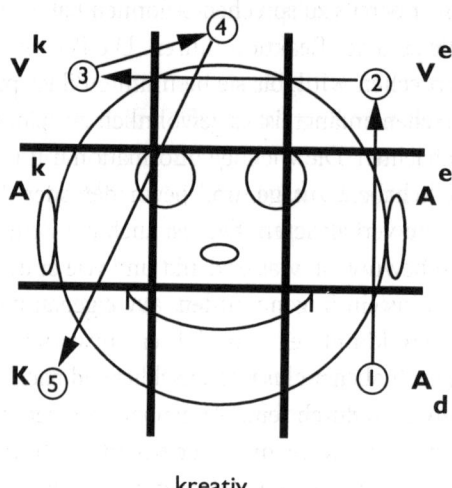

kreativ

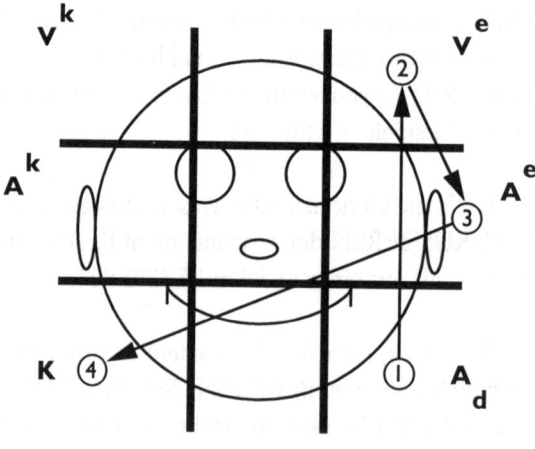

festgefahren

Abbildung 2.5.: Beispiel für den Unterschied zwischen den Augenbewegungen für kreativ und festgefahren *(stuck)*

RBD: An diesem Punkt im Elizitationsprozeß ist es sehr hilfreich, dem Erforschenden (der seine eigene Strategie erforscht) wirklich die volle Aufmerksamkeit zu widmen. Beispielsweise werden Sie feststellen, daß Menschen oft mit den Augen Ihre Fragen wesentlich früher beantworten als verbal. Fangen Sie erst an, jemanden zu beobachten, wenn er bereits zu sprechen begonnen hat, so entgehen Ihnen viele Zugangshinweise, die zu jener Reaktion führen. Die Person weiß möglicherweise nicht, worüber sie sprechen wird, bis sie bestimmte Bilder produziert hat. Wenn jemand schon zu sprechen anfängt, ist es gewöhnlich zu spät, um die entscheidenden Hinweise zu beobachten. Die wichtige Information tritt unmittelbar, nachdem Sie Ihre Frage gestellt haben, zutage, und bevor der oder die Gefragte anfängt, seine/ihre Gedanken zu verbalisieren. Dies ist auch der Zeitpunkt, zu dem er sich am wenigsten dessen bewußt ist, was er denkt und wie er es tut.

Wenn Sie Albert Einstein fragen würden: »Wie genau haben Sie die Relativitätstheorie entwickelt?« könnte es sein, daß er antworten würde, »Ich weiß es nicht«, dabei jedoch nach oben rechts und anschließend nach unten rechts schauen würde. Er hätte Ihnen dann durch seine Augenbewegungen geantwortet, obgleich er nicht in der Lage gewesen wäre, die Frage bewußt zu beantworten.

Nun ist es zwar einerseits wichtig, daß man sich nicht zu sehr auf das verläßt, was ein Klient verbal ausdrückt, doch andererseits gibt es bestimmte sprachliche Muster, auf die man achten sollte, wie wir in dem Abschnitt über das B.A.G.E.L.-Modell erwähnt haben. Beispielsweise deuten Ausdrücke wie »Ich sehe, was Sie sagen« (im Englischen gebräuchlich) oder »Das klingt richtig in meinen Ohren« oder »Dafür habe ich kein Gespür« auf verschiedene Arten von mentaler Verarbeitung hin. Andere Beispiele hierfür sind:

Visuell: Jemand ZEIGTE die Optionen. Das, was am besten AUSSIEHT. Auf eine bestimmte Option FOKUSSIEREN. Ich war mir nicht KLAR darüber, was zu tun war. Ich SCHAUTE es mir aus einer anderen PERSPEKTIVE an.

Auditiv: Ich FRAGTE mich, ob ich noch weitere Informationen benötigte. ES KLINGT gut. Es gab nichts mehr zu BEREDEN, deshalb SAGTE ich: »Wir wollen uns nun darauf EINSTIMMEN, was als nächstes zu tun ist.« Etwas KLICKTE einfach.

Gefühl: Um ein GEFÜHL für den Prozeß zu bekommen, versuchte ich, einen ANHALTSPUNKT (*a handle*) für den ersten Schritt zu bekommen. Alles stand unter großem DRUCK, deshalb SPRANG ich direkt mitten hinein. Da war etwas, von dem ich SPÜRTE, daß wir unseren Finger drauflegen müßten. Deshalb versuchte ich, es FEST IN DEN GRIFF zu bekommen.

Beachten Sie jedoch, daß der größte Teil des schnellen Denkens sich unmittelbar vor Ihren Augen abspielt, noch bevor die Leute zu reden anfangen.

Sie sollten auch bedenken, daß die Auswahl der Worte, die Sie benutzen, beim Stellen einer Frage einen Einfluß hat. Es besteht ein Unterschied zwischen dem »Erinnern einer Erfahrung« und dem »Wiedererleben« derselben. Tatsächlich wollen Sie mit Ihrer Frage bewirken, daß die Person veranlaßt wird, ihre frühere Erfahrung zu rekapitulieren. Am besten ist es, wenn der Erforscher in der ersten Person Gegenwart antwortet, also »Ich tue dies, Ich denke jenes« usw. Wenn der Erforscher zu der Erfahrung zurückgeht und in der Vergangenheitsform spricht, indem er beispielsweise sagt, »Zuerst tat ich dies, und dann das«, befindet er sich wahrscheinlich nicht wirklich in sich selbst und in seiner Erfahrung, so wie sie sich tatsächlich ereignet hat, sondern er ist von ihr dissoziiert und denkt darüber nach, statt sie erneut zu erleben. Er erinnert sich wahrscheinlich und analysiert, was er damals getan hat, was etwas völlig anderes als ein Wiedererleben der Erfahrung ist. Diese beiden Arten von Erfahrungen sind sehr unterschiedlich. Ihr Ziel beim Modellieren der Kreativität ist es, die Kreativitätsstrategie des Erforschers herauszufinden, nicht seine Analyse-Strategie. Sie wollen die Person dazu bringen, sich in ihre Erfahrung hineinzuversetzen. Sie wollen nicht, daß sie darüber nachdenkt, was sie in jener Situation getan hat, sondern Sie wollen, daß sie sich tatsächlich wieder in jene Situation hineinbegibt.

TE: Wenn die Person analysiert, was damals möglicherweise hätte eintreten können, dann sollten Sie versuchen, eine Situation zu schaffen, in welcher sich der Untersuchende jetzt, also im gegenwärtigen Augenblick, kreativ verhalten muß. Wenn sie nichts anderes kann, als zu analysieren oder sich vage zu erinnern, wo sie gewesen ist, sich jedoch nicht daran erinnern kann, was damals geschehen ist, dann sagen Sie: »Stellen Sie sich vor, Sie müßten in dieser Sache jetzt, in diesem Augenblick, auf eine andere Weise kreativ sein. Was würden Sie dann tun?« Dadurch können Sie den Einfluß der Erinnerungsstrategien ausschalten. Sie können den Untersuchenden dazu bringen, sich mit jener Aktivität in der Gegenwart auseinanderzusetzen. Auf diese Weise erhalten Sie die reinste Form von Information über den Erforscher, falls dieser nicht in der Lage ist, sich an die Situation in der Vergangenheit zu erinnern und sich in diese zurückzuversetzen.

Mikro-Werkzeuge für die Kreativität 115

RBD: Wenn Sie also nicht an jene Erinnerung herankommen, dann versuchen Sie es mit einem aktuellen Beispiel. Dadurch werden Sie hochwertigere Information erhalten.

Eine andere Strategie besteht darin, den Erforscher zu bitten, sich daran zu erinnern, wie er das letzte Mal kreativ war. Manchmal versucht die Person, sich zu weit zurückzuerinnern. Bitten Sie die Person dann, sich an etwas zu erinnern, das in der vergangenen Woche geschehen ist. Oft ist die Information, die Sie erhalten, zu sehr durch andere Erfahrungen gefärbt.

Augenbewegungen sind natürlich nur eine Form dessen, was wir im NLP Zugangshinweise nennen. Die letzte Spalte auf dem Elizitations-Fragebogen ist für Notizen über signifikante Muster der Körperhaltung oder der Gestik bestimmt. Beispielsweise könnte eine Person, die oft Selbstgespräche führt, eine »auditive« Körperhaltung einnehmen. Damit ist die Haltung gemeint, die Rodin seiner Statue »Der Denker« gegeben hat. Der Körper ist vornübergebeugt, der Kopf weist nach unten links, und eine der beiden Hände berührt das Gesicht oder den Kiefer. Viele Menschen haben die Angewohnheit, das Sinnesorgan zu berühren, das sie im betreffenden Augenblick zur mentalen Verarbeitung benutzen. Die beschriebene Haltung steht gewöhnlich mit (inneren) Selbstgesprächen in Verbindung. Manchmal nennen wir sie auch die »Telefonhaltung«, weil das, was sich dabei innerlich abspielt, so ist, als würden Sie am Telefon ein Ferngespräch mit sich selbst führen.

Haltungsveränderungen können sich sehr gravierend auf Ihre inneren Prozesse auswirken. Wenn Sie sich vornüberbeugen, so verändert sich Ihre Atmung. Es ist keineswegs so, daß sich dadurch nur ihre Perspektive verändert. In nach vorn gebeugter Haltung werden Sie große Schwierigkeiten haben, tief zu atmen. Hingegen können Sie, wenn Sie sich zurücklehnen, ohne Schwierigkeiten tiefer atmen. Ihre innere Informationsverarbeitung wird beeinflußt durch die Art, wie Sie sitzen, die Art, wie Sie Ihren Kopf halten, die Art, wohin Ihre Blick gerichtet ist, und die Art, wie Sie atmen. Beugen Sie sich zum Beispiel einmal nach vorn, neigen Sie Kopf und Schultern nach vorn, und versuchen Sie dann, sich *nicht* deprimiert zu fühlen. Solange sich jemand in jener Haltung befindet, wird sie seine Art zu denken beeinflussen. Es ist wichtig, die Einwirkung der Physiologie auf die Kreativität zu verstehen.

Weitere Zugangshinweise sind Atmung, Gestik, Tonlage der Stimme und Sprechgeschwindigkeit. Die Atmung ist einer der wichtigsten Zugangshinweise. Ich habe ein paarmal Zeichnungen und Skizzen angefertigt und dabei den ganzen Tag über nicht geatmet. Beim Zeichnen atme ich entweder flach und hauptsächlich im Brustbereich, oder ich atme so gut wie gar nicht. Die Folge davon ist, daß mein

Rücken dann gewöhnlich einen Buckel bildet. Und es ist keineswegs so, daß ich mich nicht wohlfühle bei dem, was ich tue. Ich habe festgestellt, daß ich, um wirklich visuell projizieren zu können, diese Haltung einnehme.

Wenn Menschen intensive Gefühle erleben, gehen Sie gewöhnlich zur Bauchatmung über. Sie machen viel tiefere Atemzüge. Wenn man tief atmet, spricht man wesentlich langsamer, und die Stimme ist wesentlich tiefer, und man wechselt in einen entspannteren physischen Zustand über.

Wenn ich beispielsweise sage: »Nun lehnen Sie sich einmal alle zurück, und entspannen Sie sich«, und ich tue dies mit langsamer und tiefer Stimme, dann fällt es dem Zuhörer leichter, einen Zugang zu dem beschriebenen Zustand zu finden. Es hat eine völlig andere Wirkung, ob ich die gleichen Worte schnell und mit abgehackter, näselnder Stimme oder ob ich sie langsam und mit tiefer Stimme ausspreche und zwischen den einzelnen Wörtern Pausen einlege.

Letzteres würde ich wählen, wenn ich Sie bitten würde, etwas Gefühlsorientiertes zu tun. Wenn ich hingegen sage: »Ich werde dieser Person ein paar Fragen stellen, und ich möchte, daß Sie das komplizierte Muster der Augenbewegungen beobachten und notieren«, dann würde eine langsame Sprechweise mit vielen Pausen und mit tiefer Stimme Ihnen wahrscheinlich nicht dabei helfen, Zugang zu dem Zustand zu finden, der zu dem nun erforderlichen Verarbeitungsmodus kongruent ist. Um den Zugang zu jenem Zustand herzustellen, wäre aller Wahrscheinlichkeit nach eine hohe Stimmlage und eine schnelle Sprechweise geeigneter. Das bedeutet, daß auch die Stimmlage und die Sprechgeschwindigkeit bestimmte Reaktionsweisen auslösen.

Wenn also jemand tief, langsam und »mit viel Luft« spricht, so kann das darauf hindeuten, daß er im Gefühlsmodus denkt. Wenn jemand schnell und mit hoher Stimme spricht, so weist dies wahrscheinlich auf den visuellen Verarbeitungsmodus hin. Jedenfalls sollten Sie darauf achten, welche Art von Stimmqualitäten bei einem bestimmten Menschen mit der »Kreativ«-Erfahrung und der »Festgefahren«-Erfahrung verbunden sind.

TE: Eine der wichtigsten Lektionen, die Sie aus dieser Übung ableiten können, ist, daß andere Menschen anders denken als Sie selbst. Ich weiß nicht, wie oft ich Menschen Dinge habe sagen hören wie: »Sieht denn nicht *jeder* Bilder, wenn er kreativ ist?« – »Führt nicht *jeder* Selbstgespräche?« – »Entwickelt nicht *jeder* starke Gefühle?« Es ist sehr wichtig, sich ständig dessen bewußt zu sein, daß es keine »richtige Art« kreativ zu sein gibt. Deshalb sollte man sich an der Verschiedenartigkeit erfreuen.

RBD: Eine andere wichtige Lehre, die man aus dieser Übung ziehen kann, ist, wie man Menschen auf einer anderen Ebene beobachten und mit ihnen interagieren kann.

Menschen neigen gewöhnlich dazu, sich auf den Inhalt dessen, was gesagt wird, zu konzentrieren, statt auf den Denkprozeß, dessen sich die Person bedient, die die Aussage macht. Wenn beispielsweise ein Erfinder mit jemand anderem über seine Erfindung spricht, wird der Zuhörer sich wahrscheinlich auf die technischen Konzepte konzentrieren, statt zu beobachten, wie der Erfinder über seine Erfindung denkt. Der Zuhörer läßt sich zu sehr von dem gefangennehmen, was der Erfinder rein inhaltlich sagt, als daß er noch darauf achten könnte, *wie* er es sagt.

Unser erstes Ziel ist herauszufinden, welche Denkstrategie angewandt wird. Die Form der Strategie ist dabei unabhängig vom Inhalt, auf den sie angewandt wird. Es ist wichtig, sich über den Unterschied zwischen der Form einer Reaktion und deren Inhalt im klaren zu sein.

Ich habe von einem Verkaufstrainer gehört, der etwas in der Art zu sagen pflegte wie: »Wenn der Kunde sich ans Gesicht faßt, dann bedeutet das, daß er bereit ist zu kaufen.« Das ist aus der Sicht des NLP Unsinn. Unsere Interpretation lautet: »Wenn jemand sein eigenes Gesicht berührt, dann ist das ein Signal dafür, *wie* der Betreffende denkt – nämlich in diesem Fall in Form eines inneren Gesprächs –, und nicht dafür, *was* er denkt.« Aus meiner Sicht signalisiert das Berühren des Gesichts, daß der Betreffende ein inneres Selbstgespräch führt, in dessen Verlauf er sich für das Kaufen, aber ebensogut auch dagegen entscheiden kann. Entscheidend ist, daß man lernt, das, was man beobachtet, zur subjektiven Erfahrung der anderen Person in Beziehung zu setzen, ohne es zu interpretieren oder zu beurteilen.

Wenn Sie sehen, daß jemand innerlich Gedanken verarbeitet, dann besteht der erste Schritt darin herauszufinden, wie man das sieht, was man sieht, und wie man das hört, was man hört, statt lediglich aufgrund des Inhalts ein Urteil zu fällen oder eine Interpretation zu entwickeln.

Nicht jeder Mensch denkt oder reagiert auf die gleiche Weise, und nicht jeder ist auf die gleiche Weise kreativ. Unsere Kreativität ermöglicht es uns, bestimmte Dinge sehr gut zu machen. Wenn wir die Struktur unseres kreativen Prozesses kennen, können wir unsere Kreativität auch auf andere Aktivitäten ausweiten.

Es gibt verschiedene Arten von Strategien für Kreativität, und sie alle sind in unterschiedlichen Situation in verschiedenem Maße brauchbar.

Das nun folgende Transkript veranschaulicht, wie man mit Hilfe der soeben beschriebenen Vorgehensweise den kreativen Prozeß eines außergewöhnlichen

Musikers nachvollziehen und definieren kann. Michael Colgrass ist ein preisgekrönter Komponist. Im folgenden Interview gibt er ein anschauliches Beispiel für einige der kreativen Prozesse und Prinzipien, die wir in diesem Buch beschrieben haben. Achten Sie Beim Lesen des Interviews besonders auf die Sprachmuster sowie darauf, was diese über die Art aussagen, wie Michael seine Repräsentationssysteme miteinander verbindet.

Interview mit Michael Colgrass
Gewinner des Pulitzer-Preises für Musik (1978)

Michael: Sie sagen, ich sei ein erfolgreicher Komponist, aber was ist das? Viele Menschen wissen nicht, was den Beruf eines Komponisten ausmacht. Das ist zumindest meine Erfahrung. Man sagt, »Ich bin ein Komponist.« Und dann sagen die Leute: »Oh, heißt das, daß Sie Pop-Songs schreiben? Haben Sie irgendwelche Hits am Broadway laufen?« Ich antworte dann: »Nein, ich schreibe Musik für Symphonie-Orchester und Streichquartette. Ich bin ein sogenannter »E-Musik-Komponist« in der Nachfolge von Beethoven, Bartok usw.« Und dann heißt es, »Aha, jetzt verstehe ich... Verdienen Sie viel Geld mit dieser Sache?« (Lachen)

Es gibt viele Möglichkeiten, Erfolg zu definieren. Man kann es aus der künstlerischen Perspektive tun, und man kann geschäftlichen Erfolg zum Maßstab machen. In der Musik ist Erfolg ebenso wie in allen anderen Künsten fast ein Schimpfwort. Künstler sagen: »Er ist nicht wirklich gut, aber er ist ziemlich populär.« Ich würde schon sagen, daß ich erfolgreich bin. Ich verdiene meinen Lebensunterhalt mit dem Komponieren, und ich habe den Pulitzer-Preis bekommen. Aber Erfolg ist mir persönlich nur in einer Hinsicht wichtig: daß ich in einem bestimmten Augenblick das bestmögliche Musikstück schreiben kann. Das nächste Werk muß jeweils das Beste sein, das ich schreiben kann. Und es muß sich in eine Reihe von Musikstücken einfügen, die ständig besser werden und die sich ständig ändern.

Eines der Charakteristika meiner Arbeit, die mein Verleger erwähnt hat, ist, daß jedes Werk, das ich schreibe, anders ist als alle vorherigen. Er hat gesagt: »Ich sehe, daß sich durch alle der rote Faden Ihrer Persönlichkeit hindurchzieht.« Und das gefällt mir.

RBD: Das hilft mir, mir ein Bild von Ihren Zielen auf der Makro-Ebene und von Ihrer Evidenz hinsichtlich des Komponierens zu machen. Können Sie mir sagen, wie es für Sie ist, wenn Sie sich tatsächlich im Prozeß des Komponierens befinden?

Michael: Manchmal sind es lange, harte, ausgedehnte Zeiten des Arbeitens *(die Augen wechseln von unten rechts nach unten links)*. In anderen Augenblicken geht alles sehr schnell *(schaut nach oben rechts und schnippt mit den Fingern)*. Wenn man gut schreibt *(lehnt sich zurück und schaut nach oben rechts)*, geht alles wie von selbst.

Ich habe immer die Vorstellung gehabt, daß ich, wenn ich einen Stift in der Hand halte, alles tun kann, was ich nur will *(lehnt sich nach vorn und macht Bewegungen, als würde er einen Stift in der Hand halten)*. Wenn ich ein B schreiben möchte, sage ich »B« und schreibe B. Ich meine, der Stift hat gar keine Wahl. Aber das ist meiner Ansicht nach kein Komponieren.

Sobald man eine Vorstellung von dem Material entwickelt hat *(lehnt sich zurück und erhebt beide Hände)*, lehnt man sich zunächst einmal sozusagen zurück. Man schaut sich das Ganze an *(Augen oben rechts)*. Man denkt darüber nach *(Augen unten rechts)*, und man fühlt es. Und wenn man empfänglich dafür ist, fängt es dann an, einem zu sagen, was es tun möchte. Es ist so, als würde es anfangen, sich in eine bestimmte Richtung zu bewegen. Wenn man empfänglich dafür ist *(lehnt sich vor und macht Bewegungen, als würde er einen Stift in der Hand halten)*, dann – ich würde das keinesfalls automatisches Schreiben nennen – dann sagt man einfach »Umm hummh«, und dann fängt man an, es aufzuschreiben.

RBD: Es sieht ganz so aus, als würden Sie beim Komponieren alle Ihre Sinne benutzen. Aber ich würde mir gerne eine genauere Vorstellung davon machen, wie die verschiedenen Teile zueinander in Beziehung stehen. Wie ist es, wenn Sie nicht weiterkommen? Woran erkennen Sie, daß dies der Fall ist? Und wie reagieren Sie darauf? Wie befreien Sie sich aus dieser Situation?

Michael: Nehmen wir an, ich sitze fest. Das ist eine schreckliche Sache, und zwar nicht, weil die Gefahr besteht, daß ich aus diesem Zustand nicht mehr herauskomme *(schaut nach unten rechts)* – ich komme da schon wieder heraus, das ist gar keine Frage –, aber *(Augen links unten)* wenn ich festsitze *(Augen links oben)*, habe ich das Gefühl, daß ich entweder schon etwas falsch gemacht habe oder daß ich gerade dabei bin, etwas falsch zu machen.

Deshalb blicke ich zurück *(Augen von oben links auf mittlere Höhe links)* auf das, was ich bereits geschrieben haben, und singe es mehrmals durch. Ich singe bestimmte Phrasen immer und immer wieder *(schaut nach links auf mittlerer Höhe)*. Deshalb kann ich nicht komponieren, wenn irgend jemand im Haus schläft; manchmal werde ich dabei nämlich ziemlich laut *(lehnt sich noch weiter nach vorn und schaut nach oben links und rechts)*.

Mikro-Werkzeuge für die Kreativität 121

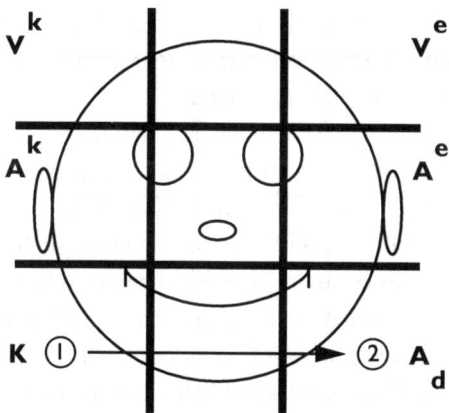

»lange, harte, ausgedehnte
Zeiten des Arbeitens«

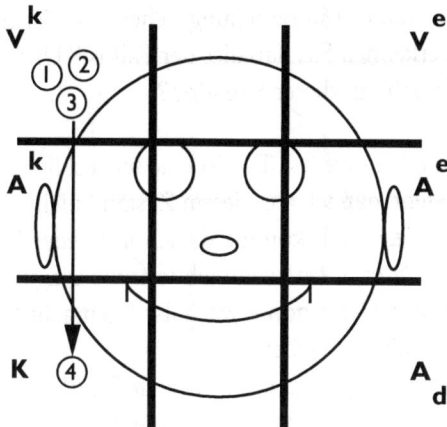

»gut schreiben«

Abbildung 2.6.: Gegensatz der Augenbewegungsmuster bei schwierigen und effektiven
Phasen des Komponierens

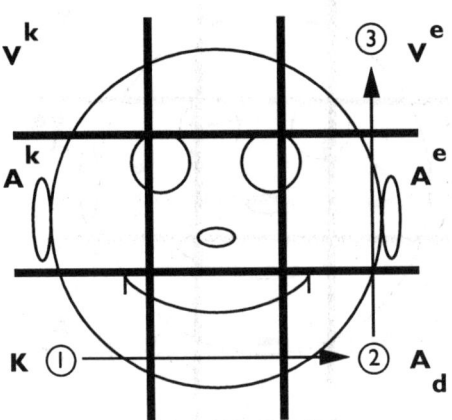

»festgefahren«

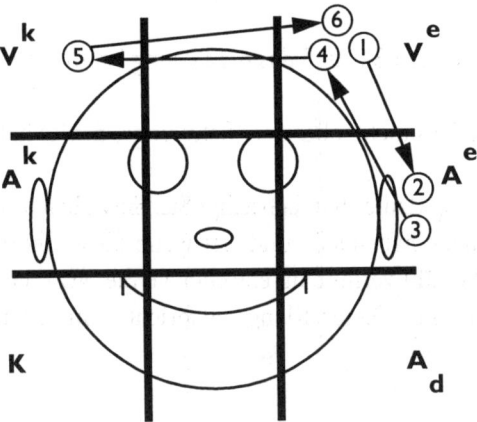

»den festgefahrenen Zustand auflösen«

Abbildung 2.7.: Vergleich der Augenbewegungsmuster für »festgefahren« und »Auflösen des festgefahrenen Zustands«

Mikro-Werkzeuge für die Kreativität

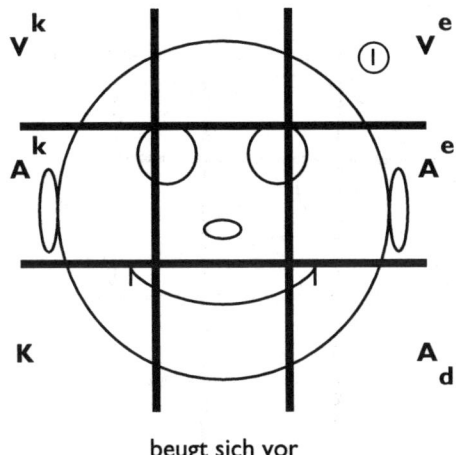

beugt sich vor
hebt rechte Hand hoch

Abbildung 2.8.: Haltung, Augenbewegung und Gesten für den fortlaufenden Prozeß des Komponierens

RBD: Woran erkennen Sie, daß das die Lösung ist, die Ihnen gefällt?

Michael: Ich weiß es nicht, aber der »Schwung«, den es hat, befriedigt mich.

RBD: Der Schwung, den es hat, befriedigt Sie. Sie haben also ein bestimmtes Gefühl, das diese Sache haben soll, und erst wenn Sie die hörbaren Töne gefunden haben, die jenes Gefühl vermitteln, entscheiden Sie: »Das entspricht dem von mir gewünschten Zustand. Dieser Klang entspricht dem Gefühl, das ich erzeugen möchte.«

Michael: Ja, genau so ist es.

RBD: Sie haben schon gesagt, daß Sie mit einem Gefühl anfangen. Begleitet dieses Gefühl Sie die ganze Zeit über, während Sie an dem Musikstück arbeiten?

Michael: Ja, es sei denn, ich unterbreche meine Arbeit für irgendwelche mechanischen Verrichtungen, das, was ich »Idiotenarbeit« *(Handbewegung nach unten*

links) nenne. Zum Beispiel, wenn ich irgend etwas ausschreiben muß. Aber den größten Teil der Zeit über arbeiten meine Sinne zusammen.

Als ich das eben gemacht habe *(Augen links oben)*, habe ich mir auch den Rhythmus vorstellen müssen. Er muß sich richtig anfühlen, aber ich muß auch vor mir sehen, wie er geschrieben aussieht. Denn wenn ich mich zwischen »Da da ta ka ki ka ka kyuk« und »Boh boh boh da da da ki ki ki kyuk« entscheiden muß, muß ich wissen, wie beides geschrieben wird *(lehnt sich vor)*, und zwar JETZT. Ich kann nicht Stunden damit verbringen herauszufinden, »Was ist das für ein Rhythmus? Was ist das für ein Takt? Was ist das für ein Tempo?« *(Augen oben, ziemlich weit links)* Ich muß sein *(bewegt den Körper von einer Seite zur anderen hin und her und schnippt mit den Fingern)* **schnipp... schnipp... schnipp...** *(lehnt sich zurück)* kennen. Das ist das Tempo, das es braucht, und ich muß herausfinden, wo es beginnt, mit welchen Instrumenten es beginnt, und welcher Rhythmus es ist, und all das sofort *(wiederholt die Phrase innerlich und bewegt die Hände)*. Das würde der Dirigent tun, um sich dies innerlich vorzustellen.

Mein bewußtes Denken *(Augen links oben, Zeigefinger berührt die Schläfe)* muß dabei mitwirken. Es muß sagen »vier Sechzehntel, eine Sechzehntelpause, und vier Töne einer Quintole, bei der der erste Schlag fehlt. Und dann »ta ta da da da«. Vielleicht muß ich es mehrmals wiederholen, um herauszufinden, was es ist, aber es ist eine Sextole, die auf einem Sechzehntel endet, das *(lehnt sich vor)* den dritten Schlag vervollständigt, und eine *(lehnt sich weit nach vorn und schnippt mit dem Finger)*... **schnipp...** Pause auf dem vierten Schlag. Wenn ich nicht wüßte, wie das in musikalischer Notation aussieht, würde ich verrückt werden, weil ich dann etwas singen würde, das mir gefällt, und nicht wüßte, wie ich es aufschreiben könnte, verstehen Sie. Deshalb muß ich wissen, wie man so etwas aufschreibt, und ich muß dafür die genaue musikalische Linguistik *(Augen unten links)* beherrschen.

RBD: Wenn Sie wissen, wie man es aufschreibt, können Sie es also »konservieren«. Wenn Sie Gefühle haben, und diese erzeugen bestimmte Klangfolgen, und wenn Sie dann keine Methode beherrschen würden, mit deren Hilfe man sie dauerhaft repräsentieren kann, würden die Klangfolgen verlorengehen, sobald sich Ihre Gefühle verändern.

Michael: *(Augen in mittlerer Höhe links; deutet nach links)* Aber ich würde mich jederzeit an das erinnern, was ich gerade gesungen habe. Noch Jahre später kann ich mich daran erinnern *(Augen in mittlerer Höhe links)*, was ich Ihnen hier gerade vorgesungen habe.

RBD: Wie machen Sie das?

Michael: Darüber habe ich noch nie nachgedacht. Wie ich das mache? *(Augen oben links)* Ich stelle es mir bildlich vor, glaube ich. *(Lacht)* Meine Augäpfel schreien mich an. Ich bin mir dessen bewußt, daß ich meine eigenen Augäpfel beobachte.

RBD: Ihre Augäpfel schreien. In Ihren Beschreibungen gibt es viele sensorische Überschneidungen. Wörter werden als Bilder repräsentiert, Klänge als Gefühle, Gefühle als Klänge. Alles überschneidet sich.

Michael: *(lehnt sich zurück, die Augen oben links, hebt beide Hände)* Wenn ich in dieser Verfassung bin, in einem wichtigen Augenblick, wenn ich es aufschreibe, fühle ich es *(Augen bleiben oben links, er gestikuliert nach unten rechts)*, ich höre es *(neigt den Kopf nach rechts)*, und ich sehe die mathematischen Unterteilungen der Rhythmen vor mir, die aufgeschrieben werden müssen. Und ich muß das unbedingt zu fassen bekommen, sehen Sie *(lehnt sich nach vorn und nimmt einen Stift aus der Tasche)*.

Sagen wir, mein Sohn kommt herein, und er möchte, daß ich beim Baseballspiel als Werfer mitmache, weil es fünf Uhr ist, und dann sage ich: »Jetzt nicht, Neil. Jetzt nicht!« Und er sagt dann vielleicht: »Nun komm schon, Mike. Sonst haue ich mit beiden Händen auf die Tastatur, ich haue mit beiden Hände drauf. Du hast Zeit, bis ich bis fünf gezählt habe.« Und ich... *(Augen oben links, der Körper ist vorgebeugt, und er hält den Stift, als würde er schreiben)*. Dann geht er hier herüber und schreibt auf einen Zettel: »Kommst du in zwei Minuten, in einer Minute, oder willst du dich umbringen?« Einmal hat er das gemacht, und als ich den Zettel gelesen hatte, kreuzte ich »umbringen« an und gab ihm den Zettel wieder zurück. Ich machte weiter, weil mir sehr klar war, was ich schreiben wollte, und weil ich es unbedingt sofort aufschreiben mußte.

Mir wäre in solchen Situationen sogar gleichgültig, ob plötzlich ein Erdbeben ausbräche. In diesem hypothetischen Augenblick – aber es ist eigentlich kein hypothetischer, sondern ein realer hypothetischer Augenblick – würde ich zu dem Erdbeben oder zu wem auch immer sagen *(Augen bleiben oben links, der Körper ist vorgebeugt, und die Hand hält den Stift)* »Einen Augenblick noch«. Denn dies ist wie ein Konzentrat von allem, was mir als Person zu tun wichtig ist. Und dies nicht zu tun oder es zurückzustellen oder es in diesem halbfertigen Zustand für alle Zeiten zu belassen und es zu vergessen, wäre Selbst-Verleugnung *(schaut nach unten rechts und gestikuliert mit beiden Händen nach unten)*.

RBD: Ist es ein Gefühl, das die Kontinuität des Musikstücks aufrechterhält und das bewirkt, daß Ihre Persönlichkeit in dem Stück enthalten ist?

Michael: Ja, aber noch etwas anderes spielt dabei eine Rolle. Die Art, wie man etwas anfängt, hat eine Auswirkung darauf, wie man die Sache beendet. Durch den Anfang wird etwas suggeriert *(Augen in mittlerer Höhe links)*. Wenn es ein stürmischer Anfang war, dann ist möglicherweise auch das Ende sehr bewegt. Stürmische Anfänge können aber auch nach einem ruhigen Ende verlangen, oder umgekehrt. Diese Dinge scheinen sich dem Komponisten generell aufzudrängen *(Augen in mittlerer Höhe links)*.

RBD: Dann legen Sie also von Anfang an fest, welchen Verlauf das Stück nehmen soll?

Michael: *(Lehnt sich zurück, seine Hände berühren einander, die Augen sind über lange Zeit nach oben links gerichtet)* Ich muß damit zufrieden sein, daß etwas geschehen ist und daß es in sich vollständig ist. Wenn dies geschehen ist, kann ich mit einem ruhigen Schluß enden. Vielleicht ist etwas schon zum Teil geschehen *(führt seine Hände auseinander und hebt den Zeigefinger der linken Hand)*, aber noch nicht völlig abgeschlossen, und dies wird Bestandteil des Abschlusses sein. Dann muß der Abschluß größer *(bewegt beide Hände nach rechts)* und immer größer werden, bis ich zufrieden bin. Das ist eine Möglichkeit, es zu sehen.

Ein anderes Verfahren, das ich oft anwende, ist *(hebt und trennt die Hände voneinander, wobei die Augen gerade nach unten gerichtet sind)*, Musikstücke in Blöcken zu schreiben. Ich habe früher oft den Fehler gemacht zu denken *(klatscht die Hände zusammen und lehnt sich vor)*, »Ich bin jetzt in Takt 126; wie wird Takt 127 aussehen?« Das ist zwar völlig natürlich, aber ich habe mittlerweile gelernt, daß es zu nichts führt, so zu schreiben. Wenn Sie aufwachen und an etwas denken, das für Takt 126 nicht von Bedeutung zu sein scheint *(gestikuliert nach links)*, dann schreiben Sie es einfach auf! *(Lehnt sich vor, gestikuliert nach rechts, die Augen nach links unten gerichtet)*. Also schreibe ich einfach auf und vergesse, was ich schon geschrieben habe. Und später entdecke ich dann, daß *(gestikuliert nach unten rechts)* das genau an dieser Stelle paßt *(gestikuliert nach links oben)*. Vielleicht erschien es überhaupt nicht logisch, aber genau so sollte Takt 127 aussehen *(Augen auf Augenhöhe links)*, wenn das Stück weitergehen würde. Oder ich sage vielleicht: »Richtig, *(gestikuliert nach oben links und rechts)*, das kommt an den Anfang *(gestikuliert von unten rechts nach oben links)*; jetzt wird die ganze Sache klar; und das kommt

Mikro-Werkzeuge für die Kreativität 127

hierhin *(Augen nach unten gerichtet, gestikuliert von oben nach unten, während sich die Augen nach oben bewegen)*.«

Dann fängt man an zu konstruieren *(Augen oben links und rechts)* und das Ganze zusammenzubauen. Man kann sich nun zurücklehnen *(lehnt sich zurück und hebt beide Hände)* und beobachten, wie verschiedene Blöcke sich zusammenfügen. Manchmal werde ich gefragt: »Wie schreiben Sie Ihre Stücke?« Dann antworte ich *(er sitzt noch immer zurückgelehnt, die Augen in der Position oben links)*: »Man baut sie.« Man schreibt mit einem Stift *(Geste mit einer Hand)*, das ist das [äußerlich sichtbare] Zeichen, das man macht. Aber tatsächlich baut man, konstruiert man. Und wenn diese Teile anfangen, sich zusammenzufügen, regen sie zur Entwicklung weiterer Teile an.

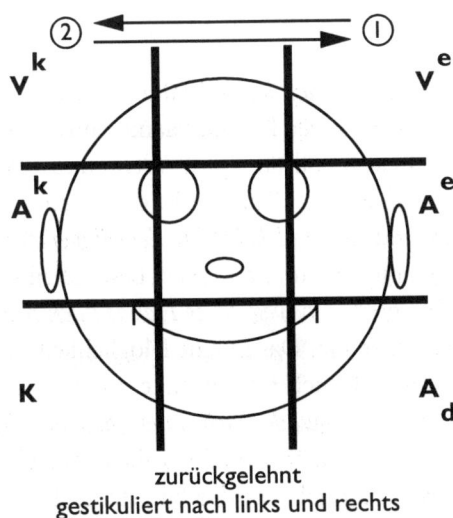

Abbildung 2.9.: Haltung, Augenbewegung und Gesten zum »Konstruieren« der gesamten Komposition

Und es setzt auch eine gewisse Loslösung ein *(lehnt sich weiter zurück, die Augen wandern noch weiter nach oben links)*. Wenn man sich vom dem, was man da gerade komponiert, löst, entwickelt man eine Gestalt-Perspektive von dem, was da vor sich geht. Denn dieses Stück wird zwanzig Minuten dauern, aber man muß in der Lage sein, es *(Augen oben links nach rechts)* »Wuuusch«, als fertig zu sehen.

Man muß in der Lage sein, von hier nach dort zu sehen *(deutet von oben links nach oben rechts, und auch die Augen bewegen sich von oben links nach oben rechts)*. Man kann ein zwanzig Minuten langes Stück nicht jedesmal komplett durchsingen *(deutet von oben links nach oben rechts)*, wenn man etwas überprüfen will, das in der siebzehnten Minute passiert *(deutet zur rechten Seite)*. Deshalb muß man in der Lage sein *(Augen bewegen sich von links nach rechts)* »Sssssst« – blitzschnell alles durchzugehen und die emotionalen Entwicklungen *(Augen geschlossen und Kopf gesenkt)*, Dinge, Gefühle und Geschehnisse auf sich wirken lassen *(Augen oben links)*. Vorgänge und Gefühle müssen schnell ablaufen, damit man möglichst bald an den entscheidenden Punkt kommt und nicht zuviel Zeit verschwendet.

RBD: Sie speichern das Musikstück visuell, so daß Sie es als Ganzes vor sich sehen. Wenn Sie es kinästhetisch oder auditiv speichern würden, müßten Sie es sequentiell durchgehen. Aber wenn der Verarbeitungsprozeß vom Visuellen zum Kinästhetischen hin verläuft, können Sie sehr schnell durch den gesamten Komplex der Gefühle hindurchgehen. Sehen Sie automatisch die einzelnen Töne zu allen Klängen?

Michael: Worüber ich jetzt spreche, das sind amorphe Bilder, keine Achtelnoten oder Sechzehntelnoten oder B usw. *(Schaut von oben links nach oben rechts und gestikuliert mit einer Hand von oben links nach oben rechts)* Es ist so ähnlich wie beim Malen, aber nicht ganz so. Es ist ein abstraktes Bild.

RBD: Dann tritt diese Art abstrakter Visualisation mehr am Anfang und während des Kompositionsprozesses auf, und die spezifischen Töne sehen Sie gegen Ende.
Ich möchte nun versuchen, diese Information zu einer einfachen und klaren Abfolge von Schritten anzuordnen. Zum Beispiel könnte ich herausfinden, ob ich eine gut entwickelte Strategie habe, wenn Sie mir die Frage beantworten würden: »Wenn ich hier einen Zweitklässler hätte, und ich wollte ihn dazu bringen, das zu tun, was Sie tun, könnte ich ihm dann genau sagen, was er tun müßte, und zwar auf eine Art, die er verstehen und selbst erfolgreich anwenden könnte? Was würde ich ihm zuerst auftragen müssen? Würde ich ihm sagen müssen, er müsse sich zunächst einmal in ein bestimmtes Gefühl hineinversetzen?

Michael: Ich habe sowohl Kindern als auch Erwachsenen Kompositionsunterricht gegeben. Und gewöhnlich entwickeln wir bei solchen Anlässen innerhalb von 35 bis 40 Minuten ein Musikstück.

RBD: Ausgezeichnet. Was tragen Sie Ihren Schüler auf zu tun?

Michael: Vielleicht sage ich zuerst, sie sollen sich umherbewegen, ihre Haltung und Position verändern und irgendwelche Geräusche produzieren. (Ich selbst mache oft Kopfstand, wenn ich mich auf das Komponieren vorbereite.) Dann entsteht im Unterrichtsraum eine regelrechte Kakophonie aus Heulen, Kreischen, Grunzen und Schnalzen. Und dann bitte ich die Teilnehmer, sich ein Zeichen auszudenken, das ihren Klang repräsentiert und das sie an die Tafel schreiben können.

Sie wissen nichts über Tonhöhen, Tonlängen und all diese Dinge. Ihnen dies alles beizubringen würde Monate dauern. Deshalb tue ich das nicht, sondern sage einfach: »Denkt euch ein Zeichen aus, das einen Klang repräsentiert.« Jeder kann ein Zeichen an eine Tafel schreiben. Wenn also jemand sich einen Klang vorgestellt hat, dann fordere ich den Betreffenden auf, den Klang innerlich zu hören und zur Tafel zu gehen. Ich sage den Schülern, sie sollen sich die linke Seite der Tafel als Anfang und die rechte als Ende der Komposition vorstellen, den oberen Teil der Tafel als hoch und den unteren als tief. Nun sollen sie ein Zeichen auf die Tafel schreiben, das ihren Klang repräsentiert.

Dann geht also jemand zur Tafel und schreibt ein Zeichen auf. Natürlich könnte man endlos lange über diese Zeichen diskutieren. Man könte sagen: »Wie hoch oder tief ist das denn genau?« Aber dann würde man verrückt, weil es keine Möglichkeit gibt, dies exakt festzustellen. Deshalb sage ich: »Wir lassen das jetzt einmal einen Moment so liegen und gehen anders an die Sache heran.« Wenn jemand ein Zeichen aufgeschrieben hat, das wie ein kleiner Schnörkel aussieht, frage ich: »Kannst du das singen?« Und dann macht der Betreffende vielleicht »Buuuwhuit«, weil das Zeichen so ähnlich aussieht.

Daraufhin sage ich: »Möchte noch jemand anders an die Tafel kommen und ein Zeichen aufschreiben?« Man könnte natürlich auch das gleiche Kind weitermachen lassen, aber es macht mehr Spaß, wenn verschiedene Leute daran beteiligt werden. Es ist sehr empfehlenswert, ein kollektives Stück zu komponieren. Deshalb bitte ich jemand anderen, nach vorn zu kommen und ein Zeichen zu machen. Aber jetzt hat sich die Situation erheblich verändert. Ich erkläre: »Da ist jetzt schon ein Klang, und der zweite Klang, den ihr dem ersten hinzufügen wollt, muß zu diesem in Beziehung stehen, gleichzeitig aber auch unabhängig vom ersten sein. Der zweite muß vor, über, unter oder nach dem ersten kommen. Und er kann entweder sehr verschieden vom ersten sein oder aber auch sehr ähnlich.«

Dann sagt irgend jemand: »Jaah, ich habe einen Klang«, geht nach vorn und macht vielleicht ein Geräusch wie »whup whup whup« oder etwas ähnliches.

Der erste Teilnehmer hat also dieses »Buuwhuitt« gemacht, und die zweite Person hat »whup whup whup whup whup« unter dem ersten Klang oder direkt hinter diesen gesetzt. Nun haben wir zwei Dinge. Dann kommt ein dritter Teilnehmer, und ich frage ihn: »Was möchtest du hören? Was glaubst du, was jetzt paßt?« Und dann sagt dieser Teilnehmer vielleicht: »Ich möchte direkt danach ˜klick klick klick klick klick klick˜ hören.« Und mittlerweile haben sich die Teilnehmer daran gewöhnt, das, was sie hören, auch zu sehen. Ich halte das für wichtig, weil viele Menschen große Schwierigkeiten mit dem Hören haben. Wie Sie völlig richtig gesagt haben, sind wir hier in Nordamerika stärker visuell als auditiv orientiert. Das heißt, wenn sie den Klang sehen können, können sie ihn auch besser hören. Deshalb lasse ich die Teilnehmer an die Tafel kommen.

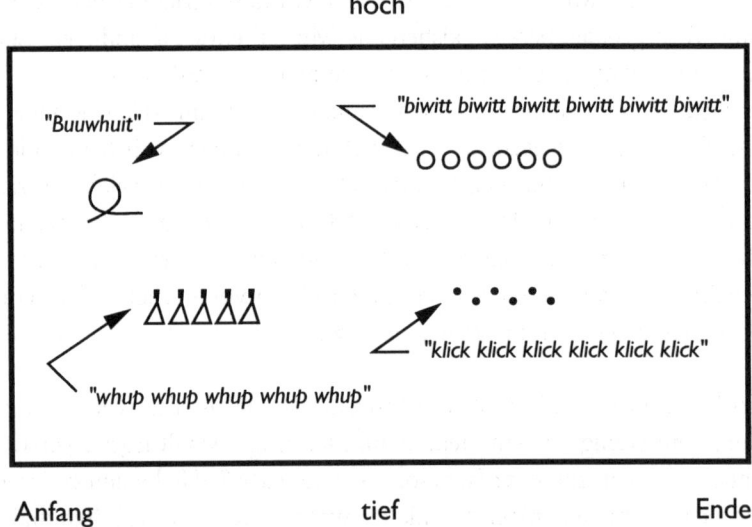

Abbildung 2.10.: Zeichnungen von Klängen auf einer Tafel

Und so hört das Kind: »Klick klick klick klick klick klick.« Dann frage ich: »Welches Zeichen würde das auf der Tafel gut repräsentieren?« Vielleicht macht das Kind dann einen großen Fehler, gemessen an dem, was schon auf der Tafel steht. Vielleicht zeichnet es eine Folge kleiner Kreise. Also frage ich: »Versteht jeder, daß das ˜klick klick klick klick klick klick˜ sein soll?« Und dann sagt der Rest der Gruppe: »Nein, das ist doch ˜biwitt biwitt biwitt biwitt biwitt biwitt˜.« Es ist erstaunlich, was für Klänge man auf diese Weise bekommt. Und deshalb sage ich: »Was macht ˜klick klick klick klick klick klick˜?« Und jemand antwortet dann: »Die Klänge müssen alle wie kleine Punkte sein.« Und dann fahre ich fort: »O.k., hast du gehört, was dein Kollege hier gesagt hat? Mach' Punkte anstelle der Kreise.«

Übrigens lege ich Wert darauf, daß die Kursteilnehmer alles selbst machen. Ich gehe nie zur Tafel und schreibe Zeichen für jemanden auf. Ich sage ihnen nicht, was sie tun sollen. Statt dessen frage ich die Gruppe: »Seid ihr zufrieden mit dem, was er gemacht hat?« Denn auf diese Weise lernt die ganze Gruppe gleichzeitig.

RBD: Es erscheint mir sinnvoll, daß ein Notationssystem von allen Beteiligten zusammen entwickelt wird, weil sie sonst keine Referenzerfahrung für das haben, wofür die Zeichen stehen. Mir scheint, daß dies gleichermaßen für Sprache wie für notierte Musik gilt.

Als ich noch ein Kind war und den ersten Musikunterricht erhielt, war es üblich, eine vorgegebene, bereits existierende Musiktheorie zu studieren. Statt mit Gefühlen und Klängen zu beginnen, schaute man von Anfang an auf die Noten und versuchte dann, anhand der Noten herauszufinden, um welche Klänge es sich handelte. Es war ein vorgegebener Wahrnehmungsrahmen. Wir hätten nie »klick klick klick klick klick« machen können. Das lag nicht im Bereich der visuellen Repräsentationen, die man damals benutzen durfte. Indem man mit dem Auditiven beginnt, erzeugt man eine völlig andere Motivation für das Erlernen der Notation. Mir scheint, daß es wesentlich interessanter ist, so vorzugehen, weil man dann selbst eine Art, etwas zu repräsentieren, entwickelt.

Michael: Um ihnen zu helfen, ein Musikstück fertigzustellen, verhalte ich mich manchmal ein wenig wie ein Steuermann. Ich frage: »Will irgend jemand dem Stück noch etwas hinzufügen? Ist es so, wie es ist, fertig?« Und wenn sie fertig sind, lasse ich sie manchmal darüber diskutieren, was von dem, das sie hören und sehen, sie erkennen läßt, daß das Stück fertig ist.

Dann frage ich: »Wie wollen wir das nun aufführen?« Das ist sehr wichtig, weil sie nun zwar ein Musikstück komponiert, es aber noch nicht zum Leben erweckt haben. Und um den ganzen Prozeß zu verstehen, müssen sie das Stück aufführen. Wenn ich ihnen nun sagen würde, wie man so etwas aufführt, dann hätten sie keine Gelegenheit, selbst herauszufinden, wie man ein Musikstück aufführt. Sie hätten dann nicht völlig verstanden, was der Kompositionsprozeß beinhaltet. Deshalb sage ich: »Hat irgend jemand eine Idee, wie man das machen könnte? Nun kommt schon, wir werden diese Geräusche und Klänge jetzt alle zusammen produzieren.«

Dann sagt vielleicht jemand, »Ich habe eine Idee«, geht zur Tafel und probiert es auf seine Weise. Ein Teilnehmer sagt vielleicht: »Alle auf der linken Seite des Raums singen es einmal, und anschließend alle auf der rechten Seite.« Jemand anders sagt vielleicht: »Ich werde mit meinem Finger über die Tafel wandern. Und wenn ich mit dem Finger auf irgend etwas zeige, dann singt ihr das alle.« Ein Kind sagte einmal: »Alle tun alles, was sie wollen und wann sie es wollen. Schaut euch die Klänge an, die auf der Tafel abgebildet sind, und hört auf, wenn ihr fertig seid.« Was dabei herauskam, fand ich wundervoll. Das Stück klang wahnsinnig gut. Es enthielt alle möglichen Parameter, die in dem, was auf der Tafel aufgeschrieben war, nicht zu finden waren.

Das ist eine Art, das Dirigieren zu lehren. Eine andere Möglichkeit ist zu sagen: »Du tust dies, und du tust das.« Man legt also praktisch alles fest. Man leitet alle Mitwirkenden in eine bestimmte Richtung.

Um noch einmal zusammenzufassen, was die Kursteilnehmer alles getan haben: Sie haben Geräusche und Klänge gehört, diese in einer Komposition zusammengefaßt, indem sie eine eigene Notation dafür entwickelt haben, und dann haben sie die Komposition aufgeführt. Auf diese Weise haben sie innerhalb von vierzig oder fünfzig Minuten alles Wichtige nachvollzogen, was die letzten tausend Jahre der Musikgeschichte ausmacht.

Ich sage anschließend gewöhnlich: »Was Ihr hier getan habt, ist genau das, was ein Komponist tut, genau dasselbe. Der Unterschied ist nur, daß ihr nicht genau festgelegt habt, wie hoch oder wie tief bestimmte Klänge sind – wie lang, wie kurz, wie dunkel, wie dünn, wie laut, wie leise. Ein Komponist verfügt über Notationsmöglichkeiten für all das, und diese Notationsmöglichkeiten kann man leicht erlernen.« Und dann setze ich vielleicht an die Stelle des Zeichens für »buuuwhuit« ein paar »richtige« schnelle Noten, und ich verbinde die Notenhälse durch einen Querstrich, und ich füge ein kleines Crescendo-Zeichen oder etwas ähnliches hinzu, damit es wie »richtige« Musik aussieht. Und sie sehen, wie man jenes abstrakte Zeichen in musikalische Notation umwandeln kann, die gewöhnlich für die meisten eine Fremdsprache ist. Auf diese Weise gehe ich sehr schnell das ganz Musikstück durch, und danach verstehen sie den Sinn einer Partitur.

Oft höre ich Fragen wie: »Wie komponieren Sie eigentlich Musik? Was denken Sie dabei zuerst? Müssen Sie nicht ein Genie sein, um so etwas zu können?« Ich versuche ihnen klarzumachen, daß der Prozeß, den wir gemeinsam durchlaufen haben, genau der gleiche ist, den auch ein Komponist durchläuft.

Als Komponist müssen Sie sich überlegen, wie Sie anfangen und wie Sie aufhören wollen. Das ist das, worum es wirklich geht. Wenn Sie dazu in der Lage sind, können Sie komponieren. Nun könnte jemand einwenden: »Ich habe doch keine Ahnung von Musik.« Das spielt überhaupt keine Rolle. Wenn Sie den Prozeß nachvollziehen können, den ich soeben beschrieben habe, wobei Sie Klangblöcke erfinden, können Sie komponieren. Das Erlernen der musikalischen Linguistik [der klassischen Notation] ist nur eine Frage der Zeit und der Verfeinerung. Natürlich braucht das seine Zeit.

Aber ich habe auch erlebt, daß Berufskomponisten mit dieser Übung große Schwierigkeiten hatten. Und ich habe erlebt, daß Menschen, die noch nie auch nur eine einzige Zeile Musik geschrieben hatten, zur Tafel gingen und auf wahrhaft atemberaubende Weise kreativ waren. Ich sage in solchen Fällen: »Ich hoffe sehr, daß Sie die musikalische Notation erlernen und anfangen werden, sich eingehender damit zu beschäftigen, daß Sie in einem Orchester sitzen, ein Instrument spielen werden, usw., denn was Sie da machen, wirkt auf mich so, als wären Sie bereits ein Komponist.

3 Der Träumer

*Werkzeuge und Strategien zum Entwickeln und Auswählen
von Ideen*

RBD: Dem Interview mit Michael Colgrass können Sie entnehmen, daß Sie, nachdem Sie die Elemente eines aktiven kreativen Prozesses identifiziert haben, anfangen können, jene Fähigkeiten bei anderen Menschen zu fördern.

Sie sollen nun eine Reihe von Übungen ausführen, um einige der operationalen Aspekte der Kreativität, über die wir gesprochen haben, unmittelbar zu erfahren – insbesondere was den Träumer anbetrifft. Wir möchten Sie dazu bringen, Ihr eigenes Gehirn zu trainieren. Auf der grundlegendsten Ebene entsteht Kreativität dadurch, daß man »über etwas auf andere Weise nachdenkt«. Ganz gleich, ob Sie versuchen, einer Sache einen Wert zu verleihen, sie zu umgehen, sie loszuwerden – was auch immer Sie versuchen, damit zu tun, Kreativität bedeutet in jedem Fall, daß Sie auf eine andere als die übliche oder gewohnte Weise über eine Sache nachdenken.

Wir wir schon an früherer Stelle erwähnt haben, hat der einfachste kreative Prozeß die Form eines Geräusch-Generators. Das heißt, daß man nach dem Zufallsprinzip Dinge produziert und diese dann filtert. Das kreative Produkt oder Ergebnis ist das, was auf der anderen Seite des Filters herauskommt. Wird der Filter verändert, so entstehen andere Ergebnisse.

In der folgenden Übung möchten wir Ihnen die Kontrolle über einige mentale »Schaltknöpfe« geben, mit deren Hilfe Sie Ihre Wahrnehmungsfilter verändern können. Sie können sogar Gruppen bilden und die »Knöpfe« der übrigen Beteiligten rauf und runter, rückwärts und vorwärts drehen. Der grundlegende Gedanke dabei ist, daß man einfach nach dem Zufallsprinzip anders über Dinge zu denken beginnt und dann beobachtet, was geschieht. Verändern Sie die Wahrnehmungsfilter, die Sie benutzen, um dem Geschehen einen (anderen, neuen) Sinn zu geben.

TE: Machen Sie sich klar, wie Sie gewohnheitsmäßig an eine Sache herangehen würden, und ändern Sie diese Vorgehensweise dann ab – einfach so zum Spaß. Schließen Sie zum Beispiel für eine Minute die Augen, und denken Sie zurück an den Zeitpunkt heute morgen, als Sie sich auf den bevorstehenden Tag vorbereitet haben. Was tun Sie in dieser Situation normalerweise? Vielleicht fällt Ihnen als erstes die Art ein, wie Sie sich die Zähne putzen. Vielleicht ist es die Hand, mit der Sie sich waschen, oder welche Seite Ihres Gesichts Sie zuerst waschen. Ziehen Sie zuerst die Socken oder zuerst die Hose an? Ziehen Sie gewöhnlich zuerst die linke oder die rechte Socke an?

Wie wäre es, wenn Sie zu jener Situation zurückkehren und darüber nachdenken würden, wie Sie all dies in einer anderen, willkürlichen Reihenfolge ausführen könnten?

RBD: Wenn Sie eine Tür öffnen, tun Sie das dann mit der linken oder mit der rechten Hand?

TE: Was würde geschehen, wenn Sie jetzt anfangen würden, in Ihrem Geist Dinge anders zu machen, als Sie es normalerweise tun? Was müssen Sie in Ihrem eigenen Geist verändern, damit die Dinge sich verändern?

RBD: Wie wäre es, wenn Sie auf der Rolltreppe rückwärts heruntergehen würden?

TE: Was würde geschehen, wenn Sie in Ihrem Zimmer das Licht einschalten würden, und es würde daraufhin dunkler werden statt heller? Was wäre, wenn Sie morgens die Kaffeemaschine einschalten würden, und der Kaffee würde daraufhin kälter statt wärmer?

RBD: Was wäre, wenn jeder Gedanke, der Ihnen heute morgen einfiele, für Sie eine Überraschung wäre?

TE: Was würde geschehen, wenn Sie von der Tatsache fasziniert wären, daß ein Stift, wenn Sie ihn auf ein Papier setzen, ein Zeichen hinterläßt? Wann waren Sie das letzte Mal fasziniert von der Tatsache, daß ein Stift auf Papier Spuren hinterläßt?

RBD: Wie lange ist es her, seit Sie das letzte Mal gekritzelt haben?

Der Träumer

TE: Wie lange ist es her, seit Sie sich das letzte Mal so benommen haben, als wären Sie sieben? Wann haben Sie sich das letzte Mal wie ein Kind verhalten, ohne daß jemand Sie deswegen ausgeschimpft hat?

RBD: Wir möchten, daß Sie in diesem Geiste an die Übung herangehen. Und Sie sollen nicht nur anders über Dinge denken, sondern wir möchten, daß Sie mit Ihrer Physiologie auf eine neue Weise spielen, die den gesamten Prozeß verstärkt.

Michael Colgrass hat darüber gesprochen, daß er sich auf das Komponieren durch einen Kopfstand vorbereitet. Er steht auf dem Kopf, um seine gewohnte Art, über Dinge nachzudenken, zu verändern.

Ich kenne einen Immobilien-Investor, der, wenn er besonders kreativ sein mußte, alles, was er gewöhnlich mit der rechten Hand zu tun pflegte, plötzlich mit der linken Hand tat – er war Rechtshänder. Wenn er sich wirklich große Mühe gab, ein Problem zu lösen, dann wandte er diese Methode ungefähr eine Woche lang an, um die andere Seite seines Gehirns anzuregen.

Es gibt Arten, sich mit Hilfe der Physiologie Zugang zu unterschiedlichen Bewußtseinszuständen zu verschaffen, die die meisten von Ihnen nicht nutzen. Denken Sie einmal einen Augenblick darüber nach. Wenn Sie das Gefühl haben, in eine Sackgasse geraten zu sein, wie viele von Ihnen würden sich dann auf dem Boden herumwälzen? Würden Sie ein wenig umherkriechen, so würde sich dadurch die Art verändern, wie Sie über etwas nachdenken. Stellen Sie sich vor, Sie würden versuchen, über ein privates Problem auf die gewohnte Weise nachzudenken, während Sie sich auf einem schönen grasbewachsenen Hügel befinden, auf diesem herumspringen und sich bis zum Fuß des Hügels hinabrollen lassen. Glauben Sie, wenn Sie am Fuß des Hügels angekommen wären, würden Sie immer noch genauso wie vorher über das Problem denken?

TE: Vor kurzem habe ich von einem Menschen gehört, der sich hinzulegen pflegte, sobald er in eine Streßsituation kam. Er legte sich einfach hin. Wenn er während seiner Arbeit im Büro mit jemandem sprach, und das Gespräch wurde zu angespannt, dann legte er sich einfach auf den Boden. Er legte sich hin und fuhr fort, mit dem Gesprächspartner zu reden. Das pflegte er auch zu tun, wenn das Gespräch auf dem Flur stattfand. Ich möchte diese Methode nicht unbedingt jedem empfehlen, aber denken Sie einmal darüber nach, wie solch ein Verhalten eine angespannte Situation zu verändern vermag.

Wenn Sie ein Problem nicht lösen können, indem Sie »mit beiden Beinen auf dem Boden stehend« darüber nachdenken, dann versuchen Sie es einfach im Liegen. Vergegenwärtigen Sie sich ein Problem, an dessen Lösung Sie gerade arbeiten, und stellen Sie sich eine Minute lang vor, daß Sie aufstehen und umhergehen. Was geschieht, wenn Sie sich beim Nachdenken über ein Problem vorstellen, Sie würden liegen? Verändert das Ihre Reaktion?

RBD: Ich glaube nicht, daß ich es im Stehen schaffe.

TE: Es hat dich umgeworfen, was?

RBD: Verändern der Physiologie hilft Ihnen, das Denken zu verändern – und das ist die Essenz der Kreativität.

TE: Das Schlimmste, was Ihnen dabei passieren könnte, ist, daß Sie plötzlich eine neue, Ihnen bisher unbekannte Weise festgefahren sind.

RBD: Irgendwann werden auch neue Herangehensweisen zu »alten Hüten«. Sie sollten also statt Ihres »alten Huts« Ihre »Denkmütze« anziehen und einmal etwas Neues ausprobieren.

Damit kommen wir zu einer Reihe weiterer bereits erwähnter Verfahren, die Sie benutzen können, um Ihre Kreativität zu stimulieren – ich meine den Gebrauch von Metaphern und Ankern. Manche Menschen setzen sich tatsächlich eine »Denkmütze« als Anker für kreatives Denken auf. Andere haben einen bestimmten Platz oder Stuhl, auf den Sie sich begeben, wenn sie wirklich kreativ über etwas nachdenken wollen.

Ein weiterer wichtiger Aspekt des Anders-Denkens ist, daß man in der Lage ist, die alte Schiefertafel sauberzuwischen. Oft baut man, wenn man anfängt, etwas auf eine bestimmte Weise zu tun, eine Art Trägheit auf. Weil Sie soviel Zeit und Mühe in jenes zuerst entwickelte Verfahren investiert haben, versuchen Sie dieses immer wieder zu modifizieren, statt sie irgendwann einfach wie ein altes, beschriebenes Blatt Papier zusammenzuknüllen, wegzuwerfen und von vorn anzufangen, so daß Sie das Ganze mit völlig neuen Augen sehen können.

TE: Natürlich ist das, was für manche das »Sauberwischen der Schiefertafel« ist, für andere das »Anhalten des inneren Geschwätzes«. Für bestimmte Menschen ist es eine andere Art zu denken, wenn Sie sich die Bilder anschauen und aufhören, den Stimmen zu lauschen. Schalten Sie den Ton aus, und schauen Sie sich einfach nur die Bilder an. Für andere Menschen ist es genau umgekehrt. Sie wollen das

Bild ausschalten und eine Zeitlang nur den Wörtern zuhören. Versuchen Sie zum Beispiel einmal, ein Mantra zu wiederholen, ohne daß das innere Selbstgespräch aktiv ist – Sie werden sich wundern.

RBD: Oder versuchen Sie, darüber hinwegzusprechen.

Das Entscheidende ist, daß Sie bei diesen Übungen versuchen, ein Träumer zu sein. Lassen Sie dem Träumer in Ihrem Inneren freies Spiel, und geben Sie ihm oder ihr die Werkzeuge der Physiologie, des Ankerns, der Metapher und der Repräsentationssysteme. Stellen Sie zunächst fest, wie Sie gewöhnlich über etwas nachdenken, und versuchen Sie dann, diese gewohnheitsmäßige Vorgehensweise zu verändern. Ganz gleich, was Sie tun, verändern Sie einfach irgend etwas daran – verändern Sie **irgend etwas**.

Übung: Verändern der Wahrnehmungsfilter

Nehmen wir an, man würde Ihnen einen Stift, ein Blatt Papier und einen Stein geben und Ihnen sagen, Sie sollten daraus irgend etwas machen. Wie würden Sie anfangen? Würden Sie sich zuerst im Geist ein Bild davon machen? Würden Sie ein inneres Selbstgespräch führen, oder würden Sie sich selbst Fragen stellen? Oder würden Sie versuchen, ein Gefühl dafür zu bekommen, was interessant wäre?

Wenn Sie sich ein inneres Bild machen würden, wäre dieses dann farbig? Würde es sich bewegen? Sähen Sie sich selbst in dem Bild (so als ob Sie sich selbst auf einem Fernsehbildschirm sähen, oder sähen Sie alles so, wie es aus der Ich-Perspektive aussehen würde? Würden Sie alles in normaler Größe und in normaler Geschwindigkeit sehen, oder würden Sie die Zeit auf irgendeine Weise verzerren? Die Antworten auf diese Fragen sagen eine Menge darüber aus, auf welche Weise Sie kreativ sind und wie leicht Sie in verschiedenen Arten von Situationen erfolgreich zu sein vermögen oder nicht.

Würden Sie Stift und Papier benutzen, um Ihre Ideen aufzuzeichnen oder aufzuschreiben, oder würden Sie versuchen, sie gleich in ihr Resultat einzubeziehen? Je nachdem, wie groß Sie den Stein visualisieren, haben Sie vielleicht angefangen, eine Skulptur zu entwerfen; oder Sie könnten sich vorgestellt haben, daß Sie den Stein in Stücke zerteilen und daraus ein Haus, eine Pyramide oder einen Kamin bauen. Sie könnten darüber nachgedacht haben, den Stein zur Selbstverteidigung zu gebrauchen oder damit, eine Botschaft durch das Fenster von jemand anderem zu befördern. Jemand hat einmal die Idee entwickelt, so zu tun, als ob der Stein ein

Haustier sei; er schrieb auf das Papier Anweisungen darüber, wie man ihn pflegen müsse; der Betreffende ist durch diese Idee ziemlich reich geworden.

Wählen Sie nun eine Situation aus Ihrem eigenen Leben, mit der Sie gern kreativ umgehen möchten. Vielleicht ist es Ihre Beziehung zu Ihren Kindern, vielleicht geht es um das Komponieren, um die Lösung eines beruflichen Problems, darum, daß Sie zum Kassierer Ihrer Bank nett sein wollen, usw. Wie denken Sie über die betreffende Situation? Sehen Sie sich selbst in dem inneren Bild? Verbinden Sie mit dieser Situation mehr Gefühle als mit dem Stein? Hören Sie irgendwelche Geräusche?

Versuchen Sie, ein paar Dinge zu verändern, und stellen Sie fest, ob dies Ihre Erfahrung beeinflußt. Wenn Sie ein farbiges Bild haben, dann verwandeln Sie es in ein Schwarzweißbild. Stellen Sie sich vor, daß die beteiligten Personen die Worte singen, statt sie zu sprechen. Wenn Sie in Ihrem Magen oder in Ihrer Brust ein Gefühl verspüren, dann befördern Sie dieses in Ihre Finger. Wenn Sie ein Bild haben, das statisch ist wie ein Schnappschuß, dann versetzen Sie es in Bewegung; wenn es sich bewegt, dann versuchen Sie, es dazu zu bringen, daß es rückwärts läuft oder daß es schneller abläuft. Was geschieht jetzt?

Diese Übung ist die Art von »Gedankenexperiment«, die es Albert Einstein ermöglichte, die Physik seiner Zeit zu revolutionieren. Erinnern Sie sich: Einsteins Fähigkeit, sein inneres Auge dazu zu bringen, die Welt auf andere Weise zu sehen, inspirierte sein kreatives Genie, nicht seine mathematischen Fähigkeiten.

Sich der eigenen inneren Gedanken bewußt zu sein und sie steuern zu können ist eine wichtige Fähigkeit, von der jeder Mensch profitiert, und zwar nicht nur hinsichtlich des Lösens von Problemen, sondern auch in bezug auf das Ersinnen von Innovationen und das Entwickeln neuer Dinge.

Übung: Etwas Wertloses in etwas Wertvolles verwandeln

Wir wollen uns nun einer zweiten Übung zuwenden. Denken Sie einen Augenblick nach, um sich das Nutzloseste zu vergegenwärtigen, das Sie sich vorstellen können. Wählen Sie ein Objekt, von dem Sie glauben, daß es absolut wertlos ist. Gehen Sie bei dieser Suche kreativ vor.

Nun sollen Sie versuchen, jenem nutzlosen Objekt irgendeinen Wert zu geben, indem Sie Ihre Wahrnehmung verändern und anders darüber denken als bisher.

Angenommen, Sie haben den abgeleckten Stiel von einem Eis am Stiel gewählt. Könnten Sie ihn durch Veränderung des Denkens in etwas von Wert verwandeln?

Der Träumer

Eine Strategie, die man hierbei anwenden kann, besteht darin, die Qualitäten dessen, was man sieht, hört und fühlt, zu verändern.

Wenn Sie beispielsweise »Eisstiel« sagen, was stellen Sie sich dann dabei auf Anhieb vor? Visualisieren Sie den Stiel? Wenn Sie ein Bild von etwas wie einem Eisstiel haben, was müßten Sie dann daran verändern, um ihn als etwas anderes wahrnehmen zu können – so daß es nicht mehr nur ein »abgelutschter Eisstiel« wäre? Die Größe wäre eine der Qualitäten, Form und Oberflächenstruktur wären weitere. Was müßten Sie an einem Objekt verändern, so daß es zu etwas anderem würde? Verändern Sie seine Helligkeit, die Form, die Tiefe, die Schärfe, die Quantität oder die Perspektive.

TE: Was würde beispielsweise geschehen, wenn Sie dem Stiel eine andere Farbe geben würden?

RBD: Als ich noch ein Kind war, veränderten wir die Form eines Eisstiels, indem wir die Seiten am Randstein eines Trottoirs rieben, bis an einem Ende eine Spitze entstanden war.

TE: Schleifen Sie eine Kante so ab, daß eine Schneide entsteht. Weichen Sie den Stiel in Wasser ein, und verbiegen Sie ihn dann so, daß er eine neue Form annimmt.

RBD: Verschaffen Sie sich einen Wettbewerbsvorteil. Sie könnten zum Beispiel auch immer, wenn Sie sich in die Pfanne gehauen fühlen (engl.: *Whenever you felt licked* = »geleckt«), Ihren Eisstiel hervorholen, als Verbindung zum Kreativen.

TE: Verteidigen Sie sich damit auf dem Parkplatz.

RBD: Wie groß ist der Eisstiel in Ihrem Geist? Stellen Sie sich vor, Sie könnten einen Schaltknopf darauf anbringen: Wenn Sie an diesem drehen würden, würde der Eisstiel größer. Dann könnten Sie einen Eisstiel von zehnfacher Originalgröße herstellen. Sie könnten ein Surfbrett daraus machen.

Sie könnten ihn auch verkleinern, so daß er die Größe eines Zahnstochers hätte, und dann könnten Sie einen ganzen Stapel davon mitnehmen. Verändern Sie die Größenordnung (*chunk it differently*). Machen Sie ihn größer, kleiner, zu mehr oder zu weniger.

TE: Sie könnten einen ganzen Stapel davon nehmen und sie zusammenkleben und einen jener unechten Holzblöcke daraus machen. Wenn Sie genug davon hätten, könnten Sie auch Jalousien für Ihre Fenster daraus machen.

RBD: Nun bringen wir etwas anderes ins Spiel, nämlich das, was wir Chunking genannt haben. Sie könnten den Eisstiel größer oder kleiner *chunken*. Wenn Sie ihn aufwärts-chunken, ist ein Eisstiel einfach ein weiteres Exemplar eines Griffs. Was könnten Sie sich vorstellen, das Sie mit einem Griff machen würden? Wäre ein Eisstiel ein besserer Griff für etwas als ein anderer Gegenstand?

Statt das Objekt selbst zu verändern, könnten Sie auch versuchen, den Hintergrund zu verändern, vor dem Sie es visualisieren.

TE: Sie können die Umgebung oder den Kontext verändern, in welchem es existiert.

RBD: Man könnte sich einen Eisstiel in einem Lebensmittelgeschäft oder in einem Spielzeugladen vorstellen. Oder man könnte ihn in ein Regierungsgebäude befördern.

TE: Wie könnten Sie einen Eisstiel mit Ihrer Steuererklärung mitschicken, so daß etwas Interessantes dabei herauskäme? Sie könnten eine kleine Notiz darauf schreiben und dem Empfänger mitteilen, was er damit anfangen könnte. Gut? (Lachen)

RBD: Eine andere Möglichkeit, ihn in einem anderen Zusammenhang zu sehen, wäre, ihm ein anderes Repräsentationssystem zuzuordnen. Wenn Sie jenem Eisstiel eine Stimme geben würden, was würde er dann zu Ihnen sagen?

TE: Bringen Sie den Gestalt-Ansatz ins Spiel: Wer ist jener Eisstiel?

RBD: Sie werden nie erfahren, was jener Eisstiel gehört haben könnte.
Wie wäre es, wenn Sie ihn benutzen würden, um geheime Botschaften zu versenden? Das könnte ihm einen Wert geben. Sie könnten einen Witz daranheften. Wie wäre es, wenn Sie, nachdem Sie den Eisstiel gebraucht haben, einen Witz darauf drucken, so ähnlich wie bei einem Fortune-Cookie – also ein »Glücksstiel«?

TE: Der Witz heißt: »Du hast festgesessen« (engl.: *You've been stuck*).

Der Träumer

RBD: Ein wichtiger Unterschied bezüglich der Tonspur, der mit den beiden Hemisphären des Gehirns in Zusammenhang steht, besteht darin, ob man etwas in Form von Wörtern oder in Form von Tönen repräsentiert. Es ist ein Unterschied, ob man sagt: »jachhh« und »JAA!« oder »Neiiiinnnn?« und »NEIN!« Oder anders ausgedrückt: Die Wörter selbst sind in beiden Fällen gleich, aber ihr Klang verändert sich. Manche Menschen reagieren hauptsächlich auf Wörter, andere auf die Intonation.

Welche Stimmcharakteristik würde ihr Eisstiel haben, wenn er eine Stimme hätte? Viele Komödien basieren darauf, daß man unbelebten Objekten eine Stimme gibt.

Während Sie sich überlegen, wie Sie jenem Eisstiel Klänge zuordnen könnten, sollten Sie auch die nonverbalen Qualitäten verändern, beispielsweise die Lautstärke, die Tonhöhe, das Tempo, den Rhythmus, der Ort, von wo die Schallwellen kommen (*location*), und das Timbre.

TE: Für diejenigen unter Ihnen, die diese auditiven Unterscheidungen noch nicht kennen, sei gesagt, daß Timbre eine Art auditives Äquivalent zu Form ist. Es handelt sich dabei um die Qualität, die bewirkt, daß ein bestimmtes Instrument anders klingt als die übrigen. Ein mittleres C auf einer Violine klingt anders als auf einer Flöte. Wenn man auf einem Synthesizer ein A mit 440 Schwingungen spielt, dann klingt das völlig anders als auf einer Gitarre, einem Klavier oder einem anderen Instrument.

RBD: Wenn Sie den Eisstiel durch Wörter beschreiben sollten, was für eine Art von Sprache würden Sie dann dazu benutzen?

TE: Unsere Kultur tendiert dazu, die Überschneidung zwischen Bildern und Wörtern zu betonen. Als Kinder bringt man uns bei, Dinge in einer visuellen Sprache zu beschreiben. Wir verfügen über eine Menge Wörter, um zu beschreiben, wie Dinge visuell beschaffen sind. Wir sind daran gewöhnt, das, was wir sehen, in Begriffen von Form, Farbe, Helligkeit bzw. Farbintensität usw. zu beschreiben, aber man bringt uns nicht bei, einen Klang anhand seiner Frequenz, seiner Dauer, seines Nachklangs und seiner Amplitude zu beschreiben. Man bringt uns nicht bei, Dinge auditiv mit dem gleichen Maß an Präzision zu beschreiben, wie wir es visuell zu tun pflegen. Statt dessen imitieren wir den Klang irgendwie mit dem Mund. Wir sagen etwas wie: »Ich machte *bruuuuuuph*«, statt daß wir sagen, »Es war ein ansteigender Klang von kurzer Dauer, und die Lautstärke fiel gegen Ende stark ab.«

RBD: Im allgemeinen pflegen Menschen mehr zu interpretieren als zu beobachten. In NLP-Trainingsprogrammen verbringen wir viel Zeit damit, Menschen den Unterschied zwischen Sehen, Hören, Fühlen und Interpretieren beizubringen. Es ist etwas anderes, ob man sagt: »Die Stimme jener Person war sehr hoch und bildete sich sporadisch«, oder ob man sagt: »Die Stimme jener Person klang wütend.«

Es ist ein Unterschied, ob man sagt: »Das Kleid war rot, und es waren Karos darauf«, oder ob man sagt: »Es war hübsch.« »Hübsch« ist ein Urteil – im Gegensatz zu einer Beschreibung. Wenn Menschen Klänge hören, neigen sie dazu, diese zu interpretieren, ein Urteil über sie zu fällen. Diese Urteile können unsere Erfahrung von etwas einschränken.

So wie Klänge und Bilder interpretieren oder beurteilen Menschen häufig auch Gefühle. Es gibt »gute« Gefühle und »schlechte« Gefühle.

TE: Die elektrische Theorie des menschlichen Verhaltens – man hat positive und negative Gefühle, und man fühlt sich »äußerst geladen«.

RBD: Mit diesem Modell sind wir im NLP nicht unbedingt einverstanden. Wir sind nicht der Überzeugung, daß man, wenn man ein »schlechtes« Gefühl hat, sich von diesem am Besten befreit, indem man es »herausläßt«, oder daß man darauf »sitzenbleibt«, wenn man dies nicht tut.

Freud war der Ansicht, daß Kreativität die Sublimation oder »Entladung« aufgestauter sexueller Gefühle über das Gehirn statt über die Genitalien sei. Er glaubte, der Preis für Kreativität sei sexuelle Frustration. Seiner Ansicht nach könnte man, wenn man sich eines guten Sexuallebens erfreute – welch hartes Los – nicht kreativ sein.

Im NLP betrachten wir die Eingeweide nicht als libidospeichernde Kondensatoren, die regelmäßig entladen werden müssen. Wir glauben, daß Gefühle eine Reaktion auf einen andauernden Zustand des Geist-Körper-Systems sind – sie *kommunizieren* mit Ihnen über das, was sich in Ihrem Geist-Körper-System ereignet. Der Schlüssel liegt nicht im Inhalt des Gefühls, sondern darin, wie Sie auf dasselbe reagieren – und das wiederum hängt davon ab, wie sie es wahrnehmen.

RWD: Viele Menschen halten Angst für etwas Schlechtes, aber viele Schauspieler sagen: »Die Angst, die ich unmittelbar vor dem Auftritt in Form von Flauheit im Magen verspüre, aktiviert meine Adrenalinproduktion, und wenn das passiert, weiß ich, daß ich auf der Bühne wirklich eine gute Leistung erbringen werde. Wenn ich das flaue Gefühl im Magen *nicht* spüre, habe ich keine Angst, und das

Der Träumer

bedeutet in neun von zehn Fällen, das mein Auftritt nicht so gut wird, wie er es sein könnte.«

RBD: Eine ähnliche Erscheinung ist, daß die meisten Menschen Frustration für etwas Schlechtes und für eine Behinderung ihrer Kreativität halten. Doch bei manchen ist der Zustand der Frustration der einzige Zeitpunkt, zu dem sie kreativ sein können. Wenn sie nie frustriert wären, würden sie nie kreativ sein.

Als ich in der High-School war, konnte ich Referate immer erst am Abend vor dem Abgabetermin schreiben, wenn ich plötzlich das Gefühl bekam: »Oh nein! Was soll ich nur tun? Das werde ich *nie* rechtzeitig fertig bekommen!« Erst dann wurde ich kreativ. Setzte ich mich jedoch drei Wochen vorher hin, wenn ich noch Zeit im Überfluß hatte, dann fiel mir nicht das Geringste ein.

Ich muß in diesem Zusammenhang wieder an das bereits erwähnte alte Sprichwort *»When the going gets tough, the tough get going«* denken, aber das ist eben nur so, wenn es wirklich »hart« wird. Das ist wahrscheinlich der Grund, weshalb es so viele Herzkrankheiten unter Managern gibt. Manager sind Menschen, die speziell unter Druck zur Hochform auflaufen. Sie sind unter Streß kreativ. Also muß man sie, um ihre Kreativität anzuregen, ständig unter Streß setzen. Ich habe in meinem Büro eine Postkarte, auf der steht: »Erzählt mir nicht, ich sollte mich entspannen. Meine Anspannung ist das einzige, was mich zusammenhält.« Der Schmerz des einen Menschen ist die Lust des anderen.

Was tun Sie, wenn Sie erfolgreich sind, und es sind keine Probleme mehr da, kein Streß mehr?

TE: Werden Sie kreativ! Koppeln Sie den Prozeß der Innovation an etwas anderes als an Streß. Versuchen Sie es beispielsweise mit Spaß oder Neugierde.

RBD: Verändern Sie Ihre Wahrnehmungsfilter. Wenn Sie Ihre Wahrnehmungsfilter und Ihre Evidenzprozeduren in bezug auf Gefühle verändern, so kann Ihnen das wirklich zu neuen Wahlmöglichkeiten verhelfen. Ich bin übrigens der Meinung, daß genau das der Schlüssel zu dem ist, was Freud »Sublimierung« nannte – das Umlenken des Aktivitätsflusses in Ihrem Geist-Körper-System durch Verändern der Wahrnehmungsfilter.

Ich erinnere mich daran, daß ich einmal mit jemandem gesprochen habe, der zwanzig Pfund abgenommen hatte, indem er seine Reaktion auf bestimmte Gefühle verändert hatte. Er hatte die Tendenz gehabt, zuviel zu essen, um das Gefühl des Hungers zu vermeiden. Ursprünglich hatte er das Gefühl gehabt, »hungrig« zu sein, d.h. »hohl«, »leer« zu sein – sei etwas Schlechtes, das er tunlichst vermeiden müsse. Doch es gelang ihm, seine Wahrnehmung diesbezüglich zu verändern. Er hatte ein wenig Gewichtheben trainiert, und beim Gewichtheben gibt es den Ausdruck »Brennen«. Brennen ist etwas Erstrebenswertes. Wenn man »brennt«, verbraucht man Kalorien, um Muskelgewebe aufzubauen. Dem Betreffenden wurde klar, daß »hungrig« und »Brennen« ähnliche Gefühle waren, und daß er, wenn er sein Gewahrsein bestimmter Gefühlsqualitäten veränderte, den Zustand »hungrig« in »Brennen« verwandeln konnte, d.h. in etwas, das ihm erstrebenswert erschien. Und so war es plötzlich kein schlechtes Gefühl mehr, nicht vollgestopft zu sein. Statt nachts im Bett zu liegen und zu denken: »Oh Gott, bin ich hungrig, ich quäle mich selbst«, zeigte das gleiche Gefühl nun an: »Oh Mann, ich brenne, nur weiter so.«

Die Art von Empfindungen, die wir bei etwas haben, bestimmt wahrscheinlich am häufigsten, wie wir Sinn und Wert der betreffenden Sache definieren. Ich versuche, Ihnen hier klarzumachen, daß es kein Gefühl gibt, das an sich gut oder schlecht ist. Man kann die Art von Gefühlen, die man bestimmten Sachen gegenüber hat, verändern, indem man die Art, wie man die betreffende Sache wahrnimmt, verändert. Kreativität entsteht nicht durch das Interpretieren und Beurteilen von Gefühlen, sondern durch Verändern der Qualität derselben.

Zu den Qualitäten des Fühlens zählen Intensität, die Körperregion, in der man ein Gefühl empfindet, der Ort, von wo es kommt, die Position Oberflächenstruktur, Temperatur, Form, Druck.

Wenn wir beispielsweise an unseren Eisstiel denken: Wie könnten wir dadurch, daß wir eine Gefühlsqualität verändern, ihm einen Wert verleihen? Wie könnten Sie jenen Eisstiel dazu bringen, Ihnen eine andere Gefühlsqualität zu vermitteln?

Wenn Sie versuchen würden abzunehmen, und Sie wären völlig vernarrt in Eiscreme, dann würden Sie diesen Zauberstab nehmen, der den Geschmack des Eisstiels haben würde. Wenn Sie also in sich das Gefühl erzeugen wollten, Sie hätten sich gerade etwas Gutes gegönnt und etwas gegessen, dann würden Sie an dem Eisstiel lecken, und...

TE: *Lick-a-stick*. Sie würden ihn dazu benutzen, um Honig in den Tee zu geben, um ihm ein wenig Geschmack zu geben.

Sie könnten ihn auch benutzen, um Butter auf den Toast zu streichen. Sie könnten Ihn benutzen, um damit zu malen. Oder um Doktor zu spielen – Freud hätte sicher seine Freude daran.

Der Träumer

RBD: Das ist das, was wir *laterales Chunking* nennen. Laterales Chunking ist so, als würde man von einem Eisstiel zu einem Sektquirl überwechseln: Keiner von beiden ist größer oder kleiner. Sie befinden sich auf dem gleichen Niveau. Sie könnten sie als Ausgangsbasis nehmen und anfangen, andere Möglichkeiten damit zu produzieren. Sie könnten einen Kuchenstiel daraus machen, indem Sie ein Stück Kuchen statt Eis daraufstecken. Warum nicht? Ein Kuchenstiel.

TE: Ein Fischstiel.

RBD: Und dann noch etwas: Es braucht nicht unbedingt aus Holz zu sein.

RWD: Kunststoff, Trockeneis.

TE: Ein Stiel aus Eis.

RWD: Ich habe einmal einen Mann gesehen, der einen Nagel mit Quecksilber in ein Brett schlug. Er nahm einen Eisstiel und steckte ihn in Quecksilber, und dann steckte er das Quecksilber in flüssigen Stickstoff. Er ließ das Quecksilber gefrieren und konnte dann damit Nägel einschlagen.

RBD: Sie könnten also die Temperatur des Eisstiels erhöhen oder herabsetzen.
Wie sonst noch könnten Sie einem Eisstiel einen Wert geben? Könnten er Ihnen helfen, etwas über Physik zu verstehen? Könnten Sie etwas mit Mathematik machen? Mit Kunst? Indem Sie zum Beispiel einen Teller nähmen und diesen auf dem Eisstiel rotieren lassen würden?

RWD: Denken Sie an Michael Colgrass: Sie haben die Farbe und die Dichte des Klangs. Eine Piccoloflöte hat einen dünnen, schrillen Ton, der sehr silbrig klingt. Das Fagott produziert einen großen, breiten Klang, der orange und grün ist. Welchen Klang produziert ein kalter Eisstiel? Welche Farbe hat dieser Klang?

RBD: Eine weitere Strategie besteht darin, Synästhesien zwischen den Sinnen zu benutzen, um die Qualitäten verschiedener Sinne miteinander zu verbinden. Wie sieht ein Klang aus? Wie fühlt er sich an? Dabei kommt es zu einer Überschneidung verschiedener Repräsentationssysteme. Was wäre die visuelle Entsprechung zur Intensität eines Gefühls? Wäre es die Leuchtkraft, wäre es die Größe? Wäre die auditive Entsprechung dazu die Lautstärke? Die Tonhöhe?

Wenn Sie die Farbintensität verändern, verändern Sie dann das Gefühl? Wenn Sie ein zu scharfes Bild erzeugen, könnte es sein, daß Sie sich verletzen. (Lachen) Sie haben wohl verstanden, worum es geht.

Eine dritte Möglichkeit, die Art, wie Sie über etwas denken, zu verändern, besteht darin, Vergleiche und Metaphern heranzuziehen. Tatsächlich ist die Metapher eine der wirksamsten Formen von Kreativität.

Der abgebrochene Stengel einer Blume mag für sich gesehen ziemlich nutzlos erscheinen. Wenn Sie sich ihn anschauen, so wird er Ihnen wahrscheinlich ziemlich nichtssagend vorkommen. Doch wenn Sie sagen würden: »Dieser Stengel ähnelt meinem Leben«, so würde sich dadurch Ihre Wahrnehmung von diesem Objekt verändern.

Wenn er in der Erde verwurzelt bleibt, wächst er aus eigener Kraft.

Die Analogie (der Vergleich) ist eine sehr wirksame Form kreativen Denkens. Inwiefern gleicht ein leeres Streichholzheftchen irgend etwas anderem? Ähnelt es jemandem, den Sie kennen? Einer Sache, die Sie kennen?

Das Feuer ist ausgegangen, aber es flackert hin und wieder auf. Das ist eine treffende Analogie.

Wenn Sie Priester sind, dann kann der Vergleich (das »Gleichnis«) *der* wichtigste Bestandteil Ihrer Predigten sein, weil Sie mit seiner Hilfe Konzepte, die nicht leicht zu verstehen sind, vermitteln können. Gleichnisse (Parabeln) sind eine der am häufigsten benutzten Formen des Vergleichs, um Dinge auf der spirituellen Ebene oder auf der Ebene der Identität zu vermitteln.

Jesus Christus, Milton Erickson und einige der besten Kommunikatoren der Welt benutzen das Gleichnis, die Analogie, um mit anderen Menschen zu kommunizieren.

Übung: Stimulieren der Gruppen-Kreativität

Probieren Sie diese Übung mit einer Gruppe aus, wobei jeweils vier Personen zusammenarbeiten. Eine Person zeigt ihr »wertloses« Objekt. Alle übrigen Gruppenmitglieder sind für einen der Sinne zuständig.

Person 1 ist für das visuelle System verantwortlich. Ihre Aufgabe besteht darin, Ihnen zu helfen, Ihre visuellen Filter in bezug auf ihr Objekt zu verändern. Was können die Filter Ihnen an Form, Helligkeit, Tiefe, Größe, Körperbereich, Bewegung usw. zu verändern helfen? Machen Sie das Objekt größer, kleiner. Stellen Sie sich mehr und weniger davon vor.

Person 2 ist für die auditiven Qualitäten zuständig. Die Aufgabe von Person 2 besteht darin, Dinge zu fragen wie »Macht es ein Geräusch? Produziert es einen Klang?« – »Können Sie ihm ein Geräusch oder einen Klang zuordnen?« – »Können Sie einen Klang damit erzeugen?« – »Wenn Sie ihm eine Stimme geben würden, was würde es dann sagen?« – »Wenn Sie darüber sprechen würden, was würden Sie dann sagen?« – Verändern Sie die Geräusche und Klänge, machen Sie sie höher, tiefer, schneller, langsamer, lauter, leiser usw.

Person 3 hilft, Gefühle zu verändern. Person 3 könnte Fragen stellen wie: »Welche Art von Gefühl könnte es bei Ihnen auslösen?« – »Wie wäre es für Sie, wenn Sie das Gefühl auf irgendeine Weise verändern würden?« – »Könnten Sie den Bereich, in dem das Gefühl auftritt, auf irgendeine Weise verändern, indem Sie es beispielsweise zur Zunge oder zu den Händen verlagern?« – »Was würde geschehen, wenn Sie die Temperatur, das Gewicht, die Textur des Objekts verändern würden?«

Es folgt eine Liste von Submodalitäts-Kategorien, die Sie verändern könnten.

visuell	**auditiv**	**kinästhetisch**
HELLIGKEIT (LEUCHTKRAFT) (dunkel-hell)	LAUTSTÄRKE (laut-leise)	INTENSITÄT (stark-schwach)
GRÖSSE (groß-klein)	TON (tief-hoch)	FLÄCHE (AUSDEHNUNG) (groß-klein)
FARBE (schwarzweiß-farbig)	TONLAGE (hoch-tief)	TEXTUR (rauh-weich)
BEWEGUNG (schnell-langsam-stillstehend)	TEMPO (schnell-langsam)	DAUER (konstant-intermittierend)
ENTFERNUNG (nah-fern)	ENTFERNUNG (nah-fern)	TEMPERATUR (heiß-kalt)
FOKUS (klar-verschwommen)	RHYTHMUS	GEWICHT (schwer-leicht)
ORT – assoziiert-dissoziiert	ORT	ORT

Verändern Sie diese Submodalitäten, und beobachten Sie, wie sich Ihr Denken verändert. Es geht im Augenblick noch nicht darum, daß Sie mit diesen Submodalitäten etwas Bestimmtes tun sollen. Diese Übung soll Ihnen nur helfen festzustellen, was passiert, wenn Sie die Submodalitäten willkürlich verändern.

Sie können diesen ganzen Prozeß noch verstärken, indem Sie herausfinden, was die übrigen Mitglieder Ihrer Gruppe tun, um sich in einen kreativen Zustand zu versetzen – beispielsweise einen Kopfstand machen, sich auf den Boden legen, sich in einen meditativen Zustand versetzen. Nachdem Sie dies festgestellt haben, können Sie die kreativen physiologischen Veränderungen der anderen an sich selbst ausprobieren. Probieren Sie die »Physiologie« aus, die jemand anders benutzt, um kreativ zu sein.

Wenn jemand Ballettübungen macht, um sich in einen kreativen Zustand zu versetzen, dann probieren Sie auch dies einmal aus. Mit Sicherheit wird Sie dies dazu bringen, auf eine andere Weise zu denken.

TE: Bei dieser Übung gibt es kein bestimmtes Ergebnis oder Ziel, außer, daß Sie etwas Neues über das kreative Denken herausfinden sollen. Dies ist das Land des Träumers – Kreativität um ihrer selbst willen.

RBD: Sie können miteinander über alles sprechen, was Ihnen einfällt. Natürlich werden die übrigen Mitglieder der Gruppe sich Ihr Objekt anschauen und auch ihre Denkweise darüber verändern. Ein großer Teil aller Kreativität stammt nicht von einer einzelnen Person, sondern entsteht durch Synergie zwischen Menschen. Sie wissen doch: »Zwei Köpfe sind besser als einer« Wenn Sie zwei Menschen etwas zusammen tun lassen, dann ist das Endergebnis umfassender als die Summe der Fähigkeiten beider. Es ähnelt mehr einer logarithmischen Funktion.

Wenn Ihnen eine Idee kommt, dann sprechen Sie frei darüber. Wir versuchen, Sie mit dieser Übung dazu zu bringen, etwas auf so viele unterschiedliche Weisen wie nur möglich zu erleben. Sie sollten dabei noch kein Ziel im Kopf haben. Damit werden wir uns später beschäftigen. Die Funktion der drei anderen Gruppenmitglieder besteht darin, Ihre drei sensorischen Knöpfe zu bedienen: den kinästhetischen, den auditiven und den visuellen.

Und während Sie dies tun, sollten Sie sich vergegenwärtigen, daß das Gehirn der Person neben Ihnen...

TE: ...Ihr eigenes sein könnte.

Diskussion: Beispiele für die Veränderung von Wahrnehmungsfiltern

RBD: Ein Teil der Kreativität besteht darin, daß man sich Dinge als etwas anderes vorstellt – so wie Picasso, der sich ein Fahrrad anschaute und Sitz und Lenker als den Kopf einer Ziege sah. Wie verwandeln Sie den abgebrochenen Kopf einer Stecknadel oder den Stengel einer Blume in etwas Nützliches? Kann man durch derartige Übungen die Kreativität für etwas »Ernsthafteres« stimulieren? Ich bin der Meinung, daß ein bestimmtes Maß an ungesteuertem, zufälligem Denken sehr nützlich ist. Ein bißchen Unsinn dann und wann, steht selbst dem Weisen günstig an. Kreative Impulse entstehen häufig dadurch, daß man an nichts besonderes denkt oder daß man Dinge abwandelt.

Die Folge dieser Übung wird wahrscheinlich sein, daß Sie in der Lage sind, jeden Augenblick eine Idee zu produzieren, und daß einige dieser Ideen gut sind. Der nächste Schritt besteht darin, den Realisten ins Spiel zu bringen. Was ist der Unterschied zwischen dem, womit Sie sich hier beschäftigen, und dem, was nützlich und realistisch ist? Sie könnten berechtigterweise fragen: »Das macht zwar eine Menge Spaß, aber was soll das Ganze?« Das »Was soll's?« bringt zwei weitere Dinge ins Spiel: Kriterien – d.h. Einschränkungen –, die Sie auf etwas hin fokussieren (ausrichten), und Filter, d.h. Dinge, die bestimmte Möglichkeiten ausfiltern. Kriterien beziehen sich auf das, »worum es mir geht«, und Filter beziehen sich auf das, »was ich tun kann oder nicht tun kann«. Das ist der nächste Schritt, mit dem wir uns beschäftigen werden.

Tatsächlich denken die Menschen auf diese Weise und wenden ihr Denken so an.

RWD: Wenn Sie von San Francisco auf dem Highway 5 nach Los Angeles fahren, sehen Sie zur Rechten in der Ferne kahle Berge. Wenn Sie in diese Berge hineinfahren, dann stoßen Sie auf einen riesigen Berg aus Reifen. Und dies ist nicht der einzige Ort, wo solch ein Reifenberg zu finden ist. Es gibt in den Vereinigten Staaten mehrere solche Gebilde. Gewöhnlich befinden sie sich an versteckten Plätzen. Es sind Müllhalden. Die Reifen türmen sich hoch auf. Riesige Berge von gebrauchten Reifen, und es werden immer mehr.

Moderne Reifen enthalten Stahlfasern und alle möglichen Verstärkungen. Man kann sie nicht einfach vergraben. Als ich zum ersten mal Reifen aus dem Schlamm der San Francisco Bai herausragen sah, dachte ich, irgendwer hätte sie dort hingeworfen. Aber das war nicht der Fall. Wenn man einen Reifen vergräbt, arbeitet er sich irgendwann wieder aus dem Erdreich heraus. Er bewegt sich von der Stelle. Er bleibt nicht da, wo man ihn vergraben hat.

Als die U.S.-Army Vietnam verließ, wurden alle benutzten Reifen auf einem riesigen Haufen gesammelt, und der Vietkong zündete diesen Reifenberg an. Das Feuer brannte drei Monate. Der Reifenberg war ungefähr 200 Meter hoch: eine Pyramide aus Gummireifen.

Die Frage ist: »Was soll man mit einem Berg alter unbrauchbarer Reifen machen?«

Wenn man sie zerschneidet, wenn man ihre Größe verringert, kann man sie in etwas von Wert umwandeln. Dieser Reifenberg in Kalifornien ist wertlos. Einer meiner Klienten hat ein Gerät entwickelt, mit dem man Reifen in Stücke zerschneiden kann.

Und sobald sie zerschnitten sind, haben sie sofort einen Wert, und zwar einen so hohen, daß man sie sogar versichern kann. Wieso haben sie plötzlich einen Wert? Weil die großen Stücke als Brennstoff verwendet werden können. Man kann sie an ein Kraftwerk verkaufen, und dort werden sie wie Kohle verbrannt. Und die kleinen Stücke werden beim Bau von Highways verwendet. Die meisten unserer Highways bestehen heute aus einer Mischung aus Öl und zermahlenem Gummi. Wenn man auf die Straße fällt, federt man. Wenn die Gummistücke sehr klein sind, werden sie zu Kohlespänen, und diese sind sehr wertvolle chemische Stoffe, die in Labors gebraucht werden. Es ist Kohle. Je feiner der Reifen zermahlen wird, um so höher wird der Wert.

Ein Reifenberg ist wie Erz, wie Eisenerz im Boden. Sobald Sie das Erz ausgraben und das Eisen ausgeschmolzen haben, ist etwas von Wert entstanden. Sobald Sie die Reifen in Stücke zerschneiden, können Sie sie, selbst wenn es große Stücke sind, versichern lassen.

Der Reifenberg entstand, weil jemand alte Reifen gegen ein Entgelt von 50 Cent das Stück fortschaffte, so daß die Kunden sich keine Gedanken mehr darüber zu machen brauchten. Das Problem ist, daß der so entstandene Berg, wenn er Feuer finge, über Monate brennen würde und man das Feuer nicht mehr löschen könnte. Dann würde jener Mann seinen gesamten Lebensunterhalt verlieren. Wenn er die Reifen hingegen in Stücke zerschneiden würde, hätten sie einen Handelswert, und er könnte eine Versicherung darüber abschließen.

RBD: Sobald Sie die Reifen in ihrer Größe verändert haben, können Sie das Material, noch bevor Sie es verkauft haben, beleihen oder versichern. Indem man die

Der Träumer

Reifen zermahlt – also die Größe der Stücke verändert – erhält man nicht nur seine fünfzig Cents pro Stück, sondern man hat plötzlich ein wertvolles Material, etwas, das man versichern und beleihen kann. Auf diese Weise macht man aus einem Berg einen Maulwurfshügel.

TE: Ich habe schon Sandalen gesehen, die aus alten Reifen gemacht waren. Das war in Vietnam eine sehr beliebte Verwendung für alte Reifen.

RBD: Es gibt viele Möglichkeiten, etwas einen Wert zu verleihen. Wodurch wird etwas unbrauchbar oder wertvoll? Ist es das Produkt selbst? Ist es der Prozeß? Ist es das Ergebnis des Prozesses? Wo kommt der Wert ins Spiel?

Oft muß man, um einen Repräsentationsaspekt zu verändern, zusätzlich noch ein paar andere ändern. Das ist der Ursprung eines großen Teils der Kreativität. Manchmal wird eine Innovation, die man eigentlich nur entwickelt hat, um eine andere Innovation funktionsfähig zu machen, am Ende die wichtigere.

RWD: Ein gutes Beispiel hierfür ist die Erfindung eines meiner Klienten, Oscar Heil, der den Heil-Lautsprecher entwickelt hat. Das ist ein faszinierendes Ding. Eine interessante Eigenschaft dieses Lautsprechers ist, daß man den Klang, den er erzeugt, nicht orten kann. Wenn man einen Pianoklang über einen Verstärker und Lautsprecher hörbar macht, ist eines der Probleme dabei, daß man genau lokalisieren kann, woher dieser Klang kommt, wohingegen der natürliche Klang eines Pianos von überallher zu kommen scheint. Der Klang eines Pianos kommt eben nicht aus einer einzigen Quelle von der Größe eines Lautsprechers. In einem Konzertsaal beispielsweise kommt der Klang von überallher. Oft kann man ihn nicht mit einem bestimmten Ursprung in Verbindung bringen, es sei denn, man sieht das Piano. Selbst wenn Sie sich im gleichen Raum wie das Piano befinden, kann es sein, daß Sie nicht in der Lage sind, exakt zu bestimmen, woher der Klang kommt.

Der Heil-Lautsprecher ist so gebaut, daß man den Klang, den er produziert, nicht lokalisieren kann. Man kann ihn hören, aber man kann nicht genau mit dem Finger in die Richtung deuten, aus der er kommt.

Ein gewöhnlicher Lautsprecher ist ein großer Trichter, an dessen unterstem Punkt sich eine Magnetspule befindet, die den Trichter vor- und zurückbewegt, wodurch wiederum die Luft vor- und zurückbewegt und die Klangwelle erzeugt wird, die Sie hören.

Der Heil-Lautsprecher besteht wie ein Akkordeon aus Kunststoff. Er »quetscht« die Luft, statt sie zu drücken. Er ist sehr leicht und sehr schnell.

Wenn ein Standardlautsprecher den Klang einer Piccoloflöte überträgt, die einen sehr hohen Ton spielt, muß sich die dicke Membran so schnell hin- und herbewegen, wie der Ton jenes Instruments schwingt – und das geht nicht. Ein kleines, sehr leichtes Stück Plastik hingegen kann sich mit ungeheurer Geschwindigkeit hin und herbewegen.

Außerdem versetzen die Schwingungen des großen Lautsprechers die Luft in Schwingungen, und die Luft wiegt nichts. Es läßt sich mit dem Versuch, einen Kirschkern zu werfen, vergleichen. Man kann den Kirschkern nehmen und ihn mit aller verfügbaren Kraft werfen, doch ganz gleich, wieviel Kraft man dabei aufwendet, er legt nur eine bestimmte Strecke durch die Luft zurück und fällt dann zu Boden. Nimmt man den gleichen Kern jedoch zwischen zwei Finger und schnippt ihn weg, dann kann man ihn wahrscheinlich mindestens so weit schleudern wie mit einem Wurf, vielleicht sogar noch weiter. Die Verbindung zu ihm ist auf diese Weise besser. Ebenso hat der Heil-Lautsprecher eine besonders gute Verbindung zur Luft. Er ist sehr leicht und sehr schnell.

Ich habe gehört, daß bei den meisten Lautsprechern, ganz gleich, wie gut das System ist, ein guter Pianist immer erkennen wird, daß es sich um eine Reproduktion handelt. Man kann solche Leute nicht hinter's Licht führen, weil sie das Auftreffen der Hämmer auf die Seiten hören, weil sie hören, wie die Arme des Pianisten sich bewegen. Sie hören die fast unhörbaren Quietscher all der Mechanismen, die sich im Piano befinden und die die herkömmliche Lautsprecher nicht reproduzieren können – so wie das Auftreffen des Hammers auf die Seite, das die Seite zum Schwingen bringt. Der Heil-Lautsprecher ist so leicht und so klein, daß er sogar so etwas wie das Auftreffen des Fingernagels auf die Elfenbeinoberfläche der Klaviertasten reproduzieren könnte.

TE: Für mich als Musiker ist das Interessante an der Sache, daß dieser Lautsprecher nie so bekannt geworden ist, wie er es in den Kreisen derjenigen hätte werden können, denen an einer guten Klangreproduktion gelegen ist. Die Hörer waren so daran gewöhnt, Klängen aus ihrer Stereoanlage eine feste Richtung zuzuordnen, daß es für sie einfach nicht so gut klang, wenn der Klang von überallher zu kommen schien. Wir haben es hier mit einem Fall von Wahrnehmungseinschränkung und Fixierung auf eine bestimmte Überzeugung zu tun. Diese Leute hatten viel Geld dafür bezahlt, Klänge klar lokalisiert zu hören. Wenn sie in ihrem Wohnzimmer saßen, wollten sie hören können, daß der Klang aus dem linken oder rechten Lautsprecher kommt. Mit der Möglichkeit, einen Klang *nicht* lokalisieren zu können, war ihnen deshalb nicht gedient.

RWD: Oscar Heil war der Meinung, daß die meisten Menschen glauben, ihr empfindlichster Sinn sei der Sehsinn. Er selbst war jedoch der festen Überzeugung, daß das Gehör wesentlich empfindlicher sei. Dafür führte er eine Reihe von Beispielen an. Er sagte: »Wenn ich eines jener Badezimmerfenster aus gewelltem, milchigem Glas hätte, und Sie sähen nur ein sehr verschwommenes Bild von einer Gestalt, die sich dahinter befindet, dann könnten Sie zwar sehen, daß diese Gestalt ein Gesicht hat, könnten aber wahrscheinlich nicht erkennen, um wen es sich handelt. Aber wenn ich Sie anrufe, und das Telefon produziert eine extrem verzerrte Version meiner Stimme, können Sie trotz der starken Verzerrung des Inputs die Stimme des Anrufers identifizieren.

TE: Wenn man jemanden anruft, kann man den Empfänger am anderen Ende der Leitung erkennen, selbst wenn die Verbindung extrem schlecht ist. Selbst wenn es ständig knistert, erkennen Sie: »Es ist meine Mutter!« Das ist eine Funktion eines Feature-Recognition-Prozesses, dessen sich Ihr Gehirn bedient, um das Hologramm der ganzen Stimme zu rekonstruieren.

RWD: Da hier immer wieder vom *Chunking* die Rede ist: Die Telefongesellschaft nimmt das Gespräch, das Sie mit jemandem am Telefon führen, zerhackt es in winzige Segmente und mischt diese mit den Stimmen von zehn anderen Menschen, bevor das das Ganze durch das Land geschickt wird. Und wenn dieses Gemisch am anderen Ende ankommt, werden all die winzigen Stücke, in die das Gespräch zerlegt worden ist, wieder zusammengesetzt.

TE: Wenn Sie wieder einmal mit jemandem telefonieren, und die Kommunikation ist nicht so, wie sie sein sollte, dann könnte der Grund dafür sein, daß Sie die falschen Gesprächsstückchen erwischt haben. Sollten Sie also beim nächsten Verkaufsgespräch den Abschluß verpatzen, geben Sie einfach der Telefongesellschaft die Schuld, weil sie schlecht ge-chunkt hat.

Übungen für das »geistige Auge«

RBD: Da Kreativität beinhaltet, daß man auf neue und andere Weisen denkt, besteht eine andere Methode, die kreativen Fähigkeiten zu entwickeln, darin, habituelle Denkweisen aufzuspüren und sie zu verändern bzw. ihnen etwas hinzuzufügen. Eine Möglichkeit, Denkgewohnheiten aufzuspüren und sie mit Hilfe des NLP zu durchbrechen, ist die Identifikation der Augenbewegungsmuster. Da diese Muster unsere inneren Prozesse spiegeln, kann man sie als Werkzeug sowohl für die Diagnose als auch zum Verändern habitueller Denkmuster einsetzen.

Wir haben bereits an früherer Stelle erwähnt, daß Menschen dazu tendieren, bestimmte Repräsentationssysteme besonders stark zu entwickeln, besonders hoch zu schätzen und sich ihrer besonders bewußt zu sein. Diese Vorlieben spiegeln sich oft in den Augenbewegungen und in den Mustern, in denen sie auftreten.

Übung: Erforschen von Repräsentationssystemen durch die Augenposition

Führen Sie als Übung das im Folgenden beschriebene Experiment durch. Halten Sie den Kopf gerade nach vorn gerichtet, bringen Sie dann Ihre Augen in jede der auf dem Diagramm der Augenbewegungen dargestellten Grundpositionen, und verweilen Sie in jeder dieser Positionen ungefähr 30 Sekunden lang. Lassen Sie einen Partner die Zeit überwachen, so daß Sie dadurch nicht abgelenkt werden.

Achten Sie auf die Unterschiede im Erleben, die in den verschiedenen Positionen auftreten. Sind einige davon Ihnen angenehmer, erscheinen sie Ihnen natürlicher oder bekannter als andere? Fühlt es sich für Sie so an, als ob Sie mit Ihren Augen in bestimmten Positionen länger verweilen würden als in anderen? Sie könnten beispielsweise feststellen, daß Sie in einer bestimmten Positionen nachdenken oder daß in dieser Position bestimmte Arten von Assoziationen auftauchen. In anderen kann es sein, daß Sie ganz einfach eine Leere im Kopf haben. Welche Augenpositionen assoziieren Sie stärker mit Kreativität? Welche eher mit dem Zustand des Festgefahrenseins? Welche damit, ein Träumer zu sein? Ein Realist? Ein Kritiker?

Der Träumer

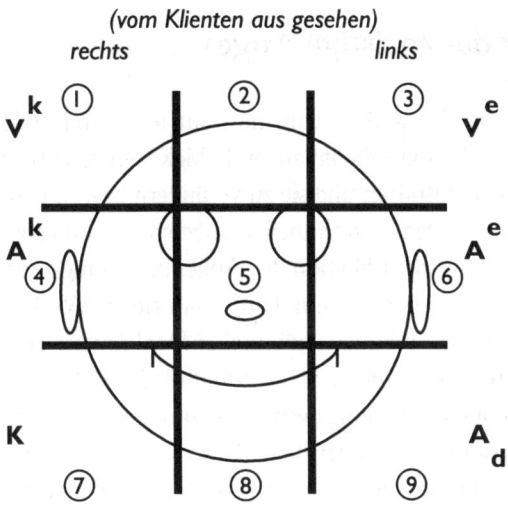

Abbildung 3.1.: Augenpositionen für die Übung

Übung: Auswirkung der Augenpositionen auf das Problemlösungsverhalten

Nehmen Sie sich ein Problem oder eine Idee vor, an dem oder der Sie arbeiten, und halten Sie einfach Ihre Augen jeweils ein paar Minuten lang in diesen verschiedenen Positionen, während Sie über Ihr Problem oder Ihre Idee nachdenken. Achten Sie darauf, wie dies Ihren Gedankenprozeß hinsichtlich des Problems oder der Idee beeinflußt. Achten Sie ganz besonders darauf, wie die für Sie ungewohnten Augenpositionen Sie beeinflussen. Wie hat sich die Art, wie Sie über die Idee oder das Problem denken, unter dem Einfluß der einzelnen Augenpositionen verändert? Fördern bestimmte Augenpositionen bestimmte Arten von Gefühlen, Klängen oder Bildern zutage? Wird die Qualität der Bilder, Klänge oder Gefühle, die Sie bereits mit dem Problem oder der Idee assoziiert haben, durch einige jener Augenpositionen verändert?

Übung: Erforschen der Augenbewegungsmuster und der Synästhesien

Unsere Physiologie und insbesondere unsere Augenbewegungen bilden die grundlegenden Schaltkreise, durch welche unsere Strategien sich manifestieren. Deshalb sind unsere Strategien nur so effektiv wie der neurophysiologische Schaltkreis, der sie unterstützt. Wie wir bereits untersucht haben, beruht ein großer Teil unseres kreativen Denkens auf unserer Fähigkeit, unsere sensorischen Repräsentationssysteme wie in einer Synästhesie miteinander zu verbinden. Muster von Augenbewegungen spiegeln auch, welche Sinne wir habituell miteinander zu verbinden pflegen und wie stark diese Verbindungen sind.

Als weitere Übung können Sie versuchen, die Augen zwischen verschiedenen Kombinationen von Augenpositionen hin und herzubewegen, beispielsweise von oben links nach unten rechts und zurück, oder von oben rechts nach oben links und zurück. (Wenn Sie dies mit allen 9 Positionen machen, ergeben sich 45 Kombinationsmöglichkeiten.) Einige der am häufigsten vorkommenden und signifikantesten Muster sind in Abbildung 3.2 dargestellt.

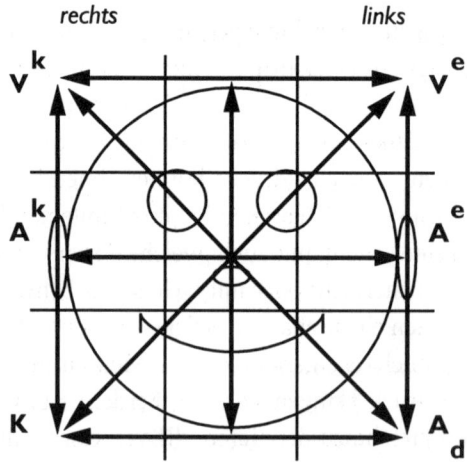

Abbildung 3.2.: Einige grundlegende Pfade von Augenbewegungen

Der Träumer

Bewegen Sie Ihre Augen jeweils ungefähr sechsmal zwischen den von Ihnen gewählten Augenpositionen hin und her. Dabei soll die Bewegung zuerst sehr langsam sein und dann allmählich schneller werden. Versuchen Sie, Ihre Augen zwischen zwei Positionen in einer geraden Linie hin und herzubewegen. Wechseln Sie anschließend zu einem anderen Paar von Augenpositionen über, und wiederholen Sie den Vorgang so lange, bis Sie alle wichtigen Augenpositionen miteinander verbunden haben.

Suchen Sie sich einen Partner, der als Beobachter fungiert, und lassen Sie den Beobachter genau notieren, wie sich Ihre Augen zwischen den beiden Positionen hin und herbewegen. Sie werden wahrscheinlich bald feststellen, daß die Bewegungen nur selten völlig linear sind. Oft bewegen sich die Augen in kleinen Sätzen, und sie pausieren kurz an bestimmten Punkten auf dem Weg. Oft bewegen sie sich in einer gebogenen statt in einer geraden Linie von einem Punkt zum anderen. Manchmal bewegen sich die Augen weiter in eine bestimmte Richtung als in eine andere.

Die Muster der Augenbewegungen sind eine Möglichkeit, Teile Ihrer Neurologie miteinander zu verbinden, indem Sie eine physiologische Verbindung zwischen verschiedenen Teilen Ihres Gehirns schaffen, die dazu dient, Informationen über die Welt um Sie herum zu repräsentieren. Wie leicht oder schwer es Ihnen fällt, Ihre Augen in die verschiedenen Positionen zu bringen, kann Ihnen helfen einzuschätzen, welche neurologischen Verbindungen bei Ihnen am »gängigsten« sind. Tatsächlich bedienen wir uns manchmal genau dieser Prozedur, um etwas zu produzieren, was wir als den »Augenabdruck« einer Person bezeichnen. Wie ein Fingerabdruck ist auch der »Augenabdruck« eines Menschen eine Repräsentation der einzigartigen Charakteristika einer Person – jedoch auf der neurologischen, statt auf der physischen Ebene. Augenabdrücke können Ihnen helfen herauszufinden, welche Teile des Gehirns eines Menschen habituell miteinander verbunden oder voneinander getrennt sind, und damit auch, welche Arten von Denkprozessen ein Mensch besonders gut beherrscht oder mit welchen er Schwierigkeiten hat. Und dies wiederum kann helfen einzuschätzen, welche Arten von Begabungen, inneren Konflikten oder Persönlichkeitsmerkmalen ein Mensch am wahrscheinlichsten erleben und zum Ausdruck bringen wird. Außerdem kann der Augenabdruck benutzt werden, um Bereiche zu definieren, die verbessert oder weiterentwickelt werden können.

Ebenso wie bei der vorangegangenen Übung mit den Augenpositionen sollten Sie auch in diesem Fall darauf achten, welche Bewegungsmuster Ihnen am angenehmsten, vertrautesten und natürlichsten erscheinen. Scheinen bestimmte Muster stärker mit bestimmten Arten des Denkens verbunden oder diesen besonders förderlich zu sein? Achten Sie auch hier wieder darauf, welche Bewegungsmuster stärker mit Kreativität, mit dem Zustand des Festgefahrenseins, dem Zustand des Träumers, des Realisten und des Kritikers verbunden zu sein scheinen.

Übung: Neue neurologische Verbindungswege erzeugen und stärken

Nehmen Sie sich die Bewegungsmuster vor, die Ihnen am schwierigsten und unangenehmsten erschienen sind, und »bahnen Sie sich einen Weg« zwischen den beiden Augenpositionen, indem Sie Ihre Augen zwischen den betreffenden Positionen hin und herbewegen. Ihr Partner kann Ihnen helfen, indem er oder sie mit einem Finger Ihre Augen führt. Der Partner muß einen Finger ungefähr 30 bis 50 Zentimeter vor Ihrem Gesicht halten und ihn zwischen den beiden Augenpositionen, die Sie stärker miteinander verbinden wollen, hin und herbewegen. Dabei sollte er den Finger zunächst sehr langsam und gleichmäßig in einer linearen Bahn bewegen. Wenn sich Ihre Augen an die Bewegung gewöhnt haben, können Sie Ihren Partner bitten, die Finger schneller zu bewegen, wobei er jedoch genau den gleichen Weg beibehalten soll. Sie können dies auch ohne einen Partner ausführen, indem Sie auf einem Stück Papier eine Linie ziehen und diese als Leithilfe benutzen, indem Sie sie im richtigen Winkel vor sich halten.

Um die Auswirkung des Vorhandenseins dieser neuen Verbindung zu überprüfen, nehmen Sie sich wieder ein Problem oder eine Idee vor, an dem oder der Sie arbeiten, und achten darauf, wie das Benutzen der neuen Schaltkreise die Arbeit jeweils beeinflußt. Beobachten Sie zunächst, wie Sie über das Problem oder über die Idee nachdenken. Sind es primär Gefühle, Wörter, Klänge oder Bilder? Welche Qualitäten oder Submodalitäten scheinen in der Ihnen geläufigen Repräsentation des Problems oder der Idee betont zu werden? Lassen Sie sich anschließend, ohne sich bewußt auf die Idee oder das Problem zu konzentrieren, von Ihrem Partner (oder der Leitlinie auf dem Papier) durch das neue Augenbewegungsmuster hindurchgeleiten. Achten Sie darauf, wie dies Ihre Gedankenprozesse in Beziehung zu dem Problem oder der Idee beeinflußt. Wie verändert sich die Idee oder das Problem infolge des neuen Musters? Was verändert sich an der Qualität der Bilder, Klänge oder Gefühle, die Sie ursprünglich mit dem Problem oder der Idee in Verbindung gebracht haben?

Übung: Erforschen und Erzeugen neuer Schaltkreise durch Augenbewegungsmuster

Natürlich erfordern kompliziertere Denkmuster auch kompliziertere Augenbewegungsmuster. Während der Elizitationsübungen haben Sie wahrscheinlich bemerkt, daß die Augenbewegungsmuster eines Menschen ziemlich komplizierte Sequenzen bilden können. Manche Muster erscheinen fast zirkulär; andere können Dreiecke, Rechtecke oder Kombinationen anderer Formen bilden. (Einige Beispiele sind in Abbildung 3.3 dargestellt.)

Versuchen Sie als Experiment, einige dieser Grundformen mit Ihren Augen nachzuvollziehen. Versuchen Sie es mit einem Kreis, einem Dreieck oder einer anderen Form. Wiederholen Sie das Muster jeweils ein paarmal, um ein Gefühl dafür zu bekommen, welchen Einfluß es auf Sie hat. Wie leicht fällt es Ihnen, Ihre Augen in jenem Muster zu bewegen, und wie angenehm ist es Ihnen?

Versuchen Sie nun, einen Aspekt des Augenbewegungsmusters zu verändern. Wenn Sie den Kreis in einer bestimmten Richtung beschrieben haben, dann bewegen Sie die Augen nun in die andere Richtung. Wenn die Basis des Dreiecks unten war, dann stellen Sie es nun auf den Kopf. Wie wirkt sich dies auf Ihren Bewußtseinszustand aus?

Wie bei der zuvor beschriebenen Augenbewegungsübung nehmen Sie sich auch diesmal ein Problem oder eine Idee vor, an der oder dem Sie arbeiten, und achten darauf, wie die Benutzung des neuen Musters die Arbeit daran beeinflußt. Achten Sie auch diesmal darauf, in welchen kognitiven Strukturen sie üblicherweise über das Problem oder die Idee nachdenken. Welche Aspekte der bildlichen Vorstellung, des Klangs und/oder des Empfindens scheinen in der Ihnen geläufigen Repräsentation des Problems oder der Idee betont zu sein? Gehen Sie auch diesmal wieder durch das neue Augenbewegungsmuster, ohne bewußt auf die Idee oder das Problem zu fokussieren, und achten Sie darauf, wie dies Ihre Denkprozesse in bezug auf das Problem oder die Idee beeinflußt. Wie verändert sich infolge des neuen Musters die Art, in der Sie über die Idee oder das Problem denken? Was verändert sich an den Qualitäten der Bilder, Klänge oder Gefühle, die Sie ursprünglich mit dem Problem oder der Idee verbunden hatten?

Im NLP benutzt man diese Arten von Augenbewegungskombinationen auf präzisere Art, um neue Denkstrategien zu entwickeln. In einem späteren Kapitel werden wir demonstrieren, wie man sie zu diesem Zweck in Zusammenhang mit der Strategie des New Behavior Generators benutzen kann.

Manchmal verursachen habituelle Synästhesie-Muster auch Probleme, so daß es notwendig wird, sie zu unterbrechen. Der Prozeß des Durchbrechens und Neu-Etablierens von Synästhesiemustern wird detailliert in dem Buch *Die Veränderung von Glaubenssystemen* (Junfermann 1993, S. 39-65) beschrieben.

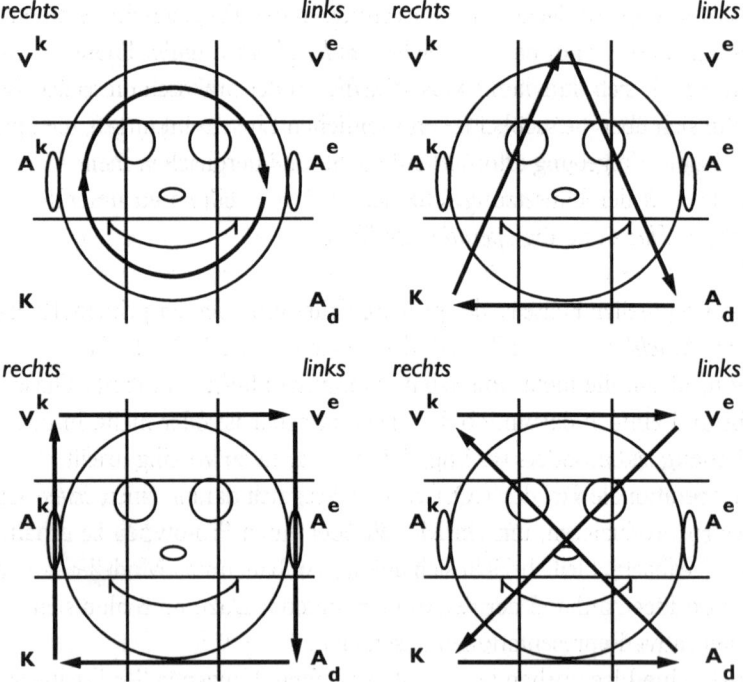

Abbildung 3.3.: Einige grundlegende Augenbewegungsmuster

4 Der Realist

Werkzeuge und Strategien für die Umsetzung von Ideen

RBD: Sobald Sie eine Idee entwickelt und ausgewählt haben, kommt die nächste Herausforderung auf Sie zu: die Umsetzung. In der Träumer-Phase des kreativen Prozesses denken Sie nur darüber nach, was *möglich* ist. In der Phase des Realisten beschäftigen Sie sich nun damit, was »*machbar*« oder praktisch umsetzbar ist. Dazu muß man sich über die sachlichen und zeitlichen Einschränkungen, die Spezifikationen, die die Umgebung erforderlich macht, und dergleichen mehr klar werden.

Der Prozeß der Umsetzung läßt sich in zwei Teilphasen untergliedern: die *konzeptuelle Phase* und die *operationale Phase*.

In der konzeptuellen Phase ist das primäre Kriterium oder der primäre Prüfstein die Frage der *Machbarkeit*. Der Testteil des konzeptuellen T.O.T.E.-Prozesses hat die Funktion, Ideen, die nicht umsetzbar sind, auszufiltern – in dieser Phase geht es schlicht und einfach darum, ob die Idee umsetzbar ist oder nicht. In diesem Zusammenhang ist besonders wichtig, daß man nicht zu voreilig urteilt.

Der operationale Teil des T.O.T.E.-Prozesses zielt darauf, einen *ersten Ausdruck* der Idee zu produzieren, um ein Modell oder einen Prototypen zu erhalten. Die primäre Feedbackschleife bezieht sich auf das Aufbauen von Modellen und auf das Prüfen von Ideen anhand der Reaktionen anderer. Dazu muß man sich zunächst auch alternative Repräsentationen anschauen.

Sobald eine Idee vorhanden ist, ist es wichtig, konzeptuelles Feedback zu suchen, weitgefaßtes Feedback über die wichtigsten Ideen des Konzepts, zusammengefaßt in der Frage: »Ist es ein gutes Konzept?« Da noch nichts Greifbares vorhanden ist, sollte das Feedback an diesem Punkt konstruktiv sein. Wenn das Feedback zu kritisch ist, erdrückt es den Traum, statt den konkreten Ausdruck des Traums zu verbessern. Tatsächlich warten viele kreative Menschen mit dem Feedback, bis sie über einen vollständigen prototypischen Ausdruck der Idee verfügen.

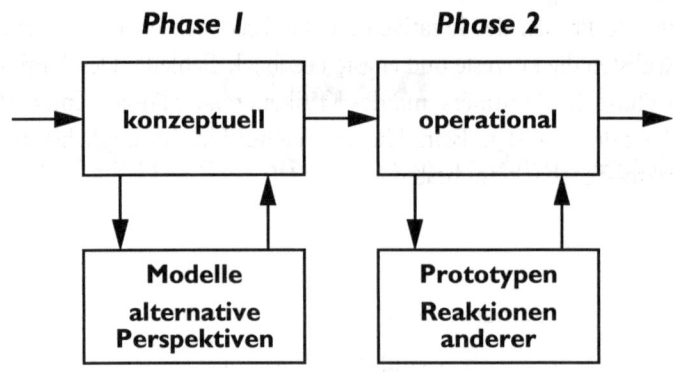

Abbildung 4.1.: T.O.T.E.-Schleifen, die in der »Realisten-Phase« des kreativen Prozesses eine Rolle spielen.

In der operationalen oder »mechanischen« Phase der Umsetzung wird kontinuierlich Feedback geliefert, hauptsächlich durch die Reaktionen anderer. Da das Ziel dieser Phase ist, die konkrete Umsetzung der Idee zu verbessern, sind spezifische Kommentare ebenso wichtig wie Kommentare über andere Konzepte, die mit Ihrer Grundidee zusammenpassen. Viele kreative Menschen wollen in der abschließenden Phase der Umsetzung so viel Feedback wie möglich bekommen, und dies so früh wie möglich. In dieser Phase gilt: »Alles ist möglich«, das heißt, fast jedes Feedback ist willkommen, »weil es wichtig ist«, nicht, weil es Ihnen gefällt oder weil Sie es haben wollen. Deshalb sollten Sie Feedback nur suchen, wenn Sie dazu bereit sind, es anzunehmen.

Oft variieren die individuellen Strategien in den operationalen Aspekten der Umsetzung wesentlich geringer als bei der Erzeugung und Auswahl von Ideen. Mit anderen Worten: Bei den »99 Prozent Schweiß« gibt es weniger Variation als bei dem fast sprichwörtlichen »einen Prozent Inspiration«. – Die Art, wie Mozart und sein Vater Symphonien auszuarbeiten pflegten, unterschied sich wesentlich weniger voneinander als die Art, wie sie das Material entwickelten und auswählten, das sie später zu einer Symphonie verarbeiteten. Das gilt ebenso für Elektronik-Ingenieure, für Videospiel-Programmierer, für Mechaniker, für Seminarleiter, für Patentanwälte usw. Wenn Sie etwas von der Landkarte zum Territorium beför-

Der Realist

dern, finden Sie dort mehr Zwänge und Einschränkungen vor, und der kreative Prozeß gestattet weniger Variationen.

Obgleich alle Phasen des kreativen Zyklus Feedback erfordern, erfordert die Phase des Realisten die kürzeste und engste Feedback-Schleife. Der Timing-Zyklus kann in der Phase des Träumers und des Kritikers relativ längere Intervalle haben als in der Phase des Realisten. Beim Umsetzen einer Idee ist möglichst unmittelbares und direktes Feedback am besten.

Abbildung 4.2.: Feedback-Frequenz in den verschiedenen Phasen des kreativen Prozesses

Weil die Feedback-Schleife in der Umsetzungsphase so unmittelbar und der Fokus so intensiv ist, ist wahrscheinlich eine der wichtigsten Fähigkeiten, in diesem Zusammenhang, daß man mit Unterbrechungen, Ablenkungen und Blockaden, die den kreativen Prozeß behindern, fertig zu werden vermag.

Für einen kreativen Menschen ist es keineswegs eine ungewöhnliche Erfahrung, mitten in einem Projekt unterbrochen zu werden. Nach einer solchen Unterbrechung kann es schwirig sein, sich wieder in den gleichen Zustand oder in den »kreativen Raum« hineinzuversetzen, in dem man sich vor der Unterbrechung befand. Dies kann die Produktivität verringern oder sie sogar in schwerwiegender Weise behindern.

Ablenkungen haben etwas mit der Zerstreuung der Aufmerksamkeit in Situationen zu tun, in denen Sie versuchen, sich zu konzentrieren. Oft treten Ablenkungen in Form anderer Ziele oder Projekte auf, die um Ihre Aufmerksamkeit wetteifern, so daß Sie nicht mehr ganz »bei der Sache« sind.

Während Unterbrechungen und Ablenkungen hauptsächlich äußeren Ursachen entspringen, kommen Blockaden von innen. Blockaden sind häufig die Punkte, an denen Sie festsitzen, oder die Sackgassen, in die Sie auf Ihrem Weg geraten. Im Verlaufe des kreativen Prozesses gibt es oft Situationen des Festgefahrenseins, die häufig wieder aufgelöst werden.

Es liegt auf der Hand, daß der Zeitpunkt eines Feedbacks oder Inputs die entscheidende Rolle bei all diesen Störungen des kreativen Prozesses spielt. Manchmal kann eine solche Unterbrechung dem kreativen Prozeß sogar förderlich sein, weil sie einer Idee die Zeit einräumt, die sie benötigt, um auszureifen. Sind Sie in der Lage, die Unterschiede zwischen »Zaudern« und »Schwangergehen« bei sich selbst zu erkennen? Einer der ersten Schritte auf dem Weg zur Entwicklung der Kreativität ist, daß man lernt, kreative Zustände von solchen des Festgefahrenseins bei sich selbst und bei anderen zu unterscheiden. Wenn ein Mensch äußerlich nicht produktiv ist, muß er deshalb nicht zwangsläufig innerlich unkreativ sein.

Übung: Sich auf die Physiologie und die Körpersprache der Kreativität kalibrieren

Diese Übung soll Ihnen helfen, die Fähigkeit zu entwickeln, die mit kreativen Strategien einhergehenden non-verbalen Hinweise zu beobachten und sich auf sie zu »kalibrieren«. Die Informationen, die Sie während dieser Übung sammeln, können Ihnen helfen herauszufinden, welche physischen Zustände oder Handlungen dazu beitragen, Zustände des Festgefahrenseins willentlich zu durchbrechen und kreativ zu werden.

1. Wählen Sie einen Freund oder Bekannten aus, mit dem Sie zusammenarbeiten wollen. Setzen Sie sich Ihrem Partner gegenüber, stellen Sie die folgenden Fragen, und registrieren Sie alles, was Sie an nonverbalen Reaktionen beobachten.
    a. *Denke an eine Situation, in der du dich wirklich in einem kreativen Zustand befandest und du weder für Unterbrechungen noch für Feedback »aufnahmebereit« warst.*
    b. *Denke an eine Situation, in der du dich in einem Zustand des Zauderns oder des Festgefahrenseins befandest und in der es notwendig war, daß du unterbrochen wurdest oder Feedback empfingst.*
2. Lassen Sie nun Ihren Partner nach dem Zufallsprinzip eine dieser beiden Erfahrungen auswählen, und versuchen Sie zu erraten, an welche von beiden er oder sie gerade denkt, indem Sie auf Veränderungen in der Körpersprache achten.

Wir empfehlen diese Übung insbesondere Menschen, die in Organisationen oder Teams an Projekten zusammenarbeiten. (Auch für Ehepartner oder Freunde kreativer Menschen kann sie eine große Hilfe sein!) Ein verbreitetes Problem bei kreativer Arbeit, speziell zwischen Menschen, die eng zusammenarbeiten, ist, daß jemand unabsichtlich den kreativen Prozeß eines anderen Team-Mitglieds oder des Partners unterbricht, weil er oder sie glaubt, die andere Person sei gerade »nicht beschäftigt«, obwohl der oder die Betreffende sich tatsächlich in jener Art von innerem Prozeß befindet, der für produktives Denken notwendig ist. Eine andere Art von Problemen entsteht, wenn ein Partner oder ein Team-Mitglied nicht erkennt, daß ein Kollege sich in einem kreativen Zustand befindet, und das Ausbleiben einer Reaktion auf eine kommunikative Ansprache oder auf Feedback als Mangel an Interesse oder als mangelndes Einfühlungsvermögen interpretiert. Ein erster Schritt zur Verbesserung des kreativen Prozesses besteht darin, ihn zu erkennen, anzuerkennen und zu respektieren, wenn er stattfindet.

Diese Übung kann Ihnen außerdem zusätzliche Einsichten in das Repräsentationssystem, die Orientierung, die Verbindungen (*links*) und die Auswirkungen (*effects*) vermitteln, die mit Ihrem kreativen Prozeß verbunden sind.

Eine weitere Möglichkeit, Unterbrechungen zu vermeiden, besteht darin, Signale zu verabreden, durch die man anderen Menschen zu erkennen gibt, in welchem Zustand man sich gerade befindet. Man könnte beispielsweise ein rotes Licht an der Tür aufleuchten lassen, wenn man nicht gestört zu werden wünscht, und ein grünes Licht, wenn man bereit ist, mit Besuchern in Kontakt zu treten. Man könnte auch ganz einfach die Tatsache, ob die Tür geöffnet oder geschlossen ist, zum Signal der Kommunikationsbereitschaft oder des Rückzugs erklären.

Werkzeuge zum Umgang mit Unterbrechungen: Verlassen des kreativen Zustandes und Wiedereintritt in denselben

Natürlich sind Unterbrechungen manchmal notwendig, und es kann unter Umständen sehr wichtig sein, daß man in der Lage ist, etwas eine Weile liegenzulassen und es zu einem späteren Zeitpunkt wieder aufzugreifen. Sie können verschiedene einfache Strategien benutzen, um den Prozeß der Dissoziation von einem kreativen Zustand und das spätere Wiedereintreten in denselben zu unterstützen. Die folgenden Schritte (für die man gewöhnlich 30 Sekunden bis zu einer Minute benötigt) helfen beim Verlassen des Zustandes der Kreativität und beim Wiedereintritt in denselben nach einer durch äußere Faktoren verursachten Unterbrechung.

1. Machen Sie einen mentalen Schnappschuß von Ihrem Fortschritt. Fokussieren Sie besonders auf die letzte Situation, in der Sie erfolgreich waren.
2. Merken Sie sich Ihre Körperposition. Achten Sie auf Ihre Haltung, auf die Atemgeschwindigkeit sowie auf die Stellung des Kopfes und der Augen.
3. Machen Sie sich ein paar kurze Notizen (Schlüsselwörter) oder Skizzen über Ihre Arbeit und über Ihre Körperposition.
4. Suchen Sie sich ein kreatives Stichwort *(cue)* oder eine Metapher. Schauen Sie, ob es in Ihrer Umgebung irgend etwas gibt, das Sie als Trigger für den kreativen Zustand oder als Metapher für die Art von Zustand oder Gedankenprozeß, in dem Sie sich befinden, verwenden können.

Nehmen Sie sich einen Augenblick Zeit, und probieren Sie das, was Sie gefunden haben, aus, selbst während Sie dieses Buch lesen. Führen Sie jeden Schritt aus, legen Sie dann das Buch zur Seite und tun Sie für kurze Zeit etwas anderes. Achten Sie, wenn Sie sich erneut dem Buch zuwenden, darauf, wie schnell Sie wieder in den gleichen Zustand der Konzentration und Aufmerksamkeit zurückkehren können, in dem Sie sich befanden, bevor Sie das Buch zur Seite legten.

Die beschriebenen Schritte helfen Ihnen, *Anker* zu setzen, um wieder in den kreativen Zustand zurückzukehren, in dem Sie sich vor der Unterbrechung befanden. Im NLP bezieht sich der Begriff *Ankern* auf das Herstellen von Verbindungen zwischen Elementen des R.O.L.E.-Modells. Ankern ist ein Prozeß, der oberflächlich der »Konditionierungs«-Technik ähnelt, die Pavlov benutzte, um bei Hunden eine Verbindung zwischen dem Hören einer Glocke und dem Speichelfluß herzu-

Der Realist 169

stellen. Indem er den Klang einer Glocke mit der Aktion assoziierte, seinen Hunden Nahrung zu geben, fand Pavlov heraus, daß er irgendwann einfach nur noch die Glocke zu läuten brauchte, um bei den Hunden Speichelfluß auszulösen, auch wenn die Tiere gar kein Futter bekamen. In der Reiz-Reaktions-Konditionierung der Behavioristen ist der Reiz (Stimulus) jedoch stets ein Zeichen aus der Umwelt, und die Reaktion ist stets eine spezifische Verhaltensweise. Die Assoziation wird als reflexartig angesehen, sie unterliegt also nach Ansicht der Behavioristen nicht der freien Wahl.

Im NLP ist dieser Prozeß dahingehend erweitert worden, daß er andere logische Ebenen zusätzlich zu der der Umgebung und des Verhaltens umfaßt. Beispielsweise kann ein erinnertes Bild zu einem Anker für ein bestimmtes inneres Gefühl werden. Eine Berührung am Bein kann zu einem Anker für eine visuelle Phantasie oder gar für einen Glaubenssatz werden. Der Klang einer Stimme kann zu einem Anker für einen Zustand freudiger Erregung oder des Vertrauens werden. Ein Mensch kann sich bewußt dafür entscheiden, diese Assoziationen herzustellen und sie später wieder zu aktivieren *(retrigger)*. Ein Anker ist kein geistloser Kniesehnenreflex, sondern ein Werkzeug, mit dessen Hilfe man sich selbst zu etwas befähigt *(a tool for self-empowerment)*. Ankern kann ein sehr nützliches Werkzeug sein, um den mit der Kreativität assoziierten mentalen Prozeß zu initiieren und zu reaktivieren.

Meistens werden Anker etabliert, indem einfach zwei Erfahrungen zeitlich assoziiert werden. In den Modellen der Verhaltenskonditionierung werden Assoziationen durch Wiederholung stärker etabliert. Wiederholungen kann man auch zur Stärkung von Ankern benutzen. Beispielsweise könnten Sie jemanden bitten, sich intensiv in eine Situation hineinzuversetzen, in der er oder sie sehr kreativ war, und dann klopfen Sie der Person, während sie an diese Erfahrung denkt, auf die Schultern. Wenn Sie dies einmal oder zweimal wiederholen, stellt das Schulterklopfen allmählich eine Verbindung zu dem kreativen Zustand her. Irgendwann erinnert dann das Schulterklopfen die Person automatisch an den kreativen Zustand.

Wenn Ihr Ziel jedoch ist, einen kreativen Zustand schnell verlassen und schnell wieder in denselben eintreten zu können, um mit einer Unterbrechung umzugehen zu lernen, dann ist Wiederholung nicht immer die geeignete Strategie – es sei denn, Sie haben Ihren Anker bereits *vor* dem aktuellen Ereignis etabliert. Im Fall einer Unterbrechung muß an die Stelle der Wiederholung die Redundanz treten. Das bedeutet, daß Sie mehr als einen Anker für einen bestimmten Zustand oder eine bestimmte Erfahrung etablieren müssen. Wenn Ihnen mehrere Anker zur Verfügung stehen, so erhöht das die Chance, daß Sie erneut in den gewünschten Zustand einzutreten vermögen. Deshalb sollten Sie im Sinne dieser Technik verschiedene Arten von Assoziationen herstellen: physische, visuelle und verbale.

Manche kreativen Menschen ziehen es vor, generelle Anker für Kreativität zu etablieren. Bestimmte Arten von Musik zu hören kann helfen, Sie in einem natürlichen kreativen Zustand hinein zu verankern. Bestimmte Bücher um sich zu sammeln oder spezielle Arten von Bildern aufzuhängen kann Sie an kreative Erfahrungen erinnern. Spezielle Objekte um sich zu haben, die Sie festhalten, berühren oder mit denen Sie spielen können, kann den Eintritt in einen fokussierten kreativen Zustand erleichtern.

Natürlich kann es von außerordentlichem Wert sein, bestimmte Signale zu entwickeln, mit deren Hilfe Sie anderen anzeigen, daß Sie sich gerade im Prozeß der Dissoziation oder des Wiedereintritts (der Reassoziation) befinden, so daß die Menschen in Ihrer Umgebung Ihre Aktivitäten nicht mißverstehen und glauben, Sie seien ganz einfach teilnahmslos oder gleichgültig. Außerdem kann dies helfen, bestimmte Verfahrensweisen dafür festzulegen, wie andere auf diese Signale angemessen und respektvoll reagieren können.

Werkzeuge für den Umgang mit Ablenkungen

Ablenkungen sind meist äußeren Ursprungs, doch gewöhnlich sind sie unspezifischer als Unterbrechungen. Ablenkungen entstehen häufig durch eine Verwechslung von Prioritäten oder durch eine Konkurrenzsituation zwischen verschiedenen Prioritäten – beispielsweise die Familie, andere Projekte und Pflichten usw. Die beste Art, mit Ablenkungen umzugehen und fokussiert zu bleiben, ist, Strategien des Zeitmanagements und Projektmanagements anzuwenden. Der Zweck solcher Strategien ist, die Zeitblöcke festzulegen, die für die verschiedenen Teilbereiche des Projekts, für andere, gleichzeitig anstehende Projekte sowie für andere Lebensbereiche zur Verfügung stehen.

In meiner Arbeit mit kreativen Menschen und mit Organisationen habe ich festgestellt, daß die effektivste Strategie darin besteht, *Mehrfach-Repräsentationen* der Elemente des Projekts und der geplanten Reihenfolge der Umsetzung (*sequencing*) festzulegen, so daß Sie viele Möglichkeiten haben festzustellen, wie all die Einzelteile zusammenpassen. Obgleich das Thema Zeit- und Projektmanagement schon allein ein ganzes Buch füllen könnte – was allerdings nicht unserer aktuellen Zielsetzung entspräche –, soll hier zumindest festgestellt werden, daß bei den effektivsten Strategien die verschiedenen Zeitblöcke in irgendeiner Form visuell organisiert werden – d.h., es gibt einen Zeitplan für den Tag, die Woche, den Monat und das Jahr – wobei jeweils Elemente und Ereignisse zueinander in Beziehung gesetzt werden. Man könnte diese Strukturen als Methoden bezeichnen, die dazu dienen, auf einer Makro-Ebene Anker für den Austritt aus dem kreativen Prozeß und für den späteren Wiedereintritt in denselben zu setzen. Ein wenig vorausblickende Planung verhindert auch jene Kongruenzprobleme, die sich aus Prioritätskonflikten ergeben.

Die folgenden Abbildungen zeigen unterschiedliche Möglichkeiten zu repräsentieren, wie die verschiedenen Elemente eines Projekts untereinander und mit anderen Bereichen Ihres Lebens zusammenpassen.

Nehmen Sie sich zu Übungszwecken ein kreatives Projekt vor, an dem Sie arbeiten, und vergegenwärtigen Sie sich dieses im Zusammenhang der verschiedenen Rahmen, die durch die abgebildeten Diagramme angedeutet werden. Achten Sie darauf, wie dies Ihr Konzept und Ihr Bewußtsein darüber, wie verschiedenen Bestandteile zusammenpassen, klärt und bereichert.

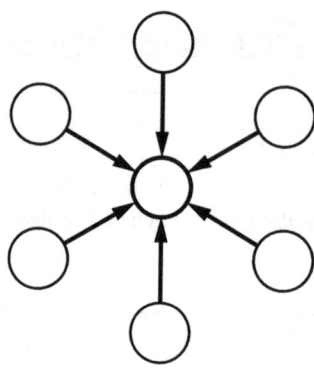

Abbildung 4.3.: Gesamtheit der Projekt-Elemente

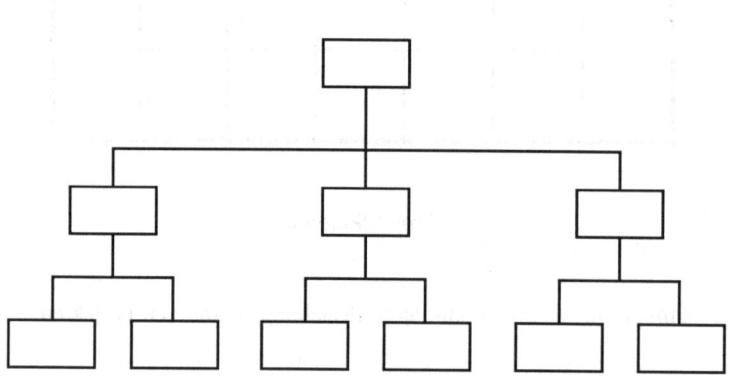

Abbildung 4.4.: Aufspalten oder *»Chunking«* von Projekt-Elementen

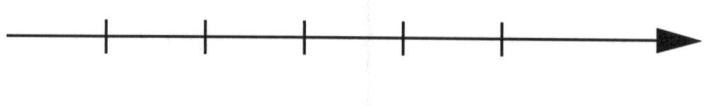

Zeitlinie

Abbildung 4.5.: Zeitsequenz des gesamten Projekts

Der Realist 173

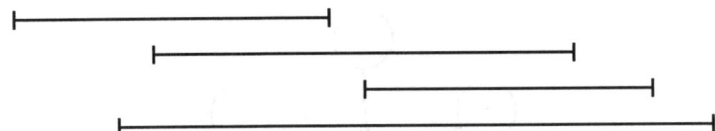

Abbildung 4.6.: Koordination der zeitlichen Abfolge von Projekt-Elementen

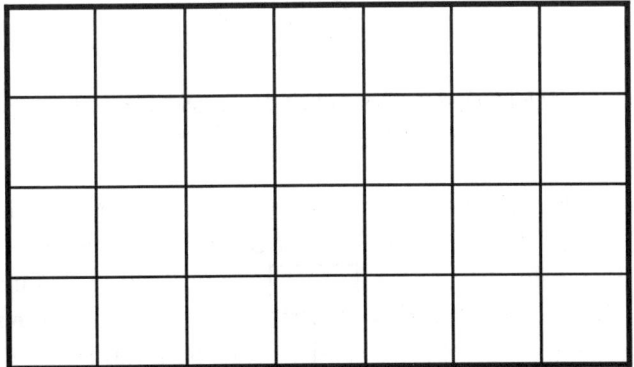

Projektkalender

Abbildung 4.7.: Zeitplanung in Beziehung zu anderen Projekten

Abbildung 4.8.: Prioritätenfolge

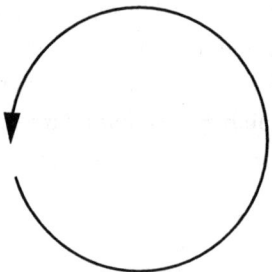

Abbildung 4.9.: Projektkreis

Halten Sie diese Repräsentationen als Anker präsent. Wenn Sie sich später von Ihrem Projekt abgelenkt fühlen, dann schauen Sie sich die verschiedenen Repräsentationen an. Sie werden dann wahrscheinlich feststellen, daß einige Ihnen in unterschiedlichen Phasen der Umsetzung helfen, sich wieder zu fokussieren, während andere Ihnen Ideen liefern, wie Sie weitermachen oder was Sie als nächsten tun könnten.

In einer Organisation werden Sie häufig feststellen, daß unterschiedliche Organisationsfunktionen und verschiedene Team-Mitglieder jeweils dazu tendieren, das Projekt mehr innerhalb des einen oder des anderen dieser Rahmen zu sehen. Oft ist es wichtig, daß die Beteiligten einander ihre jeweilige Sicht des zeitlichen Ablaufs und der Struktur des Projekts mitteilen.

Werkzeuge für den Umgang mit kreativen Blockaden

Einer der schwierigsten Aspekte der Umsetzungsphase des kreativen Prozesses betrifft die inneren Blockaden und Sackgassen, die mit der Manifestation von Ideen einhergehen. In früheren Abschnitten haben wir bereits einige Werkzeuge vorgestellt und untersucht, die man benutzen kann, um sich in jeder Phase des kreativen Prozesses aus einem Zustand des Festgefahrenseins in einen kreativen Zustand zu versetzen. Zu diesen Methoden gehören:

1. Sich in eine kreative Körperhaltung und Physiologie zu versetzen.
2. Multisensorischer Check, um sicherzustellen, daß Sie alle Ihre Sinne benutzen, wenn Sie über das betreffende Problem oder Ziel nachdenken.
3. Probieren Sie andere Repräsentationen aus. Verändern Sie verschiedene Aspekte der Bilder, Klänge oder Gefühle, die Sie haben, und finden Sie heraus, ob Sie dann das Problem/Ziel anders erleben.
4. Jemand anderen mit den eigenen Ideen konfrontieren.
5. Alternative Herangehensweisen ausprobieren, bevor man mit einem bestimmten Teil des Projekts beginnt.

Weitere Strategien, die es ermöglichen, Zustände des Festgefahrenseins und Blokkierungen der Kreativität zu durchbrechen:

1. Denken Sie über das Problem in allen Einzelheiten nach, und legen Sie sich dann schlafen, meditieren Sie, machen Sie Körperübungen, oder lenken Sie sich einfach irgendwie ab – später stellen sich hilfreiche Einfälle dann häufig spontan ein.
2. Transferieren Sie einen kreativen Prozeß aus anderen Bereichen Ihres Lebens.
3. Probieren Sie die Strategien anderer Menschen aus.

Eine Frage, die im Zusammenhang mit der Weiterentwicklung von Kreativität häufig gestellt wird, lautet: »Wenn ein Mensch, der seine Kreativität verbessern möchte, Schwierigkeiten hat, versuchen Sie dann, seine Stärken zu verstärken, oder versuchen Sie, an der Verringerung seiner Schwächen zu arbeiten?«

Eine Methode besteht darin, an die Stärken zu appellieren: »Welches Repräsentationssystem hat diese Person am stärksten entwickelt? Wie kann ich auf jener bereits existierenden Stärke aufbauen?« Die andere Methode besteht darin, daß man versucht, das System auszubauen, das bei der Person am wenigsten entwickelt ist. Dadurch werden manchmal die fruchtbarsten Ergebnisse erzielt.

Wenn Sie natürlich das Prinzip des *Pacing und Leading* anwenden, beschreiten Sie beide Wege. Sie benutzen die Stärken des Betreffenden, um seine Schwächen zu verringern. Sie borgen eine kreative Strategie aus einem Lebensbereich der Person und wenden sie kreativ in einem anderen Bereich an. Dieser Prozeß wird im NLP »Utilisation« genannt. Ein effektiver Prozeß aus einem bestimmten Kontext wird »utilisiert« (genutzt), um einen ineffektiven Prozeß in einem anderen Kontext zu bereichern oder zu erweitern.

T.O.T.E.-Utilisationsprozeß

Eine der grundlegendsten Utilisationsmethoden besteht darin, die vier Elemente der T.O.T.E.-Schleife für die effektiven und die ineffektiven Strategien zu elizitieren und sie miteinander zu vergleichen, um die entscheidenden Unterschiede zwischen ihnen herauszufinden. Die effektive Strategie kann auf zwei Weisen utilisiert werden, die ineffektive Strategie zu verbessern und anzureichern:

1. durch Ersetzen der Elemente der ineffektiven T.O.T.E. durch die entsprechenden Elemente der effektiven T.O.T.E. oder
2. durch Hinzufügen der Elemente der effektiven T.O.T.E. zu denjenigen der ineffektiven T.O.T.E.

Das folgende Diagramm zeigt zwei gegensätzliche T.O.T.E.s für Kontexte, in denen Kommunikation eine Rolle spielt. Das Diagramm ist von einer kreativen Lehrerin ausgefüllt worden, die in einen Zustand des Festgefahrenseins gerät, wenn sie eine Aufgabe an jemanden delegieren muß. Wie Sie erkennen werden, unterscheiden sich die beiden Strategien in einigen wichtigen und signifikanten Punkten.

	z.B. Unterrichten	z.B. Delegieren
	effektiver Kontext	ineffektiver Kontext
Welche Ziele verfolgen Sie?	Wissen mit anderen austauschen und Freude daran haben.	Dafür sorgen, daß etwas auf die richtige Weise getan wird.
Woran erkennen Sie, ob Sie Ihre Ziele erreichen?	Am Gesichtsausdruck der anderen Menschen und an meinen eigenen Gefühlen.	Am Endergebnis der Aufgabe.
Was tun Sie, um Ihre Ziele zu erreichen?	Viele Beispiele und Bilder benutzen.	Anweisungen deutlich erklären.
Was tun Sie, wenn Sie Ihre Ziele nicht zu Ihrer Zufriedenheit erreichen?	Das gleiche mit anderen Worten wiederholen. Versuchen, die Zuhörer in einen aufnahmebereiteren Zustand zu versetzen.	Wütend werden.

Abbildung 4.10.: Beispiel für Vergleich von T.O.T.E.s für Kommunikationssituationen

Statt die einschränkende Strategie als »schlecht« oder »falsch« zu beurteilen und als etwas, das man tunlichst vermeiden sollte, baten wir diese Lehrerin, einfach die Elemente ihrer Lehr-T.O.T.E. mit ihrem Delegationsprozeß zu verbinden. Wir fragten sie:

❑ Wenn Sie delegieren, können Sie dann Ihre Ziele so setzen, daß die Arbeit schnell getan ist *und* Sie dabei Wissen und Spaß mit anderen teilen?
❑ Können Sie das Ergebnis der Aufgabe *und* den Gesichtsausdruck der Leute und Ihre eigenen Gefühle beim Ausführen der Ausgabe als Evidenz dafür benutzen, daß Sie Ihre Ziele hinsichtlich der Delegation erreichen?
❑ Können Sie Anweisungen verständlich erklären *und* dabei Beispiele und Bilder benutzen?
❑ Wenn die Ziele der Delegation nicht auf befriedigende Weise erreicht werden, können Sie dann *Wahlmöglichkeiten hinzufügen*, indem Sie die gleichen Anweisungen mit anderen Worten zum Ausdruck bringen und versuchen, die Person, an die Sie delegieren, in einen aufnahmebereiteren Zustand zu versetzen, als Alternative zum Wütendwerden?

Um die effektive Strategie an den neuen Kontext anzupassen, müssen oft ein paar Änderungen vorgenommen werden. Manchmal erfordert dies ein wenig Kreativität. Aber oft ist es sehr einfach zu bewerkstelligen.

Übung: Transferieren einer effektiven T.O.T.E.

Als Übung in Utilisation sollen Sie nun das folgende Diagramm für einen Kontext ausfüllen, in dem Sie in der Lage waren, auf effektive Weise kreativ zu sein, sowie für einen anderen Kontext, in dem Sie häufig in Zustände der Stagnation oder Inflexibilität verfallen.

Vergleichen Sie die verschiedenen Antworten, die Sie in bezug auf die beiden Strategien geben. Wie könnten Sie den ineffektiven Kontext bereichern, indem Sie Elemente der kreativen T.O.T.E. hinzufügen?.

Der Realist 179

	effektiver Kontext	ineffektiver Kontext
Welche Ziele verfolgen Sie?		
Woran erkennen Sie, ob Sie Ihre Ziele erreichen?		
Was tun Sie, um Ihre Ziele zu erreichen?		
Was tun Sie, wenn Sie Ihre Ziele nicht zu Ihrer Zufriedenheit erreichen?		

Abbildung 4.11.: T.O.T.E.-Utilisationsdiagramm

Demonstration des T.O.T.E.-Utilisationsprozesses

RBD: Also, C., in welchem Kontext sind Sie in der Lage, auf effektive Weise kreativ zu sein?

C: Wenn ich eine Präsentation mache – in einem Trainingsprogramm zum Beispiel.

RBD: In welchem Kontext würden Sie gerne Ihre kreativen Fähigkeiten verbessern?

C: Beim Verkaufen meiner Präsentationen.

RBD: Gut, beim Verkaufen Ihrer Präsentationen. Das sollte interessant werden! Zunächst möchte ich, daß Sie untersuchen, wie es ist, wenn Sie etwas präsentieren, und daß Sie sich vorstellen, Sie täten dies gerade. Was sind Ihre Ziele?

C: Das Know-how meiner Kunden zu verbessern. Darauf läuft es im Grunde hinaus.

RBD: Gut, kommen Sie aus dem wieder heraus. Kommen Sie hier her, und treten Sie in den Prozeß des »Zu-verkaufen-Versuchens« ein. Was sind Ihre Ziele?

C: Zu verkaufen und sie dazu zu bringen zu bezahlen!

RBD: Okay. Hier haben wir es mit einem interessanten Unterschied hinsichtlich der Ziele zu tun! Eine der Interventionen, über die Sie schon anfangen können nachzudenken, ist, daß Sie sich vorstellen, an das Verkaufen genauso heranzugehen, als handle es sich darum, das Wissen Ihrer Kunden über Ihr Produkt zu vergrößern.

Wer sagt, daß das Verkaufen etwas damit zu tun haben muß, Menschen dazu zu bringen, ihr Geld herzugeben? Verkaufen könnte auch bedeuten, daß man ihnen das Know-how gibt, mit dessen Hilfe sie die Entscheidung treffen können.

Kehren wir für einen Augenblick zur effektiven Präsentation zurück. Woran erkennen Sie, ob Sie bei einer Präsentation das Wissen der Kunden vergrößern? Sehen Sie irgend etwas in ihren Gesichtern, hören Sie irgend etwas aus ihren Stimmen heraus?

C: Ja, da ist all das, was Sie erwähnt haben, und vielleicht sind da auch noch ein paar konkretere Tests, etwa in Form von Übungen.

RBD: Dann haben Sie also eine Aktivität. Was tun Sie dann? Woran erkennen Sie während der Aktivität etwas?

C: Danach. Ich sehe es an einem bestimmten Ausdruck auf ihrem Gesicht, während ich spreche. Und sie machen inhaltsreichere Vorschläge und stellen bessere Fragen.

RBD: Dann ist das eine der Ausdruck auf ihren Gesichtern, und das andere hat irgend etwas mit dem Inhalt dessen zu tun, was sie sagen. Sie machen eine Übung, und Sie hören auf inhaltsreichere Fragen und Vorschläge.

Wenden wir uns nun wieder dem ineffektiven Verkaufsprozeß zu. Woran erkennen Sie, daß es Ihnen gelingen wird, Kunden dazu zu bringen, zu zahlen?

C: Das ist wahrscheinlich der Punkt, wo ich Probleme habe. Wenn sie zahlen, glaube ich.

RBD: Die einzige Evidenz kommt hier vom Ergebnis, also der Zeitpunkt, wenn alles vorüber ist; beim Prozeß effektiver Kreativität hingegen wird die Evidenz während des Prozesses kontinuierlich gewonnen.

Wir wollen uns nun einige Ihrer Operationen anschauen. Was tun Sie, um das Wissen der Kunden zu vermehren, jene Art von Ausdruck auf ihre Gesichter zu zaubern und jene inhaltsreicheren Vorschläge und Fragen aus ihnen herauszulocken?

C: Ich achte sehr genau auf ihre Sprache, auf ihr Repräsentationssystem. Zunächst sammle ich so viel Information wie möglich darüber, wer sie sind,

Der Realist

und dann versuche ich, meine Aktivitäten mit ihrer Weltsicht in Einklang zu bringen.
RBD: Was tun Sie, wenn Sie während einer Präsentation in Schwierigkeiten kommen, wenn es so aussieht, als ob die Sache nicht gut läuft?
C: Ich glaube, daß dann meine Analyse falsch war; deshalb versuche ich, meine Analyse ihres Weltbildes zu korrigieren.
RBD: Wir haben es hier mit ein paar grundlegenden, einfachen Dingen zu tun.

❏ Ich achte auf ihre Sprache (ihre sprachlichen Äußerungen),
❏ finde heraus, wer sie sind und wie sie die Welt sehen,
❏ versuche, mein Handeln so abzustimmen, daß es mit ihrem Modell von der Welt übereinstimmt,
❏ und wenn ich Probleme habe, sammle ich mehr Informationen, um mein Verständnis von ihren Weltmodellen zu korrigieren.

Was tun Sie, wenn Sie versuchen, jemandem eine Präsentation zu verkaufen?
C: Das gleiche, aber vielleicht glaube ich, daß ich mich nicht so lange damit aufhalten kann.
RBD: Achten Sie dann auch darauf, wie sie sich sprachlich äußern?
C: Ja.
RBD: Und versuchen Sie herauszufinden, wer die Kunden sind, damit Sie Ihre Handlungen auf deren Modell von der Welt abstimmen können? Und wenn Sie in Schwierigkeiten sind, gehen Sie dann ein paar Schritte zurück und sagen: »Oh, wahrscheinlich habe ich ihr Modell von der Welt mißverstanden.«? Oder sagen Sie einfach: »Oh nein!«?
C: Das ist es. Vielleicht glaube ich, daß ich nicht genügend Zeit habe und daß ich ihre Zeit nicht vergeuden sollte.
RBD: Dann gehen Sie also nicht zurück?
C: Nicht so gut, wie ich es eigentlich tun sollte.
RBD: Das heißt, wenn Sie das Ziel nicht erreichen, geben Sie einfach auf. Ihre grundlegenden operativen Schritte sind zwar die gleichen, aber Ihre Reaktionen auf Widerstand ist anders. Sie haben erwähnt, daß da eine Art Glaubenssatz auftaucht, der wahrscheinlich einer der Gründe dafür ist, daß Sie beim Verkaufen nicht so effektiv sind wie im Kontext der Präsentation.

	effektiver Kontext	ineffektiver Kontext
Welche Ziele verfolgen Sie?	Das Know-how der Kunden zu verbessern.	Leuten etwas zu verkaufen und sie dazu zu bringen, zu bezahlen.
Woran erkennen Sie, ob Sie Ihre Ziele erreichen?	Am Ausdruck auf ihren Gesichtern. An detaillierteren Vorschlägen und Fragen.	Daran, daß sie bezahlen.
Was tun Sie, um Ihre Ziele zu erreichen?	Auf die sprachlichen Äußerungen achten; etwas über die Weltsicht der Kunden herausfinden. Meine Handlungen so abstimmen, daß sie ihrem Modell von der Welt entsprechen.	Auf die sprachlichen Äußerungen achten; etwas über die Weltsicht der Kunden herausfinden. Meine Handlungen so abstimmen, daß sie ihrem Modell von der Welt entsprechen.
Was tun Sie, wenn Sie Ihre Ziele nicht zu Ihrer Zufriedenheit erreichen?	Zurückgehen, um mehr Information über ihre Weltsicht zu sammeln.	Ich entwickle das Gefühl, daß ich ihnen nicht ihre Zeit stehlen sollte.

Abbildung 4.12.: Vergleich von C.s effektiven und ineffektiven T.O.T.E.s

(RBD:) Aber es gibt auch noch andere Unterschiede zwischen den beiden T.O.T.E.s. Bei der ineffektiven T.O.T.E.-Schleife benutzen Sie im Prinzip die gleiche Operation, haben aber keine fortlaufende Evidenz und ein anderes Ziel. Das ist ungefähr so, als würden Sie sagen. »Heh, dieser Prozeß funktioniert bei Präsentationen so gut, daß ich ihn auch in dieser anderen Situation verwenden will, wo ich über keine Evidenz verfüge und wo das Ziel ein völlig anderes ist. Warum funktioniert das nur nicht?«

Worauf ich hinaus will ist: Die Tatsache, daß Sie das gleiche tun, ist irrelevant, wenn Sie keine adäquate Führung auf der Ebene oberhalb der T.O.T.E. haben. Das gleiche Verhalten aufgrund einer anderen Gruppe von Werten auszuführen, führt zu einem völlig anderen Ergebnis.

Es ist etwas anderes, ob Sie den sprachlichen Äußerungen von jemandem zuhören, um ihm Ihre Freundschaft zu zeigen und Rapport zu ihm herzustellen, oder ob Sie ihm zuhören, um ihn dazu zu bringen, etwas zu tun, was Sie wollen. Eine effektive Strategie ist nicht nur eine Funktion des *Was* und *Wie*, sondern auch des *Warum*.

Außerdem erscheint mir als signifikant, daß Sie, obwohl Sie sagen, daß Sie glauben, Sie hätten nicht genug Zeit, trotzdem Ihre gesamte Verkaufspräsentation durchführen, bevor Sie überprüfen, ob das, was Sie tun, effektiv ist oder nicht. Das erscheint mir wie eine ungeheure Vergeudung der knappen Zeit, die Ihnen zur Verfügung steht. Wenn Sie das Know-how von Kunden verbessern, überprüfen Sie ständig die Effektivität Ihres Handelns. Wenn Sie sie nur einmal pro Stunde überprüfen, kann es drei Stunden dauern, bis sie besser wird. Wenn Sie sie hingegen einmal pro Minute überprüfen würden, könnten Sie in der verfügbaren Zeit möglicherweise wesentlich mehr erreichen. Wenn Sie Ihr Feedback so lange hinauszögern, wie Sie es bei Ihren Verkaufspräsentationen tun, können Sie nur ein Träumer oder ein Kritiker sein, jedoch kein Realist.

Wir wollen nun untersuchen, wie wir die Elemente Ihrer effektiven T.O.T.E. utilisieren (nutzen) können, um Ihr eigenes Know-how beim Verkaufen Ihrer Präsentationen zu verbessern.

Wenn Sie das Ziel, das Sie bei Präsentationen haben, in den Verkaufskontext übertragen würden, was würde dann passieren? Übrigens ist es nicht so, daß Sie das andere Ziel dadurch loswerden. Sie fügen das Ziel, das Know-how der Kunden zu verbessern, lediglich dem Verkaufsprozeß hinzu. Es geht keineswegs darum, entweder das Wissen dieser Leute zu verbessern *oder* Geld zu verdienen. Manche Leute glauben, es sei ein Widerspruch in sich, als Verkäufer eine ethische Haltung bewahren zu wollen. Das muß aber keineswegs so sein.

Wenn Sie sich in einen Verkaufskontext hineinbegeben und darüber nachdenken, wie Sie den Wissensstand Ihrer Kunden verbessern können – ihr Wissen über das, was Sie verkaufen wollen –, was verändert sich dadurch?

C: Zunächst einmal möchte ich sagen, daß mir in diesem Moment klar wird, daß alle Klienten, die zu mir in meine therapeutische Praxis gekommen sind, von anderen Therapeuten zu mir geschickt wurden, die mich hatten arbeiten sehen. Ich habe also getan, was Sie gerade gesagt haben.

RBD: Wie könnten Sie in gleicher Weise verfahren, um Ihre Trainings zu verkaufen? Vielleicht brauchen Sie den Verkauf ohnehin nicht sofort zu tätigen. Deshalb brauchen Sie sich keine Sorgen über Zeit zu machen. Sie wollen die Kunden nicht manipulieren. Sie wollen, daß sie gut beraten werden und dann selbständig zu einer angemessenen Entscheidung kommen. Und wenn sie diese Entscheidung ohne das Wissen, daß Sie ihnen vermitteln können, treffen, könnte das wesentlich nachteiliger für Sie sein, weil dies zu einer Enttäuschung führen könnte.

C: Ich weiß. Ich habe solche Fälle erlebt.

RBD: Ich meine, daß es zu Ihrem Besten ist, wenn Sie dieses Ziel einbeziehen. Versetzen Sie sich in eine jener Verkaufssituationen zurück, und stellen Sie sich einfach vor, daß Sie nicht nur versuchen, etwas zu verkaufen, sondern daß Sie den Kunden auch wichtiges Know-how vermitteln.

Okay. Nehmen wir uns auch die Evidenzprozedur einmal vor, die Sie benutzen, wenn Sie eine Präsentation in eine solche Verkaufssituation verwandeln. Wie würden Sie vorgehen und die Klienten in Aktivitäten einbeziehen, durch die Sie sie zu produktiveren Vorschlägen und Fragen anregen könnten? Die Klienten werden wahrscheinlich wesentlich eher geneigt sein, an einem Programm teilzunehmen, wenn ihnen klar ist, daß sie dadurch bereichert werden.

Nehmen Sie die gleiche Gruppe von Leuten, bei denen Sie Schwierigkeiten haben, ihnen etwas zu verkaufen, und stellen Sie sich vor, Sie würden sich ihre Gesichter anschauen, *während* Sie dabei sind, ihnen etwas zu verkaufen.

C: Die Fragen der Klienten beziehen sich auf den Inhalt dessen, was wir erforschen. Es ist völlig anders. Es macht sogar Spaß!

RBD: Und jetzt haben Sie die Gelegenheit, Schritte zurückzugehen, statt aufzugeben. Mit anderen Worten, Sie können wesentlich schneller feststellen, ob Sie die Weltsicht Ihrer Kunden richtig erfaßt haben.

Das ist also die Methode, mit deren Hilfe Sie innerhalb der nächsten fünf Jahre Ihre Verkäufe verdoppeln werden!

C: Danke.

RBD: Jede Form von Kommunikation ist einfach Kommunikation. Dies ist einer der Glaubenssätze, die ich bei kreativen Managern gefunden haben. Sie sagen, daß kein Unterschied zwischen Delegieren oder Verhandeln oder Überzeugen oder Lehren besteht. All dies ist Kommunikation. Der Unterschied zwischen Überzeugen und Lehren besteht nur in Ihrer inneren Landkarte, nicht darin, wie Sie interagieren. Die Prinzipien, die bewirken, daß Sie effektiv sind, sind in beiden Fällen die gleichen. Die gleichen Ziele, Evidenzen und Operationen sind in beiden Fällen effektiv.

Übung: Kooperatives Lernen

RBD: Effektive Strategien lassen sich zwischen zwei Menschen transferieren. So kann es beispielsweise sein, daß zwei Lehrer, zwei Musiker oder zwei Erfinder unterschiedliche Strategien anwenden, um die gleiche Aufgabe im gleichen Kontext zu lösen. Elizitieren und Mitteilen von Zielen, Evidenzprozeduren und Operationen können helfen, das Spektrum Ihrer kreativen Fähigkeiten zu erweitern und zu bereichern.

Suchen Sie sich einen Partner, und wählen Sie eine gemeinsame Aufgabe oder eine Situation, die Kreativität erfordert. Füllen Sie beide die T.O.T.E.-Information in dem Diagramm weiter unten aus, und vergleichen Sie Ihre Antworten, um Ähnlichkeiten und Unterschiede festzustellen. Stellen Sie sich vor, wie es wäre, wenn Sie die Operationen, Evidenzprozeduren und Ziele Ihres Partners Ihrer eigenen Strategie hinzufügen würden. Wie könnte das Ihre Herangehensweise an die Situation verändern oder bereichern?

Wer weiß, wie viele potentielle Einsteins dieses Buch lesen? Ganz gewiß sind die Gehirne aller Leser in der Lage, die Leistungen eines Einstein hervorzubringen. Ich glaube nicht, daß es ein Relativitäts-Gen gibt, das Einstein hatte und das Sie nicht haben. Indem wir diese Strategien miteinander teilen, können wir ihre Zahl zumindest um die Zahl der Leser dieses Buches vergrößern.

TE: In einem unserer Modelling-Workshops haben wir uns ungefähr fünf Tage mit diesem Thema befaßt. Wir nannten dies »Verhaltensweisen stehlen«. Sie stehlen die mentalen Prozesse anderer Menschen, nicht nur diejenigen, die für die Kreativität wichtig sind, sondern einfach alle, die bei irgend etwas, das sie tun, eine Rolle spielen. Der mentale Prozeß, dessen Sie sich bedienen, um Ihr Leben zu bewältigen und um all die verschiedenen Dinge zu tun, die Sie tun, kann von anderen Menschen benutzt werden, um etwas zu tun, von dem Sie niemals geglaubt hätten, daß man es auf diese Weise tun könnte. Und ebenso können Sie auch die Prozesse des anderen benutzen. Das ist keineswegs auf den Bereich der Kreativität beschränkt.

Kontext: _____

	effektiver Kontext	ineffektiver Kontext
Welche Ziele verfolgen Sie?		
Woran erkennen Sie, ob Sie Ihre Ziele erreichen?		
Was tun Sie, um Ihre Ziele zu erreichen?		
Was tun Sie, wenn Sie Ihre Ziele nicht zu Ihrer Zufriedenheit erreichen?		

Abbildung 4.13.: Diagramm von T.O.T.E.s für kooperatives Lernen

Übung: Utilisation des R.O.L.E.-Modells

RBD: Sie können die Tiefe und Präzision des T.O.T.E.-Utilisationsprozesses erweitern, indem Sie Ihrer Elizitation die anderen Elemente des R.O.L.E.-Modells hinzufügen, die wir erforscht haben. Zum Beispiel können Sie die Spezifikation der Physiologie, der Repräsentationssysteme und der Submodalitäten einbeziehen. Wegen der Notwendigkeit physiologischer Beobachtungen führt man diese Übung am besten zusammen mit einem Partner aus.

Wir haben oft festgestellt, daß es beim Vergleichen der beiden Kontexte und Strategien hilfreich ist, die beiden Zustände räumlich voneinander zu trennen, indem man sie buchstäblich an verschiedenen Orten lokalisiert. Das bedeutet, daß man sich tatsächlich jeweils an einen anderen Platz im Raum begibt, während man über die beiden Situationen nachdenkt. Dieses physische Auseinanderhalten verhindert auch, daß die beiden Zustände einander überschneiden oder sich vermischen, bevor Sie dazu bereit sind.

Hilfreich ist auch, das zu etablieren, was wir im NLP als *Meta-Position* bezeichnen. Eine Meta-Position ist eine reale geographische Position, die sich von den beiden Positionen der Zustände unterscheidet, die Sie untersuchen – ein Ort, an dem Sie über beide nachdenken können, ohne in sie verwickelt oder mit ihnen assoziiert zu sein. Wenn Sie die beiden Erfahrungen auf Unterschiede und Ähnlichkeiten hin vergleichen, so tun Sie dies am besten von der Meta-Position aus.

Die Schritte zum Utilisationsprozeß des R.O.L.E.-Modells ähneln denjenigen, die zur T.O.T.E.-Utilisation führen, doch muß man dabei ein wenig mehr ins Detail gehen.

1. Wählen Sie einen **spezifischen Standort** irgendwo vor Ihnen rechts. Begeben Sie sich dorthin, assoziieren Sie sich in die Erfahrung, in der Sie in der Lage waren, auf effektive Weise kreativ zu sein, und **durchleben** Sie diese Situation innerlich erneut.

    Der Beobachter sollte dabei alle signifikanten physischen Hinweise notieren, die mit der Erfahrung assoziiert sind (d.h. Haltung, Augenbewegungen und Gesten).

2. Manchmal ist es hilfreich, ein oder zwei weitere Beispiele für die effektive Strategie wiederzuerleben. Behalten Sie, während Sie alle Ressource-Erfahrungen wiedererleben, den **gleichen** Standort bei.

Der Beobachter sollte unterdessen darauf achten, ob Ähnlichkeiten oder Muster in den physischen Hinweisen auftauchen, die sich bei allen kreativen Beispielen wiederholen.

3. Identifizieren Sie eine vergangene oder gegenwärtige Situation, in der Sie kreativer oder flexibler sein möchten, jedoch Schwierigkeiten damit haben. Wählen Sie einen **ANDEREN Standort** als den, an dem Sie Ihre Beispielsituation für Kreativität wiedererlebt haben, assoziieren Sie sich dort in jene Erfahrung, und erleben Sie sie innerlich wieder.

Der Beobachter soll in diesem Fall auf die **signifikantesten Unterschiede** zwischen der Physiologie, die mit der Problemsituation assoziiert ist, und der Physiologie, die mit den effektiv kreativen Situationen verbunden ist, achten.

4. Vergleichen Sie die problematische Situation und die kreativen Situationen von einer **Meta-Position** aus, und stellen Sie fest, worin sich beide hinsichtlich Elemente des R.O.L.E.-Modells (Repräsentationssysteme, Submodalitäten, Synästhesien usw.) unterscheiden. Achten Sie dabei insbesondere auf Unterschiede hinsichtlich der grundlegenden T.O.T.E.-Funktionen – wie das Ziel repräsentiert und evaluiert wird und welche Wahlmöglichkeiten und Operationen benutzt werden, wenn das Ziel nicht erreicht wird.

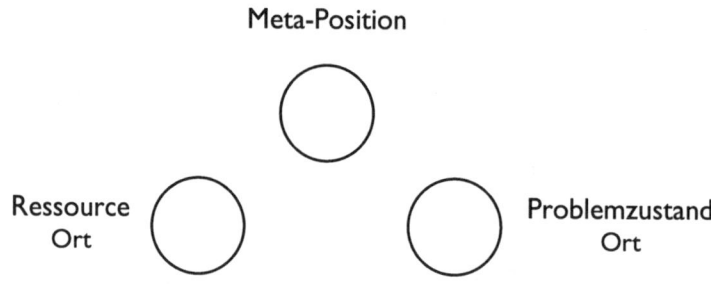

Abbildung 4.14.: Standorte für den Utilisationsprozeß des R.O.L.E.-Modells

5. **Transferieren** Sie die Schlüsselelemente Ihrer Kreativitätsstrategie, indem Sie sich an den Standort der Kreativität begeben und auf die physischen und mentalen Muster fokussieren, die Sie mit Hilfe Ihrer Analyse von der Meta-Position aus entdeckt haben. Das heißt: Denken Sie an die Körperhaltung, die Zugangsmuster, die Submodalitäten, die T.O.T.E.-Elemente usw. der kreativen

Der Realist

Ressource. Kehren Sie anschließend wieder an den Standort des Problemzustandes zurück, und fügen Sie diese Elemente Ihrer Erfahrung des Problems hinzu.

Finden Sie heraus, wie Sie Ihre effektive kreative Strategie Ihrem Problem-Kontext hinzufügen können. Dies allein erfordert manchmal schon ein ziemliches Maß an Kreativität. Wenn Sie Schwierigkeiten haben, können Sie stets in die Meta-Position zurückkehren, um eine distanziertere oder umfassendere Perspektive zu erlangen.

Das folgende Transkript zeigt, wie eine Kreativitätsstrategie elizitiert und auf eine problematische Situation transferiert werden kann. Obgleich der Prozeß, dem das Transkript folgt, nicht genau den Schritten der Übung entspricht, veranschaulicht dieses Interview doch einige Möglichkeiten, Elemente einer Strategie von einem Kontext in einen anderen zu transferieren. Außerdem bietet es weitere faszinierende Einblicke in das Wesen der Kreativität.

Interview mit dem Erfinder Lowell Noble vom 18. März 1983

RBD: Ich werde Ihnen ein paar Fragen über Situationen stellen, in denen Sie kreativ waren, und wir werden versuchen herauszufinden, ob sich darin irgendwelche Muster erkennen lassen. Sie sind ein erfolgreicher Erfinder und haben eine Reihe von Patenten im Bereich der Elektronik angemeldet. Ist Kreativität für Sie ein bestimmter Zustand, in den Sie sich hineinbegeben? Ist es für Sie etwas, das periodisch für eine kurze Zeitspanne eintritt, oder ist es etwas, in das Sie sich hineinarbeiten?

LOWELL: Gewöhnlich ist es ein Prozeß, der eintritt, nachdem ich versucht habe, über etwas so intensiv wie möglich nachzudenken, und gewöhnlich ist er darauf ausgerichtet, die Lösung zu einem spezifischen Problem zu finden, oder darauf, daß ich irgendeine bestimmte Art von Ziel erreichen will. Es kann ein sehr langsamer Vorgang sein. Das eigentliche kreative Denken findet bei mir häufig zwischen 7.00 und 9.00 Uhr morgens im Bett statt, während ich flach auf dem Rücken liege. Aber gewöhnlich ist dem eine intensive Vorbereitung vorausgegangen, und ich habe mir vorher große Mengen von Informationen angeeignet. Über Nacht verdaue ich das Ganze, und am Morgen kommen mir dann die meisten produktiven Gedanken. Ich wache auf und bin gut geordnet.

RBD: Wenn Sie sagen, Sie seien gut geordnet, bedeutet das dann, daß Sie genau wissen, was Sie tun müssen? Bedeutet es, daß Sie ein visuelles Bild davon haben, wie alles zusammenpassen wird? Haben Sie eine Liste, einen Grundriß, ein Bild? Was genau ist da in Ihrem Geist entstanden?

LOWELL: Gewöhnlich verstehe ich jedes Problem in einem gewissen Sinne als mathematische Gleichung, und um eine Gleichung mit n Unbekannten lösen zu können, muß man auch n Variablen haben. Wenn man ein Experiment ausführen will, gibt es immer vier oder fünf Dinge, die man variieren will – man möchte visuell einen Knopf haben, an dem man drehen kann. Ob etwas gut geordnet ist,

Der Realist 191

erkenne ich daran, daß ich zu wissen glaube, was irgend etwas bewirken wird, und daß ich eine ausreichende Zahl von Variablen beeinflussen kann, möglichst diejenigen, die die stärkste Wirkung haben werden.

RBD: Ich habe bemerkt, daß Ihre Augen nach oben und links gegangen sind, als Sie sagten, daß Sie die Kette von Ursachen und Wirkungen zwischen diesen Variablen gesehen haben. Wenn Sie an diesen Zusammenhang denken, erzeugen Sie dann in Ihrem Geist ein visuelles Bild von den Variablen?

LOWELL: Ja, oft ist es visuell. Ich ziehe es vor, Dinge zu visualisieren. Zum Beispiel visualisiere ich eine Versuchsanordnung, bevor ich weiß, ob ich den Versuch überhaupt ausführen kann. Visuell kann man alles kontrollieren.

RBD: Das heißt, wenn Sie bestimmte Kontrollmöglichkeiten visualisieren, dann denken Sie vorher nicht darüber nach, ob Sie dies tatsächlich möglich machen können oder nicht? Sie stellen sich einfach visuell vor, wie das Experiment aussehen würde. Wenn ich es richtig verstehe, ist da noch kein Filter im Spiel, und Sie beabsichtigen lediglich, das Ganze als mentales Gebilde zu erzeugen.

LOWELL: Manchmal ist es nicht möglich, alles so zu kontrollieren, wie man es gerne möchte. Aber in anderen Fällen kontrolliert ein Knopf auch zwei oder mehr Variablen.

RBD: Jetzt sprechen Sie über Knöpfe. Sehen Sie Knöpfe? Und geben Sie diesen Knöpfen eine Bezeichnung, etwas wie »das ist der Kontrollknopf für dies, und das ist der Kontrollknopf für jenes«?

LOWELL: Gewöhnlich habe ich eine Liste über die Knöpfe der Variablen. Wenn man zehn Knöpfe hat, versucht man, sie auf zwei oder drei zu reduzieren. Die andere Sache ist, daß man versucht, alles konzeptuell so weit wie möglich zu vereinfachen. Die Zahl der Knöpfe zu reduzieren, ist ein kritischer Punkt.

RBD: Ich würde gern über ein konkretes Beispiel sprechen. Könnten Sie das, was Sie soeben theoretisch erklärt haben, an einem praktischen Beispiel erläutern?

LOWELL: Ich habe vor kurzem ein dreidimensionales Display erfunden, das man mit einem Apple-Computer verbinden kann und dessen Funktion weder auf holographischen noch stereoskopischen Prinzipien beruht. Statt eines Flachbildschirms kann man auf diese Weise ein Bild erzeugen, das praktisch im Raum schwebt. Es ist ein verbreitetes Mißverständnis, daß man, um Dinge sehen zu können, eine Projektionsfläche bräuchte. Wenn man bestimmte Prinzipien der Optik anwendet, braucht man keine Projektionsfläche und kann dreidimensionale Bilder erzeugen.

RBD: Das klingt phantastisch! Haben Sie diese Konzeption entwickelt, um ein spezifisches Problem zu lösen?

LOWELL: Oh, ich hatte irgendwo eine Anzeige gesehen, in der es hieß, daß jemand genau so etwas entwickelt hätte und 220.000 Dollar dafür haben wollte. Und da sagte ich mir: »So ein Ding hätte ich auch gern. Aber es muß eine einfachere, leichtere Möglichkeit geben, es herzustellen.« Jemand hatte also ein Gerät erfunden, mit dessen Hilfe man Bilder erzeugen konnte, die frei im Raum schwebten. Aber meiner Einschätzung nach hatte der Betreffende eine sehr umständliche Methode dazu angewandt. Ich sagte mir also, daß es eine einfachere Möglichkeit geben müsse, dies zu schaffen, und daß ich dazu meinem Apple-Computer benutzen könnte.

RBD: Als Sie anfingen, dies zu visualisieren, wie sind Sie da vorgegangen? Haben Sie zunächst ein Bild vor sich gesehen, haben Sie vor Ihrem Inneren Auge eine Maschine gesehen?

LOWELL: Nein, ich las zunächst einmal verschiedene Dinge über Optik und darüber, was man in diesem Bereich machen kann. Ich hatte bereits gewisse Vorkenntnisse auf dem Gebiet der Optik; die Grundlagen waren mir schon vertraut. Ich versuchte also, dieses Wissen wieder zu aktivieren, denn ich hatte mich seit ungefähr zehn oder fünfzehn Jahren nicht mehr damit beschäftigt.

RBD: Ich möchte die Schritte bis zu diesem Punkt rekapitulieren. Es scheint mir fast so, als hätte jemand ein Bild in Ihren Geist befördert, indem er sagte: »Ich habe dieses großartige Gerät erfunden.« Und Sie hatten eine Art grundlegender Vorstellung von einem Bild, das vor einer Projektionsfläche frei im Raum schwebte. Das war also Ihr Ziel: keine Projektionsfläche, sondern nur ein frei im Raum schwebendes Bild. Sie würden erkennen, daß Sie Ihr Ziel erreicht hätten, wenn Sie etwas vor sich hätten, das in der Lage wäre, ein solches im Raum schwebendes Bild zu erzeugen.

Der Realist

LOWELL: Und zwar für weniger als 220.000 Dollar.

RBD: Es scheint ein wichtiger Bestandteil der Kreativität zu sein, daß man zunächst einmal ein solches Bild entwickelt. Ich würde dies als »Innovation« bezeichnen, was bedeutet, daß man sich etwas völlig Neues ausdenkt – beispielsweise daß man eine völlig neuartige Idee entwickelt oder, wie in Ihrem Falle, das Bild, das Sie zum Ausgangspunkt nehmen. Dies unterscheidet sich von dem, was ich als »Erfindung« bezeichnen würde, denn dabei handelt es sich um den Prozeß, daß man etwas dazu bringt, das zu tun, was man in jenem Bild sieht. Beide Prozesse sind jedoch gleichermaßen kreativ. Eine Idee zu entwickeln, die man zum Ausgangspunkt nimmt, ist das, was ich als Innovation bezeichne. Eine Erfindung hingegen beinhaltet: »Wie setze ich das jetzt praktisch um?«

LOWELL: Oft braucht man, um eine Innovation zu entwickeln, eine Art Vorlage, die dem nahekommt, was man selbst verwirklichen will.

RBD: Und nachdem Sie diesen äußeren Anstoß also bekommen haben, fangen Sie an, Informationen zu sammeln. Haben Sie die Informationen irgendwie gefiltert? Haben Sie nur nach einer bestimmten Art von Information gesucht?

LOWELL: Ich wußte, daß die Lösung irgend eine Art von Projektionssystem sein mußte. Ich mußte Licht in den Raum projizieren. Deshalb beschäftigte ich mich mit verschiedenen Arten von optischen Projektionssystemen.

RBD: Dann haben Sie sich also nicht einfach wahllos mit dem gesamten Bereich der Optik beschäftigt. Wahrscheinlich war ein großer Teil des Wissens in diesem Fachbereich für Sie uninteressant. Vermutlich gab es eine ganze Menge Dinge, die Sie nicht zu wissen brauchten. Es gibt immer eine Menge nutzloser Informationen, und es gibt auch Falschinformationen. Jemand könnte gesagt haben, es sei unmöglich, so etwas zu bauen.

LOWELL: Ja, alle sagten ständig: »Du brauchst eine Projektionsfläche.« Das ist meiner Meinung nach eine Falschinformation, aber die Ansicht ist sehr weit verbreitet.

RBD: Es gab also eine Sache, mit der Sie sich an die Arbeit gemacht haben, die Überzeugung, daß Sie eine Möglichkeit finden würden, ohne Projektionsfläche auszukommen. Und obwohl Sie vielleicht gelesen hatten, daß dies nicht möglich sei, wurde dies im Laufe des Prozesses herausgefiltert.

LOWELL: Ja, ich würde sagen, daß ich fest davon überzeugt war, daß dies nicht wahr sei. Was mich anspornte, war, daß jemand gesagt hatte, er könne im Raum schwebende Bilder erzeugen. Das widerspricht der allgemeinen Vorstellung, daß man eine Projektionsfläche benötigt, um Bilder zu erzeugen. Ich fragte mich also: »Brauchst du wirklich eine Projektionsfläche? Natürlich brauchst du keine. Du siehst ständig Dinge, und es ist keine Projektionsfläche vorhanden. Aber wenn du keine Projektionsfläche brauchst, was für einen anderen Mechanismus benutzt du dann, um ein Lichtbild im Raum zu fokussieren?«

Der nächste Gedanke ist dann: »Wie sieht man Dinge?« Und die Antwort lautet, daß man Dinge aufgrund der Lichtstrahlen sieht, die ins Auge fallen. Folglich braucht man lediglich den Winkel zu beeinflussen, in dem die Strahlen ins Auge fallen. Das ist mein Ansatz. Der entscheidende Punkt war die Art, wie man Dinge anschaut und wie man sie visualisiert. Wenn man etwas sieht, dann sieht man mehr auf die Richtung der Strahlen als auf die Richtung der Projektionsfläche oder die der Reflexion. Die Information, nach der ich suchte, bezieht sich darauf, wie man real-physikalisch die Richtung der Lichtstrahlen beeinflussen kann. Und genau das habe ich getan. Es geht um Brechung, Linsen und Spiegel.

RBD: Nachdem Sie also das Bild im Geist vor sich sahen, fingen Sie an, eine Vorstellung davon zu entwickeln: »Wie wird dieses Bild dort erscheinen? Auf welche Weise werde ich es wahrnehmen können?« Letztlich kreist sich alles darum, wie die Lichtstrahlen ins Auge fallen.

LOWELL: So ist es. Man kann sämtliche optischen Spezialitäten vergessen. Man braucht sich nur mit dem Winkel zu beschäftigen, in dem die Strahlen auf die Linsen des Auges fallen.

RBD: Dann haben Sie sich also zuerst um die Richtung der Lichtstrahlen gekümmert. Was war der nächste Schritt?

Lowell: Ich beschäftigte mich damit, wie Linsen funktionieren und wie sie in Projektionssystemen eingesetzt werden. Ich untersuchte hauptsächlich Systeme, mit denen man in Bars Videos auf große Projektionsflächen projiziert, und die bestehen aus nichts weiter als aus einfachen Linsen, die überall erhältlich sind.

Der Realist

RBD: Sie mußten etwas finden, womit man den Einfallswinkel von Lichtstrahlen beeinflussen kann. Deshalb untersuchten Sie Systeme, die bereits zu diesem Zweck entwickelt worden waren. Sie wollten natürlich nicht »das Rad neu erfinden«, aber Sie wollten sich trotzdem nicht alles und jedes anschauen. Es scheint also, als hätten Sie einen Filter, der sagt: »Ich brauche mir außer diesen Dingen hier nicht noch mehr anzuschauen. Ich brauche nicht auf der ganzen Welt herumzusuchen. Das hier scheint auf simple Weise zu leisten, wonach ich suche.«

Welche anderen Kontrollknöpfe mußten Sie außerdem noch installieren?

LOWELL: Um die gleichen Dinge beeinflussen zu können, die man an einem Fernsehgerät beeinflussen kann, braucht man ein Fernsehgerät und alle damit verbundenen Schaltmöglichkeiten, und man braucht ein Projektionssystem, in dem sich gewöhnlich zwei Linsen befinden. Deshalb benötigt man Regler, um den Abstand zwischen dem Fernsehgerät und der ersten Linse, den Abstand zwischen der ersten Linse und der zweiten Linse, und den Abstand zwischen der zweiten Linse und dem entstehenden Bild zu kontrollieren. Und wenn man all dies verändern kann, kann man auch den Abstand nach dem Bild kontrollieren.

RBD: Sie haben also Knöpfe, um den Abstand zwischen den Linsen zu kontrollieren. Licht wird auf eine bestimmte Weise durch diese Linsen projiziert, und Sie können die verschiedenen Einfallswinkel des Lichts kontrollieren, das durch die Linsen fällt.

LOWELL: Man kann die Winkel physikalisch kontrollieren, indem man die Linsen vor- und zurückbewegt und all die erwähnten realen Abstände verändert. Es gibt drei Zwischenräume, die man verändern kann.

RBD: Sie bewegen also die Linsen mental vor und zurück, um herauszufinden, wie die Lichtstrahlen am Ende herauskommen. Sie haben dies in Ihrem Geist getan.

LOWELL: Klar, ohne Projektionsfläche.

RBD: Ich habe an Ihren Gesten gesehen, daß Sie den Fernseh-Bedienungsknopf und die anderen Knöpfe an einen bestimmten Ort befördert haben. War das Bild in Ihrem Geist dreidimensional? Haben Sie die Linsen von der Seite gesehen?

LOWELL: Wenn man sich mit Optik beschäftigt, stellt man sich Versuchsanordnungen normalerweise in Form einer optischen Bank vor. Diese ist so lang, daß man die einzelnen Elemente darauf vor und zurückschieben kann. Man hat eine Lichtquelle, die Linse und die Projektionsfläche. In diesem Fall wäre die Anordnung so, daß die Projektionsleinwand sich vor einem Fersehmonitor befände. Außerdem befänden sich noch zwei Linsen vor dem Projektor, und das Bild würde irgendwo vor ihnen im Raum schweben. Man müßte sich nun überlegen, wie man die einzelnen Linsen vor- oder zurückbewegen müßte. Im Geiste würde man sich dieses ganze optische System von oben gesehen vorstellen.

RBD: Sie haben sich das Ganze also von oben angeschaut statt von der Seite, so wie es normalerweise gemacht wird. Sie haben die Perspektive Ihres inneren Auges gedreht. Eine andere Perspektive hat Sie tatsächlich zu anderen Schlußfolgerungen geleitet.

LOWELL: Ich bin der Meinung, daß Menschen Dinge grundsätzlich aus einer der folgenden drei möglichen Perspektiven sehen: (1) aus der Perspektive, die ich als die des göttlichen Auges oder »Gottesperspektive« bezeichnen würde; das ist so, als würde man auf die Erde wie auf ein weit entferntes Objekt herabschauen. (2) Dann gibt es die Perspektive des Fahrers, in der man sieht, was man sehen würde, wenn man tatsächlich am Ziel angekommen wäre, so wie wenn man ein Auto fährt oder tatsächlich vor einer optischen Bank sitzt. (3) Und dann gibt es noch den »Blick über die rechte Schulter«, in der man sich selbst aus geringer Entfernung visualisiert, gewöhnlich ein wenig höher und dahinter. Dies sind drei grundlegende Arten, Systeme zu visualisieren. Beim Visualisieren eines ganzen Systems ist die »Gottesperspektive« die beste, die zweitbeste ist die »Fahrerperspektive«, und dann folgt die »Rechte-Schulter-Perspektive«.

RBD: Mir scheint, als würde jede dieser Perspektiven Ihnen eine andere Art von Information liefern.

LOWELL: Man erhält unterschiedliche Informationen, und man bekommt auch ein anderes Gefühl.

RBD: Wenn Sie das Bild in Ihrem Geist erzeugt haben, wie setzen Sie es dann in die Realität um? Woran erkennen Sie, wann Sie aufhören müssen, die Lösung einfach nur in Ihrem Geist zu entwickeln, wann Sie mit der Umsetzung anfangen müssen? Ich vermute, daß Sie nicht angefangen haben, konkret an der Entwicklung des Geräts zu arbeiten, bevor Sie sich innerlich ein Bild davon gemacht hatten, welche Dinge Sie dafür benötigten.

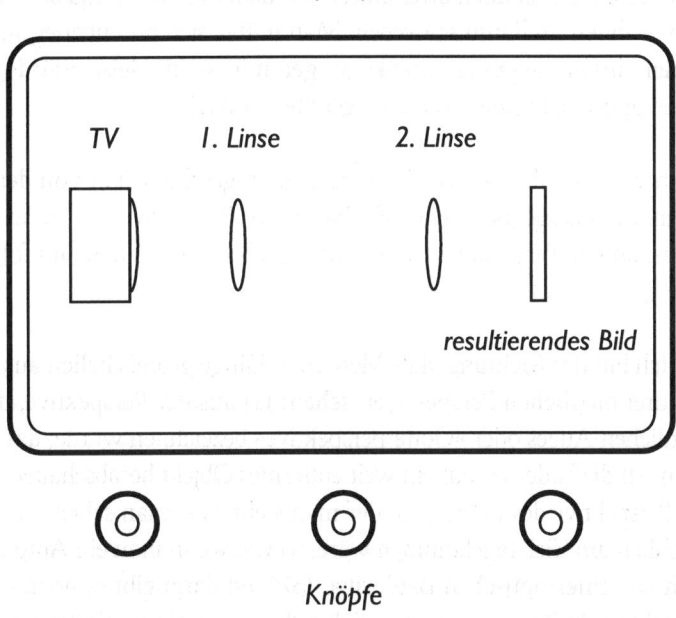

Abbildung 4.15.: Visualisieren der optischen Bank

LOWELL: Es gibt dabei keine scharfe Trennungslinie. Man fängt mit der Umsetzung an, sobald man glaubt, die Sache gut genug zu verstehen.

RBD: Woran erkennen Sie, ob Sie etwas gut genug verstehen?

LOWELL: Ich überlegte mir, wie viele Knöpfe ich benötigte, und es stellte sich heraus, daß ich drei brauchte, um die Linsen und die Abstände zu beeinflussen. Und ich sagte: »Okay, jetzt weiß ich ungefähr, was passieren wird, wie die Sache funktionieren wird. Gehen wir also an die Arbeit, besorgen wir uns ein paar Dinge, um das Ganze einmal auszuprobieren.« Zuerst suchte ich mir also zwei Linsen. Das einzige, was ich fand, waren die vergrößernden Brillengläser meiner Frau.

RBD: Ich habe ein paar unterschiedliche Augenbewegungen bei Ihnen beobachtet, und ich würde gerne herausfinden, was sie signalisieren. Ich vermute, daß der gesamte Prozeß, der sich für Sie abgespielt hat, nicht ausschließlich aus Bildern bestand.

LOWELL: Nein, viele mathematische Begriffe waren dabei im Spiel.

RBD: Haben Sie, als Sie dies getan haben, mit sich selbst gesprochen, oder haben Sie Gefühle über das gehabt, was Sie taten?

LOWELL: Ich vermute, daß ich versucht habe, das, was ich tat, zu ordnen, um sicher zu gehen, das ich an alles gedacht hatte.

RBD: Wie haben Sie das gemacht?

LOWELL: Als ich die gesamte Information zusammen hatte, legte ich mich ins Bett. Das mache ich immer so: Ich verschaffe mir so viel Information, wie ich nur kann, dann lege ich mich zum Schlafen hin, und am nächsten Morgen stehe ich wieder auf.

RBD: Sagen Sie vor dem Einschlafen irgend etwas zu sich selbst. Etwas wie: »Ich werde an diesem speziellen Problem arbeiten«?

Lowell: Gewöhnlich denke ich darüber nach. Man denkt viel darüber nach und versucht, es zu ordnen.

RBD: »Man denkt viel darüber nach« – was bedeutet das? Wie denken Sie über etwas nach? Wenn ich über Dinge so nachdenken würde, wie Sie es tun, würde ich mir dann Fragen dazu stellen, oder würde ich viele Bilder entwickeln, oder was sonst?

LOWELL: Nein, wahrscheinlich ist die Hälfte davon Sprache, und die andere Hälfte sind Bilder.

RBD: Welche Hälfte ist Sprache? Was machen Sie mit Sprache?

LOWELL: Sprache wären Konzepte, glaube ich, »Brennweiten« oder »virtuelle Bilder« oder »reale Bilder« – Wörter, die Konzepte verallgemeinern.

RBD: Wenn Sie von Konzepten sprechen, meinen Sie dann Wörter, die für eine bestimmte Art von Aktivität in Ihren Bildern stehen?

LOWELL: Das kann so sein, aber gewöhnlich sind Wörter für mich etwas, das sich nicht leicht visualisieren läßt. Ich versuche, Dinge so weit wie eben möglich in Form von Bildern vorzustellen. Aber wenn man sich etwas nicht bildlich vorstellen kann, braucht man Konzepte, die man verbal und in Form mathematischer Beziehungen formulieren muß.

RBD: Das heißt, wenn Sie etwas nicht visualisieren können, dann geben Sie ihm ein Etikett?

LOWELL: Richtig.

RBD: Dann haben Sie also Ihr Bild, und den Dingen, die Sie sich nicht bildlich vorstellen können, geben Sie einen Namen. Spielen auch irgendwelche Gefühle bei diesem Prozeß eine Rolle?

LOWELL: Ja, ich versuche zu fühlen oder zu visualisieren oder mir auszudenken, wie es wäre, wenn ich mich in der Situation befände. Wie es wäre, eine dreidimensionale Explosionsansicht des Endergebnisses zu sehen?

RBD: Gibt es, während Sie nach jenem Endergebnis Ausschau halten, einen Punkt, an dem Sie ein bestimmtes Gefühl bekommen, so ungefähr wie »Ah, das ist es, genau das brauche ich«?

LOWELL: Über welche Phase sprechen Sie? Der gesamte Prozeß besteht aus einer Folge kleiner Schritte.

RBD: Tauchen im Verlauf dieser kleinen Schritten Gefühle auf, die damit zu tun haben, wie weit Sie noch vom Endresultat entfernt sind?

LOWELL: Ich glaube schon. Wenn sich beim Ausführen dieser Schritte Verbesserungen einstellen, sieht man, daß die Sache besser aussieht. Damit meine ich nicht, daß man lediglich visualisiert, daß die Dinge besser aussehen. Es hat eher etwas mit der Qualität der Bilder zu tun, die man vor sich sieht. Sind diese realistisch, bewegen sie sich, sind sie farbig, wirken sie voll ausgeformt, oder sind sie weniger entwickelt?

RBD: Und das fühlt sich anders an, als wenn sie es nicht wären?

LOWELL: Ganz sicher. Wenn man so etwas zum Abschluß bringen will, versucht man, ständig Fortschritte zu erzielen und dem gesetzten Ziel ständig näherzukommen. Man weiß nie, wie lange man brauchen wird, um dort anzukommen, aber solange man sich bewegt, solange man Fortschritte macht, ist es befriedigend.

RBD: Gab es irgend einen Punkt, an dem Sie das Gefühl hatten, Ihr angestrebtes Ziel in zufriedenstellender Weise erreicht zu haben?

LOWELL: In der Realität oder als Visualisation? Zuerst habe ich es in Form einer Visualisation geschafft. Ich war mir sicher, daß ich es schaffen könnte, und mir war klar, was für eine Art von Bild ich wirklich haben wollte. Aber nachdem ich die Geräte aufgebaut hatte, passierte ungefähr zwei Wochen lang gar nichts. Und dann geschah etwas Erstaunliches. Meine Frau kam eines Tages zu mir und fragte mich: »Was ist das für ein Bild, das da im Raum schwebt?« Ich konnte das Bild nicht sehen. Und das war nun wirklich unglaublich. Ich hatte mein Ziel erreicht, konnte aber das Ergebnis selbst nicht sehen.

Jetzt kommen wir zum psychologischen Aspekt der Sache; wir haben es also nicht mehr mit den mechanischen Details zu tun. Menschen sind in sehr unterschiedlichem Maße in der Lage, Dinge in drei Dimensionen zu sehen. Ungefähr 20 Prozent der Gesamtbevölkerung ist nicht in der Lage, dreidimensional zu sehen. Wenn man das gleiche Objekt unterschiedlichen Menschen zeigt, können manche – mein Bruder zum Beispiel – das Objekt überhaupt nicht sehen. Er ist mein bester Kritiker. Wenn ich es schaffe, die Sache so hinzubekommen, daß *er* das Bild sehen kann, dann ist das der Beweis dafür, daß es wirklich eine großartige Lösung ist. Meiner Frau fällt es ziemlich leicht, Dinge im Raum schwebend zu sehen. Es bestehen ganz einfach Unterschiede hinsichtlich der Verbindung zwischen Auge und Gehirn bei verschiedenen Menschen.

RBD: Es wäre interessant zu erforschen, ob die Fähigkeit, Objekte äußerlich dreidimensional zu sehen, in einer Korrelation zu der Fähigkeit steht, innerlich dreidi-

Der Realist

mensional zu visualisieren. Wissen Sie zufällig, ob Ihr Bruder in der Lage ist, Objekte in drei Dimensionen zu visualisieren?

LOWELL: Ich glaube nicht, daß er das kann.

RBD: Ich habe gesehen, daß sich Ihre Augen zu verschiedenen Punkten hinbewegten, als Sie einige dieser Fragen beantworteten. Ich würde nun gerne ein wenig genauer untersuchen, wie Sie Ihre verschiedenen Sinne benutzen.

Ich habe zum Beispiel festgestellt, daß viele Menschen Wörter benutzen, wenn sie sich kritisieren, und nicht dazu, Dinge zu etikettieren, die sie nicht sehen können, was natürlich eine völlig andere Art ist, die innere Stimme zu benutzen. Wenn Sie beispielsweise etwas ausprobieren, und es stellt sich heraus, daß es nicht funktioniert, sagen Sie dann: »Oh, das war dumm«, oder »Du hast es schon wieder verpatzt, du Dummkopf« oder etwas ähnliches?

LOWELL: Ich fange einfach mit etwas anderem an. Wenn etwas nicht funktioniert, verändere ich den Versuchsaufbau und wiederhole den Versuch. Das ist eine Art Zwischenstufe – man tut etwas und dann etwas anderes. Deshalb ist die ideale Lösung ein Regelknopf. Wenn man alle Knöpfe unter Kontrolle hat, hat man die völlige Kontrolle über die Situation. Wenn es also nicht funktioniert, braucht man einen anderen Knopf oder etwas, worüber man die Kontrolle hat. Der Sinn des Knopfs ist, daß man die vollständige Kontrolle erlangt, damit man wirklich alles sehr schnell ausprobieren kann. Man muß die Versuche möglichst schnell durchführen, um zu sehen, was los ist, um mehr Information und mehr Feedback zu bekommen. Und dies geschieht kontinuierlich, also nicht in Intervallen.

RBD: Gibt es Situationen, in denen Sie gern kreativ sein würden, damit jedoch Schwierigkeiten haben? Situationen, in denen es zu nichts führt, sich einfach ins Bett zu legen und auf die Lösung zu warten?

LOWELL: Ganz sicher gibt es die, aber ich versuche, nicht darüber nachzudenken.

RBD: Sie konzentrieren sich also auf Ihre Erfolge statt auf die Fehlschläge. Das scheint mir eine gute Strategie zu sein. Aber ich möchte gerne genauer wissen, wie Sie mit Fehlschlägen und Zuständen des Blockiertseins umgehen, wenn Sie versuchen, kreativ zu sein. Gab es Situationen, in der Sie glaubten, alle notwendigen Informationen zu haben, und dann lagen Sie im Bett, und es klappte einfach nicht?

LOWELL: Ich sehe solche Situationen nicht als Fehlschläge an, sondern ich versuche Sie als Lösungen zu anderen Problemen zu kategorisieren, die sich mir noch nicht gestellt haben. Oft ist es so, daß man etwas ausprobiert, das bei irgend einer kleinen Sache sehr gut funktioniert, das aber die Probleme nicht löst. In solchen Fällen ist es besser, das Gefundene fürs erste zu speichern: Vielleicht ist es die Lösung zu einem Problem, auf das man später stößt.

RBD: Das heißt, wenn etwas nicht funktioniert, sehen Sie es als Lösung zu einem anderen Problem als demjenigen, an dessen Lösung Sie gerade arbeiten. Das ist eine großartige Idee.
Wir wollen nun dieses Beispiel für Kreativität mit einem Bereich vergleichen, in dem Sie nicht kreativ sind, um eventuelle Unterschiede herauszufinden. Gibt es in Ihrem Leben einen Bereich, in dem Sie nicht so kreativ zu sein vermögen, wie Sie es bei Ihren Erfindungen sind?

LOWELL: Wenn ich mit anderen Menschen kommuniziere, beispielsweise.

RBD: Okay. Wie denken Sie denn über das Kommunizieren? Wie kommt es, daß Sie, wenn Sie darüber nachdenken, nicht kreativ sein können? Denken Sie an eine spezifische Situation, in der Sie gern kreativ gewesen wären, in der Sie gern mehr Wahlmöglichkeiten bei der Kommunikation mit jemandem gehabt hätten, dies aber nicht der Fall war.

LOWELL: Ich denke nicht darüber nach, wie ich kreativ sein kann, wenn ich mir Gedanken über meine Kommunikation mit anderen Menschen mache.

RBD: Sie können sich also nicht einmal denken, wie Sie dabei kreativ sein könnten. Okay, was geht denn in Ihrem Geist vor, wenn es um die Kommunikation mit anderen Menschen geht?

LOWELL: Wahrscheinlich denke ich über den negativen Aspekt nach. Ich sage mir wahrscheinlich, daß ich darin nicht gut bin, vielleicht sogar ziemlich schlecht – aber ich mache mir nicht allzuviele Gedanken darüber.

RBD: Wo befindet sich in diesem Fall der Knopf?

LOWELL: Ich denke nicht in dieser Weise darüber nach.

Der Realist

RBD: Das glaube ich Ihnen. Wählen Sie eine Situation, in der Sie gern besser kommuniziert hätten, Ihnen dies jedoch nur leidlich gelungen ist.

LOWELL: Okay.

RBD: Ich habe bemerkt, daß sich Ihre Augen, während Sie daran dachten, nach unten links bewegt haben, statt oben zu bleiben, wo sie waren, als Sie über Kreativität nachgedacht haben.

LOWELL: Auch hier geht es wieder um verbale Dinge, eine Art Information niedrigeren Niveaus.

RBD: Wenn ich von diesem Glaubenssatz ausgehe und die »niedrige Position« Ihrer Augen einbeziehe, verstehe ich, warum Sie in diesem Bereich Schwierigkeiten haben, kreativ zu sein. Bei welcher Art von Dingen fällt es Ihnen gewöhnlich schwer, darüber zu kommunizieren?

LOWELL: Gewöhnlich dann, wenn es darum geht, ein Konzept zu vermitteln oder zu transferieren, ein visuelles oder wissenschaftliches Konzept.

RBD: Woran würden Sie erkennen, daß Ihnen dies gut gelungen ist?

LOWELL: Das ist ein Problem: Meistens muß man ein paar Fragen stellen. Meist geht es um wissenschaftliche Konzepte, und die beste Art herauszufinden, ob sie »angekommen« sind oder nicht, besteht darin, ein paar sehr spezifische Fragen zu stellen, was dann den Eindruck erwecken kann, daß man die Zuhörer für dumm hält, weil man so grundlegende Fragen stellt. Aber genau das ist es, was man wissen muß. Man muß ihnen Fragen stellen, um Antworten zu bekommen, denn nur so kann man erkennen, ob sie es verstanden haben.

RBD: Denken Sie an ein Konzept, bei dem es Ihnen schwerfallen würde, darüber zu kommunizieren.

LOWELL: Ich denke an ein bestimmtes Beispiel. Es wird *Reproduzierbarkeit* versus *Genauigkeit* bei der Determinierung eines mechanischen Teils genannt.

RBD: Ich würde jetzt gerne ein kleines Experiment durchführen, um herauszufinden, ob wir Ihre kreative Strategie nutzen können, um Ihnen zu helfen, den Zuhörern dieses Konzept verständlich darzulegen. Wären Sie daran interessiert?

LOWELL: Sicherlich.

RBD: Ich möchte, daß Sie nach oben schauen und versuchen, sich eine andere Möglichkeit vorzustellen, mit deren Hilfe sie erkennen könnten, ob das Publikum Sie verstanden hat, und zwar eine, bei der Sie nicht von der verbalen Wiedergabe des Inhalts der Theorie abhängig wären.

LOWELL: Man könnte zum Beispiel irgendeine Art von Witz zu machen, der das Verständnis jener Konzepte voraussetzen würde. Und wenn dann alle lachen, erhält man eine visuelle Reaktion.

RBD: Sehen Sie eine Möglichkeit, dies bei dem von Ihnen genannten Konzept so zu machen?

LOWELL: Das weiß ich nicht. Wir werden es ausprobieren – es könnte zwei Wochen dauern.

RBD: Mit welchen Variablen und Knöpfen haben wir es zu tun, wenn es darum geht, ob Ihre Zuhörer verstanden haben?

LOWELL: Wahrscheinlich sind es meine Erklärungen der Konzepte.

RBD: Okay. Sie haben also bestimmte verbale Beschreibungen, aber ich glaube, es werden auch Erfahrungen hinter jenen verbalen Beschreibungen stecken, die ebenfalls Einfluß darauf haben, ob Ihre Zuhörer etwas verstehen.

LOWELL: Gewöhnlich muß man eine Art von Erfahrung gemacht haben, die jeder Zuhörer selbst kennt oder zu der er eine Beziehung herstellen kann und die er dann benutzen kann, um die Situation zu verstehen; man muß mit den Konzepten auch ein konkretes Gefühl vermitteln.

RBD: Ein konkretes Gefühl. Können Sie visualisieren, was Sie allen diesen Menschen vermitteln wollen? Sie sagten, ein konkretes Beispiel mit einem dazugehöri-

Der Realist

gen konkreten Gefühl, das Sie benutzen werden, um diese Konzepte zu erklären. Wenn Sie nur drei Knöpfe visualisieren könnten, welche Variablen stünden Ihnen dann zur Verfügung, um diesen Leuten etwas zu erklären. Wenn Sie es ausprobieren würden, und es würde nicht funktionieren, was könnten Sie dann anders einstellen? Welche Faktoren könnten Sie verändern?

LOWELL: Ich glaube die Zahl der Beispiele. Da wir von zwei unterschiedlichen Konzepten sprechen, wären zwei Knöpfe belegt. Der dritte bliebe vielleicht für das Anführen eines Vorfalls, eines Elements oder eines weiteren Beispiels, in dem jeder das Erklärte als eine bekannte Erscheinung wiedererkennen würde.

RBD: Schauen Sie nach oben, und stellen Sie sich dies jetzt bildlich vor. Wenn Sie diese Begriffe erklären würden, wären Sie dann in der Lage, die Knöpfe richtig einzustellen und irgend etwas von der Information zu vermitteln?

LOWELL: Ich glaube ja.

RBD: Als Sie anfingen, mit Ihren Linsen zu arbeiten, als Sie genug davon hatten, nur über die Idee nachzudenken, fingen Sie an, sie auszuprobieren. Haben Sie momentan eine Idee stark genug präsent, um etwas ausprobieren zu können?

LOWELL: Ja, ich könnte etwas ausprobieren. In der Chemie oder in der Mechanik gibt es ein grundlegendes Konzept der Genauigkeit. Nehmen wir an, Sie machen etwas zwei Zoll lang, und Sie bestellen es und fertigen eine Zeichnung an, und dann ist da ein Maß auf der Zeichnung, das besagt: »zwei Zoll«, und dann heißt es plötzlich »plus oder minus 0,001« – das ist ein Tausendstel von einem Zoll. In der Zeichnung könnte auch vermerkt sein: »plus oder minus ein Zehntel von einem Zoll« oder ein Viertel von einem Zoll. Der Preis eines solchen Geräteteils hängt von der geforderten Genauigkeit ab, nicht davon, ob das Teil zwei oder drei Zoll groß ist.

Wenn Sie nun dieses Element in ein Gerät oder in eine Maschine einbauen, wollen Sie, daß es *akkurat* geschieht, aber noch wichtiger ist Ihnen, daß es *reproduzierbar* ist. Doch wenn jedes Exemplar der Lieferung 2,1 Zoll groß ist, können Sie den Rest des Geräts so anpassen, daß alles bestens funktioniert. Dann ist die Größe des Elements zwar nicht korrekt, aber da der Fehler bei allen Exemplaren exakt der gleiche ist, ist dies unproblematisch. Doch wenn die Teile zwischen 1,9 und 2,1 Zoll variieren, dann ist der Spielraum so groß, daß nichts wirklich gut funktioniert.

Es besteht also ein Unterschied zwischen der planmäßigen Genauigkeit von 2,0 Zoll, gemessen an einem Standardmaß oder einem Meßgerät, und der konkreten Reproduktion der Teile, welche die Frage aufwirft, ob alle Exemplare genau identisch sind. Und das ist ein wichtiger Punkt, wenn man sich bemüht, ein Gerät so zusammenzubauen, daß es funktioniert. Verstehen Sie alle, was ich gesagt habe?

MANN: Ich arbeite im Bereich des Flugzeugbaus, und ich habe bei diesen Erklärungen ein Flugzeug vor Augen gehabt. Das Flugzeug könnte einen Zoll länger ausfallen, weil alle Teile ein wenig länger sind.

RBD: Ein weiterer Regelknopf könnte das Ausmaß sein, in dem Sie Ihr Beispiel übertreiben. Beispielsweise könnten Sie von einer starken Veränderung der Länge des Flugzeuges sprechen, um zu demonstrieren, was Sie meinen.

LOWELL: Das spielt tatsächlich beim Autobau eine Rolle, wo man das Konzept der Akkumulation von Irrtümern kennt: Da gibt es all diese kleinen Einzelteile, die alle ein wenig von der Norm abweichen. Und wenn man sie zusammenbaut, so wie bei dem Flugzeug, wo es aufgrund einer Anhäufung von Ungenauigkeiten zu einer erheblichen Verlängerung der gesamten Maschine kommt, dann kommt man unter Umständen an einen Punkt, an dem das Gerät nicht mehr funktioniert. Deshalb versucht man zu vermeiden, daß sich die Irrtümer akkumulieren. Wir möchten dem Ideal so nahe wie möglich kommen. Aber wenn man alle Teile wirklich ganz genau produziert, dann schießen die Kosten ungeheuer in die Höhe. Ein Beispiel hierfür könnte ein Rolls Royce sein, bei dem die Vorgaben für jedes Einzelteil sehr genau sind, mit sehr engen Toleranzen. Diese Autos funktionieren alle, und sie halten fünfzig bis fünfundsiebzig Jahre. Der gegenteilige Fall ist ein Chevrolet oder ein anderes Auto, das wesentlich weniger als ein Rolls Royce kostet. Bei diesen Marken sind die Produktionsvorgaben sehr, sehr weit gesteckt. Und manche Exemplare dieser Modelle funktionieren wesentlich besser als andere, weil nicht alle besonders genau eingepaßt sind.

RBD: Ich bin mir sicher, daß jeder, der einen Chevy besitzt, ein sehr konkretes Gefühl dafür hat, wovon hier die Rede ist.

LOWELL: Wir beschäftigen einen Ingenieur für Mechanik, der vorher bei Ford beschäftigt war. Er hat uns geschildert, wie man dort mit diesem Problem umgeht. Die Vorgaben werden enorm weitgesteckt, und man nimmt in Kauf, daß ein oder

Der Realist 207

zwei Prozent der Motoren nicht funktionieren. Man baut die Teile also zusammen, und wenn dann ein Motor nicht funktioniert, demontiert man ihn wieder und wirft die Einzelteile wieder zurück in die Teilebehälter, so daß sie anschließend in anderer Kombination wieder zusammengebaut werden können. Die neu zusammengebauten Motoren funktionieren später ausgezeichnet, was damit zusammenhängt, daß es jetzt zu einer anderen Akkumulation von Variablen gekommen ist, die sich im Rahmen der vorgegebenen Toleranzen bewegt. (Lachen)

RBD: Sie haben dies also jetzt zu Ende erklärt, und alle haben gelacht. Sind Sie damit zufrieden, wie Ihr Publikum Sie verstanden hat?

LOWELL: Sehr zufrieden.

RBD: War dies anders für Sie, als Sie es normalerweise gemacht hätten?

LOWELL: Ja, wegen der Visualisation. Ich glaube nicht, daß ich das schon jemals vorher so gemacht habe.

RBD: Interessant erscheint mir, daß es manchmal sehr nützlich sein kann, Dinge zu visualisieren, die Sie normalerweise nicht visualisieren, auch wenn Ihnen zunächst unklar ist, wie das gehen sollen. Sie haben hier nur versucht, ein Bild zu entwickeln, und plötzlich sind Sie dadurch einen Riesenschritt weitergekommen.
   Ich habe auch festgestellt, daß die Verwendung von Analogien oft ein wichtiges Element der Kreativität ist. Zum Beispiel kann ich Ihnen vielleicht nicht genau erklären, was ein bestimmtes Konzept beinhaltet, aber wenn ich Ihnen eine Metapher geben würde (selbst wenn diese ein wenig »hinkt«), könnte es mir auf diese Weise vielleicht gelingen, das Bild oder das Gefühl oder die Klänge zu vermitteln, die Ihnen meinen Gedankengang klarmachen würden.
   Ihre existierende kreative Strategie hat es Ihnen immer ermöglicht, bestimmte Dinge wirklich gut zu machen. Indem Sie die Struktur dieser Strategie elizitieren, können Sie sie verallgemeinern und dadurch Ihre Kreativität in anderen Bereichen ebenfalls verbessern. Sie haben bisher über Kommunikation immer in einer bestimmten Weise nachgedacht; jetzt können Sie es anders machen. Tatsächlich ist ein wichtiger Teil der Kreativität die Fähigkeit, zwischen verschiedenen Denkmodi hin und herzuschalten. Es geht eigentlich nicht um eine einzige Strategie, sondern um die Fähigkeit, zwischen verschiedenen Strategien hin und herzuwechseln. Und jetzt verfügen Sie über eine Möglichkeit, wie Sie dies tun können.

Stellen Sie sich vor, was passieren würde, wenn Sie eine Nacht darüber schliefen.

Anmerkung: Kurz nach dieser Sitzung gelang es Mr. Noble, seine Idee so überzeugend zu vermitteln, daß er die Lizenz für seine Methode zur dreidimensionalen Bildprojektion für fünf Millionen Dollar verkaufen konnte.

New-Behavior-Generator: Entwickeln des Realisten

RBD: Einer der wichtigsten Prozesse der Kreativität ist der Weg von einem Traum oder einer Vision zur Aktion. Dies ist es, was die Funktion des »Realisten« ausmacht – den Traum oder die Vision zu manifestieren. Wir haben im NLP eine Art kreativer Allzweck-Strategie entwickelt, in deren Mittelpunkt dieser Prozeß des Übergangs von der Vision zur Aktion steht und die »New Behavior Generator« genannt wird. Die grundlegenden Schritte des New Behavior Generators wurden von John Grinder entwickelt. Ich habe dann dieses Grundmodell aufgrund einiger Elemente des R.O.L.E.-Modells, des T.O.T.E.-Modells und meiner Studien über Walt Disney verfeinert.

Der New Behavior Generator ist eine elegante Strategie, die auf fast jede Situation angewandt werden kann, bei der es um persönliche Flexibilität geht. Sie umfaßt viele der Prinzipien, die Lowell in seinem Interview erwähnt hat. Obgleich der Schwerpunkt dieser Strategie auf der Funktion des Realisten liegt – auf dem Generieren spezifischer Handlungen und Verhaltensweisen –, handelt es sich dabei um ein Zusammenspiel von Elementen des Träumers, des Realisten und des Kritikers. Die grundlegenden Schritte dieses Prozesses beinhalten, ein visuelles Bild von einem erwünschten Verhalten zu entwickeln (Träumer), sich auf der Gefühlsebene in dieses Bild kinästhetisch hineinzuassoziieren (Realist) und eventuell fehlende oder benötigte Elemente zu verbalisieren (Kritiker).

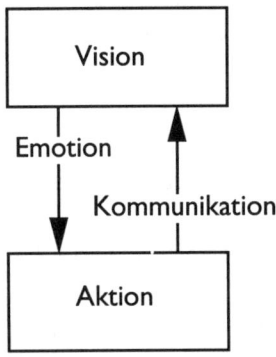

Abbildung 4.16.: Umfassende T.O.T.E. für den New Behavior Generator

New Behavior Generator-T.O.T.E.

Diese drei Schritte bilden eine Feedbackschleife, in welcher Vision und Aktion durch die vermittelnden Prozesse der Emotion und Kommunikation miteinander interagieren.

Um dies zu demonstrieren, möchte ich gerne jemanden durch die Schritte geleiten und dabei einige wichtige Elemente des T.O.T.E.- und des R.O.L.E.-Prozesses einbeziehen.

Ist hier jemand, der in irgendeinem Bereich mehr Flexibilität entwickeln möchte?

J: Ja, ich.
RBD: Okay, J., wir müssen mit einem Ziel anfangen. Vielleicht mit etwas, bei dem Sie versucht haben, kreativ zu sein, wobei Sie jedoch in eine Sackgasse geraten sind.
J: Ich möchte jemanden von seinem Selbstwert zu überzeugen können.
RBD: Ich kann mir vorstellen, warum Sie damit manchmal Schwierigkeiten haben. Es ist eine sehr allgemeine Zielaussage *(outcome statement)*.

Für den »Realisten« ist es unter anderem sehr wichtig, daß Sie eine Evidenz-Prozedur für Ihr Ergebnisse haben. Das heißt, Sie müssen auf irgendeine Weise erkennen, wann Sie das Ergebnis erreicht haben. Deshalb lautet meine erste Frage: »Woran würden Sie erkennen, ob Sie jemanden von seinem Selbstwert überzeugt haben?«
J: Daran, ob die betreffende Person Schritte unternommen hat, um sich ein Einkommen zu verschaffen.
RBD: Meinen Sie Geld?
J: Ja.
RBD: Dann gibt es also etwas, das Sie tatsächlich sehen würden?
J: Ja.
RBD: Haben Sie eine bestimmte Person vor Augen?
J: Ja.
RBD: Okay. (Zum Publikum) Der erste Schritt in dieser Strategie ist, eine Aussage über das Ziel zu erhalten und dann eine sensorisch begründete Evidenz festzulegen, die das Erreichen des Ziels anzeigt. Sie sollten in der Lage sein, etwas zu beschreiben, das das Erreichen des Ziels auf konkrete Weise zum

Der Realist 211

Ausdruck bringt. »Selbstwert« ist das Land des »Träumers«. Ein konkretes Einkommen – also Geld – ist das Land des »Realisten«. (Lachen)

(Zu J.) Ich möchte auch herausfinden, ob es etwas gibt, das Sie schon *jetzt* tun können und das dem von Ihnen angestrebten Ergebnis ähnlich ist. Lowell hat erwähnt, daß es nützlich sei, mit etwas zu beginnen, das den Zielen nahekomme, die man erreichen will. Gibt es irgend etwas, das Sie jetzt zu tun vermögen und das damit vergleichbar ist, jemanden von seinem Selbstwert zu überzeugen? Es muß etwas sein, womit Sie kreativ umgehen können und was Ihnen liegt. Gibt es einen Bereich in Ihrer Kommunikation mit anderen Menschen, in dem Sie diese leicht von etwas anderem als von ihrem Selbstwert überzeugen können?

J: Ja.
RBD: Okay. Schauen Sie einen Augenblick nach unten rechts. Ich möchte, daß Sie das Gefühl aktivieren, wie es war, als es Ihnen gelang, jemanden ohne Mühe von etwas anderem als von seinem Selbstwert zu überzeugen. Haben Sie das Gefühl?
J: Ja.
RBD: Ist es das Gefühl, das Sie haben, wenn Sie mit jemandem gut zurechtkommen und auf effektive Weise mit ihm kommunizieren?
J: Ja.
RBD: Gut. (zum Publikum) Jetzt haben wir also eine Aussage über das Ziel: jemanden von seinem Selbstwert überzeugen. Wir haben eine äußere, sensorisch begründete Evidenz, die uns anzeigen würde, wenn er es erreicht hätte: Die Person würde konkrete Schritte unternehmen, um finanzielle Sicherheit zu erlangen. Wir haben eine innere Referenzerfahrung für das Gefühl bei J., welches das erfolgreiche Erreichen eines ähnlichen Ziels begleitet. Diese bilden den »Test«-Teil unserer T.O.T.E. Wir wollen nun die Schritte für die »Operation« durchgehen.

(zu J.) Ich möchte, daß Sie nach unten links schauen und sich fragen: »Wenn ich schon jetzt Menschen ohne Mühe und auf effektive Weise von ihrem Selbstwert überzeugen könnte, wie würde ich dann aussehen?« Sprechen Sie diese Worte innerlich. »Wenn ich schon jetzt in der Lage wäre, Menschen auf kreative und effektive Weise davon zu überzeugen, daß sie einen Selbstwert haben, wie würde ich dann aussehen?«

J: Wie ich aussehen würde?
RBD: Ja, wie würden Sie aussehen? Wiederholen Sie diese Frage innerlich, bewegen Sie Ihre Augen dann nach oben rechts, und visualisieren Sie sich selbst,

als würden Sie in Ihrem Geiste einen Film anschauen. Ich möchte, daß Sie sich und die andere Person, die Sie überzeugen wollen, visualisieren. Ich möchte, daß Sie sehen, was Sie tun würden. Was haben Sie dort oben? Ist überhaupt irgendein Bild da?

J: Nein. Ich nehme eine Art Gefühl dafür wahr, wie ich es gerne hätte, aber ich kann nichts sehen. Ich bin nicht so gut im visualisieren. Ich bin darin nicht sonderlich begabt.

RBD: Okay, Sie haben ein Gefühl, aber Sie sehen kein Bild. Sie haben generell Schwierigkeiten, Bilder zu sehen. Können Sie einen Teil von einem Bild produzieren? Können Sie zum Beispiel sehen, was für eine Art von Hemd die Person trägt? Können Sie irgend welche Möbel des Raumes sehen, in dem Sie sich mit der Person befinden? Können Sie sehen, was Ihre Hände machen, während Sie mit der Person sprechen? Können Sie die Form ihres Kopfs oder Mundes sehen?

J: Nun ja, jetzt, wo Sie dies erwähnen, bekomme ich einen Eindruck von mir selbst und jener anderen Person. Aber ich weiß nicht, was ich jetzt tun soll.

RBD: Das ist in Ordnung. Schauen Sie einen Augenblick nach links. Können Sie sich daran erinnern, wie es war, als Sie in der Lage waren, mit jemandem flexibel und überzeugend über ein anderes Thema zu kommunizieren? Nehmen Sie sich die Zeit, die Sie brauchen.

J: Ah... Okay, ja. Ich erinnere mich daran, wie ich mit jemand anderem gesprochen habe, und in jener Situation hatte ich Selbstvertrauen und war überzeugend.

RBD: Gut. Wir werden jenes Bild jetzt als Referenzbild benutzen. Stellen Sie sich vor, Sie würden einen Film zusammenschneiden, und Sie könnten das Bild von sich selbst als eine Figur in dem Film einsetzen, es aus dem Film Ihrer Erinnerung herausnehmen und es in Ihren imaginären Film einsetzen, in welchem Sie diese schwierige Person von ihrem Selbstwert überzeugen wollen. Mit anderen Worten: Bringen Sie das Bild von sich selbst, wie Sie effektiv handeln, nach oben rechts, so daß es keine Erinnerung mehr ist, sondern Bestandteil einer Phantasie wird. Benutzen Sie jenes Bild aus Ihrer Erinnerung, um hier oben sehen zu können, wie Sie jene schwierige Person effektiver überzeugen. Können Sie das visualisieren?

J: Ich habe nur das Konzept von einem Bild.

RBD: Das ist ein Anfang. Wir wollen sehen, ob wir jenes »Konzept von einem Bild« ein wenig entwickeln können, indem wir andere Schritte der Strategie ins Spiel bringen.

Der Realist

Ich möchte, daß Sie in ein beliebiges Bild, das Sie haben, hineintreten. Als ob Sie plötzlich zu einem Schauspieler würden, den Sie in einem Film anschauen. Machen Sie sich selbst zum Bestandteil Ihrer Phantasie, so daß Sie das Gefühl haben, sich wirklich dort zu befinden. Versetzen Sie sich in jene Erfahrung, und entwickeln Sie ein Gefühl davon, wie es wäre, das zu tun, was Sie sich gerade vorstellen und was Sie sich dort oben tun sehen. Treten Sie in diese Phantasie ein, entwickeln Sie die dazugehörigen Gefühle, und bewegen Sie, während Sie dies tun, Ihre Augen nach unten rechts.

J: (Bewegt die Augen von oben rechts nach unten rechts, blinzelt, als wäre er verwirrt, und schüttelt dann den Kopf.)

RBD: Was ist los? Ist das Bild verschwunden?

J: Es gelingt mir nicht, das Gefühl zu bekommen.

RBD: Sie bekommen das Gefühl nicht? Was ist passiert? Sie hatten das Bild. Sie haben sich in das Bild hineinversetzt, und Sie haben es durch Ihre eigenen Augen gesehen. Und was ist dann geschehen? Sie sind in das Bild eingetreten, und dann ist nichts passiert?

J: Ich fühle mich leer. Ich fühle mich einfach nicht gut genug...

RBD: Ich verstehe. Es sieht so aus, als hätten wir den »Kritiker« gefunden. Das ist okay, wir werden es einfach in das Ziel einbeziehen.

Ich möchte, daß Sie jetzt wieder nach links schauen und sich das Folgende vergegenwärtigen: »Wenn ich schon jetzt Menschen *einschließlich meiner selbst* mühelos, effektiv und kreativ davon überzeugen könnte, daß sie einen Selbstwert haben, so daß ich es wirklich spüre, wie würde dies dann aussehen? Wenn ich schon jetzt Menschen von ihrem Wert überzeugen könnte, einschließlich meines eigenen »Kritikers«, und zwar auf kreative und effektive Weise, und ich würde das Gefühl erleben, das dadurch entstünde, wie wäre das?« Und dann richten Sie Ihre Augen nach hier oben rechts und visualisieren es.

J: (Schaut nach oben und lächelt.)

RBD: Um Ihnen noch ein wenig mehr zu helfen: Schauen Sie nach links, und denken Sie an jemanden, den Sie bewundern. Denken Sie an jemanden, der für Sie ein Rollenmodell oder ein Mentor gewesen ist und den Sie für kreativ, flexibel und überzeugend halten. Hat es einen solchen Menschen in Ihrem Leben gegeben?

J: (Augen oben links) Ja. Es gab sogar mehrere solcher Menschen.

RBD: Stellen Sie sich vor, wie diese Menschen, diese Rollenmodelle, Ihren »Kritiker« von *Ihrem eigenen* Selbstwert überzeugen würden. Wählen Sie vielleicht einen dieser Menschen aus, und phantasieren Sie wild darüber, wie jene Person kreativ und überzeugend auf Ihren »Kritiker« einwirken würde und wie dieser Mentor mit jener schwierigen Person umgehen würde, um sie von ihrem Selbstwert zu überzeugen.

J: (Augen oben links und rechts. Körper entspannt sich, Atmung wird tiefer.) Er braucht nicht so viele Worte zu machen. Es ist etwas in seinen Augen und in seinem Gesicht und im Ton seiner Stimme (lächelt).

RBD: Manchmal erfordert Kreativität, daß man weniger tut, nicht mehr. Manchmal ermöglicht Kreativität es Ihnen, weniger zu tun, aber dies jedoch elegant und kongruent zu tun.

Ich möchte Sie nun bitten, nach rechts zu schauen und sich vorzustellen, Sie würden selbst einige von den Dingen tun, die Sie diese Leute soeben haben tun sehen. Schneiden Sie diesen Film nun so, daß die Rollen der Hauptdarsteller vertauscht werden. Sehen Sie sich selbst, wie Sie die Art von Augenkontakt, Gesichtsausdruck und Stimmcharakteristik benutzen, die Sie bei diesen Rollenmodellen erlebt haben. Träumen Sie einfach darüber, wie es für Sie wäre, wenn Sie solche Flexibilität, Weisheit Ihre Kreativität hätten. So ist es richtig.

J: (Augen oben rechts. Der Körper ist zunächst eine Zeitlang regungslos, doch dann lacht J.)

RBD: Haben Sie es geschafft?

J: Nun, ich weiß nicht, ob es funktionieren wird, aber es ist eindeutig anders als alles, was ich jemals vorher getan habe.

RBD: Das klingt gut. Treten Sie nun in *dieses* Bild, so daß Sie das Gefühl haben, dort genau das zu tun, was Sie sich gerade haben tun sehen. Wiederholen Sie das Ganze, wobei Sie sich diesmal selbst innerhalb des Bildes befinden und wirklich fühlen, wie es ist, dies zu tun. Treten Sie einfach in dieses Bild ein, und erleben Sie das Gefühl.

J: Es fühlt sich anders an. Irgendwie ist es leichter.

RBD: Ich möchte, daß Sie es mit dem Gefühl vergleichen, das Sie hatten, als Sie erfolgreich waren. Und versuchen Sie, während Sie es vergleichen, Worte dafür zu finden, was daran anders ist. Achten Sie darauf, ob irgend etwas an dem Gefühl, das Sie bekommen haben, als Sie in dieses Bild eingetreten sind, fehlt, verglichen mit dem Gefühl, das Sie hatten, als Sie erfolgreich waren. Was fehlt an jenem Gefühl, das Sie hatten, als Sie sich in das Bild hineinversetzten, in welchem Sie sich so verhielten, wie Ihre Mentoren sich verhalten hätten?

Der Realist

Suchen Sie jetzt still für sich ein oder mehrere Wörter für das, was ihrem Gefühl nach fehlt. Und benennen Sie auch alles, was Sie sonst noch gern hätten. Ich bin mir sicher, daß Ihr »Kritiker« ziemlich einfallsreich im Finden von Wörtern sein kann, wenn er will.

Nachdem Sie diese Wörter gefunden haben, bewegen Sie die Augen nach links, so daß sie sich unten links befinden. Fügen Sie die Wörter Ihrer Zielaussage hinzu. Sagen Sie zu sich selbst: »Wenn ich schon jetzt Menschen *einschließlich meiner selbst* mühelos, effektiv und kreativ davon überzeugen könnte, daß Sie einen Selbstwert haben, so daß sie es wirklich fühlen könnten, und....« – setzen Sie an diese Stelle alles, von dem Ihr Kritiker meint, das es noch fehlt. Und dann fragen Sie sich: »Wie würde das aussehen?«

Bringen Sie Ihre Augen nach oben rechts, und stellen Sie sich bildlich vor, wie Sie dies alles tun. Und treten Sie dann in dieses Bild ein. Bewegen Sie nun die Augen nach unten rechts, und fühlen Sie, wie es ist, wenn Sie das tun, was Sie in dem Bild sahen.

Vergleichen Sie erneut das Gefühl, das Sie haben, wenn Sie in das Bild eintreten, mit dem Gefühl, das auftritt, wenn Sie erfolgreich sind. Sind beide genau gleich? Fragen Sie Ihren Kritiker: »Fehlt noch irgend etwas an diesem Bild?«

J: Ich glaube, daß ich es schaffen kann. Jetzt ist das Gefühl da.
RBD: Okay, jetzt ist also das Gefühl da. Jetzt meinen Sie, Sie könnten es schaffen. Ich möchte, daß Sie nun wieder nach unten links schauen und zu sich selbst sagen: »Wenn ich jetzt schon in der Lage wäre, Menschen davon zu überzeugen, daß sie etwas wert sind, wenn ich das Gefühl dafür hätte, und wenn ich davon überzeugt wäre, daß ich es schaffen könnte, daß ich wirklich alles daransetzen könnte, es zu erreichen, wie würde das dann aussehen?«
J: (Bewegt die Augen nach unten links, dann nach oben rechts, dann nach unten rechts. Lächelt breit.)
RBD: Okay, schauen wir, wohin wir mit dieser Strategie gekommen sind. Sie hatten das Ziel: »Ich wünsche mir, ich könnte Menschen davon überzeugen, daß sie einen Wert haben.« Dies haben Sie bisher als schwierig angesehen. Sie haben sich dabei etwas unflexibel und machtlos gefühlt, insbesondere wenn es um bestimmte Menschen, einschließlich Ihrer selbst, ging. Meine Frage lautet nun: »Haben Sie das Gefühl, daß Sie dies jetzt sofort könnten?«
J: Ich habe eine Landkarte dafür, ja.
RBD: Ich danke Ihnen.
J: Ich danke Ihnen auch.

RBD: Vor einiger Zeit habe ich von einer Untersuchung über Menschen gelesen, die Flugzeugunglücke überlebt hatten. Irgend jemand hatte Überlebende schwerer Flugzeugunglücke interviewt, von denen viele nicht einmal größere Verletzungen erlitten hatten. Man fragte diese Leute, wie sie es geschafft hatten, sich trotz des ungeheuren Chaos um sie herum aus den Trümmern zu befreien, während dies vielen anderen Passagieren nicht gelungen war. Dies ist eine interessante Frage, besonders im Zusammenhang mit dem, was wir über Kreativität und die Rolle des Realisten besprochen haben, denn niemand wird wohl jemals Gelegenheit haben zu üben, sich aus einem Flugzeugwrack zu befreien. Wie bereitet man sich darauf vor, etwas zu tun, was man noch nie getan hat?

Die häufigste Antwort der Überlebenden auf diese Frage war, daß sie in ihrem Geist immer wieder eine Art mentaler »Generalprobe« durchgespielt hatten. Sie hatten den Situationsverlauf visualisiert, wie sie ihre Sicherheitsgurte lösen, sich aus ihrem Sitz erheben, durch den Gang zum nächsten Notausgang laufen, auf die Rutsche springen würden usw. Diese Bildsequenz hatten sie unentwegt wiederholt und sich in das Gefühl hineinversetzt, wie sie das, was sie innerlich sahen, ausführten, bis sie schließlich das Gefühl hatten, dies alles schon viele Male getan zu haben. Deshalb brauchten sie nach dem Crash, als das totale Chaos ausgebrochen war, keine Zeit und keine bewußte Denkaktivität auf die Frage zu verschwenden, was sie nun tun sollten. Das Programm war bereits installiert. Ich erinnere mich, daß einer dieser Überlebenden sagte, nach dem Aufprall habe er sich plötzlich dabei vorgefunden, durch den Notausgang das Flugzeug zu verlassen, und irgendwann während dieser Aktion sei ihm bewußt geworden, daß er seinen Nachbarn schreien hörte, er könne den Sicherheitsgurt nicht lösen.

Das Ziel des New Behavior Generators ist es, den Realisten zu invozieren, indem man mit Hilfe der Sprache imaginäre Szenarien auslöst, und indem man diese in konkrete Handlungen umsetzt. Dies wiederum erreicht man, indem man die Bilder mit dem kinästhetischen Repräsentationssystem verbindet. Die Strategie basiert auf mehreren Kernglaubenssätzen:

A. Menschen lernen neue Verhaltensweisen, indem Sie in ihrem Gehirn neue geistige Landkarten entwickeln.

B. Je detaillierter Ihre geistigen Landkarten sind, um so wahrscheinlicher ist es, daß Sie das neue Verhalten, über das Sie verfügen wollen, tatsächlich realisieren können.

C. Wenn Sie auf Ihr Ziel fokussieren, so ist dies die schnellste Methode, um neue Verhaltensweisen zu entwickeln.

Der Realist

D. Die Menschen verfügen bereits über die inneren Ressourcen, die sie brauchen, um neue Verhaltensweisen zu entwickeln. Erfolg beruht darauf, daß man das, was bereits vorhanden ist, erschließt und organisiert.

Der New Behavior Generator ist ein »How-to«-Prozeß, der diese Glaubenssätze zum Ausdruck bringt und sie untermauert. Ich möchte die Schritte der Strategie gerne noch einmal rekapitulieren, weil es sich dabei um sehr spezifische und wichtige Schritte handelt, die möglicherweise einer Erklärung bedürfen. Die Strategie beinhaltet, daß man eine Folge von Repräsentationssystemen und Zugangshinweisen durchläuft, die im wesentlichen den im folgenden aufgeführten Schritten entsprechen:

1. Fragen Sie sich: »Wenn ich *schon jetzt* mein neues Ziel erreichen könnte, wie würde das dann aussehen?«
   (Richten Sie Ihre Augen nach unten links.)
2. Stellen Sie sich bildlich vor, wie Sie Ihr Ziel erreichen.
   (Schauen Sie nach oben rechts.)

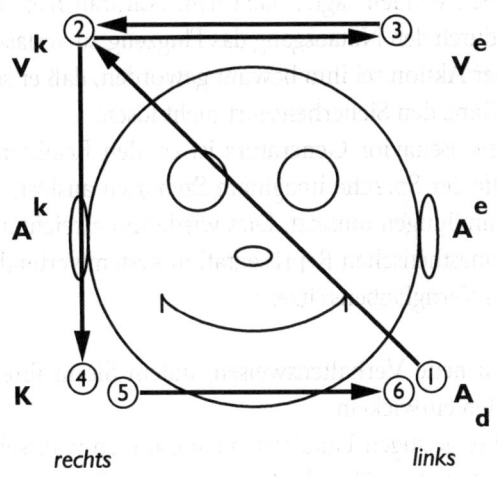

Abbildung 4.17.: Sequenz von Augenbewegungen für die Strategie des New Behavior Generators

3. Um Ihnen beim Visualisieren zu helfen:
   a) Erinnern Sie sich an ein ähnliches Ziel, das Sie zu Ihrer Zufriedenheit erreicht haben.
   b) Modellieren Sie jemand anderen.
   c) Stellen Sie sich bildlich vor, wie Sie zuerst einen Teil des Ziels erreichen.
   (Bewegen Sie Ihre Augen nach oben links oder rechts.)
4. Treten Sie in das Bild ein, so daß Sie das Gefühl bekommen, selbst zu tun, was Sie sich bildlich vorgestellt haben.
   (Bringen Sie Ihre Augen und Ihren Kopf nach unten rechts.)
5. Vergleichen Sie diese Gefühle mit den Gefühlen, die Sie bei einem ähnlichen Erfolg in der Vergangenheit gehabt haben.
   (Halten Sie Augen und Kopf weiterhin nach unten rechts gerichtet.)
6. Wenn die Gefühle nicht die gleichen sind, dann benennen Sie das, was Sie dazu noch brauchen, und fügen Sie es Ihrem Ziel hinzu. Gehen Sie zurück zu **Schritt 1**, und wiederholen Sie den Prozeß mit Ihrem erweiterten Ziel.
   (Bewegen Sie Ihre Augen und Ihren Kopf nach unten links.)

Bevor Sie tatsächlich anfangen, diese Feedback-Schleife zu durchlaufen, müssen Sie zunächst ein Ziel definieren und eine sensorisch-begründete Evidenz festlegen. Woran würden Sie erkennen, daß Sie das Ziel in jener Situation oder bei jener Person erreicht haben? Welches Merkmal wäre dann da? Was würden Sie sehen, hören oder fühlen? Da dies in der Demonstration nicht thematisiert worden ist, möchte ich an dieser Stelle noch darauf hinweisen, daß ein Ergebnis immer positiv formuliert werden sollte, also als das, was Sie tatsächlich wollen, und nicht als etwas, das Sie vermeiden oder verwerfen wollen.

Außerdem brauchen wir eine Referenzerfahrung für den Realisten. Haben Sie dies schon vorher einmal getan? Haben Sie dieses Ziel oder etwas ähnliches schon vorher einmal erreicht? Wenn ja, wie hat sich das für Sie angefühlt? Beschreiben Sie das Gefühl des Erfolgs genauer. Wir wollen das tatsächliche Gefühl nutzen.

Dies ist eine Art Vorbereitungsphase. Sie bereiten den »Test«-Teil Ihrer T.O.T.E. vor, und zwar in folgenden Schritten:

A. Wählen Sie ein Ziel, das Sie gern mit dieser Strategie erreichen möchten. Bei diesem Ziel sollte es sich um etwas handeln, das Sie selbst tun werden. Ergänzen Sie den folgenden Satz: »Ich will... *Aussage über Ziel.*« (A_d)
B. Überprüfen Sie Ihre Aussage über Ihr Ziel noch einmal, und halten Sie Ausschau nach bzw. hören Sie auf Wörter, die auf Negation oder Vermeiden hin-

Der Realist

deuten (d.h., »nicht, beenden, vermeiden, aufhören« usw.). Wenn Sie feststellen, daß Sie Ihre Ziele als etwas formuliert haben, das Sie *nicht* tun oder vermeiden wollen, dann fragen Sie sich: »Was würde ich statt dessen tun?« Und formulieren Sie Ihr Ziel dann neu auf positive Weise. (A_d)

Wenn Sie beispielsweise sagen: »Ich möchte aufhören, mich selbst so stark zu kritisieren«, dann fragen Sie sich: »Wenn ich schon jetzt damit aufhören könnte, mich so stark zu kritisieren, was würde ich dann statt dessen tun wollen?«

C. Definieren Sie, woran Sie erkennen könnten, daß Sie Ihr Ziel erreicht haben, indem Sie sich an etwas erinnern, das Ihrem Ziel möglichst ähnlich ist und das Sie bereits jetzt gut und mühelos tun können. Achten Sie besonders auf die Gefühle, die Sie hatten, als Sie dieses andere Ziel erreichten. Treten Sie wirklich in Kontakt zu diesem Gefühl, und achten Sie genau darauf, wo es sich befindet und wie es sich anfühlt, damit Sie sich mühelos daran erinnern können. (K^e)

Der operationsbezogene Teil der Strategie beginnt mit einer Folge von Wörtern. Sie formulieren Ihr Ziel sich selbst gegenüber in der Form, die im NLP »Als-ob«-Rahmen genannt wird. Lowell sagte, daß er zur Hälfte in Wörtern und zur anderen Hälfte in Bildern denke. Die Sprache ist wichtig, insofern sie uns einen Fokus für die bildliche Vorstellung liefert, und – wie Lowell erklärt hat – kann man sie dazu benutzen, um Dinge zu repräsentieren, die sich zunächst nicht leicht visualisieren lassen. In einem »Als-ob«-Rahmen sagt man nicht zu sich selbst, »Warum kann ich das nicht tun?« oder »Meine Güte, das ist ein Problem!« sondern man sagt: »Wenn ich dies jetzt schon tun könnte, wie würde das dann aussehen?« Sie verbinden die »Als-ob«-Aussage bezüglich Ihres Zieles mit Ihrer visuellen Vorstellung. Sie sagen: »Wenn ich jetzt schon X (Ihr Ziel) könnte, wie würde das (die Frage) dann aussehen?« Und Sie beginnen in der Augenposition unten links, weil dadurch Ihre Fähigkeit, wirklich zu hören und jene Zielaussage in Ihrem Gehirn aufzuzeichnen, unterstützt wird.

Der zweite Schritt besteht darin, daß Sie aufblicken und ein konstruiertes Bild von sich selbst als erfolgreich erzeugen, indem Sie nach oben rechts schauen. Sie können sich das auf einem imaginären Fernsehbildschirm vor Ihrem inneren Auge vorstellen, so wie Lowell es gemacht hat.

Sicher erinnern Sie sich noch, daß J. zu Anfang sagte, er sei nicht besonders gut darin, sich etwas visuell vorzustellen. Er sagte, in dieser Hinsicht habe er keinerlei Begabung. Deshalb versuchten wir, ihm auf verschiedene Weisen zu helfen, ein Bild zu visualisieren. Wenn die Person, mit der Sie arbeiten, Schwierigkeiten hat, in diese Phase einzutreten, dann gibt es drei Möglichkeiten, die den Knöpfen in Lowells Strategie ähneln.

Die erste Möglichkeit ist das *Chunking down* – dabei wird das auftauchende Problem in kleinere Teile zerlegt. Beginnen Sie mit einem Teil der Szene, statt gleich einen ganzen Film visualisieren zu lassen. Walt Disney entwickelte zur Gestaltung seiner Filme eine Technik, die den Namen »Storyboarding« erhielt. Ein Storyboard ist im Grunde eine Folge von Einzelbildern, die die Schlüsselszenen des Films repräsentieren. Diese Methode entspricht dem *Chunking down*. Statt der gesamten Interaktion könnten Sie versuchen, nur deren ersten Schritt zu visualisieren. Sie könnten mit bestimmten besonders hervorstechenden oder mit den leichter nachzubildenden Details des Bildes beginnen.

Eine andere Taktik wäre, sich an ähnliche Situationen als Referenzerfahrungen zu erinnern. Wenn jemand ein Bild nicht visualisieren kann, dann fragen sie die betreffende Person, ob sie schon jemals etwas getan habe, das dem ähnele, was sie jetzt tun möchte und wie dies ausgesehen habe. Das wäre ein möglicher Anfangspunkt. Versuchen Sie, die Erinnerung an eine ähnliche Situation zu aktivieren.

Eine letzte Methode bezüglich Schritt zwei ist, den Klienten eine andere Person modellieren zu lassen. Um dies zu erreichen, fragen Sie: »Haben Sie irgendwelche Rollenmodelle?« – »Kennen Sie irgend jemand anderen, der das von Ihnen angestrebte Ziel zu erreichen vermag?« – »Was kennzeichnet diese Person?« – »Können Sie jetzt sehen, was diese andere Person tut?« Sie lassen also den Klienten ein Bild von jener anderen Person als erfolgreich produzieren, als ob sich das Ganze auf einer Filmleinwand abspielen würde.

Sobald der Klient (bzw. Sie selbst) ein Bild visualisiert hat – selbst wenn dieses nicht besonders klar oder vollständig ist –, soll er in das Bild eintreten. Dies ist, was Lowell als den Versuch beschrieben hat, »eine dreidimensionale Explosionsansicht vom Endergebnis zu erzeugen«: Sie assoziieren sich in das Bild hinein, das Sie visualisiert haben, und vergleichen die Gefühlsqualität, die Sie erhalten, mit dem erinnerten Gefühl aus der Erfahrung, die Sie als Evidenz ausgewählt haben. Sie fragen: »Ist das Gefühl, das ich durch die imaginierte Szene bekomme, und das Gefühl, das ich durch die Erinnerung bekomme, das gleiche?« Ist der Erfolg, den ich empfinde, wenn ich in dieses neue Bild von etwas, das ich tun will, eintrete, genauso groß wie der Erfolg, an den ich mich erinnere, wenn ich an die mir bereits verfügbare Fähigkeit zurückdenke?«

Wenn die Antwort »nein« lautet, dann fragen Sie sich: »Was fehlt?« – »Was muß ich meiner imaginierten Szene noch hinzufügen, damit Sie dem entspricht, dessen ich mir schon sicher bin, daß ich es tun kann?«

Der Realist

Bei unseren ersten Versuch mit J. hatte dieser keinerlei Gefühl entwickeln können. Er hatte sein Ergebnis als etwas definiert, das in erster Linie von ihm ausgehend auf andere gerichtet war. Doch wenn man die Welt um sich herum verändern will, dann muß man sich auch selbst in Beziehung zur Umwelt verändern. In gewisser Weise entsprach das Problem, das J. mit jener anderen Person hatte, demjenigen, das er mit sich selbst hatte. Sehr oft läuft es letztlich darauf hinaus, daß der Kritiker am Ende den Träumer kritisiert, nicht nur den Traum. Wir sollten versuchen, stets in Erinnerung zu behalten, daß wir, wenn wir bei unserer ersten Schleife »versagen«, zu einer tieferen Wahrnehmung und zu einem tieferen Verständnis des Problems gelangen. Doch das genau ist ja auch die Funktion des Feedbacks.

Sie treten in das Bild ein und vergleichen das Gefühl, das Sie bekommen, wenn Sie das, was Sie in jenem Bild sehen, üben, mit den Gefühlen, die Sie bei der erfolgreichen Referenzerfahrung haben. Wenn die Gefühle nicht übereinstimmen, müssen Sie herausfinden, was fehlt, und dies dann Ihrer mentalen Landkarte hinzufügen – Sie müssen also Ihre Landkarte (Beschreibung) von der Situation erweitern und anreichern.

Um ein effektiver Realist zu sein, müssen Sie sich in das Bild hineinversetzen können, so daß Sie das Gefühl haben, Sie befänden sich mitten in der Situation und täten bereits, was Sie tun wollen. Vergleichen Sie dann dieses Gefühl mit dem Gefühl, das Sie hatten, als Sie in einer Situation in der Vergangenheit erfolgreich waren. Stimmen beide überein? Oder fühlt sich die kinästhetische Empfindung, die Sie durch Ihr konstruiertes Bild erhalten, nicht ganz richtig an? Je nachdem, wie gut sie übereinstimmen, sind Sie entweder am Ziel, oder es fehlt noch an irgend etwas.

Wenn etwas fehlt, schauen Sie nach unten links und benennen, was erforderlich wäre oder was fehlt. Und dann fügen Sie dies Ihrer Aussage über das Ziel hinzu. Denken Sie an Lowells Kommentar: »Wenn etwas nicht funktioniert, verändert man die Versuchsanordnung und wiederholt das Ganze.« Und denken Sie auch daran, daß er etwas, das nicht funktioniert, als »eine Lösung zu anderen Problemen, die noch nicht aufgetaucht sind« bezeichnet hat.

Wenn Sie beispielsweise das Gefühl haben: »Ich kann es tun, aber ich fühle mich nicht wohl dabei«, dann formulieren Sie Ihr Ziel wie folgt um: »Wenn ich es tun könnte **und** mich dabei wohlfühlen würde, es zu tun, wie würde das dann aussehen?«

Sie fügen einfach das, was fehlt, der anfänglichen Aussage über das Ziel hinzu. Dann verändern Sie das konstruierte Bild, das Sie von sich selbst haben, als würden

Sie einen Film zusammenschneiden. Anschließend versetzen Sie sich wieder in das Bild, vergleichen das Gefühl, das Sie bekommen, wenn Sie sich vorstellen, was Sie selbst tun, mit der erfolgreichen Referenzerfahrung, und benennen erneut, was fehlt oder was erforderlich wäre, bis Sie schließlich ein Bild haben, das paßt. Am Ende haben Sie eine klare, detaillierte Landkarte, die sich ebenso wirklich anfühlt wie Ihre eigene Vergangenheit.

Dieser Prozeß enthält alle Bestandteile dessen, was eine vollständige wohlgeformte Strategie ausmacht. Er hat ein Ziel, eine Evidenz und enthält eine Anzahl von Möglichkeiten, das Ziel zu erreichen. Wir werden im weiteren Verlauf des Buches andere Strategien kennenlernen, aber in diesem Fall ist das Ziel: »Kann ich in bezug auf das von mir angestrebte Ziel das gleiche Gefühl entwickeln, wie ich es früher gehabt habe, als ich erfolgreich war, indem ich ein Bild von etwas visualisieren, das zu tun ich in der Lage bin?« Wenn J. sich bildlich vorstellen kann, was getan werden muß, und wenn er sich zum Bestandteil dieses Bildes machen kann, und beides fühlt sich gleich an, dann kann er sagen: »Ich bin bereit. Gehen wir die Sache an!« Das einzige was er braucht, ist die Person.

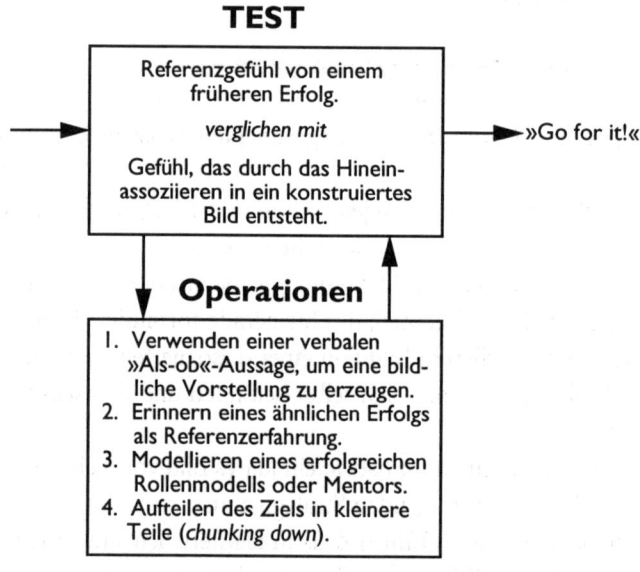

Abbildung 4.18.: New Behavior Generator-T. O.T.E.

Der Realist 223

Um es noch einmal zusammenzufassen: Die operationsbezogenen Teile des New Behavior Generators umfassen die folgenden Schritte:

Träumer	Realist		Kritiker	
1. Formulieren Sie das Ziel in positiver Form.	2. Visualisieren Sie sich das Ziel erreichend.	4. 5. Fühlt es sich so an, als ob Sie es *wirklich* können?	6. 7. Benennen Sie, was erforderlich ist oder was fehlt.	

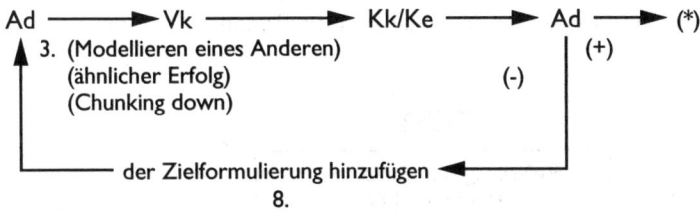

Abbildung 4.19.: Schritte in der Strategie des New Behavior Generators

1. Sagen Sie zu sich selbst: »Wenn ich jetzt schon in der Lage wäre, zu... (fügen Sie Ihr Ziel ein)..., wie würde Ich dann aussehen?« (A_d)
2. Konstruieren Sie ein visuelles Bild davon, wie Sie aussehen würden, wenn Sie dabei wären, das vollständige Ziel, das Sie gerade formuliert haben, zu erreichen. Sie sollten sich in diesem Bild von einer dissoziierten Position aus sehen, als ob Sie sich über oder neben sich selbst befänden und sich selbst zuschauen würden. (V^k)
3. Wenn Sie Schwierigkeiten damit haben, ein klares Bild von sich selbst zu sehen, dann wenden Sie eine der folgenden Strategien an:
    a. *Chunking down* (Zerlegen) Ihres Ziels in kleinere Schritte. Fragen Sie sich: »Gibt es irgendeinen Teil meines Ziels, von dem ich sehen kann, daß ich ihn erreiche?« Beispielsweise: »Kann ich sehen, daß ich den ersten Schritt des von mir formulierten Ziels erreiche?« Visualisieren Sie sich, wie Sie erfolgreich jenen kleineren Teil Ihres Ziels erreichen. ($Ad \rightarrow V^k$)

    b. Benutzen Sie ein Bild von sich selbst, wie Sie sich in einer ähnlich erfolgreichen Aktion befinden. Stellen Sie sich die Frage: »Gibt es etwas, das meinem Ziel ähnelt, das ich bereits jetzt zu erreichen vermag?« Visualisieren Sie, was Sie in jener Situation tun, und editieren oder modifizieren Sie das Bild so, daß es Ihrem derzeitigen Ziel entspricht. ($A_d \rightarrow V^e \rightarrow V^k$)

    c. Modellieren Sie jemand anderen. Fragen Sie sich: »Wen kenne ich, der bereits jetzt in der Lage ist, das Ziel, das ich mir gesetzt habe, vollständig zu erreichen?« Visualisieren Sie, was diese andere Person erfolgreich tut. Und visualisieren Sie anschließend, wie Sie selbst das tun, was Sie soeben Ihr Modell haben tun sehen. ($A_d \rightarrow V^e \rightarrow V^k$)

4. Treten Sie mental in Ihr Bild von sich selbst, wie Sie das Ziel erreichen, ein, so daß Sie das Gefühl haben, Sie täten in diesem Augenblick, was Sie sich soeben haben tun sehen. Was würden Sie dabei sehen, hören und fühlen? ($V^k \rightarrow K^k$)

5. Vergleichen Sie die Gefühle, die Sie haben, während Sie sich vollständig in jene Erfahrung hineinversetzen, mit den Gefühlen, die Sie bereits aus früheren, ähnlichen Erfahrungen kennen, bei denen Sie erfolgreich waren. (K^k/K^e)

6. Entscheidungspunkt

    a. Wenn die beiden Gefühle genau übereinstimmen, so daß Sie sich sicher sind, daß Sie Ihr neues Ziel ebensoleicht zu erreichen vermögen, wie Sie das Ziel jener früheren Erfahrung bereits erreicht haben, dann sind Sie fertig.

    b. Wenn die beiden Gefühle einander nicht entsprechen, dann benennen Sie, was fehlt oder was noch erforderlich ist (z.B. »Kreativität«, »mehr Selbstvertrauen«, »Entspannung« usw.)

7. Verfahren Sie bei der Formulierung der noch benötigten Ressourcen ebenso wie mit Ihrer ursprünglichen Zielformulierung: Formulieren Sie die Aussage positiv. Wenn Ihr Aussage über das, was noch erforderlich ist, »weniger nervös sein« lautet, dann fragen Sie sich: »Wenn ich weniger nervös wäre, was wäre ich dann statt dessen?« (A_d)

8. Präzisieren Sie Ihr Ziel, indem Sie den Namen der noch benötigten Ressource durch einfaches Verbinden mit dem Wort »und« Ihrer Zielformulierung hinzufügen. Beispielsweise könnte die Zielformulierung dann lauten: »Ich möchte meinen Mitarbeitern gegenüber assertiver auftreten können (ursprüngliche Zielformulierung) UND ihre Gefühle trotzdem berücksichtigen.« Gehen Sie zurück zu Schritt 1, und wiederholen Sie die Strategie. (A_d)

Anmerkung: Sie können Ihrer Ziel-Aussage so viele benötigte Ressourcen hinzufügen, wie Sie wollen. Dabei kann schließlich etwas herauskommen wie: »Ich zu »begreifen«. Ich würde ihn dann nach einer Referenzerfahrung suchen lassen, damit er die Verbindung zu etwas herstellen könnte, das er gelernt hat. Ich würde ihn fragen: »Wie ist dieses Gefühl, etwas zu begreifen – wenn plötzlich alles einen Sinn ergibt und Sie es auf der Gefühlsebene verstehen?« Das ist ein Gefühl, das Sie kennen, R., nicht wahr?«

R: Ja.

RBD: Dann würde ich R. nach unten links schauen lassen und sagen: »Wenn ich schon durch diese Sache hindurchgeleitet worden wäre und sie begriffen hätte, wie würde ich dann aussehen?« Dann würde er nach oben rechts schauen und ein Bild von sich selbst erzeugen, wie er diese Strategie mühelos und vollständig begriffen hätte. Anschließend würde ich ihn in das Bild eintreten lassen, das er gerade selbst gesehen hätte, ihn sich in die Art hineinversetzen lassen, wie er sitzen und atmen und denken würde, wenn er es schon begriffen hätte, und ihn bitten herauszufinden, wie sich das anfühlt.

R., vergleichen Sie nun dieses Gefühl damit, wie es sich anfühlte, wenn Sie in früheren Situationen etwas begriffen hatten, wenn etwas plötzlich einen Sinn ergab und Sie es verstanden hatten. Ist es das gleiche Gefühl?

R: Ich glaube, ich habe es begriffen.

RBD: Dann kann ich die Sache ja auf sich beruhen lassen.

möchte assertiver gegenüber meinen Kollegen sein UND ihre Gefühle berücksichtigen UND mein eigenes Selbstvertrauen aufrechterhalten UND gelassen bleiben, wenn jemand wütend wird.« Wie Lowell schon sagte: »Der ganze Prozeß besteht aus einer Folge von kleinen Schritten.«

Wenn Lowell kreativ ist, hat er ein Bild und eine Reihe von Knöpfen, mit deren Hilfe er jenes Bild kontrolliert. Er identifiziert alle unbekannten Faktoren und ist dann bereit, sein Modell auszuprobieren. Wenn seine Strategie nicht zum Erfolg führt, kehrt er zum Ausgangspunkt zurück und wiederholt den gesamten Prozeß Schritt für Schritt. Lowell sagte: »Wenn es nicht funktioniert, verändere ich die Einstellung der Knöpfe.« Wir haben hier nichts anderes getan, als eine Reihe von Wörtern an die Stelle der Knöpfe zu setzen. Statt einen Regler herauf- und herunterzuschieben, fügen Sie einfach der Zielformulierung weitere Spezifikationen hinzu; Sie fragen sich, ob Sie sich das Ganze bildlich vorstellen können.

Menschen, die etwas nicht tun können, fragen sich oft: »Warum kann ich das nicht?« oder »Wessen Schuld ist es, daß ich das nicht kann?« Oder: »Was hindert mich daran, dies zu tun?« Und sie visualisieren alle Situationen, in denen sie vorher versagt haben. Die soeben beschriebene Strategie läuft letztlich ganz einfach darauf hinaus, daß man sich am Erfolg orientiert. Sagen Sie einfach: »Wenn ich dies jetzt schon tun könnte, wie wäre das?« Machen Sie sich ein Bild davon, und treten Sie in dasselbe ein. Auf diese Weise erhalten Sie eine vollständige, alle Sinne einbeziehende Repräsentation davon, daß Sie erfolgreich sind. – Haben Sie hierzu noch Fragen?

R: Das klingt alles sehr sinnvoll, aber ich habe irgendwie nicht das Gefühl, daß ich es wirklich ganz begreife.

RBD: Das ist wahrscheinlich so, weil Sie es noch nicht praktisch ausgeführt haben. Wenn Sie die Übung ausprobieren, entwickeln Sie die kinästhetische Dimension.

Suchen Sie sich einen Partner für die Übung, und geleiten Sie einander durch die Strategie, indem Sie die Schritte durchgehen, die ich weiter oben aufgeführt habe. Formulieren Sie das Ziel. Visualisieren Sie das Bild. Treten Sie in das Bild ein. Wenn etwas fehlt, dann benennen Sie es, wiederholen Sie den Prozeß, und fügen Sie nun jene Aussage Ihrem Ziel hinzu.

Nehmen wir einmal für einen Augenblick an, R. wäre mein Partner bei dieser Übung, und das von ihm angestrebte Ziel wäre die Fähigkeit, diesen Prozeß leicht

Kreativität in der Kommunikation

TE: Wir würden uns nun gerne ein wenig der Erforschung der Kreativität in der Kommunikation zuwenden, insbesondere der Frage, wie man selbst durch Kommunikation das bekommt, was man haben will, und gleichzeitig jemand anderem das gibt, was er braucht. Wir wollen darüber sprechen, wie man in einer Win-Win-Situation [einer Situation, in der beide Seiten »Gewinner« sind; Anm. d. Übers.] kreativ ist, und darüber, was innerhalb des »Geistes« vor sich geht, wenn dies geschieht.

Wenn man mit materiellen Objekten kreativ ist, kann man sie patentieren oder unter Copyright-Schutz stellen und sie somit besitzen. Kreative Kommunikation hingegen läßt sich weder unter Copyright-Schutz stellen noch patentieren noch besitzen, und trotzdem ist sie in verschiedener Hinsicht tatsächlich wertvoller als jene geschützten Produkte.

Beispielsweise hat der Psychologe Leo Buscaglia einige wundervolle Ideen darüber entwickelt, wie man sich menschlich verhält, und diese sind sehr kreativ: darüber, wie man miteinander interagiert, über inter- und intrapersonelle Beziehungen. Aber nachdem diese Ideen seinen Mund verlassen und wir alle sie vernommen haben, erhält er als Urheber derselben keinen Pfennig mehr dafür. Wenn jemand anders einige seiner guten Ideen benutzt, bekommt Buscaglia nichts dafür, abgesehen davon, daß es für ihn eine Befriedigung sein könnte zu wissen, daß er etwas produziert hat, wodurch Sie möglicherweise zu besseren Menschen werden. Die Art von Kreativität, die die Kommunikation zwischen Menschen ermöglicht, die Menschen neue Ideen vermittelt, also das Ungreifbare, ist mindestens so wichtig wie all die Dinge, die man auf Datenträgern speichern oder in Schachteln stecken kann. All diese materiellen Güter sind wundervoll, aber es gibt außerdem auch noch jene anderen Aspekte der Kreativität.

Ich vermute, daß die meisten Leser etwas darüber lernen wollen, wie sie besser und kreativer mit sich selbst und anderen Menschen kommunizieren können. Aber was bedeutet das? Was bedeutet es, mit anderen Menschen kreativer kommunizieren zu können, als Sie es bereits tun? Wie können Sie eine gute Idee darüber entwickeln, auf welche Weise Sie mit jemandem umgehen müssen, um selbst das zu bekommen, was Sie wollen, während der andere das erhält, was er will?

Ich bin der Ansicht, daß man über alles verhandeln kann, wenn man kreativ genug ist, und daß man über alles so verhandeln kann, daß beide Seiten gewinnen. Andernfalls ist es keine wirkliche Verhandlung, sondern ein organisierter Coup, bei dem beide Seiten letztlich darin einwilligen, daß die eine Seite gewinnt und die andere verliert.

Sie wissen, was passiert, wenn eine Seite verliert, oder? Der Verlierer entwickelt das Bedürfnis, es dem Gewinner »heimzuzahlen«. Denken Sie beispielsweise an die Arbeiter in der Stahl- und Autoindustrie. Sie gründeten Gewerkschaften. Anfangs wurden diese Arbeiter ziemlich schlecht behandelt. Dann wuchs die Macht der Gewerkschaften, und Arbeiter, die Radios in Autos einbauten, bekamen irgendwann für diese Arbeit zwanzig Dollar pro Stunde. Ich kenne jemanden, der vierzigtausend Dollar pro Jahr mit Überstunden verdiente, indem er Radios in Autos einbaute und Radkappen anmontierte. Später wurde er arbeitslos. Wenn die Zeiten schlechter werden, sagen die Gewerkschaften: »Wir machen ein paar Abstriche von unseren Ansprüchen, wenn ihr unsere Leute weiter arbeiten laßt.« Und was tut das Management? Das Management sagt: »Natürlich nehmen wir diesen Vorschlag an – und wenn wir uns *darüber* einig geworden sind, werden wir die Fabrik vielleicht ganz schließen.«

Aus meiner Sicht ist das nicht wirklich kreativ, weil die Manager nicht im Blick haben, was in der Zukunft geschehen wird. Meiner Meinung nach ist eine der kreativsten Fähigkeiten, die ein Mensch einsetzen kann, um sein Denken so zu organisieren, daß es sein eigenes Leben *und* das Leben der Menschen in ihrer Umgebung erleichtert, die Fähigkeit, sich in die Zukunft zu versetzen und alle Möglichkeiten zu berücksichtigen, die eventuell eintreten könnten.

Wir sollten uns in diesem Zusammenhang auch unserer eigenen Programmierung bewußt werden, dessen, wie wir auf Menschen reagieren, damit wir das Verhalten eines anderen nicht aufgrund unserer eigenen unbewußten Annahmen interpretieren und beurteilen. Es funktioniert in beide Richtungen.

Manchmal haben Sie, wenn Sie jemandem begegnen, das Gefühl, daß Sie diesen Menschen schon kennen. Vielleicht erinnert Sie irgend etwas am Blick dieser Person oder an ihrer Stimme an jemand anderen. Sie wissen nicht einmal, worauf dieses Gefühl beruht. Vielleicht ist es jemand, den Sie als Kind gekannt haben, vielleicht ist es eine Tante oder ein Onkel. Irgend etwas an seinem äußeren Verhalten bewirkt, daß Sie diesen Menschen mögen.

Und dann gibt es andere Leute, die Sie an bestimmte Dinge erinnern, die Sie nicht mögen. Als Sie ein Kind waren und Ihr Vater wütend auf Sie war, hat seine Stimme vielleicht einen bestimmten Klang gehabt, oder er hat auf eine Weise mit dem Finger auf Sie gezeigt, den oder die Sie jetzt bei diesem Fremden wiedererkennen. Sie lernen als Erwachsener jemanden kennen, der zu Ihnen kommt und sagt: »Ich will Ihnen etwas sagen«, und dabei zeigt er mit dem Finger auf Sie und spricht in einem bestimmten Ton. Und plötzlich fühlen Sie sich sehr gestreßt und können sich nicht erklären, worauf das zurückzuführen ist.

Ebenso kann es sein, daß Sie auf eine bestimmte Weise dasitzen, und jemand sagt zu Ihnen: »Heh, was brütest du so vor dich hin?« Und Sie antworten dann: »Überhaupt nicht, ich fühle mich sehr gut. Ich denke nur darüber nach, was ich morgen tun werde.« Und dann sagt die andere Person: »Ach so, ich dachte, du wärest wütend auf mich.«

RBD: Ich habe einmal ein interessantes Beispiel dafür erlebt. Ein Paar kam wegen eines Beziehungsproblems zu mir. Es kam öfters vor, daß der Mann sich in beruflichen Situationen Frauen gegenüber auf eine Weise verhielt, die seiner Freundin nicht gefiel. Sie bekam dann das Gefühl, sie sei ihm gleichgültig. Er sagte, er würde sich nur Menschen gegenüber so verhalten, an denen ihm nichts läge, und das Ganze sei nur eine Show. Aber sie sah es nun einmal anders und fühlte sich schlecht, wenn er sich so verhielt. Nach seinem eigenen Modell von der Welt hatte sein Verhalten keine Bedeutung. Deshalb zählten ihre Gefühle für ihn nicht. Er selbst hielt das, was er tat, für unwichtig, und er konnte nicht verstehen, warum sie das nicht begriff. Deshalb hatte er das Gefühl, sie wolle ihn in etwas hineinzwingen, und darüber war er aufgebracht. Ich sagte zu der Frau: »Offensichtlich hat auch er intensive Gefühle über das, was vor sich geht.« Daraufhin entgegnete sie: »Oh, das sind keine Gefühle. Das ist das EGO.« Beide waren sehr kreativ darin, die Gefühle des Partners herabzusetzen.

Im NLP gibt es einen sehr wichtigen Prozeß, der *Pacing and Leading* genannt wird. Beim *Pacing* versucht man, in die Schuhe der anderen Person zu schlüpfen und ihr Modell von der Welt zu erleben. Beim Pacing will man mit jemandem in dessen eigener Sprache und in dessen eigener Denkweise kommunizieren. *Leading* stellt den Versuch dar, einen anderen Menschen dazu zu bringen, sich zu verändern, seine Weltsicht oder seinen Denkprozeß zu erweitern oder zu bereichern. Pacing und Leading beruht auf der Grundidee, jemanden sukzessive mit Veränderungen oder mit der eigenen Weltsicht bekannt zu machen, indem man in einem ausgewogenen Verhältnis sein Modell von der Welt anerkennt und es gleichzeitig erweitert. Wenn Menschen beispielsweise etwas Neues erlernen oder mit etwas Neuem bekannt gemacht werden, ist es am besten, mit etwas zu beginnen, das sie kennen, und erst allmählich zu dem Neuen überzugehen.

Die meisten Menschen assoziieren Kreativität hauptsächlich mit *Leading*. Aber oft ist ein großes Maß an Flexibilität erforderlich, um sich die Weltsicht eines anderen Menschen zu vergegenwärtigen, und durch den Prozeß des *Pacing* kann die Innovation sehr stark angeregt werden.

Ich erinnere mich an ein Verkaufsseminar, das wir einmal für eine Tele-Marketing-Gruppe durchgeführt haben. Es gab jemanden, dem keiner aus der Gruppe etwas hatte verkaufen können. Es stellte sich heraus, daß dieser Mann *seeeeehr laaaangsaaaam* sprach. Aber er war der Präsident einer großen Firma, also eines potentiell sehr wichtigen Kunden. Die Verkäufer riefen ihn an und sagten etwas wie:»Hallo, Sir, mir ist klar, daß Sie ein vielbeschäftigter Mensch sind, aber vielleicht haben Sie trotzdem eine Minute Zeit für mich«, und dabei sprachen sie ungefähr doppelt so schnell wie der potentielle Kunde.

Aber das war nun einmal nicht die Art, wie dieser Mensch dachte oder zuhörte. Deshalb rieten wir den Verkäufern zu sagen: »Hallo... (sehr langsam)... ich bin von der Firma XXX... und ich würde wirklich gerne... einmal in aller Ruhe mit Ihnen sprechen... wenn Sie einmal Zeit haben... um über unsere Produkte nachzudenken... Ich weiß, daß es sehr wichtig für Sie ist... in Ruhe über die Dinge nachzudenken... Könnten Sie mir sagen, wann ich Sie anrufen soll...« und so weiter. Statt zu sagen, »Ich brauche nur eine Minute«, sagt man: »Wann könnte ich Sie zu einem Zeitpunkt anrufen, zu dem Sie genug Zeit haben, um alles in Ruhe und gründlich zu überdenken?« Dem Firmenchef gefiel diese Vorgehensweise so sehr, daß er ein Treffen vorschlug, und am Ende erhielt die Telemarketing-Gruppe den begehrten Großauftrag.

Eines der wichtigsten Ziele des Pacing ist es, Rapport herzustellen. Wenn Menschen wissen, daß Sie so denken können wie sie selbst und daß Sie ihre Weltsicht berücksichtigen, entwickeln sie wesentlich weniger Widerstand neuen Ideen gegenüber.

Es gibt viele kreative Möglichkeiten, jemanden zu »pacen«. Abgesehen von einer passenden Stimmcharakteristik und einem passenden Sprechtempo kann man auch bestimmte Schlüsselwörter aus dem sprachlichen Repertoire des bevorzugten Repräsentationssystems benutzen sowie die damit verbundene physische Haltung. Eine Möglichkeit, jemanden auf einer sehr grundlegenden Ebene zu »pacen«, besteht darin, in der Geschwindigkeit zu sprechen, in der die andere Person atmet. Man spricht dabei im gleichen Rhythmus, in dem die andere Person atmet.

Ich erinnere mich an einen Geschäftsmann, der zu einem NLP-Seminar gekommen war und der aufstand und sagte: »Sie haben leicht reden! So einfach ist das aber nicht. Ich lebe in der REALEN WELT. Dieses Zeug hier taugt nur für

Der Realist

Seminare. Ich glaube einfach nicht, daß es bei MEINEN Kunden funktioniert.« Daraufhin sagte ich: »Was halten Sie davon, sich als Demonstrationsobjekt zur Verfügung zu stellen? Sie tun so, als wären Sie einer Ihrer schwierigsten Kunden in der realen Welt, und wir versuchen herauszufinden, wie der von uns hier gelehrte Prozeß Ihren Kontakt zu Ihren Kunden verbessern könnte.«

Also kam er nach vorn, setzte sich mir gegenüber, und wir fingen mit einem »Rollenspiel« an. Als erstes paßte ich meine Körperposition unmerklich der seinen an. Er sagte: »Ich bin ein vielbeschäftigter Mann. Ich treffe täglich hundert Menschen so wie Sie, und die meisten von ihnen haben nichts als Flausen im Kopf. Es ist reine Zeitverschwendung, sich mit ihnen zu unterhalten. Sehen wir zu, daß wir das hier hinter uns bringen.« Bei meiner Antwort paßte ich meine Redeweise seinem Atemtempo an und sagte: »Für mich klingt das so... als bräuchten Sie jemanden... bei dem Sie das Gefühl haben... ihm vertrauen zu können... Jemanden, dem wichtig ist... was Sie brauchen... Denken Sie an jemanden... dem Sie in Ihrem Leben... schon einmal vertraut haben... und erinnern Sie sich daran... wie Sie sich dabei fühlten... Das ist die Art von Beziehung... die ich zu Ihnen entwickeln möchte.« Ich fuhr fort, seinen Atem zu »pacen«, und nach ungefähr drei Minuten sagte er schließlich: »Wissen Sie, ich hatte mir vorgenommen, soviel Widerstand wie möglich zu leisten, aber im Augenblick würde ich Ihnen alles abkaufen.«

TEILNEHMER: Ich habe einmal einen berühmten Rechtsanwalt über die Auswahl von Schöffen sprechen hören. Er behauptete, sagte, es bestimmte Leute gäbe, die er niemals als Schöffen wählen würde, weil sie nicht *zuhören* könnten. Außerdem sagte er, in Detroit würden die höchsten Strafen verhängt, weil die Menschen dort zuhören würden – in Miami hingegen, wo die Bevölkerung sich überwiegend aus Juden und Italienern zusammensetze, die sehr warmherzig seien, fielen die Entscheidungen anders aus. Bedeutet das, daß die Art der Urteile eng mit dem Charakter der Schöffen verbunden ist?

RBD: Wahrscheinlich sagt diese Aussage mehr über den Rechtsanwalt selbst als über die genannten Bevölkerungsgruppen. Menschen, die »warmherzig« sind, sind wahrscheinlich stärker kinästhetisch orientiert, und der Rechtsanwalt war vermutlich stärker auditiv orientiert. Man könnte sagen, daß das Gesetz um das auditiv-verbale System herum aufgebaut ist. Das, was der Rechtsanwalt gesagt hat, beinhaltet lediglich, daß er gerne Menschen auswählt, die *seiner* Art zu denken entsprechen. Eine andere, kreativere Herangehensweise wäre, daß man die eigene Präsentation an das Publikum anpaßt, indem man *dessen* Art zu denken nutzt.

John Grinder hat einmal ein klassisches Beispiel für Utilisation geschildert. Weil jemand einen Vertrag nicht erfüllt hatte, hatte Grinder Klage gegen den Betreffenden erhoben. Im Gerichtssaal mußte er auf den Richter warten, der seine Klage anhören sollte. Und während er dort saß, hörte er, wie der betreffende Richter in einer Reihe von anderen Fällen seine Urteile fällte. Grinder bemerkte sogleich, daß die Strategie, die der Richter beim Fällen von Entscheidungen benutzte, eine gewisse Konsistenz aufwies. In einem Fall sagte der Richter etwas wie: »Wenn ich mir die Tatsachen in diesem Fall *anschaue*, *sehe* ich, daß dieses und jenes geschehen ist, und wenn ich mir dies *anschaue*, muß ich mich *fragen*: Wie wäre der Gerechtigkeit in diesem Fall am besten gedient? Und deshalb habe ich das *Gefühl*, ich muß zugunsten von... entscheiden« Beim nächsten vorgetragenen Fall sagte der Richter: »Ich *sehe*, daß ich schon vorher einmal mit Ihnen zu tun hatte, und wenn ich in die Zukunft *schaue*, *sehe* ich, daß dies immer wieder passieren könnte, und deshalb muß ich mich *fragen*: Was ist die beste Methode, um zu verhindern, daß dies so weitergeht? Ich habe das *Gefühl*, daß ich jetzt eine strenge Maßnahme ergreifen muß...«

Daraufhin dachte sich John : »Aha! Da gibt es ein Muster.« Und als er an die Reihe kam, sagte er so etwas wie: »Euer Ehren, bitte *schauen* Sie sich die Fakten in meinem Fall an, und während Sie sich einen *Überblick* verschaffen, möchte ich Ihnen ein *Bild* von den Ereignissen skizzieren. Ich bin mir sicher, daß Sie *sehen* können, daß dies geschehen ist und daß jenes geschehen ist, und während Sie sich dies *anschauen*, weiß ich, daß Sie sich *fragen* werden: Wie wäre der Gerechtigkeit in diesem Fall am besten Genüge getan? Ich bin mir sicher, daß Sie mein *Gefühl* teilen, daß mir eine gewisse Wiedergutmachung zusteht.« Und der Richter sagte daraufhin: »Das haben Sie sehr gut dargelegt. Ich habe das Gefühl, daß ich mir ein klares Bild von dem, was Sie sagen, machen kann.« Der Urteilsspruch fiel natürlich zu Johns Gunsten aus.

Wäre John hingegen vor das Gericht getreten und hätte gesagt: »Euer Ehren, ich habe das *Gefühl*, daß es mir wirklich zusteht, mein Geld zurückzubekommen«, dann hätte der Richter sagen können: »Wir wollen nicht zu voreilig mit Schlußfolgerungen sein. Ich *sehe* nicht, wie Sie dazu kommen. Ich glaube, daß Sie sich das nicht genau genug *angeschaut* haben.« Gefühle kamen *am Ende* der Strategie des Richters ins Spiel, nicht am Anfang.

Und wenn John gesagt hätte: »Euer Ehren, bitten *schauen* Sie sich die Fakten in meinem Fall an, und während Sie sich einen *Überblick* verschaffen, werden Sie sicherlich mein *Gefühl* teilen, daß mir eine Entschädigung zusteht.« Der Richter hätte daraufhin wohl gesagt: »Nun, ich weiß nicht. Irgend etwas *sagt* mir, daß es

Der Realist

da wichtige Fragen gibt, die hier vielleicht übergangen worden sind.« In der Mitte der Entscheidungsstrategie des Richters gab es einen wichtigen verbalen Schritt. Eine Kette ist nur so stark wie ihr schwächstes Glied.

Übrigens sollten Sie in Erinnerung behalten, daß sich dieser Vorgang auf der Ebene der Strategie und Fähigkeit abspielt, nicht auf der Ebene der Werte, der Glaubenssätze oder der Identität. Es wäre John sicherlich niemals gelungen, den Richter, indem er sich auf dessen Denkstrategie einstellte, dazu zu bringen, auf unethische Weise gegen seine eigenen Überzeugungen oder Werte zu handeln. Aber der Richter hätte die Sachlage in diesem Fall an irgendeinem Punkt sowieso entsprechend seiner eigenen Strategie organisiert. Unter Berücksichtigung genau der gleichen Fakten hätte John die Strategie-Sequenz auch umkehren und sagen können: »Euer Ehren, ich weiß, daß Sie so über Dinge fühlen, wie Sie es tun, und wenn Sie sich dies fragen würden, dann würden Sie sicherlich dieses Bild sehen.« Ein Mismatching seines Prozesses würde dazu führen, daß es unnötige Verzögerungen gibt oder daß der Rapport Schaden nimmt.

Was die Kreativität anbetrifft, sind Sie, wenn Sie versuchen, eine Idee zu verkaufen oder zu präsentieren, in der gleichen Situation. Sie müssen Ihre Ideen in verschiedene Strategien hineinverpacken.

Wenn Sie üben wollen, unterschiedliche Strategien zu erkennen, können Sie sich einen Spaß daraus machen, sich Werbeanzeigen in Zeitschriften anzuschauen. Ich erinnere mich, einmal eine Anzeige gelesen zu haben, auf der jemand abgebildet war, der sagte: »Ich bin jemand, der gern das Gefühl hat, alles im Blick zu haben. Deshalb stelle ich so viele Fragen.« Dies wird einem Menschen gefallen, dessen Strategie es ist, das Gefühl zu haben, daß er alle Möglichkeiten in Betracht gezogen hat. Ich habe auch andere Anzeigen gesehen, in denen es hieß: »Ich bin ein Mensch, der weiß, was er will, sobald er es gesehen hat.« Mit anderen Worten: Verschiedene Menschen haben unterschiedliche Strategien beim Lernen, bei der Entscheidungsfindung usw., und ebenso bei der Kreativität.

Ein sehr wichtiger Aspekt kreativer Kommunikation ist die Fähigkeit, alle Vorurteile gegen ein bestimmtes Thema beiseite schieben zu können, damit man einen anderen Menschen verstehen kann. Allein die Tatsache, daß andere Menschen anders denken, bedeutet noch nicht, daß sie schlecht sind. Eine der Strategien, die wir im Hinblick auf Verhandlungen lehren, besteht darin, auf die Unterschiede zwischen der eigenen Position und der Position der Gegenseite hinzuweisen. Die Ehefrau sagt vielleicht: »Er liebt mich nicht, weil er mich in der Öffentlichkeit nie anfaßt. Ich habe das Gefühl, daß er gar nicht mit mir zusammensein will.« Und der Ehemann sagt vielleicht: »Ich kann nicht denken, wenn sie mich berührt, und ich muß sehr klar sein, wenn ich mit dieser Person spreche.« Wir weisen in solch einem Fall darauf hin, daß der Mann dazu neigt, in Bilder zu denken, und wenn sie ihn berührt, werden seine Bilder dadurch gestört. Und dann sagt sie: »Oh, Sie meinen, daß er das tut, weil er ein visueller Typ ist, und nicht, weil ich ihm verhaßt bin?«

Und das ist ein entscheidender Unterschied. Die Tatsache, daß er eine andere Landkarte hat, bedeutet nicht, daß er seine Frau nicht liebt. Durch derartige Erkenntnisse kann es bei Menschen zu ungeheuren Veränderungen kommen. Manche Menschen sind sich nicht dessen bewußt, jemals ein visuelles Bilder produziert zu haben, und manche Menschen können sich nicht vorstellen, auch nur irgend etwas zu tun, ohne ein visuelles Bild produziert zu haben.

Generell gilt: Wenn Sie einer Gruppe von Menschen etwas mitteilen wollen, sollten Sie sich einer multi-sensorischen Darstellungsweise bedienen. Wenn Sie lehren oder ein Training leiten, könnten Sie sich fragen: »Wie kann ich dies visuell demonstrieren? Wie kann ich es so demonstrieren, daß die Teilnehmer ein Gefühl dafür bekommen? Wie kann ich es so demonstrieren, daß sie es hören?« Menschen lernen auf unterschiedliche Weise, und es ist wichtig, alle unterschiedlichen Lernmodi zu berücksichtigen.

Übrigens wird, ganz gleich, wie Sie vorgehen mögen, immer irgend jemand sagen: »Die Leute lernen am besten, wenn Sie sich Demonstrationen anschauen. Menschen lernen durch Zuschauen. Können Sie nicht mehr Demonstrationen machen?« Dann kommt jemand anders und sagt: »Demonstrationen verwirren mich. Menschen lernen, indem sie etwas selbst tun. Können Sie nicht mehr Übungen machen?« Und dann wird natürlich jemand anders sagen: »Menschen lernen am besten, indem sie zuhören und diskutieren. Üben kann ich auch, wenn ich allein bin. Könnten Sie nicht ein wenig mehr über Ihre Gedanken und Erfahrungen sprechen?« Verschiedene Menschen haben unterschiedliche Strategien. Deshalb ist es in jedem Fall gut, ein wenig zu reden, ein wenig zu demonstrieren und ein paar Übungen zu machen, damit jeder auf seine Weise angesprochen wird.

Eines der wichtigsten Ziele des NLP ist es, Menschen dazu zu bringen, die Weltmodelle anderer Menschen zu erkennen und zu respektieren. Wenn Sie dazu in der Lage sind, können Sie von der Vielfalt profitieren – andernfalls werden Sie sie fürchten und dagegen ankämpfen. Dann werden Sie Ihre Kreativität auf eine Weise benutzen, die den Fortbestand von Problemen garantiert, statt dieselben zu lösen.

Wir haben schon vorher erwähnt, daß aus der Sicht des NLP in der kreativen Kommunikation eine der entscheidenden Fähigkeiten beinhaltet, daß man die

Reaktionen der anderen Person zu beobachten und sich auf sie zu »kalibrieren« vermag. NLP definiert eine Reihe von wichtigen Hinweisen und Anzeichen, auf die man achten soll, um sich der Weltmodelle anderer Menschen stärker bewußt zu sein und auf sie reagieren zu können.

Die Arten von Verhaltenshinweisen, die Sie bekommen, und die Arten von Hinweisen, die Sie bei den Interaktionen mit anderen Menschen benutzen, hängen häufig vom Kontext und von der Art der Information ab, die Sie über jene Person gesammelt haben. Wenn Sie einen guten Rapport zu jemandem haben, und Sie befragen den Betreffenden über etwas, worin er sehr engagiert ist, kann es sein, daß sich seine Augen in alle Richtungen bewegen. Bei der Beantwortung von Fragen kommt es häufig vor, daß der Befragte seinen Körper dem Fragesteller zuwendet, jedoch die Augen umherbewegt. Wenn jedoch jemand selbst eine Frage gestellt hat und auf die Antwort des Befragten wartet, wird er, anders als wenn er selbst eine Frage beantworten sollte, die befragte Person intensiv anschauen.

Wenn ich beispielsweise mit Ihnen spreche, und ich möchte sicher gehen, daß Sie verstehen, was ich sage, dann stellt sich die Frage: Reagiere ich auf das, was ich Sie hier tun sehe, oder reagiere ich auf ein Bild von dem, was ich Ihnen verständlich machen möchte, das ich vor meinem inneren Auge sehe? Sage ich dieser Person etwas, und fahre ich damit solange fort, bis ich alles, was mir dazu einfällt, gesagt habe, und schaue ich sie erst danach an, um herauszufinden, ob sie mich verstanden hat, oder versuche ich, meine Erklärung der fortlaufenden Reaktionen anzupassen, die jene Person zeigt, während ich rede?

Je nachdem, was meine Ziele sind, kann es sein, daß ich sehr sorgsam beobachten möchte, welche Reaktionen ich hervorrufe. Wenn ich mit Ihnen kommunizieren würde, und ich würde mich wirklich bemühen, Ihnen eine Idee so zu vermitteln, daß Sie in Ihr spezielles Modell von der Welt hineinpaßt, würde ich jedes kleinste Detail beobachten, das ich sähe. Ich würde auf Veränderungen in Ihrer Atmung und auf ein Nicken des Kopfes achten sowie auf vieles andere. Das ist ein anderes Ziel, als wenn ich versuche, Sie als »Resonanzboden« für meine Ideen zu benutzen. Wenn Sie mit jemandem kommunizieren, müssen Sie berücksichtigen, daß es unterschiedliche Ziele und deshalb auch unterschiedliche Quellen für Zugangshinweise, die Sie beobachten, geben kann.

TE: Außerdem sind mit Dingen wie Augenkontakt auch kulturelle Konventionen verbunden. Unterbrechung des Augenkontakts ist manchen Menschen angenehmer als ununterbrochener Augenkontakt mit ihnen, und dies sollten Sie berücksichtigen, auch wenn Sie sehr an den Reaktionen Ihres Gegenübers interessiert sind.

Manche Leute mögen es nicht, daß man sie so intensiv anschaut. Sie ziehen es möglicherweise vor, wenn Sie hin und wieder wegschauen.

RBD: Ich kennen jemanden, der in Skandinavien geboren ist und dann als Kind mit seiner Familie in die City von Chicago zog. Er hatte große Schwierigkeiten, als er zur Schule ging. Wenn andere mit ihm sprachen, schaute er ihnen gerade in die Augen, weil dies für ihn ein Gebot der Höflichkeit war. Doch seine Mitschüler machte das ausgesprochen wütend. Er wurde immer wieder verprügelt und wußte nicht warum. Schließlich hörte er auf, sie direkt anzuschauen, und von diesem Zeitpunkt an hörten auch die Prügeleien auf. In jener speziellen Subkultur provozierte man durch direktes Anschauen Prügeleien.

Die Art, wie jemand Aufmerksamkeit zeigt, ist oft davon abhängig, ob es sich um einen visuellen, auditiven oder kinästhetischen Typ handelt. Eine stärker auditiv orientierte Person kann Ihnen ihre volle Aufmerksamkeit schenken, indem Sie ihren Kopf zur Seite neigt. Solch ein Mensch schaut Sie überhaupt nicht an. Das ist einer der interessanten Aspekte an der Beziehung zwischen Zugangshinweisen und Kommunikation. Manche Menschen würden in einem solchen Fall sagen: »Diese Person ist ja völlig unaufmerksam, sie schaut mich überhaupt nicht an.« Aber wenn die Person, mit der Sie sprechen, auditiv kommuniziert, wendet sie Ihnen beim Zuhören wahrscheinlich ihr Ohr zu, statt Sie anzuschauen. Ein kinästhetisch orientierter Mensch hingegen muß sich möglicherweise umherbewegen, um kommunizieren zu können. Es kann sein, daß er nicht in der Lage ist, effektiv zuzuhören oder zu sprechen, wenn er seine Hände nicht bewegen kann.

TE: Wenn man solchen Leuten sagt, sie sollten sich auf ihre Hände setzen und dann reden, wissen sie nicht mehr, was sie sagen sollen. Im NLP paßt man die eigene Kommunikation an einen anderen Menschen durch den Prozeß des »Kalibrierens« an. Sie können dazu die Augenbewegungen des anderen beobachten, um festzustellen, ob seine Augenpositionen vorwiegend auditiv, kinästhetisch oder visuell orientiert sind. Und wenn Sie dies festgestellt haben, können Sie Ihre Kommunikationsweise so verändern, daß sie der von der anderen Person bevorzugten Art entspricht. Sie versuchen, Ihre Kommunikationsweise an den Zuhörer anzupassen. Statt zu versuchen, auf eine Weise zu kommunizieren, die sich an Ihren eigenen Präferenzen orientiert, müssen Sie herausfinden, was für Ihr Gegenüber verständlich ist. Andernfalls verstehen nur Sie selbst, was Sie sagen.

Der Realist

RBD: Dann verhalten Sie sich so wie ein Verkäufer, der sich am Ende selbst etwas verkauft. Er sagt: »Sehen Sie diese Besonderheit nicht?« Und der Kunde antwortet daraufhin: »Es fühlt sich einfach nicht gut an.« Der Kunde versucht hier, durch das angebotene Produkt ein Gefühl zu bekommen, und der Verkäufer fährt fort zu sagen: »Schauen Sie sich dies an« und »Schauen Sie sich das an«. Oder er sagt: »So viele Leute haben Gutes über dieses Produkt gesagt«, und dann erzählt er dem Kunden all die positiven Dinge, die er über das Produkt gehört hat. Und der Kunde verändert sein Gefühl immer noch nicht. Worum es geht, ist, mit Hilfe der Strategie zu kommunizieren, die der Kunde selbst beim Denken benutzt.

5 Der Kritiker

RBD: Sobald Sie etwas Kreatives entwickelt haben, stellt sich als nächstes das Problem, wie Sie weiter damit verfahren sollen. Ist es eine gute Idee? Können Sie sie schützen lassen? Was wird die Öffentlichkeit davon halten? Wie können Sie Ihr Ergebnis so gestalten, daß es zu einem finanziellen Erfolg wird? Dies alles ist die Domäne des »Kritikers«. Der »Kritiker« ist nicht nur eine destruktive Funktion. Wenn es Ihnen gelingt, den Kritiker auf Ihre Seite zu bekommen, so hat das möglicherweise zur Folge, daß nichts mehr Sie an der Umsetzung Ihrer Idee zu hindern vermag. Wenn Ihr schärfster Kritiker sagt: »Go for it!« – »Setze alles daran, die Idee in die Tat umzusetzen!«, dann wissen Sie, daß an der Sache wirklich etwas dran ist.

Wir alle kennen die negative Seite des Kritikers. Der Kritiker kann blockieren, negieren, attackieren, »Sand ins Getriebe streuen«, Widerstand leisten usw., wenn er sich gegen Sie wendet. Doch wenn der Kritiker Ihre Ideen akzeptiert, kann er all jene problematischen Prozesse in eine andere Richtung lenken und Sie dann schützen, unterstützen und ermutigen. Der »Träumer« und der »Realist« vermögen diese Funktion nicht zu erfüllen.

Die Grundfunktion des Kritikers ist es, den Ausdruck einer Idee zu evaluieren. Der Kritiker liefert die allgemeinen Filter und positive oder negative Verstärkung für die Produkte der Kreativität. Wie ich schon an früherer Stelle sagte, hat der Kritiker etwas mit dem allgemeinen Einpassen des Ausdrucks einer Idee in ein größeres System zu tun. Ein Ziel der Kritiker-Phase des kreativen Prozesses ist, Ihre Erfindung aus so vielen unterschiedlichen Perspektiven wie möglich zu evaluieren.

Bei der T.O.T.E. des Kritikers geht es um die Feedback-Schleife des Einbeziehens oder Zurückweisens der Reaktionen anderer auf das endgültige Produkt. In der Kritiker-Phase des kreativen Zyklus ist es besonders wichtig, die Reaktionen anderer als Feedback statt als Fehlschläge zu verstehen. Ich habe darüber in meinem Buch *Strategies of Genius* geschrieben:

Ich bin der Meinung, daß jeder den Träumer, Realisten und Kritiker bereits in sich hat. Doch leider liegen der Träumer und der Kritiker gewöhnlich im Streit miteinander. Bei einer typischen Geschäftsbesprechung kann es sein, daß ein Träumer, ein Realist und ein Kritiker zugegen sind. Statt in einer abgestimmten Strategie zusammenzuarbeiten, sagt der Träumer dann etwas, der Kritiker führt Argumente an, die gegen das Gesagte sprechen, und dann zeigt der Träumer eine Polaritätsreaktion auf den Kritiker. Daraufhin sagt der Realist: »Was haltet ihr denn hiervon?« Auf diese Weise entsteht ein riesiges Chaos, das genaue Gegenteil jener Haltung, die in der Frage »Wie können wir dies so strukturieren, daß die verschiedenen Strategien einander unterstützen?« zum Ausdruck kommt.

Eines der größten Probleme ist, daß der Kritiker nicht einfach nur den Traum kritisiert; vielmehr kritisiert er den Träumer: »Da hast du aber eine dumme Idee entwickelt!« Das Geheimnis der erstaunlichen Produktivität Walt Disneys – und ein Teil des Schlüssels zur Lösung dieses Problems – liegt darin, daß Disney nicht sein Team oder sich selbst kritisierte, sondern den Plan, der dazu diente, den Traum zu verwirklichen. Meiner Meinung nach ist es der Realist, der den Kritiker und den Träumer davon abhält, sich in einer unfruchtbaren Kontroverse zu verbeißen.

Eine der Möglichkeiten, Konflikte zwischen dem Träumer, dem Realisten und dem Kritiker zu vermeiden, besteht darin, die drei unterschiedlichen Funktionen zu erkennen, sie in ihrer Bedeutung zu würdigen und sie zu organisieren. Disney setzte die verschiedenen Phasen des kreativen Zyklus sehr systematisch um. Er war sich ganz genau darüber im klaren, in welcher Entwicklungsphase sich ein bestimmter Trickfilm, ein normaler Film oder ein Projekt befand, und er benutzte in jeder Phase ganz spezifische Strategien.

In der Kritiker-Phase bediente er sich als Evaluationsprozedur unter anderem der multi-sensorischen Überprüfung *(multi-sensory check)*. Hierfür gibt es ein interessantes Beispiel aus der Zeit, als er für einen seiner Freizeitparks die Attraktion *Pirates of the Caribbean* (»Piraten der Karibik«) entwickelte. In dieser Show sollte eine New-Orleans-Atmosphäre produziert werden. Doch als er die Produktion inspizierte, hatte er das Gefühl, daß irgend etwas ganz und gar nicht »richtig« war. Da setzte er sich mit dem Mann, der den Boden fegte, mit einer Serviererin und mit noch jemandem vom Personal, der gerade in der Nähe stand, an einen Tisch und sagte: »Irgend etwas stimmt hier noch nicht ganz. Hört sich das hier wie New Orleans an?« Man hatte sich die größte Mühe gegeben, authentische Musik auszusuchen und die passenden Hintergrundgeräusche für die Szenerie zu finden. »Fühlt es sich an wie New Orleans?« Man hatte ein spezielles System installiert, mit dem man die Luftfeuchtigkeit und die Temperatur jener Stadt originalgetreu reproduzieren konnte. »Riecht es wie New Orleans?« Man hatte typisch kreolische Essensgerüche erzeugt, die mit Hilfe von Ventilatoren von strategisch wichtigen Punkten aus im Raum verbreitet wurden. »Sieht es aus wie New Orleans?« Man hatte Gebäude jener Stadt nachgebaut, einschließlich jener schmiedeeisernen Zäune, die für das French Quarter von New Orleans typisch sind, und die Darsteller in authentische Kostüme der Blütezeit jener Stadt gekleidet.

Der Mann, der den Boden kehrte, hatte eine Zeitlang in Louisiana gelebt. Er meldete sich schließlich zu Wort und sagte: »Etwas, wodurch es mich noch stärker an New Orleans erinnern würde, wären Glühwürmchen. Ich kann mir keinen heißen Sommerabend in New Orleans ohne Glühwürmchen vorstellen.« Disney sagte: »Das ist es!« Der junge Mann erhielt einen Bonus, und Disney ließ von seinen Leuten 1200 lebende Glühwürmchen heranschaffen, bis man irgendwann eine Möglichkeit fand, sie zu simulieren.

Disney ermutigte und utilisierte die Perspektiven aller. Seine Verpflichtung der Qualität gegenüber spiegelte sich in der systematischen Präzision, mit der er seine kreativen Ideen umsetzte und evaluierte. Um Verwirrung und Konflikte zu vermeiden, verlagerte er sogar unterschiedliche Phasen der Produktionsprozesse an unterschiedliche Orte. Er hatte einen Story-Raum für den Träumer. Die Wände des Story-Raums waren mit Bildern bedeckt, den Storyboards, die zu neuen Einfällen anregen sollten. In der Phase des Realisten hatten seine Animatoren eigene Büros, in denen sich alle Werkzeuge befanden, die Sie brauchten, um die Träume zum Leben zu erwecken. In der Kritiker-Phase arbeiteten alle in einem kleinen, beengten Vorführraum unter der Treppe, dem die Animatoren den Namen »Schwitzkasten« gegeben hatten.

Integrieren multipler Perspektiven

Die folgenden Schritte beschreiben die allgemeine Evaluationsstrategie, die ich bei zahlreichen Projekt-Teams in der Kritiker-Phase angewandt habe.

1. *Legen Sie die spezifischen Ziele und Kriterien für das Produkt fest.*
   Legen Sie für jeden Einzelbestandteil fest, welche spezifische Reaktion Sie dadurch beim Benutzer hervorlocken wollen. Wollen Sie beispielsweise bei ihm das Gefühl auslösen, daß er etwas Einfaches tut, etwas Wichtiges, etwas, das Spaß macht, usw.? Möchten Sie, daß der Benutzer sich wohlfühlt?
   a. Um dies zu erreichen, müssen Sie sich darüber im klaren sein, für WEN das Produkt gedacht ist: für einen Unkundigen? Für einen erfahrenen Anwender?
   b. Bei der Entwicklung Ihres Produkts ist es nützlich, Input von verschiedenen Gruppen zu berücksichtigen: von den Entwicklern, den Technikern, den Vermarktern und den Benutzern.
2. *Vergleichen Sie die Reaktionen verschiedener Leute auf die Idee.*
   Stellen Sie fest, was verschiedene Gruppen von Menschen in Reaktion auf das Produkt sehen, hören oder fühlen. Vergleichen Sie die Reaktionen derjenigen, die erlebt haben, was sie Ihrer Absicht gemäß erleben sollten, mit den Reaktionen derer, bei denen dies nicht der Fall war. Finden Sie heraus, was für diejenigen, die nicht Ihren Vorstellungen entsprechend reagiert haben, hinzugefügt, verändert oder entfernt werden müßte, damit sich auch bei ihnen die beabsichtigte Reaktion einstellt (im Gegensatz zu dem, was sie an dem Produkt bemängelt hatten).

   Vermeiden Sie es, in dieser Phase irgendwelche Vorschläge zu kritisieren oder zu bewerten. Sie wollen niemanden ersticken oder angreifen. Das ist aus den folgenden Gründen wichtig:
   a. Diejenigen, die an dem Projekt mitgewirkt und eine Menge investiert haben, könnten das Gefühl bekommen, ihre Leistung werde nicht gewürdigt und die Bewerter seien »pingelig«.
   b. Mit den Dingen nicht vertraute Bewerter könnten das Gefühl bekommen, für »dumm« gehalten zu werden, oder sie könnten sich eingeschüchtert fühlen, oder sie könnten glauben, man würde ihnen nicht zuhören.

3. Filtern Sie die Vorschläge
Stellen Sie fest, ob es möglich ist, jene gewünschten Ergänzungen auf vernünftige Weise dem konkreten Ausdruck der Idee [dem Produkt, Anm. d. Übers.] hinzuzufügen, unter Berücksichtigung der konkreten Einschränkungen, der vorgegebenen zeitlichen Grenzen und der Ziele des Projekts. Erwägen Sie alle Möglichkeiten. Es wird Sie vielleicht überraschen, wie leicht sich vieles einbeziehen läßt, das auf den ersten Blick schwierig erschien.

RWD: Daß man eine Idee aus unterschiedlichen Perspektiven betrachtet, ist sehr wichtig für ihre erfolgreiche Umsetzung. Wenn man sich irgendeine Erfindung anschaut, die erfolgreich vermarktet wurde – also ein erfolgreiches Produkt –, dann trägt meiner Einschätzung nach die eigentliche Erfindung vielleicht zu fünfundzwanzig Prozent zum Erfolg des Produkts bei. Weitere fünfundzwanzig Prozent des Erfolgs sind der Qualität der Herstellung und einem guten Design zuzuschreiben – also der Fähigkeit, das Produkt marktgerecht zu produzieren, und zwar zu einem Preis, der als bezahlbar angesehen wird, der aber andererseits so hoch ist, daß es möglich ist, ein qualitativ hochwertiges Produkt herzustellen.

Weitere fünfundzwanzig Prozent des Erfolgs eines Produkts sind meiner Meinung nach der Vermarktung zuzuschreiben. Wenn Sie eine bessere Mausefalle bauen, wird die Weltöffentlichkeit nicht unbedingt eine Autobahn zu ihrer Haustür bauen, um an das Produkt heranzukommen, weil die Öffentlichkeit zunächst einmal erfahren muß, was Sie produziert haben. Sie müssen der Weltöffentlichkeit zunächst einmal mitteilen, daß Sie eine bessere Mausefalle gebaut haben, sonst wird sich niemand zu ihrer Haustür verirren. Wenn Sie eine bessere Mausefalle oder die Jaqui-Antenne erfunden haben und dann warten, daß die Kunden den Weg zu ihrer Haustür finden, könnte es sein, daß es Ihnen nicht mehr gelingt, Ihr Produkt zu Ihrem Vorteil zu nutzen, weil es einfach zu lange dauert. Das Originalpatent auf die Jaqui-Antenne erlosch, bevor die Frequenzmodulation und das Fernsehen die Bedeutung bekamen, die sie heute haben. Und jede Antenne, die Sie auf dem Dach eines Hauses sehen, verletzt wahrscheinlich die Ansprüche jenes Patents, das bereits vor Jahren erloschen ist. Sie müssen die Information verbreiten, daß Sie über ein bestimmtes Patent verfügen bzw. daß Sie ein bestimmtes Produkt herstellen.

Die letzten fünfundzwanzig Prozent des Erfolgs eines Produkts gehen wahrscheinlich zu Lasten des Finanz-Managements. In dem Maße, wie es einem Erfinder oder einem Team gelingt, neben Ideen, Herstellungsverfahren und Marketingfragen auch die finanzielle Umsetzung der Idee zu realisieren, hat das Produkt eine (mehr oder weniger) gute Chance, erfolgreich zu sein. Wenn Sie vorhaben, sich um Investoren zu bemühen, die die Realisation Ihrer Erfindung unterstützen, dann denken Sie daran, daß solche Leute nicht gerne in eine einzige Idee oder in eine einzige Person investieren. Es beeindruckt mich immer wieder, daß die Teilnehmer der Kreativitätsseminare, die wir durchführen, oft spontan und unbewußt Vierergruppen bilden – denn das ist die Art von Gruppierung, die Investoren gewöhnlich gerne sehen, weil eine gewisse Wahrscheinlichkeit besteht, daß in solchen Fällen alle vier oben aufgeführten Bereiche berücksichtigt werden. Diese Größe ist auch typisch für Projekt-Teams, die sich innerhalb von Organisationen bilden. Um innerhalb einer Firma auf effektive Weise ein neues Produkt zu entwickeln, braucht man mindestens je einen Mitarbeiter aus den Bereichen Entwicklung, Produktion, Marketing und Finanzen.

Wenn Sie eine gute Geschäftsidee und das richtige Team haben, erhalten Sie die Unterstützung von Investoren möglicherweise auch für eine einzelne Idee. Zu einem solchen Team gehört gewöhnlich eine Person, die die treibende Kraft ist – der Erfinder, ein engagierter Fürsprecher, der Geist, der hinter der Idee steckt. Aber auch der Rest der Organisation muß dahinterstehen, einschließlich der Herstellung, des Marketings und des Finanz-Managements. Wenn all dies gegeben ist, werden Sie gewöhnlich Investoren finden, die bereit sind, das Vorhaben zu unterstützen, auch wenn es sich nur um eine einzige, ganz spezifische Idee handelt.

Wenn die betreffende Gruppe bereits mehrere Ideen oder mehrere Variationen der gleichen Idee entwickelt hat, ist es natürlich erheblich leichter, finanzielle Unterstützung zu finden. Es ist ähnlich wie bei jenem Mann, den ich einmal kennenlernte, der Zahnbürsten verkaufte. Er besuchte die einschlägigen Läden und versuchte, seine Zahnbürsten zu verkaufen. Sein Problem war nur: Wenn er in eine Drogerie ging und sagte: »Wollen Sie Zahnbürsten kaufen?«, und die Antwort lautete »Nein«, mußte er zur nächsten Drogerie gehen, die vielleicht mehrere Blocks weit entfernt war. Es gelang ihm erst, seinen Lebensunterhalt durch diesen Handel zu verdienen, als er anfing, zusätzlich auch mit Atemerfrischern, Sicherheitsnadeln und noch drei oder vier weiteren Produkten zu handeln. Wenn er nun in eine Drogerie ging und fragte: »Wollen Sie Zahnbürsten kaufen?«, und die Antwort lautete »Nein«, dann fuhr er fort: »Wie sieht es denn mit Atemerfrischern oder Sicherheitsnadeln aus?« Aufgrund seines größeren Angebots bestand eine relativ hohe Wahrscheinlichkeit, daß er nie eine Drogerie umsonst aufsuchte.

Bei Erfindungen ist es ganz ähnlich. Es ist ziemlich schwierig, eine einzige Erfindung zu vermarkten. Wenn Sie das Glück haben, eine Reihe unterschiedlicher

Der Kritiker 245

Erfindungen gemacht zu haben, und Sie sprechen über eine dieser Erfindungen mit jemandem, der nicht daran interessiert ist, so ist der Betreffende möglicherweise an einer der anderen Erfindungen interessiert oder daran, mehrere davon zusammenzufassen und sie als Gruppe zu entwickeln.

Die Idee für andere »verpacken«

RBD: Ein großer Teil aller Kreativität steht damit in Zusammenhang, in welchem »Rahmen« man etwas präsentiert – so wie beim Pet-Rock-Phänomen [»Haus- oder Schmusestein« – siehe oben; Anm. d. Übers.]. Wie schafft man es, einen Haufen Steine zu verkaufen und damit eine Million Dollar zu machen? Das ist keine Funktion des Inhalts, sondern dessen, wie derselbe »gerahmt« wird. Der Rahmen, mit dem man etwas versieht, gibt dem betreffenden Objekt seine Bedeutung.

Das gleiche gilt auch für die Vermarktung einer Idee oder einer Erfindung. Es ist eine Sache, eine Innovation zu entwickeln. Aber wenn Sie anfangen, sich mit Fragen in der Art von »Wie kann ich das jemandem verkaufen?« – »Was könnte jemand anderen daran interessieren?« – »Wie soll ich den Wert dieser Sache jemand anderem erklären?« zu beschäftigen, dann verändert und verfeinert das Ihre Wahrnehmung von Ihrer eigenen Idee.

Deshalb ist einer der letzten Schritte innerhalb des kreativen Prozesses das Rahmen, das »Verpacken«, das Vermarkten Ihrer Idee oder Ihres Produkts. Sie selbst mögen davon überzeugt sein, daß Ihre Idee großartig ist, aber wie wollen Sie andere Menschen dazu bringen, das gleiche darin zu sehen wie Sie selbst? Oft ist das gar nicht so leicht zu bewerkstelligen.

Im Computer-Business gibt es das Phänomen der »Five year overnight sensation«. Damit ist gemeint, daß ein Produkt oder eine Idee schon seit fünf Jahren existiert, bevor schließlich jemand ihren Wert erkennt und die Sache über Nacht zu einer Sensation wird.

RWD: Wenn etwas für sich allein genommen das Interesse von Menschen nicht zu wecken vermag, könnte es in Verbindung mit etwas anderem dennoch Interesse auf sich ziehen. So hatte beispielsweise jener Mann, der Zahnbürsten zu verkaufen versuchte, einen Freund, der dem gleichen Gewerbe nachging. Jener Freund pflegte zum Flughafen zu gehen und auf die Passagiere zu warten, die aus den ankommenden Flugzeugen ausstiegen. Diesen bot er seine Zahnbürsten an, als Möglichkeit, sich nach der langen Reise den Mund frisch zu machen. Er hatte allerdings auf diese Weise zunächst keinen sonderlichen Erfolg. Eines Tages kam ihm der Gedanke, jemand anders damit zu beauftragen, den Passagieren bei Verlassen des Flugzeugs gratis Süßigkeiten anzubieten. Viele der Ankömmlinge nahmen tatsächlich geistesabwesend ein Bonbon an und aßen es auf dem Weg in die Abfertigungshalle. Dort erwartete sie dann im Ankunftsbereich der Zahnbürstenverkäufer und fragte: »Wollen Sie eine Zahnbürste kaufen? Falls Sie etwas Süßes gegessen haben, werden Sie wahrscheinlich eine brauchen.« Durch diese Methode gelang es ihm, seine Verkäufe erheblich zu steigern.

RBD: Eine Idee zu haben, ist eine Sache, sie zu schützen, eine andere, und andere Menschen dazu zu bringen, sie anzuerkennen, ist wieder etwas anderes. Auf die Innovation und Erfindung (die »Invention«) folgt die Evaluation. Wenn Sie eine Idee praktisch umgesetzt haben, wie stellen Sie sie dann dem Rest der Welt vor? Und wie beeinflußt die Reaktion anderer Ihre Kreativität?

Filter und Verstärkungen

Ein Ziel der Phase des Kritikers besteht darin herauszufinden, wie etwas in einen größeren Kontext oder in ein System hineinpaßt.

Auf einer Mikro-Ebene – auf der Ebene des Individuums – werden Filter und Verstärkungen durch persönliches Coaching entwickelt und gefördert. Der Coaching-Prozeß beinhaltet die Anwendung der Werkzeuge des R.O.L.E.-Modells – Physiologie und Repräsentationssysteme – in Form mentaler Strategien. Wir haben in Form der Utilisations-Übungen und der Strategie des New-Behavior-Generators verschiedene Coaching-Prozesse erforscht.

Auf einer Makro-Ebene – der Ebene der sozialen Systeme und Organisationen – werden durch umwelt- und kontextbedingte Beschränkungen und ebensolches Feedback Filter und Verstärkungen entwickelt und gefördert. In einem Wirtschaftsunternehmen geschieht dies durch Verwaltungsakte. Während Verstärkung auf der Mikro-Ebene in Form persönlicher Befriedigung auftreten kann, kann sie sich auf der Makro-Ebene beispielsweise in Form von Bestätigung durch die öffentliche Meinung, Geld oder in manchen Fällen in Form des Vermeidens von Kritik und Bestrafung manifestieren.

Soziale Filter

Filter und Verstärkungen der Makro-Ebene manifestieren sich im allgemeinen durch die Werte und Glaubenssysteme der Organisationskultur.

Beispielsweise wird in den USA kreative Rechtschreibung nicht in der Weise gefördert, wie es in England zur Zeit William Shakespeares der Fall war. Als Shakespeares Vater seinen Landbesitz registrieren ließ, ließ er seinen Namen auf sechs verschiedene Weisen in das Register eintragen. Weil man Namen auf viele verschiedene Weisen schreiben konnte, wollte man sicher gehen, daß alle denkbaren Grundformen berücksichtigt waren. Die Menschen, die die englische Sprache »erfanden«, machten sich anfangs über eine konsistente phonetische Schreibweise keine Gedanken – und mit dem, was dabei herauskam, müssen wir uns heute herumschlagen. Das ist wahrscheinlich der Grund, weshalb der Name Shakespeare mit so vielen Buchstaben geschrieben wird, die nicht ausgesprochen werden.

Tatsächlich fördern verschiedene Organisationskulturen unterschiedliche Werte und Überzeugungen und damit auch unterschiedliche Prozesse der Kreativität.

Während der 70er und 80er Jahre wurden in den USA einerseits und in Japan andererseits signifikant unterschiedliche Arten von Filtern gefördert. Die Japaner tendierten auf einer bestimmten Ebene zu einem Mangel an Kreativität, sie waren aber trotzdem in hohem Maße erfinderisch. Statt sich auf Innovationen im großen Stil zu konzentrieren, nahmen sie sich bereits existierende Dinge vor und verbesserten diese kontinuierlich. Die Amerikaner hatten die Tendenz, »Quantensprünge« und »Durchbrüche« höher zu bewerten als stetige, kontinuierliche Verbesserungsarbeit. Außerdem neigen Amerikaner dazu, sich stärker mit der Tätigkeit des Erfindens mit innovativen Ideen zu identifizieren. Eine US-Firma schaut sich das Computer-Programm einer Konkurrenzfirma an und sagt: »Es ist nicht bei uns entwickelt worden. Unsere Leute müssen das machen. Es muß unser Produkt sein.« Japanern ist so etwas gleichgültig. Sie nehmen Produkte aus jeder Quelle. Japan und die USA betonen beim Prozeß des Erfindens unterschiedliche Filter und Verstärkungen.

RWD: Ich habe vor einigen Jahren einen Artikel über das sowjet-russische Patentsystem gelesen. Es gab allerdings bei den Russen eigentlich gar kein richtiges Patentsystem. Vielmehr taten Erfinder nichts weiter, als sich um einen Heldenorden zu bewerben. Das war praktisch alles, was man bekam: ein Urheber-Zertifikat

(Erfinderschein). Dieses bestätigte, daß man der Erfinder einer Sache war. Und in gewisser Hinsicht ist dies ein gutes Verfahren. Was Erfinder und kreative Menschen oft suchen, ist Anerkennung. Wenn man etwas entwickelt hat, möchte man, daß andere Menschen davon erfahren. Anerkennung ist wichtig. Doch wurde in jenem Artikel über das sowjet-russische Patentsystem, den ich damals las, darauf hingewiesen, daß sich in der ehemaligen Sowjet-Union diejenigen, die sich mit Forschungs- und Entwicklungsarbeiten befaßten, nicht darum kümmerten, ob sie die Rechte anderer verletzten.

Ein Wissenschaftler sagte: »Ich mag Forschung und Entwicklung, deshalb arbeite ich ja in diesem Bereich. Ich mag auch Kreuzworträtsel. Es ist mir aber ziemlich gleichgültig, wie oft ein bestimmtes Kreuzworträtsel bereits gelöst worden ist. Mich interessiert allein die Frage: Kann *ich* es lösen? Es interessiert mich nicht, ob die Autowerke in Sibirien Millionen von Dollars im Jahr in die Lösung eines bestimmten Problems investiert haben. Ich möchte an diesem Problem arbeiten, weil es mir gefällt, dies zu tun. Es ist mir egal, was *sie* tun.« Sie führen ihre Forschungsarbeiten durch, weil sie etwas tun, das sie gerne tun, und es gibt keinen Grund für sie, sich darum zu kümmern, ob die gleichen Untersuchungen schon von irgend jemand anderem durchgeführt worden sind. Sie sehen keinen Grund, in den Katalogen über bereits angemeldete Patente nachzuschauen, ob vielleicht schon ein anderer das gleiche Problem gelöst hat. Sie interessiert nur, ob sie etwas tun, das sie gern tun – die Frage, ob es etwas ist, das sie tun wollen.

Das amerikanische System unterscheidet sich vom sowjet-russischen, weil es bei uns das private Unternehmertum gibt. Niemand in den Vereinigten Staaten würde eine Menge Geld dafür ausgeben, Untersuchungen über etwas durchzuführen, das bereits patentiert worden ist. Im Patentbüro in Washington hängt ein Schild mit einem Zitat, das angeblich von Lincoln stammt und lautet: »Das Patentrecht fügte dem Feuer der Kreativität das Öl des Ertrags hinzu.« Das Patentrecht schafft einen Profit-Anreiz. Das Phänomen des privaten Unternehmertums stellt nicht nur dem Erfinder eine finanzielle Belohnung in Aussicht, sondern auch der Firma, die den Erfinder unterstützt.

Das Patentsystem selbst hat sogar eine noch weitreichendere Funktion. Seine beiden wichtigsten Aspekte sind: 1) den Erfinder dazu zu ermutigen, seine Idee der Öffentlichkeit zu unterbreiten, statt sie geheimzuhalten, wofür er als Gegenleistung ein Monopol darauf erhält, und 2) die Industrie dazu zu ermutigen, den Erfinder zu unterstützen und in seine Arbeit zu investieren.

Ungefähr seit 1950, kurz nach dem Zweiten Weltkrieg, fing die US-Regierung an, Forschung und Entwicklung im großen Maßstab zu fördern. Das Verteidigungsministerium, die NASA und die Atomenergie-Kommission investierten viele Millionen von Dollar in Forschungs- und Entwicklungsverträge. Dadurch sind viele Erfindungen entstanden, die in den Besitz der Regierung übergingen.

Ursprünglich gingen die Erfindungen, die aus jenen Verträgen hervorgingen, nicht ins Eigentum der Regierung über, sondern die Regierung hatte nur eine Lizenz auf sie. Die Regierung hatte eine tantiemenfreie Lizenz auf alle Erfindungen, die im Rahmen der mit Bundesmitteln geförderten Forschungsaufträgen entstanden waren. Aber es gab einige Senatoren, die argumentierten: »Wenn die amerikanische Öffentlichkeit für diese Forschungs- und Entwicklungsprojekte bezahlt hat, steht ihr auch die Nutzung der Resultate zu; diese Patente sollten Eigentum der Bundesregierung werden.« Deshalb verabschiedete der Kongreß Gesetze, die beinhalteten, daß die Ergebnisse von Forschungsaufträgen der Regierung im Bereich der Atomenergie in den Besitz der Regierung übergehen sollten.

Das Problem ist, daß ein Patent, das der Regierung gehört, dem Volk gehört, und daß etwas, das der Allgemeinheit gehört, damit praktisch niemandem gehört. Es wurde eine Menge Forschungs- und Entwicklungsarbeit durchgeführt, die zu patentierbaren Ergebnissen führte, welche in den Besitz des Bundes übergingen. Beispielsweise wurde im Bereich der chemischen Forschung ein bestimmtes Medikament entwickelt und patentiert, doch kein Chemieunternehmen nutzte es, weil es viele Millionen von Dollar gekostet hätte, es auf den Markt zu bringen.

Kein Unternehmen war bereit, soviel Geld in das Medikament zu investieren, ohne die Gewißheit zu haben, daß sich die zur Vermarktung notwendigen Investitionen amortisieren ließen. Die Folge war, daß jene Patente nie genutzt wurden. Um dieses Problem zu beseitigen, bot die US-Regierung den Arzneimittelfirmen an, ihnen eine Exklusiv-Lizenz für das Medikament zu geben, wenn eine von ihnen die notwendigen Investitionen tätigen würde. Das klang zwar gut, aber letztendlich glaubte niemand daran, daß die Regierung die Exklusivität der Lizenz tatsächlich durchzusetzen würde, nachdem sie einmal erteilt worden wäre. Niemand glaubte, daß die Regierung einer anderen Firma, die das Medikament ohne Lizenz ebenfalls auf den Markt brächte, eine Strafe oder Buße auferlegen würde.

Deshalb gab die Bundesregierung die Praxis auf, Exklusiv-Lizenzen zu vergeben. Forschungs- und Entwicklungsprojekte werden in den USA heute bei weitem nicht mehr in dem Maße gefördert wie in früheren Jahren. Statt dessen erhalten sogenannte »Forschungs- und Entwicklungs-Partnerschaften« Steuervergünstigungen, was derartige Aktivitäten anregen soll. Wir sind in sehr starkem Maße von Forschungs- und Entwicklungsprojekten abhängig, wenn wir unsere wirtschaftliche Spitzenposition in der Welt und damit eine starke ökonomische Position behalten wollen. Wenn die US-Bundesregierung Forschungs- und Entwicklungsprojekte nicht großzügig unterstützt, könnten wir sehr rasch unsere Vorrangstellung einbüßen.

Schauen wir uns einige der großen amerikanischen Firmen an. RCA ist ein gutes Beispiel. Ich selbst habe RCA vor einigen Jahren verlassen und bin zur Westküste übergesiedelt. Zu jener Zeit setzte man bei RCA noch auf jene alten Elektronenröhren mit netzförmigen Metallgebilden im Inneren. Ich interessierte mich für die Geschwindigkeits-Modulation, die Varian Kleistron entwickelt hatte und die die Firma Eimac baute. Ich erinnere mich noch genau daran, daß ungefähr zur gleichen Zeit jemand bei der Firma Bell Telephone Labs etwas entwickelt hatte, das angeblich das gleiche zu leisten vermochte wie unsere Röhren. Sie nannten diese Dinger »Transistoren«. Aber das war etwas, das uns völlig fremd war. Es paßte zu jener Zeit nicht in das Wahrnehmungsraster der Firma RCA. Und mit Sicherheit stand es in krassem Gegensatz zu allem, was die Firmen Varian und Eimac produzierten.

Dies ist ein Beispiel dafür, wie Erfolg der Kreativität im Wege stehen kann. Die erfolgreiche und etablierte Firma, die ein Produkt verkauft und viel Geld damit verdient, ist nicht sonderlich an neuen Produkten interessiert. Solche Firmen hören auf, kreativ zu sein, weil sie mit der Art, wie sie seit geraumer Zeit arbeiteten, zu erfolgreich gewesen sind. Wir können dies in den USA bei allen großen Firmen beobachten. Und wir können es auf internationaler Ebene auch bei ganzen Nationen beobachten. Wenn ein Land aufhört, kreativ zu sein, und wenn es sich nicht mehr bemüht, an der Spitze zu bleiben, sondern sich statt dessen auf den Erfolgen der Vergangenheit ausruht, dann ist Vorsicht geboten. Es könnte sein, daß dies der Anfang vom Ende ist.

RBD: Die Kultur einer Organisation entscheidet darüber, welche Art von Werten bevorzugt wird, und sie kreiert außerdem einen Kontext, der bestimmte Arten von Aktivitäten anderen gegenüber bevorzugt. Werte entscheiden darüber, welche Art von Ergebnissen verstärkt wird. Eine Organisation, die finanziellen Erfolg höher einstuft als Innovation und Qualität, zieht bestimmte Menschentypen an und ermutigt zu bestimmten Arten von Kreativität. Ein anderer Aspekt des organisationsspezifischen Einflusses auf die Kreativität steht mit der Quelle des Feedbacks in Zusammenhang. Mit anderen Worten: Wer entscheidet darüber, was akzeptiert und verstärkt wird und was nicht? Stammt die Evaluation von Gleichgestellten, Angehörigen der Verwaltung, Kunden oder der breiten Öffentlichkeit?

RWD: Ein Beispiel für verschiedene Arten von kulturellen und organisationsspezifischen Filtern und Verstärkungen ist der Unterschied zwischen der Art von Kreativität, die von der Industrie gefördert wird und derjenigen, die die Universitäten fördern. Ich hatte das große Glück, einmal mit einem Mann namens Terman sprechen zu können, der ein wichtiges Grundlagenwerk über Elektronik geschrieben hat. Er war Professor an der Stanford University, und er hatte mit Russell Varian in der Zeit zusammengearbeitet, als Varian das Kleistron erfunden und die Firma Varian Associates ins Leben gerufen hat. Deshalb unterhielt ich mich mit ihm. Ich sagte zu ihm: »Wissen Sie, wir in der Industrie beneiden die Leute an den Universitäten, weil sie die ganze Grundlagenforschung machen. Sie leisten die wirklich wichtige Arbeit. Wir erfinden lediglich Geräte; wir wandeln die Ergebnisse der Grundlagenforschung in etwas um, das man der Öffentlichkeit verkaufen kann.« Daraufhin antwortete er: »Wir sehen es genau umgekehrt. Natürlich erforschen wir die Sterne und die Spiralnebel da draußen, aber nichts, was irgend jemandes Leben wirklich konkret betrifft. Wir alle beneiden die R & D-Gruppen (Forschungs- und Entwicklungsteams) in der Industrie, in denen die Dinge erfunden werden, die tatsächlich einmal eine Rolle im Leben von Menschen spielen oder die tatsächlich einmal jemand benutzen wird, um ein erstrebenswertes Ziel zu erreichen.«

Ich weiß nicht, wer von beiden kreativer ist, die Universität oder die Industrie. Ist breitangelegte Innovation kreativer als das Erfinden spezifischer Dinge, das die breitangelegte Grundlagenforschung in Erfolg ummünzt?

Es gibt ein altes Sprichwort, das lautet: »Die Notwendigkeit ist die Mutter der Erfindung.« Man muß unter Druck und Streß stehen, man muß von etwas getrieben werden, um Erfindungen machen zu können. Vielleicht besteht in der Industrie eine größere Dringlichkeit, ein größerer Druck, Erfindungen zu entwickeln. Es gibt aber auch das Gegenargument, daß niemand im Zustand der Selbst-Befangenheit etwas erfinden kann, daß niemand kreativ sein kann, wenn er unter zu großem tagtäglichem Druck und Streß steht. Dieser Argumentation zufolge wäre die Universität der Ort, wo die größte Kreativität beheimatet sein müßte. Meiner Meinung nach ist der Katalysator für Kreativität und Erfindertum die Gegenwart anderer Menschen mit ähnlichen Fähigkeiten, ähnlichem Enthusiasmus und ähnlichen Interessen.

Wenn ein kreativer, begabter Mensch mit einem anderen begabten Menschen zusammentrifft, tauschen beide Informationen und ihre Begeisterung über eine Erfindung aus. Wenn man wirklich Erfindungen fördern will, ist das Wichtigste, was man tun muß, Menschen auf der Grundlage gemeinsamen Interesses zusammenzubringen, die den gemeinsamen Wunsch haben, etwas Neues und Andersartiges zu tun. Über das, was dabei dann herauskommt, wird man vermutlich in vielen Fällen staunen.

Das könnte einer der Gründe dafür sein, weshalb die Fluktuation von Mitarbeitern zwischen den verschiedenen Firmen in Silicon Valley so stark ist. Wenn man einer der dortigen Firmen einen Besuch abstattet, weiß man nie, ob man noch irgend einen Mitarbeiter dort antrifft, den man vom letzten Besuch her kennt. Hingegen kann es sein, daß man jemanden dort antrifft, der in der Woche davor noch bei einer anderen Firma angestellt war. Durch die ständige Fluktuation und Interaktion zwischen Angehörigen der verschiedenen Unternehmen wird eine Menge Kreativität freigesetzt.

Erfindungen entstehen, wenn die Erfinder nicht selbst-befangen sind und wenn sie durch andere Menschen angeregt werden. Menschen erfinden Dinge, wenn sie optimistisch sind. Als ich für die Elektronikfirma Eimac arbeitete, hatte ich viel Kontakt mit den beiden Männern, die die Firma leiteten: Bill Eitel und Jack McCullough. Das waren zwei interessante Männer. Niemand anders, den ich je kennengelernt habe, war ihnen ähnlich. Eitel war der Chef und McCullough der Vice-Chef und gleichzeitig Sekretär und Schatzmeister des Unternehmens. Ihre Positionen gaben ihnen gleich große Macht. Sie arbeiteten im gleichen Büro, und ihre Schreibtische standen einander gegenüber. Wenn man sie aufsuchte, um mit einem von ihnen zu sprechen, kam man nicht umhin, sich mit beiden auseinanderzusetzen. Später, nachdem die Firma beträchtlich gewachsen war und ein neues Gebäude errichtet wurde, teilten die beiden Chefs sich immer noch ein Büro, das groß genug war, um ihren beiden Schreibtischen Platz zu bieten. Bill war immer der freundliche und offenherzige. Wenn man das Büro betrat, hätte man meinen können, daß Bill derjenige war, der die Firma wirklich im Griff hatte. Und nicht nur das, er war auch immer auf überzeugende Weise enthusiastisch, wenn man ihm neue Ideen präsentierte. Jack hingegen saß ruhig im Hintergrund, während Bill das Gespräch lenkte und seinen Gesprächspartner dazu ermutigte, seine Ideen in aller Ausführlichkeit zu erläutern. Wenn man dann so unklug war, diese scheinbar vorteilhafte Situation über Gebühr zu strapazieren, und deshalb zu sehr »abhob«, stellte Jack eine Frage, die einen blitzartig wieder auf den Boden zurückholte. Wenn man glaubte, gute Arbeit zu leisten, und Bill dazu gebracht hatte, noch einen weiteren Mann einzustellen, und er dann sagte: »Oh, das ist wirklich eine gute Idee. Wir sollten wirklich mehr Patente aushecken. Ich glaube, wir stellen noch jemanden ein«, und man dann vorschlug: »Vielleicht sollte man es gleich mit zwei oder drei zusätzlichen Mitarbeitern versuchen«, dann meldete sich Jack und

Der Kritiker

sagte: »Einen Augenblick mal. Glauben Sie wirklich, Sie können so viele Leute sinnvoll beschäftigen?«

Bill und Jack arbeiteten als Erfinder zusammen, und sie haben gemeinsam viele Erfindungen entwickelt. Auch Russell und Sigurt Varian haben viele Erfindungen gemeinsam entwickelt, und das gleiche gilt für Hanson und Varian. Bei solchen Erfinderpaaren wird man oft feststellen, daß einer von beiden die Ideen liefert – die Rolle des Träumers übernimmt, der jede Minute eine neue Idee entwickelt, von denen einige gut sind –, während dem anderen die Rolle des Kritikers zufällt, der ersterem sagt, welche Ideen brauchbar sind. Dieser Zweite verfügt über die Fähigkeit zu filtern, seinen Background und sein Wissen für die Überprüfung und Verfeinerung der Idee zu nutzen. Es ist nicht möglich, neue Ideen zu entwickeln und diese gleichzeitig auch schon kritisch zu betrachten.

RBD: Der Unterschied zwischen den Firmen Activision und Atari Anfang der 80er Jahre veranschaulicht ebenfalls sehr gut, wie die Art des organisatorischen Backgrounds sich auf die Kreativität eines Unternehmens auswirken kann. Damals hatte die Videospiel-Welle einen ersten Höhepunkt erreicht, und Atari war eine der erfolgreichsten Firmen in Silicon Valley. Die Firma wurde von Warner Brothers gekauft, einem gigantischen Unternehmen im Bereich der Kommunikationstechnik. Wie so viele andere in Silicon Valley entwickelte sich auch Atari von einer relativ kleinen Organisation, die von hochmotivierten und äußerst kreativen Mitarbeitern getragen wurde, zu einer riesigen Firma, die mit Hilfe traditioneller Management-Praktiken geführt wurde. Atari durchlief eine Entwicklung von einer Organisation, die die Phase des Träumers besonders hervorhob, zu einer solchen, bei welcher die Funktion des Realisten die entscheidende Rolle spielte. Irgendwann fing man an zu überlegen, wie sich Kosten einsparen ließen, und man verlagerte die Produktionsanlagen nach Taiwan. Eine Anzugsordnung wurde erlassen, die besagte, daß die Angestellten Schuhe tragen müßten, und ähnliches mehr. Das bedeutet, daß die Organisationskultur nicht mehr mit dem unternehmerischen Geist kongruent war, welcher der Firma ursprünglich zu ihrem Erfolg verholfen hatte.

Die Firma Xerox geriet in ihrem Forschungszentrum in Palo Alto in eine ähnlich schwierige Situation. Ende der 70er und Anfang der 80er Jahre hatten sich dort einige der innovativsten Denker jener Zeit versammelt. Dann beschloß die Firma, sich nun einmal ernsthaft mit dem zu befassen, was da entwickelt wurde. Deshalb wurde angeordnet, daß sich die Entwickler fortan rasieren müßten, außerdem sollten sie Stempeluhren drücken und ähnliches mehr. Daraufhin verließen viele fähige Leute das Forschungslabor von Xerox und wanderten zu Apple ab, wo sie den Macintosh entwickelten.

Viele verließen Atari und wechselten zu Activision über. Bei Activision wurden Designer wie Primadonnen behandelt. Die Firma zahlte ihnen sechsstellige Jahresgehälter, selbst wenn sie in einem Jahr kein Programm fertigstellten. Wenn die Designer neue Videospiele entwickelt hatten, erhielten sie nur von anderen Designern Feedback, nie vom Management oder von der Marketingabteilung. Wenn ein Designer die Entwicklung eines Spiels abgeschlossen hatte, gab er es an die Marketingabteilung weiter, die sich dann den Kopf darüber zerbrechen mußte, wie man es verkaufen konnte. Die Marketingabteilung mußte ebenso kreativ sein wie die Designer. Die Leute von der Marketingabteilung konnten nicht einfach zu den Designern gehen und ihnen sagen: »So etwas verkauft sich. Schreibt euren Kram gefälligst so, wie *wir* es für richtig halten«. Vielmehr mußten beide Seiten kreativ sein.

Im ersten Jahr des Bestehens der Firma beschäftigte Activision fünfzig Angestellte, die fünfzig Millionen Dollar erwirtschafteten. Eine Million Dollar pro Person (der Angestellten) ist ein wesentlich besseres Durchschnittsergebnis, als man bei Atari erreichte. Bei Atari hatte man eine völlig andere Einstellung und auch eine völlig andere Weise, mit Kreativität umzugehen.

Nun leistete die Strategie der Firma Activision zwar kurzfristig bei einem Team von vier oder fünf Designern gute Dienste, stieß jedoch nach einiger Zeit auf Schwierigkeiten. Durch ihren Erfolg geriet dieses Unternehmen in das gleiche Dilemma, das auch bei Atari aufgetreten war. Als man bei Activision mehr Designer einstellte, kam die Firma mit dem Phänomen »eine Idee pro Minute – und ein paar davon waren gut« in unangenehme Berührung. Mit anderen Worten, es mußten nun mehr Filter eingebaut werden, um die richtigen Spiele herauszufiltern, für deren Vermarktung man Tausende von Dollars ausgeben wollte. Und natürlich probierte man dabei zunächst das übliche Standardverfahren aus – hauptsächlich immer wieder Spiele auszuwählen, die den bereits gut verkauften möglichst ähnelten. Der wichtigste Filter für Produktentscheidungen war also das Feedback des Marktes, das sich in konkreten Umsatzzahlen ausdrücken ließ. Und obgleich dies anfangs durchaus ein effektives Verfahren sein mag, treten durch diese Vorgehensweise irgendwann all die Probleme auf, die sich im Zusammenhang mit Erfolg einstellen und über die wir schon gesprochen haben. Was sich gestern gut verkauft hat und was sich heute gut verkauft, verkauft sich nicht zwangsläufig auch morgen gut. Das Problematische an dieser Strategie ist, daß es daran hindern kann, Innovationen zu entwickeln, die morgen den Erfolg sichern – auch wenn der heutige

Markt und die heutige Technologie noch nicht darauf vorbereitet ist. Und genau das geschah bei Activision. Das Unternehmen fing an, gegenüber kleineren und innovativeren Software-Firmen an Boden zu verlieren.

Die Lösung, die John Grinder und ich vorschlugen, war, man sollte zwei Arten von Anreiz-Strategien anwenden, eine, die auf der Vermarktbarkeit basiere, und eine, die auf dem Aspekt der Innovation beruhe. Wir schlugen vor, die Firma solle vierteljährlich einen Bonus an Entwickler ausschütten, die das am besten vermarktbare Spiel entwickelt hatten, und außerdem einen Bonus für das innovativste Spielkonzept. Der Vermarktbarkeitsbonus sollte von den Marketing-Managern vergeben werden, während der Empfänger des Bonus für Innovation von den Designern selbst durch Abstimmung ermittelt werden sollte. Der Bonus für Innovation wurde also von den eigenen Kollegen vergeben. Damit hatte man ein zweigleisiges Verstärkungssystem.

Meiner Meinung nach ist das Zweite genaugenommen keine »Verstärkung«, da kreative Menschen ohnehin den inneren Antrieb haben, kreativ zu sein. Vielmehr fungierte dieser Bonus für Innovation als eine Art Meta-Botschaft der Organisation über ihre Werte. Tatsächlich sollte er eigentlich mehr eine Evidenz-Prozedur bezüglich der übergeordneten T.O.T.E.-Identität der Firma sein als eine Belohnung. Außerdem entstanden dadurch explizitere Feedback-Schleifen zwischen Marketing-Abteilung und der Ingenieursabteilung einerseits und der Gruppe der Entwickler.

Ein weiteres Beispiel für derartigen Veränderungen der Unternehmenskultur ist die Firma Apple. John Sculley beschreibt dies ausgezeichnet in seinem Buch *Odyssey*. Bevor Sculley zu Apple kam, war die Kultur von Apple vom Image des Revolutionären, des Außenseiters geprägt. Steven Jobs verkörperte das Streben nach einer hohen Innovationsfrequenz, was bedeutete, daß jedes Jahr etwas völlige Neues und Andersartiges vorgestellt werden sollte. Als die Firma jedoch wuchs und auch der Markt größer wurde und sich veränderte, konnte die Firma Apple die Erfüllung ihrer eigenen Ansprüche nicht mehr gewährleisten. Deshalb führte Sculley eine Philosophie der progressiven Innovation ein: Statt zu versuchen, jedes Jahr einen neuen Computer zu entwickeln, entwickelte er eine Strategie der ständigen Verbesserung der bereits existierenden Produktlinie in Form neuer, veränderter Versionen. Jobs war ein technologisch orientierter Unternehmer, Sculley hingegen ein Marketing-Manager. Ihre Werte und Filter waren verschieden und kreierten deshalb auch verschiedene Arten von Milieus für Kreativität.

Unser nächstes Interview veranschaulicht eine Reihe wichtiger Details bezüglich der Bewältigung von Problemen im Bereich der Organisationskultur. Björn Rorholt ist ein berühmter norwegischer Wissenschaftler und Erfinder, der sich sehr gut mit sozialen und organisationsbezogenen Filtern auskennt und der auch geübt darin ist, mit dem Kritiker umzugehen.

Interview mit Björn Rorholt
Oslo, Norwegen, 1987

RBD: Ich möchte als erstes ein wenig darüber herausfinden, wie Sie denken, und speziell darüber, was an Ihrer Art zu denken einzigartig ist. Als Wissenschaftler und Erfinder ist es Ihnen gelungen, auf innovative Weise Probleme zu lösen, die andere nicht hatten lösen können. Wir würden gerne herausfinden, ob das, was Ihre spezielle Herangehensweise auszeichnet, auf bestimmten Prinzipien oder Strukturen beruht.

Wenn Sie uns über Ihre Lösungen zu drei unterschiedlichen Problemen berichten könnten, bei denen Ihr kreatives und innovatives Denken eine wichtige Rolle gespielt hat, hätten wir eine gute Grundlage für unsere Untersuchung.

BJÖRN: Ich könnte über ein Problem im Bereich der Kryptographie berichten, das mich während des Krieges eine Zeitlang beschäftigt hat. Ich verfügte über das Wissen, das zur Lösung dieses Problems notwendig war, aber das war mir zu jenem Zeitpunkt noch nicht klar. Eines Tages lernte ich in einem Militär-Kasino einen Mann kennen, der mir berichtete, er mache sich Sorgen, weil er ein bestimmtes kryptographisches Problem nicht lösen könne. Wir sprachen beim Kaffee weiter über dieses Thema, und ich grübelte unentwegt darüber nach, daß da irgendeine Verbindung war, und dann fiel mir ganz plötzlich die Lösung ein. Denn ich hatte mich mit dem kryptographischen Problem, über das er sprach, während des Krieges beschäftigt. Zu der Zeit, als Norwegen von den Deutschen besetzt war, chiffrierten wir Nachrichten, um sie illegal nach Großbritannien abzusetzen, wo sie empfangen und dechiffriert wurden. Deshalb stand mir das Problem dieses Mannes noch sehr klar vor Augen.

Als ich später nach England kam, versuchte ich, den britischen Geheimdienst davon zu überzeugen, daß es eine Lösung zu diesem Problem gäbe, die wesentlich einfacher sei als diejenigen, die sie benutzten. Natürlich hörte mir niemand zu.

RBD: Das ist meistens so, wenn jemand eine brillante Idee entwickelt.

BJÖRN: So war es auch bei mir, und ich wurde von jenem Job suspendiert, weil ich ihnen zu viele Probleme machte. Aber dann fand ich einen anderen Job – während des Krieges war es nicht so schwierig, eine Arbeit zu finden. Danach besuchte ich in den USA die Universität. Ich interessierte mich für digitale Großrechner. Tatsächlich habe ich im Jahre 1948 an der Harvard University die erste Arbeit über digitale Großrechner vorgelegt. Ich sage immer wieder gerne, daß ich am MIT zu rechnen und an der Harvard University zu *denken* gelernt habe.

RBD: Und ein Genie zu sein haben Sie ganz allein gelernt.

BJÖRN: Das stimmt nicht ganz.

RBD: Bevor wir fortfahren, möchte ich gerne noch einmal rekapitulieren, was Sie bisher gesagt haben, um sicher zu gehen, daß wir die entscheidenden Elemente richtig verstanden haben. Sie haben gesagt, Sie hätten sich zufällig Wissen angeeignet, durch das Sie eine wesentlich einfachere Lösung zu einem kryptographischen Problem gefunden haben als diejenigen, die bis zu jener Zeit in der Praxis angewandt wurde. Nur sei Ihnen erst aufgefallen, daß es eine Lösung war, als jemand Ihnen das Problem beschrieben hätte.

BJÖRN: Ja, diesem Burschen steht wirklich mehr Anerkennung zu, als er jemals erhalten hat. Er definierte das Problem für mich. Das ist wichtig. Ich sagte also: »Okay, ich werde Ihnen innerhalb von drei Wochen eine Maschine bauen, die genau das leistet.« Und das schaffte ich dann auch tatsächlich. Als pflichtbewußter Offizier schrieb ich dem Chef des Generalstabs und dem Verteidigungsministerium und berichtete, ich glaubte, eine ziemlich wichtige Erfindung gemacht zu haben. Die Leitung des Defense Research Institute antwortete mir als erste. Die Antwort lautete: »Das ist unmöglich; auf diese Weise kann man es einfach nicht machen.« Daraufhin erklärte ich ihnen meine Maschine und erhielt erneut die Antwort: »Nein, nein, so geht es einfach nicht.«
  Aber die Maschine funktionierte. Ich wußte das. Deshalb sagte ich mir: »Warum begreifen sie das bloß nicht? Es ist doch so einfach.«

RBD: Ihr Ausgangspunkt war der Glaubenssatz, daß es einfach sei.

BJÖRN: Ja, die Überzeugung, daß es einfach ist, ist absolut wichtig. Ich hatte die Maschine gebaut, und sie funktionierte, und natürlich war ich sehr erfreut darüber,

Der Kritiker

und ich sagte mir: »Na also, es funktioniert!« Und vom Generalstab kam dann auch eine hübsche Lösung dieses »Problems«. Sie schrieben mir: »Wenn das wirklich möglich wäre, würden die Amerikaner es schon längst einsetzen.« Ich höre das jedesmal, wenn ich mir etwas Neues ausdenke: »Wenn das möglich wäre, hätten die Amerikaner es schon längst gemacht.«

RBD: Das wirft eine Frage auf, mit der ich mich später intensiver auseinandersetzen möchte: Wenn Sie diese Art von negativem Feedback erhalten, wie gelingt es Ihnen dann, sich nicht davon beeinflussen zu lassen?

Aber bevor wir uns jenem Aspekt der Kreativität zuwenden, würde ich gerne ein wenig genauer untersuchen, wie Sie die »Verbindung« zwischen diesem Problem und Ihrer Lösung hergestellt haben. Sie haben gesagt, daß Sie immer wieder verblüfft darüber sind, daß Menschen nicht in der Lage sind, unterschiedliche Dinge miteinander zu verbinden. Mir scheint, daß dies etwas ist, das andere Menschen von Ihnen lernen könnten. Wie genau machen Sie das?

BJÖRN: Das ist nicht schwer. Schwieriger ist es, Dinge *nicht* miteinander zu verbinden. Ich stelle fest, daß es eine innere Konsistenz zwischen Dingen gibt, die in der Natur vor sich gehen. Ob man das in Worten oder durch mathematische Formeln zum Ausdruck bringt, verändert die Natur der Dinge nicht.

Beispielsweise wurde bei jenem kryptographischen Problem ein Faktor benötigt, der nach dem Zufallsprinzip funktionierte. Aber woher weiß man, das etwas auf Zufall beruht? Ich stellte mir einfach die Frage: »Woher weißt du, ob etwas zufällig geschieht?« – »Kannst du beweisen, daß etwas auf Zufall beruht?« Beweisen kann man etwas, das sich systematisch verhält, aber es liegt in der Natur des Zufälligen, daß man seine Zufälligkeit nicht beweisen kann. Das ist einfach nicht möglich.

Die perfekteste Art, Zufallsprodukte zu erzeugen, ist, die Möglichkeit der Erinnerung völlig auszuschalten, denn wenn einem keine Erinnerungen zur Verfügung stehen, kann man gar nichts anderes als Zufälligkeiten produzieren.

RBD: Sie sagen also, daß bei Nicht-Zufälligem in irgendeiner Weise Erinnerungen im Spiel sind und daß Zufälliges nichts mit Erinnerungen zu tun haben kann. Das ist recht einfach und grundsätzlich formuliert. Um Verbindungen herzustellen, braucht man Erinnerungen. Schaltet man die Erinnerungen aus, so können auch keine Verbindungen hergestellt werden.

Ein weiterer, in meinen Augen recht grundsätzlicher Punkt bei alldem, was Sie gesagt haben, scheint mir zu sein, daß Sie von einer inneren Konsistenz zwischen den Dingen in der Natur sprechen, die über Worte oder mathematische Formeln hinausgeht, und daß Sie der »Natur der Dinge« mehr vertrauen als Wörtern oder Formeln. (Vielleicht hat die Natur ganz einfach mehr Erinnerungen als wir.)

Eine der Grenzen der Kreativität scheint oft erreicht zu werden, wenn Menschen die »Landkarte« mit dem »Gebiet« (Territorium) verwechseln, das erstere beschreibt. Wenn etwas nicht auf der Landkarte zu finden ist, kann es dieser Ansicht zufolge auch nicht auf dem beschriebenen Gebiet existieren. Sie hingegen scheinen zuerst vom Gebiet zu lernen und dann die Landkarte dem Erfahrenen so anzupassen, daß sie zutrifft.

BJÖRN: Seit ich als Junge Pfadfinder war, weiß ich, daß gewöhnlich bei Unstimmigkeiten zwischen Gebiet und Landkarte die tatsächlichen Gegebenheiten des Geländes »recht haben«. Das kommt einer Überzeugung gleich.

Einer meiner Professoren an der Harvard University, Professor A. Purcell (der Nobelpreisträger war), begann seine Vorlesung über Elektronik, indem er sagte: »Gentlemen, ich werde Sie über ein Gebiet der Physik unterrichten, das Elektronik genannt wird. Sie mögen denken, daß das Elektron etwas ist, das existiert, aber ich sage Ihnen, daß ein Elektron lediglich ein Produkt des menschlichen Geistes ist. Es erfüllt seinen Zweck nur, weil es die Theorie mit den beobachtbaren Tatsachen in Einklang bringt. Wir sind mittlerweile so weit, daß wir die Elektronen jede Woche einem Experiment unterwerfen und dann vorhersagen können, wie sie sich verhalten werden und daß dies jedesmal so sein wird, wenn wir sie beobachten. Was sie allerdings tun, wenn wir sie *nicht* beobachten, das wissen wir nicht.« Er kannte sich mit Elektronen sehr genau aus, und ich bin mir sicher, daß einige Leute im Komitee für die Vergabe der Nobel-Preise schockiert gewesen wären, wenn sie ihn hätten sagen hören, daß es Elektronen nicht gibt.

Diese Art von Überzeugungen half mir, mich von Landkarten (Beschreibungen) wie denjenigen der Wissenschaft und Mathematik nicht einschüchtern zu lassen. Ich erinnere mich noch, wie ich einmal eine sehr wichtige Mathematik-Prüfungsarbeit schreiben mußte. Eine der Prüfungsfragen lautete: »Diskutieren und erklären Sie die folgende nicht-lineare Differentialgleichung.« Nun denken die meisten, wenn sie »nicht-lineare Differentialgleichen« lesen: »Das ist zu kompliziert, zu schwierig. Ich brauche es gar nicht erst zu versuchen.« Aber da die Mathematik eine Sprache ist, dachte ich: »Was versucht diese Gleichung mir in verständlicher Sprache zu sagen?« Dann sah ich: Wenn man x und y vertauschte, die nur eingebaut worden waren, um die Sache kompliziert zu machen, bewegte sich dieser kleine Masse-Punkt hin und her. Wenn man die Sache durchschaute, handelte es sich praktisch gar nicht um eine nicht-lineare Differentialgleichung – zumindest so lange *n* eine große Zahl war. Wenn *n* klein genug wurde, okay, dann war das Ganze nicht-differential. Aber die Gleichung beschrieb eine Hyperbel, etwas, das ungefähr so aussieht (*zeichnet mit der rechten Hand eine Kurve in die Luft*):

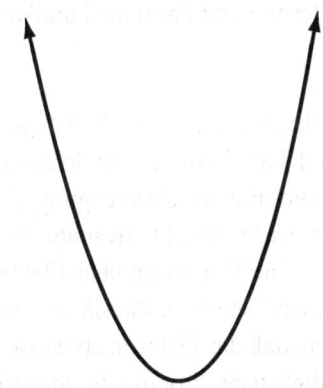

Abbildung 5.1.: Hyperbolische Spannungskurve

Und dieses Gebilde verhält sich sehr regelmäßig. Deshalb kann man, obwohl es sich um eine nicht-lineare Gleichung handelt, eine allgemeine Diskussion darüber anstellen, was da vor sich geht. Dieser Masse-Punkt, der sich umherbewegte, war das berühmte *n* in der Gleichung, das Parameter, das ich diskutieren wollte. Es verschwindet in die Unendlichkeit, aber hat es eine endliche Geschwindigkeit, wenn es dorthin gelangt, oder nicht?

RBD: Sie haben sich also hin und herbewegt zwischen der Landkarte – »Wörter und Formeln« –, was digital ist, und dem beschriebenen Gebiet oder der »Natur der Sache«, was analog ist.

BJÖRN: Genau. Bei dieser kryptographischen Maschine konnte ich glücklicherweise ein paar Annäherungstests durchführen, um zu zeigen, daß etwas bei der ganzen Sache zufällig war. Der Schlüssel lag darin, einfach »im Gebiet« etwas zu benutzen, von dem ich wußte, daß es auf Zufall beruht. Dazu verwendete ich radioaktives Kobalt und einen Geigerzähler. Ich stellte eine mathematische Berechnung an, die klar zeigte, daß die Wahrscheinlichkeit einer ungeraden Zahl der Wahrscheinlichkeit einer geraden Zahl von Entladungen (*strokes*) entspricht, wenn die Zahl der Entladungen in einer Testperiode gleich sieben oder höher ist. Bei jedem Wert, der darüber liegt, kann man nicht mehr unterscheiden. Da man dreißig Millisekunden zur Verfügung hat, oder bei einem gewöhnlichen Telex-Gerät zwanzig, braucht man, um einen zufälligen Buchstaben zu produzieren, nichts weiter zu tun, als innerhalb jener zwanzig Millisekunden zwischen eins und null zu entscheiden. Mehr ist nicht erforderlich. Zwanzig Millisekunden lassen einfach nicht genügend Zeit, sich auf irgendeine deutliche Erinnerung zu beziehen. Deshalb muß das Ergebnis zufällig sein.

RBD: Ich will überprüfen, ob ich dies richtig verstanden haben, denn dies ist ein wichtiger Bestandteil dessen, wonach wir bezüglich Ihrer Strategie suchen. Sie haben etwas in einem Territorium gewählt, von dem Sie wußten, daß es auf Zufall beruhte – radioaktives Kobalt –, und Sie haben gesagt: »Okay, wie kann ich das beschreiben, was da vor sich geht?« – »Was kann ich darüber herausfinden?« Und indem Sie einige Beschreibungen davon entwickelten, wie das Kobalt sich verhielt, fanden Sie ein Muster, das es Ihnen ermöglichte, eine Maschine auf analoge Weise arbeiten zu lassen.

BJÖRN: Ja, und statt eine sehr komplizierte Maschine zu bauen, baute ich eine, die alle zwanzig Millisekunden eine Entscheidung zwischen Eins und Null traf – genau wie radioaktives Kobalt. Mehr war nicht erforderlich.

Diese Maschine lag ein Jahr lang im Radio-Laboratorium des Ausbildungszentrums im Regal herum. Dann fragte mich ein NATO-Offizier, der viele gute Eigenschaften hatte – er spielte Orgel in einer Kirche und trank viel (Lachen), ein sehr lustiger Bursche –: »Was ist das?« Ich erklärte es ihm, und er begriff sofort. Und dieser Engländer ging dann zum norwegischen Generalstab und sagte: »Schaut euch an, was ihr da habt. Das ist genau die Art von Maschine, die wir brauchen.« Und dann kamen sie mit Limousinen angebraust, und bald darauf wurde das Gerät produziert.

Es wurde dann innerhalb der NATO zu einem Standard. Mein stolzester Augenblick war, als ich die Eröffnung des »heißen Drahts« zwischen Chruschtschow und Eisenhower miterlebte und Eisenhower vor meiner Maschine stand. Damit hatten die Amerikaner zumindest dieses eine Mal etwas von den Norwegern gelernt.

Der Kritiker

RBD: Es sieht so aus, als würden Sie diesen Präzedenzfall heute wiederholen.

Übrigens – Sie haben gesagt, Sie seien wegen dieser Erfindung, vor jenem Erfolg, von Ihrem Job »suspendiert« worden. Aber wenn ich es richtig verstanden habe, waren Sie der jüngste Oberst in der norwegischen Armee. Erfordert das eine besondere Art von Kreativität?

BJÖRN: Eigentlich nicht. In der Armee Karriere zu machen ist ziemlich leicht. Man muß nur einen verständnisvollen Chef finden. Wenn man für einen herrischen Chef arbeitet, hat man keinerlei Chance. Den richtigen Chef zu finden war die wichtigste Voraussetzung für meinen Erfolg.

Zum Beispiel haben wir für die NATO ein großes Kommunikationssystem gebaut. Natürlich sagte die Telegraphen-Behörde, dies sei »Spielzeug für militärische Pfadfinder«. »Drahtlose Funkverbindungen? Nein, das ist völlig unmöglich. Wir sollen mit komplizierten Funkgeräten auf diese Berge gehen? Das schaffen wir nie.«

RBD: Daraufhin sagten Sie natürlich: »Oh, tatsächlich?«

BJÖRN: Diese Leute hatten die Vorstellung, weil ein Flugzeug präventive Wartung benötige, sei dies auch bei Funkgeräten notwendig, die voller Transistoren stecken. Aber das ist Unsinn. Elektronischer Ausrüstung tut es gut, benutzt zu werden. Ich kenne diese Burschen[*] zwar nicht persönlich, aber ich glaube, sie arbeiten gerne. Man schaltet sie ein, und sie funktionieren. Wir hatten nur ein einziges Mal Probleme mit dieser Radio-Relais-Station in den Bergen, und zwar, als Menschen dort oben waren. Die meisten Fehler sind innerhalb einer halben Stunde, nachdem jemand die Station besucht hatte, aufgetreten, entweder während die Besucher dort waren, oder unmittelbar nachdem sie wieder fortgegangen waren (Lachen). Dies ist eine echte Statistik; ich habe mir das nicht einfach nur so ausgedacht.

Wir haben also tatsächlich brauchbare Ergebnisse erzielt. Aber ich muß noch einmal wiederholen, daß das nur möglich war, weil ich das Glück hatte, mir einen Chef ausgesucht zu haben, der mir niemals Steine in den Weg gelegt hat. In offiziellen Organisationen trifft man eine solche Situation fast nie an.

Ich habe die Genehmigung für eine Dissertationsarbeit erhalten, die den Titel »A rational approach to bureaucracy« tragen soll, weil ich wirklich glaube, daß jede Bürokratie von bestimmten Regeln beherrscht wird. Wenn man sich die Bürokratie wie eine große Rechenmaschine vorstellt, wird man feststellen, daß es eine

---

[*] Er meint die Transistoren, Anm. d. Übers.

einzige Entscheidungszelle gibt, der die gesamte Autorität zugeschrieben wird. Die übrigen Teile sind allesamt eifersüchtig auf diesen einen, weil sie der Meinung sind, auch sie sollten die Möglichkeit haben, Entscheidungen zu fällen, doch weil sie sie nicht haben, fürchten Sie sich davor, Verantwortung für irgend etwas zu übernehmen, denn man könnte sie ja dafür kritisieren oder bestrafen. Dies ist eine sehr ineffiziente Rechenmaschine, weil jeder in diesem Computer weiß, daß nur diese eine Zelle in der Lage ist, echte Entscheidungen zu treffen, weshalb Informationen unentwegt durch das gesamte System reisen müssen, bis sie jene eine Entscheidungszelle erreichen oder bis sie in einer der übrigen Zellen steckenbleiben und verschwinden.

In solchen Strukturen herrscht als oberstes Gesetz die »Entscheidung mit der geringstmöglichen Verantwortung«. Dieses Gesetz setzt sich in jeder Bürokratie durch, weil diese andernfalls nicht überleben könnte. Ihm zufolge treffen die übrigen Zellen im Computer nur Entscheidungen, von denen sie annehmen, dadurch wenig oder besser noch gar keine Verantwortung zu übernehmen. Deshalb muß man mehrere Inputs in bestimmte Input-Zellen solcher riesigen Computer befördern, damit sie im richtigen Takt durch das System reisen. Man muß die Inputs so organisieren, daß sie alle zum richtigen Zeitpunkt zu einer dieser Zellen gelangen. Sie denken dann: »Drei oder vier übereinstimmende Inputs können kaum falsch sein«, und somit erscheint es so, als wäre es mit der geringstmöglichen Verantwortung verbunden, wenn diese Zelle genau die Entscheidung trifft, auf die Sie hingearbeitet haben.

RBD: Statt zu warten, bis man an den richtigen Chef gerät, kann man sich also auch die Art zunutze machen, wie das System seiner Natur entsprechend funktioniert.

Es scheint, als hätten Sie auch in diesem Fall wieder den Prozeß der Metapher oder des Vergleichs benutzt, so wie Sie es beim radioaktiven Kobalt getan haben. Sie stellen die folgende Verbindung her: »Eine Bürokratie ähnelt einem digital arbeitenden Computer.« Statt sich über die Ineffizienz der Bürokratie zu ärgern, benutzen Sie die Eigenschaften der Maschine zu Ihren Gunsten. Da sie als Maschine zu Redundanz und Wiederholung neigt, nutzen Sie diesen Umstand so, daß die Maschine Ihren Wünschen entsprechend arbeitet, statt sich von der bloßen Tatsache der Ineffizienz abschrecken zu lassen. Wenn jemand die gleiche Botschaft drei- oder viermal aus unterschiedlichen Quellen hört, betrachtet der Betreffende sie als bekannt und verläßlich und sieht das Ganze nicht mehr als eine Frage an, bei der es um Autorität und Verantwortung geht. Das ist eine gute Idee.

Der Kritiker 265

Ist es das, was man braucht, um auf erfolgreiche Weise kreativ in einer »offiziellen Organisation« arbeiten zu können?

BJÖRN: Das und Widerstand gegen das Wort »unmöglich«.

RBD: Gestatten Sie mir die folgende Frage: Was glauben Sie, ist das Kreativste, das Sie jemals geschaffen haben? War es das, was Sie über jene kryptographische Maschine herausgefunden haben?

BJÖRN: Wenn Sie mich nach dem »Inspirierendsten« fragen würden, wäre dies vielleicht leichter zu beantworten. Ich glaube, das es das »Radar für Blinde« ist, weil es sich als nützlich für jene Menschen erweisen könnte, die sich in einer weniger glücklichen Situation befinden als die Allgemeinheit. Inspirierend ist diese Idee natürlich in dem Maße, wie jene Blinden es tatsächlich benutzen werden. Ich bin es mehr als leid, ständig von Leuten zu hören, daß so etwas nicht möglich sei.

RBD: Richtig. Sie müssen den »Engländer« finden, der es schafft, die Leute zu überzeugen. Sie sitzen auf der Landkarte fest, nicht im Gelände.
Wie sind Sie auf die Idee für jenes »Radar für Blinde« gekommen?

BJÖRN: Die Anregung kam vor langer Zeit von Percy William Beckman, der in mehreren Kursen an der Harvard University mein Lehrer war. Er war ein sehr inspirierender Mann, ein sehr guter Mann. Er hat im Jahre 1946 den Nobelpreis dafür erhalten, daß er unter 3.000 Atü ein nukleares Phänomen untersuchte. Seine Tochter ist einmal sehr wütend auf mich geworden, als ich zu ihr sagte: »Man hat mir erzählt, Ihr Vater habe eine Menge Druck gemacht, um diesen Nobelpreis zu bekommen.« (Lachen)
Jedenfalls hatte er ein Forschungsstipendium erhalten, und er wollte herausfinden, wie Fledermäuse navigieren, ohne etwas sehen zu können. Damals war gerade das Draht-Magnetophon auf den Markt gekommen, und wir ließen diese Geräte bei der Aufnahme sehr schnell laufen, nahmen so die für das normale Ohr unhörbaren Schreie der Fledermäuse auf und spielten die Aufnahmen dann mit niedrigerer Geschwindigkeit ab, wodurch wir sie hören konnten. Ich saß am Monoskop und fand heraus, daß die Fledermaus über ein sehr flexibles Ultraschall-Leitsystem verfügt. Da kam mir sofort der Gedanke: »Wie können wir dies verwenden, um Blinden zu helfen?« Professor Beckman sagte: »Man könnte es schaffen, aber das Gerät würde mehr als eine Tonne wiegen und ungefähr 100.000

Dollar kosten. Im Augenblick wäre es noch nicht praktisch realisierbar.« Doch wies er auch daraufhin, daß ich mich vielleicht nach meiner Pensionierung damit beschäftigen könnte, da elektronische Geräte die Tendenz hätten, immer kleiner zu werden. Und genau das habe ich getan. Man könnte also sagen, daß auch diese Idee von einem amerikanischen Professor stammt.

Der Professor wollte herausfinden, wie die Fledermäuse navigierten, und natürlich hatte auch er die Vision, daß man dieses Verfahren für Blinde nutzen könnte. Ich glaube nicht, daß er die Untersuchungen genau aus diesem Grunde durchgeführt hat, denn ich kannte ihn recht gut, und so ging er einfach nicht an Dinge heran. Er wollte das physikalische Prinzip, mit dessen Hilfe die Fledermäuse navigieren, herausfinden, um dieses Prinzip zu beschreiben, damit man es später für andere Dinge nutzen könnte. Er war sehr zufrieden, als ich sagte, ich würde seine Anregung aufgreifen und mich mit diesen Gedanken nach meiner Pensionierung beschäftigen.

Das war im Jahre 1948. Vor zehn Jahren habe ich angefangen, mich an die physikalische Umsetzung jener Idee zu machen, weil ich zu jenem Zeitpunkt wußte, daß man in der Elektronik mittlerweile die hochintegrierten Schaltkreise entwickelt hatte und daß die notwendigen Gerätschaften nun in ein kleines Kästchen passen würden, das man bequem in der Hand halten und bewegen konnte. Sehr wichtig war mir auch, daß man es wegstecken konnte, wenn man es nicht benutzen wollte, denn mir war klar, daß Blinde dieses Gerät abschalten und wegstecken können müßten. Diese Bedingungen waren erst gegeben, als vor wenigen Jahren die ersten hochintegrierten Schaltkreise auf den Markt kamen.

RBD: Ich will noch einmal zusammenfassen, was wir bisher gehört haben, und dann auf die subtileren Dinge zu sprechen kommen, die ich beobachtet habe. Ihre Ideen scheinen von Ihrer rechten Seite zu kommen. Sie deuten jedesmal mit der rechten Hand in diese Richtung, wenn Sie eine jener Fragen beschreiben, die Sie dazu anregen, kreativ zu sein. Die Idee entsteht offenbar jeweils aus etwas, das Sie in der Natur beobachtet haben – Kobalt oder eine Fledermaus oder etwas, das eine einzigartige Qualität produziert. Um das Prinzip jenes Naturphänomens herauszufinden, verändern Sie eine bestimmte »Submodalität« und übertragen diese Veränderung dann in ein anderes Repräsentationssystem. Im Fall der Fledermaus haben Sie die Schreie des Tieres aufgezeichnet, diese dann durch langsameres Abspielen der Aufnahme verändert und das Repräsentationssystem gewechselt, indem Sie sich die Aufzeichnung visuell auf einem Bildschirm (Oszillographen) angeschaut haben. An diesem Punkt konnten Sie sich daranmachen, das Muster, das darin steckte, herauszufinden. Im Fall des Kobalts haben Sie sich das Phänomen auch zuerst angehört, in Form der Geräusche eines Geigerzählers, und das Ergebnis dann mit Hilfe einer mathematischen Reihe ebenfalls in einen visuellen Ausdruck verwandelt. Selbst bei der Mathematikaufgabe, die Sie beschrieben haben, war ein Bild im Spiel, und Sie konnten die Linien der Parabel sehen.

Während die Idee aus der Natur, aus dem »Territorium«, von Ihrer rechten Seite kommt, scheint das »Problem« immer von der linken Seite zu kommen – Sie deuten in jene Richtung, wenn Sie über Maschinen und Theorien sprechen. Es scheinen auch eine Menge Bilder und bildliche Vorstellungen vorhanden zu sein, auf die Sie sich in diesem Bereich zu Ihrer Linken beziehen.

Daraufhin suchen Sie sich eine Möglichkeit, diese in der Natur vorkommende Fähigkeit durch eine Landkarte oder durch eine Maschine nachzuahmen, indem Sie nach irgend einer Art von Verbindung oder Muster suchen, was gewöhnlich mit Hilfe einer Analogie geschieht. Dadurch haben Sie die Möglichkeit, über diese in der Natur vorkommenden Prinzipien zu sprechen oder sie mathematisch zu repräsentieren. Diese beiden Dinge, die Landkarte und das Territorium, scheinen sich buchstäblich »in der Mitte zu treffen«, auf einer Art »mentaler Werkbank«, die sich unmittelbar vor Ihnen befindet. Halten Sie das, was ich gesagt habe, für zutreffend?

BJÖRN: Jetzt, wo Sie es sagen, ja. Ich habe es allerdings noch nie so gesehen.

RBD: Das »Sonarsystem für Blinde« ist in verschiedener Hinsicht eine sehr interessante und tiefgründige Metapher für Ihren kreativen Prozeß. Erstens geleiten Sie ständig Menschen, die »blind« sind und die Vision nicht vor Augen haben, die Sie selbst sehen, und zweitens scheint Ihre Strategie auf der Verbindung des auditiven und des visuellen Repräsentationssystems zu beruhen. Das ist für mich eine interessante Parallele.

Aber nun weiter: Sie haben nun das Problem aufgegriffen, ein Gerät für Blinde zu entwickeln, mit dessen Hilfe sie sich mittels Ultraschall orientieren können. Wie machen Sie das? Welchen kreativen Prozeß benutzen Sie, um es zu entwickeln?

BJÖRN: Ich werde nun versuchen, mich in Ihrer Sprache auszudrücken. Ich habe durch die verschiedenen Formen sensorischen Inputs gedacht, die in das menschliche Bewußtsein eindringen.

RBD: Aha!

BJÖRN: Ich weiß, daß Sie das gerne hören, aber es ist tatsächlich wahr. So mache ich es. Man hat den Sehsinn, der sich in einem Spektrum von ein paar Megahertz bewegt, und man hat das Gehör, das über ein Spektrum von paar Kilohertz verfügt, und dann hat man noch den Tastsinn, der sich in einem Spektrum von ein paar Hertz bewegt. Nun ist das noch nicht die ganze Geschichte, weil wir außerdem auch noch all die Informationen in Betracht ziehen müssen, die wir verschwenden. Ein Mensch läßt so viel ungenutzt, und sein Kurzzeitgedächtnis ist sehr eingeschränkt; die Zeit, in der er aufgenommene Informationen voll nutzen kann, ist sehr kurz; danach müssen sie gespeichert werden. Dazu braucht er eine Art komprimiertes Frequenzband – das heißt, er muß diese sensorischen Inputs filtern. Eine solche Kompression ist sowohl in der Mathematik als auch in der Natur immer nur möglich, wenn man gewisse Auswahlentscheidungen trifft.

Wir haben also diesen sensorischen Input in das menschliche Bewußtsein, wobei ich glaube, daß schon ein paar Hertz ein großartiger Input sind. Ich glaube nicht, daß wir Menschen mehr als ein Bit pro Sekunde zu speichern vermögen; ich bin der Meinung, daß das ungefähr die realistische Größenordnung sein muß. Natürlich ist das meine eigene, ganz persönliche Schätzung. Wenn jemand sagt, ich solle dies mit hundert oder tausend multiplizieren, dann bin ich auch damit einverstanden, aber es verändert das Prinzip nicht, das ich für zutreffend halte. Meiner Meinung nach kann man einem Menschen, dem eine dieser Arten von Input nicht mehr zur Verfügung steht, helfen, indem man die anderen Input-Möglichkeiten nutzt, und zwar gewöhnlich in analoger Form. Wenn ich die digitale Form benutze, schränke ich dadurch gewöhnlich die Wahrnehmung des Betreffenden teilweise ein.

Natürlich stößt man zuerst auf den Gehörsinn. Aber das Gehör ist für einen Blinden sehr wichtig. Deshalb wollte ich versuchen, ihm diese Sinneswahrnehmung zum freien Gebrauch zu reservieren. Wenn er nur daran interessiert ist, vor einem Hindernis gewarnt zu werden, möchte ich möglichst einen sensorischen Input benutzen, der ihn tatsächlich nur vor einem etwaigen Hindernis warnt, was eine Eins-oder-Null-Situation ist. Und dafür benutze ich die taktile Stimulation.

Ich versuche also, die beiden verbleibenden sensorischen Input-Werte zu nutzen, und ich kombiniere sie auf eine Weise, die zwar im Augenblick noch nicht optimal sein mag, von der ich mir allerdings sicher bin, sie in Zukunft optimieren zu können. Ich bin zu der Überzeugung gekommen, daß das augenblickliche Modell für den Anfang ausreicht. Abgesehen davon steht mir nicht genügend Geld zur Verfügung, um etwas darüber hinausgehendes in Angriff nehmen zu können. Ich könnte mich um öffentliche Unterstützung bemühen, aber öffentliche Unterstützung hat in erster Linie die Funktion, die Bürokratie am Leben zu erhalten, und erst in zweiter Linie zum Ziel, der Sache, um die es geht, tatsächlich weiterzuhelfen. Deshalb möchte ich mich zumindest im Augenblick davon fernhalten.

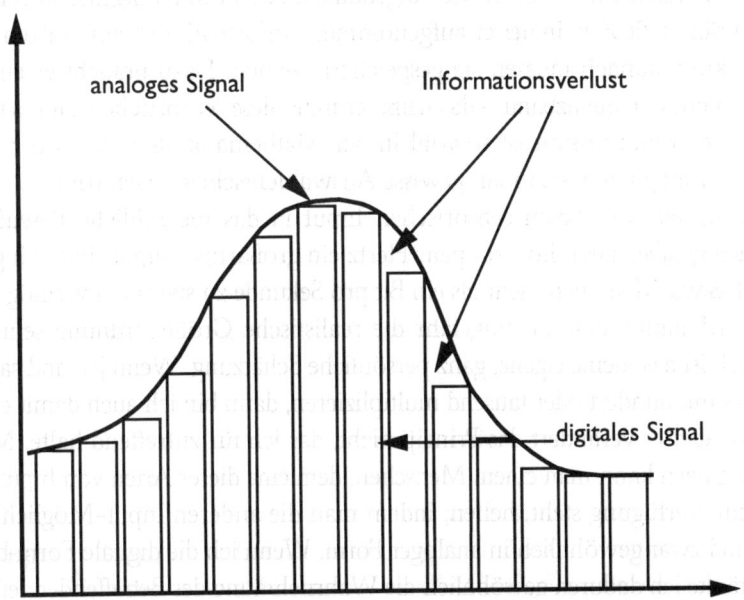

Abbildung 5.2.: Informationsverlust infolge der Umwandlung eines Analog- in ein Digitalsignal

RBD: Ich möchte noch einmal zusammenfassen, was ich bis jetzt habe. Mir scheint, daß Sie, wenn Sie anfangen, etwas zu entwickeln, zunächst einmal herauszufinden versuchen, wo die Grenzen der Parameter liegen, mit denen Sie arbeiten. Wo kommt der Punkt, an dem sich etwas verändert? Beispielsweise haben Sie gesagt, daß das menschliche Bewußtsein ungefähr ein Bit pro Sekunde aufnehmen könne. Sie setzen sich mit dem Radius der Dinge auseinander, mit denen Sie arbeiten müssen.

Ein anderes Verfahren, das Sie anwenden, wird von Menschen, die gute Problemlöser sind, sehr häufig eingesetzt: Sie versuchen, das Problem in rein sprachlicher Form auszudrücken, so wie Sie es mit der nicht-linearen Gleichung getan haben. Sie versuchen, das Problem so weit wie möglich zu vereinfachen. Sie nehmen sich das Problem vor und stellen sich die Frage: »Was bedeutet das, wenn man es auf den einfachsten Nenner bringt?« Dann fragen Sie weiter: »Was im Territorium könnte mir als Beispiel für etwas dienen, das ich benutzen kann?« Es liegt auf dem Territorium, ich kann also anfangen, eine Landkarte (Beschreibung) davon zu entwickeln, und dann kann ich die Verbindung zwischen dieser Sache und etwas anderem suchen, so wie die Maschine, die ich zu benutzen versuche, oder die Technologie, die zur Verfügung steht.

Ich habe allerdings eine sehr spezifische Frage, und die lautet: »Wenn Sie tatsächlich kreativ sind und auf eine solche Idee stoßen, denken Sie dann eher in Wörtern, in Bildern oder in Gefühlen?« Ich stelle diese Frage, weil Sie von Gefühlen oder Intuitionen gesprochen haben, die Sie dazu bringen, bestimmte Dinge zu glauben. Sie haben gesagt, Sie würden die Sprache benutzen, und Sie benutzen die Werkzeuge der Sprache und der linguistischen Struktur. Aber Sie haben eindeutig auch die bildliche Vorstellung benutzt. Ich bin mir sicher, daß sie alle aufeinander abgestimmt sind. Was wissen Sie darüber, wie Sie Ihre eigenen sensorischen Inputs in diesem Prozeß benutzen?

BJÖRN: Bei physikalischen Phänomenen sind es zweifellos physikalische Bilder. Ich habe diese Frage schon erwartet, und ich habe auch schon vorher darüber nachgedacht, und ich könnte Ihnen keine bessere Antwort geben als diese. Wenn es um andere Arten von Gedanken geht, kann ich nur wenig darüber sagen, was für bildliche Vorstellungen, was für eine Art von Bildern ich entwickle, mit Ausnahme der physikalischen Phänomene, bei denen ich eindeutig Bilder von dem betreffenden physikalischen Objekt erzeuge.

RBD: Wenn Sie über diese Bilder sprechen, deuten Sie nach vorn, auf das hin, was ich eine »mentale Werkbank« genannt habe. Handelt es sich bei dem Bild um etwas, das Sie im Laufe der Zeit formen, und kommen Sie immer wieder darauf zurück, oder stehen solche Bilder Ihnen manchmal auch ganz plötzlich komplett vor Augen? Und wenn Sie diese Bilder haben, sind sie dann klar und lebhaft, als würden Sie sie in Wirklichkeit vor sich sehen, oder sind sie eher verschwommen?

BJÖRN: Ich kenne das physikalische Bild der Sache; es hat sich vielleicht über ein Jahr entwickelt. Es ist ein klein wenig leichter als eine Schachtel Zigaretten. (So etwas dürfte man in Norwegen nicht sagen, weil man in diesem Land nicht für Zigaretten werben darf.) Es ist etwas sehr Kleines, aber es ist eine bestimmte Art von Kreation, bei der die Idee und alles andere bereits ausgearbeitet ist, während die physische Manifestation noch auf die zu ihrer Realisation notwendige Technologie wartet. Man findet dies übrigens auch in der Malerei – Michelangelo trat an die Öffentlichkeit, kurz nachdem der Malpinsel erfunden worden war.

Beispielsweise benötige ich für diesen kleinen Hand-Radar einen effizienteren Vibrator, um die Finger zu stimulieren, und jetzt weiß ich genau, wie ich es machen werde. Ich war vor etwa einer Woche in einem Laden für Elektronik-Teile und habe dort einen kleinen Summer gesehen, der die Funktion erfüllen könnte, wenn ich ihn ein wenig verändere. Das habe ich mir überlegt, als ich das Ding zuerst im Katalog und dann im Laden sah – etwas kann kaum physischer sein als auf diese Weise. Man muß den Summer in dieses kleine Kästchen stecken; ich habe es ausprobiert: Es geht. Es ist zwar keine grundlegende Innovation, aber eine großartige praktische Verbesserung.

Das einzige Problem, auf das ich in diesem Zusammenhang gestoßen bin, ist, daß ich nicht über das Geld verfüge, um das Gerät zu produzieren. Deshalb werde ich damit warten, bis ich entweder das Geld zusammen habe oder sterbe.

RBD: Damit kommen wir wieder auf die Frage zurück, über die wir schon früher gesprochen haben. Sie haben darüber berichtet, wie Sie reagieren, wenn andere Menschen Ihnen sagen, etwas sei unmöglich. Wenn Sie an etwas arbeiten, können Sie nicht immer gleich von Anfang an damit erfolgreich sein. Eines der großen Probleme vieler besonders kreativer Menschen ist: Wenn Sie versuchen, etwas zu erfinden, und die Sache läuft nicht gleich nach Wunsch, bekommen Sie das Gefühl, sie hätten versagt. Wenn Sie an einer Erfindung arbeiten, so wie an dem Blinden-Sonar oder an der kryptographischen Maschine, wie gehen Sie dann damit um, daß sich der Erfolg nicht gleich einstellt, oder mit dem, was andere Menschen einen Mißerfolg oder einen Fehlschlag nennen?

BJÖRN: Als ich noch wesentlich jünger war, »schmollte« ich in solchen Situationen. Aber mittlerweile bin ich darüber hinaus, und meine Reaktion ist nun wesentlich reifer. Natürlich bin ich der Meinung, daß man ein ziemlich großes Maß an Frustration akzeptieren können muß. Meine Wahrnehmung ist, daß ich versuche, die betreffende Sache in solchen Situationen für eine Weile beiseite zu legen, weil dann das Unbewußte eine Chance hat, weiter daran zu arbeiten, und vielleicht kann ich es dann nach einem oder zwei Jahren – oder vielleicht auch schon in der folgenden Woche – wieder aufgreifen. Aber man muß natürlich lernen, mit einem gewissen Maß an Frustration fertig zu werden.

Wir kommen hier zu einem sehr schwierigen Thema, weil ich glaube, daß es viele Möglichkeiten gibt, um Frustrationen zu sublimieren. Man kann die Schuld jemand anderem geben, man kann sagen: »Wenn dies nicht so gelaufen wäre, wenn jenes nicht so gelaufen wäre« usw. Aber indem man die Schuld jemand anderem zuschreibt, beraubt man sich selbst der Kontrolle über die Situation, und das möchte ich nicht. Deshalb glaube ich, daß vielleicht einer der wichtigsten Faktoren beim Entwickeln von Ausdauer der ist, daß man eine Möglichkeit findet, ehrlich mit Frustrationen umzugehen.

Ein Punkt, den ich für sehr wichtig halte, ist, daß es eine gewisse Furcht, oder vielleicht sogar Ehrerbietung, Autoritäten gegenüber gibt, von der ich – manchmal zu meinem Leidwesen – frei bin. Ich habe allerdings Ehrerbietung gegenüber einem Vorrang hinsichtlich der Sachkompetenz. Wenn ich das Gefühl habe, daß der Prozeß, den ich zu suchen und zu lösen versuche, ein möglicher, natürlicher Prozeß ist, dann ist das Weitere keine Frage des *Ob* mehr, sondern eine Frage des *Wie* und *Wann*. Dann kann man sich nicht mehr von der Tatsache bremsen lassen, daß irgend jemand anders sagt, etwas sei unmöglich. Vielmehr wird dies dann zu einer Inspiration.

Ich bin der Meinung, daß man lernen muß, daß jene absolut unbegründete Ehrerbietung gegenüber stereotypen Formeln und »Kochrezepten«, Autoritäten und Prioritäten etwas ist, demgegenüber man sich eine entspannte Haltung zulegen sollte, und daß man sich sagen sollte: »Wenn das so ist, dann ist es möglich, es zu realisieren«, und dann sollte man sich bis zu dem Punkt vorwagen, an dem man in der Lage ist zuzugeben: »Ja, das ist richtig.«

RBD: Sie haben über die Fähigkeit gesprochen, etwas beiseite zu legen, weil dann das Unbewußte daran arbeiten kann. Ein weiterer für kreative Menschen ebenfalls sehr wichtig Faktor ist, daß sie eine Möglichkeit haben, mit dem Unbewußten zu kommunizieren und zu interagieren, weil es diese Filter des Bewußtseins gibt. Manche Leute sagen. »Ich eigne mir alle verfügbaren Informationen an, dann lege ich mich schlafen, und wenn ich am nächsten Morgen aufwache, beschäftige ich mich wieder damit.« Oder jemand sagt: »Ich meditiere« oder »Ich spreche mit meinem Unbewußten«. Es gibt da unterschiedliche Methoden. Welche Art von Beziehung haben Sie, oder wie verschaffen Sie sich die Möglichkeit, Informationen aus dem Unbewußten zu erkennen oder zu nutzen?

BJÖRN: Ich habe einmal mit Professor Nespakin, einem bekannten Gehirnchirurgen, darüber gesprochen. (Ich frage ihn immer wieder, ob er mittlerweile eine

Seele gefunden hat.) Die Frage ist: »Sind alle unsere Erfahrungen da, und wir sind nur nicht in der Lage, mit ihnen in Kontakt zu treten, oder sind sie gar nicht da?« Nespakin führte daraufhin das Beispiel von Menschen an, die in sehr schwierigen Situationen, sehr dramatischen Situationen gewesen waren und sich lange danach Wort für Wort an alle Einzelheiten des Geschehens erinnern konnten. Er war der Meinung, daß alles da ist und daß unsere Kommunikation mit dem Unbewußten versagt. Ich selbst tendiere auch zu dieser Sichtweise. Und wenn das zutrifft, würde es den kreativen Prozeß unterstützen, denn einige Zeit später sehen Sie plötzlich etwas, das tatsächlich die Lösung zu dem Problem ist, das Sie vor zwei Jahren hatten liegen lassen müssen.

RBD: Tun Sie irgend etwas, um jene Beziehung zu sich selbst zu kultivieren, oder vertrauen Sie hauptsächlich darauf, daß sie dort ist, glauben Sie, daß sie da ist und daß Sie in der Lage sein werden, sie zu erkennen?

BJÖRN: Nicht, daß ich wüßte. Ich praktiziere keine spezielle Form von Meditation und auch keine andere vorgegebene Methode.

RBD: Wir haben eine Fülle von Material gesammelt, und ich freue mich sehr darüber, daß Sie so intensiv mitgearbeitet haben. Ich hoffe, daß Sie im Laufe dieses Gesprächs selbst neue Einsichten in Ihren Denkprozeß und in den Prozeß Ihrer Kreativität gewonnen haben.

BJÖRN: Ja, fast alles war neu für mich. Wirklich, ich weiß nicht einmal annähernd genug über all diese Dinge. Ich meine, daß ich eine große Zahl von Charakteristika beschrieben habe, und ich bin mir sicher, daß dieses Gespräch, das wir geführt haben, für mich zumindest genauso nützlich ist wie für Sie. Ich würde wirklich gern mehr über diese Dinge erfahren.

RBD: Was glauben Sie, sind die wichtigsten Dinge, die noch untersucht werden sollten?

BJÖRN: Ich würde gern wissen, welche Filter innerhalb des Gehirns uns daran hindern, das Offensichtliche zu sehen. Und welche Filter schützen uns vor Gefahren? Denn wir erkennen Gefahren in vielen Formen, und Angst ist etwas, das wir nicht aus unserem Leben verbannen sollten – vielmehr sollten wir Angst auf intelligente Weise nutzen, um uns zu schützen.

Wir haben so viele Filter, und ich wünschte mir, ich wüßte mehr darüber, wie sie funktionieren. Was zum Beispiel das Sonargerät betrifft, ist zu sagen, daß das Ohr einen längeren Filter hat. Die Muskelreaktion auf eine Warnung ist aus irgendeinem Grunde länger. Die Neurologen wissen auch nicht so recht, warum das so ist.

Ich habe einen Freund, der seinen Reflex im rechten Bein bei einem Autounfall verloren hat. Er kann sein rechtes Bein mit Hilfe des Gehirns steuern; er kann ihm befehlen, etwas zu tun, aber das schafft er nur durch bewußte Einflußnahme. Beim Skifahren kann er eine Drehung nach rechts machen, weil er dann sein Gewicht auf das linke Bein verlagert, das gesund ist; aber er kann keine Wende nach links machen, denn dann fällt er um, weil er mit dem rechten Bein nicht schnell genug reagieren kann. Obwohl er weiß, was er tun müßte, kann er einfach mit der Geschwindigkeit nicht mithalten, und deshalb fällt er um. Trotzdem besteht er darauf, auch weiterhin Ski zu fahren.

RBD: Sicherlich hat irgend jemand ihm gesagt, er könne unmöglich Ski fahren.

BJÖRN: Wahrscheinlich. Aber sehen Sie, die Gleichgewichtssensoren in Ihrem Fuß arbeiten beim Skifahren unmittelbar. Das ist eindeutig so, denn andernfalls würde man hinfallen. Doch beim Ohr ist die zeitliche Verzögerung wesentlich länger. Ich bat Neurologen, mir zu erklären, warum das so ist, aber sie haben mir noch keine gute Antwort auf diese Frage geben können. Sie produzieren eine Menge Medizin-Chinesisch, aber das ist »Territorium«, nicht die Landkarte*. Sie verschleiern das Thema, sind jedoch nicht in der Lage, es zu erklären.

RBD: Möchten Sie zum Abschluß noch irgend etwas sagen, das Ihnen wichtig ist? Wir haben ungefähr eine Stunde geredet, und ich habe eine Menge sehr wertvoller Beobachtungen sammeln können. Mein Ziel war, die entscheidenden und interessanten Eigenarten Ihrer Denkweise herauszufinden. Ich glaube, wir haben ein paar sehr faszinierende Einzelheiten gefunden. Gibt es noch irgend etwas anderes, das Sie zum Abschluß sagen möchten, noch irgendwelche Dinge, die Ihnen bezüglich Ihres kreativen Prozesses einfallen?

BJÖRN: Ich kann drei Dinge isolieren. Zum einen möchte ich noch etwas zu jener Sonar-Erfindung sagen, wenn man sie so nennen will. Vielleicht stammt sie im Grunde doch von meinem Professor. Ich glaube, ohne seine Hilfe hätte ich sie

---

* So im Original; Anm. d. Übers.

nicht entwickeln können. Man kann entweder der Ehre nachjagen oder sich dafür einsetzen, daß eine Sache realisiert wird; beides zusammen ist nicht möglich. Die Erfindung wurde gemacht, und sie wartete darauf, daß die technologischen Möglichkeiten zu ihrer praktischen Umsetzung geschaffen werden. Das zweite ist die kryptographische Maschine. In diesem Fall hat jemand das Problem formuliert, und zwar sehr klar formuliert, so daß ihm eigentlich die Anerkennung zusteht, aber das war ein anders gearteter Prozeß. Das dritte war das, was geschah, als mein Freund zu mir kam und eine Expedition über den Pazifik machen wollte. Er sagte, er bräuchte eine Kommunikationsmöglichkeit. Er wußte nicht einmal, wie er das Problem formulieren sollte. Ich mußte also ein Bedürfnis zunächst einmal formulieren und es anschließend erfüllen.

RBD: Sie sagen praktisch, daß Ihre Art der Verarbeitung es Ihnen ermöglicht, auf all diesen unterschiedlichen Ebenen zu wirken. Manchmal auf der Ebene der Innovation: Sie entwickeln zunächst eine Synthese von der Sache, die erfunden werden soll, so wie es bei der Expedition Ihres Freundes war. Manchmal arbeiten Sie auch auf der Ebene der Erfindung: Sie setzen eine kreative Idee in die Tat um, so wie es bei dem Blinden-Sonar war. Und manchmal entdecken Sie etwas, das bereits vorhanden ist, so wie im Fall der kryptographischen Maschine. Das deutet auf ein breites Spektrum Ihrer schöpferischen Fähigkeiten hin.

BJÖRN: Könnte das etwas mit einer fast unbewußten Angst, konventionell zu sein, zu tun haben?

RBD: Das wäre möglich. Sie haben vorhin gesagt: »Wenn ich jemand anderem die Schuld gebe, gebe ich die Kontrolle auf.« Was Sie nicht in Ruhe läßt, ist das Gefühl, daß etwas möglich ist. Andererseits haben Sie eine gewisse Respektlosigkeit gegenüber Autoritäten. Vielleicht ist das mit einem bestimmten Identitätsgefühl verbunden – ein Mensch, der sich nicht damit abfindet, lediglich einer unter vielen Ziegeln in einer Mauer zu sein, oder etwas dergleichen.

BJÖRN: Ich habe mir einen Spruch angeeignet, der lautet: »Wenn Sie wollen, daß diese Sache auf die gewöhnliche Weise gelöst wird, sollten Sie jemand anderen damit beauftragen, der das wesentlich preiswerter machen wird, als ich es mache.« Das trifft natürlich nicht ganz zu.

Ich halte es für eine wertvolle Beobachtung, daß es eine sehr große Zahl von Erfindungen im alltäglichen Leben gibt, die niemals als solche gesehen werden.

Wir sind zu bescheiden oder uns dessen einfach zu wenig bewußt. Aber wenn Sie sich Ihr Alltagsleben einmal genau anschauen, dann möchte ich wetten, Sie werden allesamt feststellen, daß Sie schon eine ganze Reihe von Erfindungen gemacht haben.

RBD: Das war ein schönes Schlußwort. Ich möchte mich sehr herzlich bei Ihnen bedanken.

Werkzeuge zum Verwandeln von Problemen in Chancen und von Fehlschlägen in Feedback

RBD: Einer der Punkte, die Björn erwähnt hat, war, daß ein kreativer Mensch in der Lage sein muß, mit einem erheblichen Maß an Frustration fertig zu werden. Einige der größten Barrieren für die Kreativität entstehen durch die verschiedenen Formen des Kritikers. Wir haben uns im Zusammenhang mit der Phase des Realisten bereits mit Strategien zum Umgang mit Unterbrechungen, Ablenkungen und Blockierungen der Kreativität beschäftigt. Doch muß man zur Auflösung von Blockaden der Kreativität, wenn sie mit der Phase des Kritikers zusammenhängen, oft auf eine andere Ebene der Problemlösung überwechseln. Die Arten von Einschränkungen, die Menschen in Zusammenhang mit dem Kritiker erleben, haben etwas mit Erwartungen, einschränkenden Glaubenssätzen und Inkongruenz auf der »Möchte gern«-Ebene (*want to*) zu tun, im Gegensatz zur »Wissen-wie«-Ebene (*how to*).

Bei Blockaden auf dieser Ebene ist oft Angst im Spiel – Angst vor dem Versagen, Angst vor Kritik und sogar Erfolgsangst aufgrund der gesteigerten Erwartungen, die andere dann an Ihre Leistungsfähigkeit stellen. Manchmal fürchten sich Menschen vor dem »Unbekannten«. Mit dem Neuen und Fremden wird das Gefühl der Unsicherheit assoziiert. Andere häufig auf dieser Ebene auftretende Arten von Blockaden stehen mit dem Fehlen finanzieller und anderweitiger materieller Anerkennung für Kreativität in Zusammenhang, was auf Interessenkonflikten, politische Faktoren, auf hierarchischen Problemen bzw. auf Probleme der »Hackordnung« zurückzuführen sein kann. Weitere Ursachen können Wertkonflikte und Wertechaos sein sowie ökologische Probleme, die durch eine Bedrohung des bestehenden Systems oder der betreffenden Organisation entstehen. Oft entstehen derartige Blockaden durch Mangel an Verständnis oder Respekt für unterschiedliche Arten der Weltsicht. Jede dieser Arten von Blockaden kann Widerstand oder Inkongruenz hinsichtlich der Kreativität hervorrufen.

Zwar kann man auch einige der bereits vorgestellten und von uns untersuchten Methoden zur Beseitigung solcher Hindernisse benutzen, doch erfordern diese auf einer höheren Ebene angesiedelten »Möchte-gern«-Probleme oft eine Veränderung der Strategie von der innovativen und erfinderischen Aktivität hin zur Aktivität des

»Problemlösens«. Dabei wird das Problem selbst zum Fokus der kreativen Bemühungen, also nicht die Ausarbeitung spezifischer Details des Produkts oder der Versuch, der Idee eine äußere Form zu geben.

Kreativität und das Lösen von Problemen

Wahrscheinlich befaßt sich der größte Teil aller kreativen Aktivität mit dem Lösen von Problemen. Im NLP fällt das Wort »Problem« in eine Klasse von sprachlichen Ausdrücken, die als »Nominalisierung« bezeichnet wird. Eine Nominalisierung ist ein Prozeß oder eine Beziehung, über die gesprochen wird, als handle es sich dabei um ein Objekt. Im NLP kann kein spezielles Ding oder Objekt ein Problem sein. Ein Problem ist eine Beziehung. Präziser gesagt definiert NLP ein Problem als den Unterschied oder die Kluft zwischen Ihrem derzeitigen Zustand und dem von Ihnen erwünschten oder angestrebten Zustand.

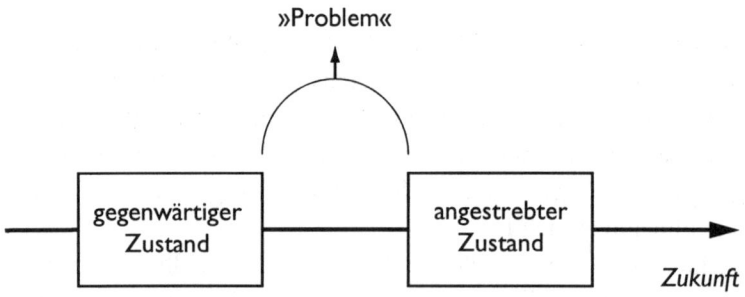

Abbildung 5.3.: Flußdiagramm des Problemraums

Wenn es keinen Unterschied zwischen dem Punkt gibt, wo Sie sich befinden, und demjenigen, wo Sie gerne sein wollen, dann haben Sie kein Problem. Wenn eine kleine Distanz den Ort, wo Sie sich befinden, von dem Ort, wo Sie gerne sein würden, trennt, dann haben Sie ein kleines Problem. Und wenn diese Distanz groß ist, dann haben Sie ein großes Problem.

Gemäß dieser Definition könnte man sagen, daß fast die gesamte Kreativität und Innovation sich auf das Lösen und *Kreieren* irgendeiner Art von Problemen bezieht. Sie müssen sich darüber im klaren sein, daß Sie, sobald Sie sich ein Ziel gesetzt haben, damit gleichzeitig ein Problem geschaffen haben. Sobald Sie ein Ziel oder einen erwünschten Zustand definieren, haben Sie sozusagen aus der Luft, aus dem Nichts ein Problem geschaffen, weil Sie sich noch nicht in jenem Zustand befinden. Das ist der Grund, weshalb sich so viele Menschen vor ihrem »Träumer« fürchten – der Träumer erzeugt Probleme, indem er über Ergebnisse nachdenkt.

Natürlich entscheidet die Landkarte oder das Modell, das Sie entwerfen, um das Problem zu repräsentieren, darüber, ob das Angestrebte ein Problem bleibt oder ob es sich zu einer Chance oder Möglichkeit verwandelt. Wie beziehen Sie den »Realisten« ein? Wie beziehen Sie den »Kritiker« ein?

TE: Wenn Sie sich hinsetzen und denken: »Was soll ich mit X machen? Ich habe ein Problem. Es gibt etwas, das ich lösen muß«, wie denken Sie dann darüber? Wie organisieren Sie es? Der erste Schritt besteht darin, das Problem in eine Frage umzuwandeln. Es ist wesentlich leichter, eine Antwort auf eine Frage zu finden, als eine Lösung zu einem Problem zu finden. Aber natürlich kann die Beantwortung Ihrer Frage auch neue Probleme schaffen. »Ist es die richtige Antwort?« – »Was mache ich nun, nachdem ich eine Antwort gefunden habe?« – »Ist eine Antwort genug?«

Natürlich gibt es Leute, die sich auf die erste Antwort stürzen und sagen: »Aha, das ist eine Reaktion aus dem Bauch heraus. Ich weiß, daß ich genau das tun sollte«, und dann machen Sie sich an die Arbeit. Andere hingegen sitzen da und spielen endlose Szenarien durch, bis die Zeit, die sie haben, um die Sache zu realisieren, vergangen ist, und dann brauchen Sie sich keine Sorgen mehr darüber zu machen, weil es ohnehin zu spät ist.

Nehmen wir an, Sie wollten ein Problem lösen, und Ihnen wären drei oder vier Szenarien dazu eingefallen. Wie weit erstrecken sich diese in die Zukunft? Wie viel von Ihrer Geschichte beziehen sie ein? Wie weit gehen Sie damit in die Vergangenheit zurück? Auf wie viele Menschen haben Sie gemäß Ihrem Szenario Einfluß? Treffen Sie beispielsweise Entscheidungen, die kreativ für Sie selbst sind, oder solche, die kreativ in bezug darauf sind, wie viele andere Menschen diese Entscheidung direkt betrifft?

Das S.C.O.R.E.-Modell

RBD: Ich habe das S.C.O.R.E.-Modell zusammen mit Todd entwickelt, um den Prozeß zu beschreiben, den wir intuitiv zum Entwickeln von Interventionen benutzt haben. Er entstand aufgrund eines Supervisions-Seminars, das wir einmal gemeinsam geleitet haben. Wir entdeckten damals, daß wir die Art, wie wir an ein Problem herangingen, in einer Weise systematisch organisierten, die sich von der Vorgehensweise selbst unserer fortgeschrittensten Studenten unterschied, und daß diese Tatsache es uns ermöglichte, uns effizienter und effektiver der Wurzel eines Problems zu nähern. Wir bemerkten, daß das, was wir intuitiv taten, nicht exakt von einer der existierenden NLP-Techniken oder NLP-Modelle beschrieben wurde.

Der größte Teil der NLP-Arbeit bezieht sich darauf, einen gegenwärtigen Zustand und einen erwünschten Zustand zu definieren und anschließend eine Technik zu wählen und anzuwenden, die dem Betreffenden (hoffentlich) hilft, den von ihm erwünschten Zustand zu erreichen. Wir erkannten, daß wir einige zusätzliche Unterscheidungen trafen. S.C.O.R.E. steht für Symptome, Ursachen (Causes), Ziele (Outcomes), Ressourcen und Wirkungen (Effects). Diese Elemente repräsentieren die minimale Informationsmenge, die man bei jedem Prozeß der Kreativität oder der Veränderung ansprechen muß:

1. **S**ymptome sind gewöhnlich die am deutlichsten sichtbaren und die bewußtesten Aspekte eines vom Klienten vorgetragenen Problems oder eines Problemzustandes.
2. Ursachen (**C**auses) sind die Elemente, die zur Entstehung der Symptome geführt haben und die deren Aufrechterhaltung bewirken. Gewöhnlich sind die Ursachen weniger offensichtlich als die Symptome, die sie erzeugen.
3. Ziele (**O**utcomes) sind die speziellen Zielsetzungen oder erwünschten Zustände, die an die Stelle der Symptome treten würden.
4. **R**essourcen sind jene grundlegenden Elemente, mit deren Hilfe man die Ursachen der Symptome beseitigen und bewirken kann, daß das erwünschte Ergebnis sich manifestiert und aufrechterhalten wird.
5. Wirkungen (**E**ffects) sind die langfristigeren Konsequenzen, die aus dem Erreichen eines speziellen Ergebnisses resultieren. Spezifische Ergebnisse sind gewöhnlich Wegmarkierungen auf dem Weg zu langfristigeren Auswirkungen.

a. Positive Wirkungen sind oft der Grund oder die Motivation dafür, daß man überhaupt ein bestimmtes Ergebnis anstrebt.
b. Negative Wirkungen können Widerstand oder ökologische Probleme erzeugen.

»Techniken« sind sequentielle Strukturen, mit deren Hilfe man bestimmte Arten von Symptomen, Ursachen und Zielen ausfindig macht, sich Zugang zu ihnen verschafft und spezielle Ressourcen auf sie anwendet. Eine Technik ist nicht an und für sich schon eine Ressource. Eine Technik ist nur in dem Maße wirksam, wie sie Zugang zu den Ressourcen und Nutzung derselben ermöglicht, die das gesamte System, das durch die anderen Elemente des S.C.O.R.E.-Modells definiert wird, anzusprechen vermögen.

Eine besonders effektive Art, das S.C.O.R.E.-Modell anzuwenden, besteht darin, daß man diese Elemente entlang einer »Zeitlinie« (*Time Line*) organisiert. Charakteristischerweise sind Symptome etwas, das man in der Gegenwart erlebt oder das man in der unmittelbaren Vergangenheit erlebt hat. Die Ursachen der Symptome gehen gewöhnlich den Symptomen voraus. Das bedeutet, daß die Ursache für ein Symptom zeitlich vor dem Symptom liegt – entweder unmittelbar vor dem Auftreten des Symptoms oder eventuell auch wesentlich früher. Ziele treten innerhalb des gleichen Zeitrahmens auf wie das Symptom, da das Ziel das ist, was Sie an die Stelle des Symptoms setzen wollen. Wenn also das Symptom in der Gegenwart liegt, wird auch das Ziel in der Gegenwart oder in der unmittelbaren Zukunft liegen. Wirkungen sind die langfristigeren Folgen des Ziels, und sie treten gewöhnlich in näherer bis fernerer Zukunft auf. Ressourcen können von jedem Punkt in der Zeit stammen. Eine Ressource kann etwas sein, das Ihnen soeben widerfahren ist, oder etwas, das Ihnen vor langer Zeit passiert ist, und es könnte auch etwas sein, von dem Sie sich vorstellen, daß es Ihnen in der Zukunft widerfahren könnte. Speziell im Bereich der Kreativität entstehen die meisten Ressourcen durch die Frage »Was wäre wenn?« und dadurch, daß man so handelt, »als ob« etwas eingetreten wäre.

Wirkungen sind die Makro-Ziele, die spezifischen Ergebnissen Gestalt geben. Wir wissen nicht immer, welche Auswirkungen ein bestimmtes Ergebnis langfristig haben wird, haben könnte oder haben sollte. Manchmal muß man eine Ressource anwenden und zunächst einmal ein Ergebnis erreichen, bevor man dessen Auswirkungen untersuchen kann.

In gewisser Weise ist die kurzfristige und langfristige Zukunft die Arena des »Träumers«, der derzeitige Ausdruck der Symptome und Ziele ist der Bereich des

»Realisten«, und die in der Vergangenheit liegenden Ursachen und Probleme sind der Raum des »Kritikers«.

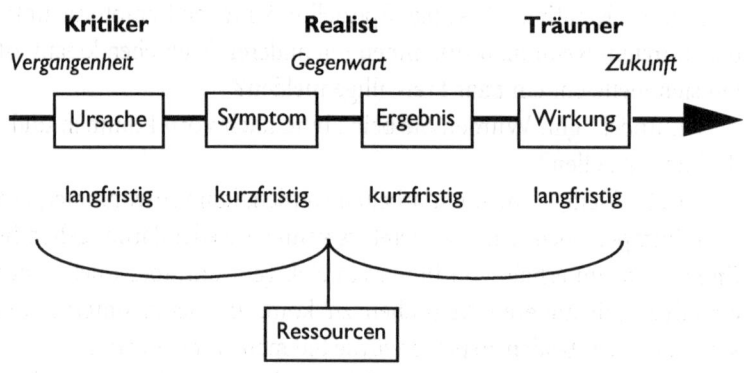

Abbildung 5.4.: Das S.C.O.R.E.-Modell

Die wirksamste Art, das S.C.O.R.E.-Modell anzuwenden, besteht darin, es mit den Unterscheidungen des R.O.L.E.-Modells zu koppeln. Welches Repräsentationssystem ist am stärksten mit dem Symptom assoziiert? Gefühle? Wörter? Bilder? Wie steht es mit der Ursache, dem Ziel, der erwünschten Wirkung, den Ressourcen? Wie könnte es Ihnen helfen, eine Blockierung Ihrer Kreativität zu überwinden, wenn Sie das Repräsentationssystem, das Sie benutzen, um ein bestimmtes Symptom oder eine Ursache wahrzunehmen, wechseln?

Wie sind Ursachen und Symptome miteinander verbunden? Ist es eine Synästhesie, ein Auslöser (Trigger)? Wie könnten Sie neue Ressourcen mit einer Ursache oder einem Symptom verbinden? Welche Teile des T.O.T.E.-Prozesses spielen dabei eine Rolle? Welche Teile müssen verändert werden? Die Ziele? Die Evidenz-Prozeduren? Die Einzelschritte einer bestimmten Operation?

Was für eine Physiologie ist mit den Symptomen, Ergebnissen oder Ressourcen verbunden?

Eine Möglichkeit das Zusammenwirken der beiden Modelle zu erklären, wäre, daß das R.O.L.E.-Modell die Beschreibung der Struktur und das S.C.O.R.E.-Modell eine Beschreibung von Funktionen ist. Das R.O.L.E.-Modell ist eine Art zu beschreiben, woraus etwas besteht, und das S.C.O.R.E.-Modell ist eine Art zu beschreiben, wie dieses Etwas Sie beeinflußt. (In Anhang F finden Sie einen Überblick über das S.C.O.R.E.-Modell.)

TE: Ich möchte dieses Modell zum Leben erwecken und veranschaulichen, wie man mit einigen dieser Fragen umgeht. Ich möchte diese Landkarte in das beschriebene Gebiet bringen und veranschaulichen, wie man das S.C.O.R.E.-Modell einsetzen kann, um die Kreativität zu vergrößern, indem man Blockierungen der Kreativität beseitigt. Speziell möchte ich Symptome untersuchen, die auftreten, wenn man zusammen mit anderen Menschen kreativ ist. Könnten sich vielleicht ein paar Freiwillige melden?

M. und J., gut. Würden Sie beide bitte nach vorn kommen und sich hier drüben hinstellen?

Das Problem, an dem wir arbeiten werden, kann sowohl interpersonell als auch intrapersonell sein. Das heißt, es kann entweder darum gehen herauszufinden, was innerhalb von Ihnen vor sich geht (intrapersonell), oder darum, effektiver mit anderen Menschen zu kommunizieren (interpersonell). M., welcher dieser beiden Aspekte würde Sie mehr interessieren?

M: Es könnte beides sein. Aber was mich tagsüber am meisten beschäftigt, ist, daß ich anderen Leuten etwas verkaufen muß – es geht also um den Umgang mit anderen Menschen.

TE: Verkaufen Sie in einem Ladengeschäft oder machen Sie Telefon-Aquisition?

M: Gewöhnlich verkaufe ich am Telefon, oder ich versuche, Gesprächstermine zu vereinbaren. Was mir am meisten Sorgen macht, ist, wenn Leute mir das Wort abschneiden und ich danach keine Möglichkeit mehr habe, einen neuen Versuch zu unternehmen.

TE: Wie schneiden diese Leute Ihnen das Wort ab?« Wie schaffen sie das? Wie halten sie Sie davon ab, einen neuen Versuch zu machen?

M: Sie sagen einfach: »Wir haben schon einen Lieferanten.«

TE: Sie vermitteln Ihnen also, daß jemand, der für sie liefert, ohnehin das hat, was Sie verkaufen, oder was?

M: Ja, oder sie reagieren auf mich in einer Weise, die nicht dem Ziel entspricht, das ich erreichen will. Sie sind offenbar durch irgend etwas, das ich mache, »abgeturnt«.

TE: Dann geht es also weniger darum, daß die Kunden *Sie* »abturnen«, sondern eher darum, daß Sie etwas tun, das die Kunden »abturnt«. Glauben Sie, daß die Tatsache, daß Ihre Kunden durch irgend etwas, das Sie machen, »abgeturnt« sind, mit Ihrer Fähigkeit, am Telefon kreativ zu sein, in Zusammenhang steht?

(zum Publikum) Ich habe an dieser Stelle angefangen, M.s Symptom entsprechend dem S.C.O.R.E.-Modell zu definieren.

M: Oh ja, sicher gibt es eine Lösung dafür. Ich weiß nur nicht, worin sie besteht.

TE: Das ist mir klar. Wenn Sie wüßten, worin die Lösung besteht, wären Sie jetzt nicht hier bei mir. Wie sieht es denn bei Ihnen aus, J.? Mit welchem Symptom möchten Sie arbeiten?

J: Ich gerate in eine Sackgasse, wenn ich mit anderen Menschen zusammenarbeiten muß.

TE: Was meinen Sie mit »Ich gerate in eine Sackgasse«? Auf welchen Kontext bezieht sich das? Auf Begegnungen mit einzelnen Personen oder auf eine Gruppe? Und wie kommte es, daß Sie sich festfahren? Gibt es irgend etwas, das Sie festhält?

J: Es bezieht sich sowohl auf Gruppen als auch auf Begegnungen mit Einzelnen (schaut nach oben links). Eines meiner Probleme ist, daß ich zwar sehen kann, worin die Schwierigkeiten bestehen, und daß ich anfange, sie zu identifizieren, daß es mir aber sehr schwerfällt, sie anderen mitzuteilen.

TE: (zum Publikum) Ich werde jetzt ein paar Fragen stellen, und ich möchte, daß Sie dabei auf meine Formulierungen achten und darauf, was für eine Art von Reaktion die Fragen, die ich stelle, hervorrufen. Überlegen Sie, was hier in bezug auf die Elemente des R.O.L.E.-Modells, mit denen wir gearbeitet haben, passiert. Beachten Sie, daß die Arbeit mit dem S.C.O.R.E.-Modell eine andere Chunk-Größe erfordert als die Arbeit mit dem T.O.T.E.- und dem R.O.L.E.-Modell.

Zuerst werden wir herauszufinden versuchen, was M. und J. wahrnehmen, wenn sie mit Menschen in den betreffenden Zusammenhängen interagieren. J. sagt, er könne klar sehen, worin die Schwierigkeiten bestehen – und an seinen Zugangshinweisen (Augenbewegungen nach oben links) können Sie erkennen, daß er uns nicht anlügt – daß er sich tatsächlich an ein visuelles Bild erinnert hat. Zwischen seinem Verstehen von Schwierigkeiten und seiner Kommunikation mit anderen Menschen geschieht irgend etwas. Wir wollen nun die Struktur dieses Symptoms ein weniger genauer untersuchen. Vereinfacht gesagt wollen wir untersuchen, woran J. erkennt, daß er ein »Problem« oder eine »Schwierigkeit« hat. Die Wahrnehmung oder Überzeugung, daß etwas ein »Problem« oder eine »Schwierigkeit« ist, kann schon an sich Lösungen verhindern.

(zu J.) Sicherlich haben Sie viele verschiedene Methoden ausprobiert, um Ihre Ideen mitzuteilen. Wenn Sie jetzt, in diesem Augenblick, darüber nachdenken, und Sie gehen zurück zu jenem Bild, welches zeigt, daß Sie versuchen, jener Gruppe oder jener Einzelperson etwas mitzuteilen, was sehen Sie dann?

Der Kritiker

Sehen Sie sich, wie Sie mit den anderen Menschen sprechen? Sehen Sie die Reaktion der anderen?
J: Ja.
TE: Woher wissen Sie, was Sie in einem bestimmten Augenblick tun müssen, wenn Sie sprechen? Wenn Sie merken, daß Sie den Kontakt zu Ihren Gesprächspartnern verlieren, woher wissen Sie dann, was Sie tun müssen, um ihn wiederherzustellen?
J: Ich schaue, ob sie meiner Meinung sind.
TE: Was tun Sie, wenn Sie glauben, daß die anderen nicht Ihrer Meinung sind?
J: Dann sage ich das, was ich sagen will, auf eine andere Art, und schaue dann, ob das zum Erfolg führt.
TE: Okay, sehen wir uns das einmal an. An welcher Stelle wird das Ganze zum Problem? Wenn Sie es immer wieder auf andere Weise gesagt haben, und es kommt immer noch nichts dabei heraus?
J: Gewöhnlich fällt meine Stimme mit der Zeit immer weiter ab.
TE: Was meinen Sie mit »immer weiter abfallen«? Meinen Sie den Ton oder die Lautstärke? Wird der Stimmklang tiefer, oder sprechen Sie immer leiser?
J: Lautstärke und Tonhöhe fallen ab, als hätte ich kein Selbstvertrauen mehr, als würden sie mich »zur Schnecke machen«.
TE: Okay, ich glaube, wir haben jetzt eine recht gute Vorstellung davon, wie sich das Symptom manifestiert. Wir wollen dieses Problem nun entlang einer Zeitlinie organisieren und dann schauen, ob wir etwas über die Ursache herausfinden können. Ich frage mich, wer es tatsächlich ist, der sie »zur Schnecke macht«.

J., können Sie sich an eine Situation erinnern, in der dies passiert ist? Es ist übel, wenn man zusammengestaucht wird, nicht wahr? In jeder Weise und Form ist dies übel. Können Sie sich an eine Situation erinnern, in der dies passiert ist? Ich möchte Sie bitten, J., sich, wenn eben möglich, daran zu erinnern, was damals passiert ist. Sie fingen an, zu diesen Leuten zu sprechen. In diesem Szenario versuchen Sie, ihnen etwas immer wieder auf andere Weise zu erklären, und Sie fangen an, Ihre Stimme zu verlieren. Es scheint, als würden Sie Ihr Selbstvertrauen verlieren. Erinnern Sie sich daran, als wäre es ein Film. Und sehen Sie, am Anfang des Films waren Sie da oben und haben geredet, und am Ende des Films wurde Ihre Stimme leiser und senkte sich, und Sie haben nicht die Reaktion erzeugt, die Sie hervorrufen wollten.

Während Sie dies vor Ihrem inneren Auge Revue passieren lassen, möchte ich, daß Sie herauszufinden versuchen, *wodurch* dieses Symptom auftritt. Was an dem, was da vor sich geht, erzeugt in Ihnen das Gefühl, daß Sie Ihr Selbstvertrauen verlieren? Was bringt Sie dazu, Ihre Stimme zu senken und kein Selbstvertrauen mehr zu haben? Woran erkennen Sie, wann Sie anfangen müssen, Ihre Stimme zu senken?

Vergegenwärtigen Sie sich das einfach, gehen Sie es ein paarmal durch, wenn Sie können. Fangen Sie am Anfang an, wie bei einem Film. Und gehen Sie es bis zum Ende durch. Gehen Sie es ein paarmal durch. Vielleicht halten Sie irgendwo inne und versuchen festzustellen, ob Ihnen irgend etwas ganz besonders auffällt. Vielleicht etwas, das jemand sagt, die Art, wie jemand Sie anschaut, vielleicht etwas, das Sie selbst sagen? Vergegenwärtigen Sie sich das einfach. Verlangsamen Sie den Ablauf, damit Sie klar sehen können, worum es sich handelt.

(zu M.) Ich möchte, daß Sie im Prinzip mit dem Symptom, auf das Sie immer wieder stoßen, das gleiche tun. Ich möchte, daß Sie sich eines jener Erlebnisse vergegenwärtigen, bei denen Sie am Telefon mit jemandem sprechen und dann plötzlich merken, daß Sie nicht die erwünschte Reaktion zu erzielen vermögen. Was passiert, wenn sich diese Reaktion nicht einstellt? Frustriert Sie das? Werden Sie wütend? Oder eher ängstlich?

M: Ich werde angespannt. Die Sache, die mir dann zu schaffen macht, oder die Panik, die sich dann einstellt, hat damit zu tun, daß meine Gesprächspartner mir das Wort abschneiden könnten, daß Sie das Telefon abstellen oder den Hörer auflegen könnten. Ich habe keine Zeit. Ich brauche Zeit, das ist es, worum ich ständig kämpfe. Wenn ich Zeit habe, habe ich eine Chance, zumindest die Chance, sie mit meiner Botschaft zu erreichen. Zeit ist es, was ich zu bekommen versuche.

TE: Ich glaube, wenn Sie wirklich spielerischer damit umgehen würden, wäre das Ganze gar nicht so schwierig. Ich möchte, daß Sie sich eines jener Erlebnisse vergegenwärtigen und es auf Ihrer Zeitlinie anordnen. Dem liegt der Gedanke zugrunde, daß Zeit eines Ihrer Probleme ist. Denken Sie darüber nach, wann Ihnen dies passiert ist. Wählen Sie eine Situation aus, die nicht allzu katastrophal für Sie war, eine, die Sie innerlich rekapitulieren können. Vielleicht können Sie sie als Film sehen, genauso wie ich J. gebeten habe, es zu tun. Ich möchte, daß Sie das innerlich Revue passieren lassen, daß Sie den Ablauf der Ereignisse verlangsamen, beschleunigen, an bestimmten Stellen innehalten und wieder zuhören.

Versuchen Sie herauszufinden, was die Ursache ist. Wo auf dem Weg sind die Punkte, an denen es problematisch wird? Wo fängt das »Ich habe nicht

Der Kritiker

genug Zeit!« an? Wenn Sie nicht das Gefühl hätten, die Zeit würde Ihnen knapp, würden Ihnen wahrscheinlich eine Menge anderer Alternativen einfallen. Aber das Gefühl, keine Zeit zu haben, rückt Ihnen bedrohlich nahe, und das scheint der Fokus der Spannung zu sein, nicht, daß Sie sich andere Methoden wünschen, mit deren Hilfe Sie sich das Interesse Ihrer Gesprächspartner am Telefon erhalten könnten. Deshalb möchte ich, daß Sie sich dies alles einfach noch einmal innerlich vergegenwärtigen und daß Sie auf alles im Laufe der Ereignisse achten, was Sie hören und sehen und was Ihnen anzeigt: »Heh, das ist der Punkt, an dem sich bei mir das Gefühl aufbaut, Zeit zu verlieren, an dem dieses Gefühl anfängt, mich in Beschlag zu nehmen.« Gehen Sie das Ganze einfach noch einmal durch; ich werde gleich wieder zu Ihnen zurückkommen.

J., wie geht es Ihnen? Haben Sie irgend etwas gefunden, das besonders augenfällig war und das ein Hinweis darauf ist, wo die Sache jedesmal anfängt?

J: Ich würde sagen, daß ich mich grundsätzlich nicht gut dabei fühle, daß dies passiert. Aus irgendeinem Grunde scheint es so zu sein, daß, je intensiver ich mich bemühe, meinen Gedanken anderen zu vermitteln, ich um so mehr das Gefühl bekomme, daß mich das Selbstvertrauen verläßt.

TE: Woran merken Sie, daß Sie das Selbstvertrauen verlieren?

J: An der Art, wie meine Gesprächspartner reagieren.

TE: Vielleicht haben Sie bemerkt, daß J. geradeaus geschaut hat, als ob er tatsächlich jemand anderen anschauen würde. Er sagt uns, daß er an diesem Punkt ohnehin einen äußeren Bezug als Teil seiner Evidenz für die Ursache benutzt. Ich bin neugierig, J.: Entnehmen Sie das dem Gesichtsausdruck Ihrer Zuhörer?

J: Ja, ihrem Gesichtsausdruck.

TE: Liegen Sie da manchmal mit Ihrem Urteil daneben? Haben Sie jemals erlebt, daß Sie denken, Ihr Gesprächspartner würde Sie nicht verstehen, und tatsächlich ist dies doch der Fall? Woher nehmen Sie die Sicherheit, daß Ihr Urteil stimmt?

J: Ich überprüfe es. Sie würden mir andernfalls zustimmen.

TE: Handelt es sich um eine Gruppe von Menschen, die Sie von etwas zu überzeugen versuchen?

J: Es geht darum, ihnen klarzumachen, wo die Probleme liegen. Ich versuche nicht, sie davon zu überzeugen, Dinge auf eine bestimmte Weise zu sehen, sondern ich nehme mir nur bestimmte Daten vor, die wir uns so klar wie möglich anschauen, und wir schauen uns Illustrationen an. Wir hatten im vergangenen Jahr ein Defizit, und ich konnte schon im September sagen: »Wir werden ein Defizit bekommen, wenn wir weiterhin so viel ausgeben.« Es gab keine Möglichkeit, mit einem Defizit weiterhin handlungsfähig zu bleiben.

TE: Und was hat diese Gruppe von Leuten, die Ihnen zuhörten, getan oder gesagt?

J: »Es gibt keine andere Möglichkeit.«

TE: Sie haben gesagt: »Es ist unmöglich, J., es ist nicht möglich, irgend etwas daran zu ändern. So wird es dann eben sein.« Wir wollen nun schauen, ob es uns gelingt, die Ursache zu isolieren. An welchem Punkt hatten Sie das Gefühl, daß Sie keine anderen Möglichkeiten mehr hatten, an diese Situation heranzugehen? Es gab einen Punkt, an dem Sie sagten: »Ich schaffe es einfach nicht, es ihnen klar zu machen. Sie folgen meinen Gedanken einfach nicht.«

J: Ich glaube, daß es war, als sie nicht begreifen konnten, wieso ich verstehen konnte, was die Zahlen bedeuteten, was wir an sicheren Einnahmen zu erwarten hatten: Rechnungen, Forderungen, reines, hartes Geld.

TE: Grundsätzlich bedeutet das, daß Ihre Gesprächspartner nicht zu sehen vermochten, was Sie sahen.

J: Die Zahlen, ja, die schlichten Zahlen.

TE: Während Sie nun im Geiste das Bild sehen, wie Sie versuchen, den Leuten die Sachlage zu erklären, welches Gefühl ruft das dann in Ihnen hervor? Welche Emotion? Wenn Sie dem Gefühl einen Namen geben wollten, wie würden Sie es dann nennen? Sie können es nennen, wie Sie wollen.

J: Wut!!

TE: Wut? Da haben Sie es also. Sie fangen an, diese »Wut« zu empfinden, und je intensiver Sie sich bemühen, Ihre Gedanken zu vermitteln, um so mehr tritt an die Stelle Ihres Selbstvertrauens diese Wut – um so stärker tritt der Kritiker an die Stelle des Realisten.

Gestatten Sie, daß ich Ihnen die folgende Frage stelle: Welches Gefühl würden Sie statt dessen lieber haben? Wir wollen das Ergebnis definieren. Wir wollen den Träumer in diese Sache einbeziehen. Wenn ich hier eine Schatzkiste hätte, die ich öffnen und aus der ich Ihnen ein Gefühl geben könnte, das Sie lieber hätten, damit Sie im richtigen Augenblick in einen anderen inneren Zustand eintreten könnten, der Ihnen die Möglichkeit gäbe, eine andere Alternative zu finden oder eine andere Art, die Dinge zu betrachten, welches Gefühl hätten Sie dann lieber?

J: Wahrscheinlich ein entspanntes, angenehmes Gefühl.

TE: Okay, haben Sie dieses Gefühl manchmal in anderen Situationen? Haben Sie es jetzt?

Der Kritiker

J: Ein wenig.
TE: Was müßten Sie tun, um ein wenig entspannter zu sein? Welche Ressourcen könnten Sie ins Spiel bringen, die Ihnen helfen würden, jenes Ziel zu erreichen?
J: Wahrscheinlich würde es mir helfen, tief durchzuatmen.
TE: Gut, dann nehmen Sie sich einen Augenblick Zeit, und tun Sie das. Und dann möchte ich, daß Sie Ihre Orientierung von außen nach innen verlagern. Wir wollen wirklich eine volle, reiche Repräsentation von diesem Ergebnis produzieren. Suchen Sie einen Augenblick lang in Ihrem Inneren nach jenem Gefühl des Entspanntseins; es ist Bestandteil jenes entspannten Selbstvertrauens. Es ist so, wie wenn Sie den Raum betreten und instinktiv wissen, daß alles in Ordnung ist. Es besteht kein Grund zur Eile, nichts drängt. Sie wissen, was Sie tun werden. Es hat Situationen gegeben, in denen Sie vollkommen darauf vorbereitet waren, was Sie tun würden, Situationen, in denen Sie jenes entspannte Selbstvertrauen hatten. Denken Sie an all die inneren Ressourcen, die Sie haben, auf die Sie stolz sein und auf denen Sie Ihr Selbstvertrauen begründen können. Sind Sie dazu in der Lage?
J: Ja. Es fühlt sich so an, als wäre ich wieder mit mir selbst in Kontakt.
TE: Wieder in Kontakt mit Ihrer Identität, mit Ihrer Mission. Das ist eine wichtige Ressource. Wo empfinden Sie jenes entspannte Selbstvertrauen im Gegensatz zu Ihrer Wut?
J: Hier oben in der Brust.
TE: Gut. Wir wollen jene Ressource an den Ort bringen, wo Sie sie benötigen. Machen Sie einen schönen, tiefen Atemzug. Und ich möchte, daß Sie wieder nach oben zu jenem Bild zurückkehren, wie Sie vor der Gruppe stehen, bevor Sie wütend werden. Wir wollen den Film ein wenig vor den Zeitpunkt zurückspulen, zu dem Sie wütend wurden. Und dann schauen Sie sich an, wie der Film abläuft. Wenn Sie an die Stelle kommen, wo Sie wütend geworden wären, halten Sie einen Augenblick lang inne, bleiben Sie mit sich selbst in Kontakt, mit Ihrer Mission, atmen Sie tief, und spüren Sie das entspannte Gefühl hier oben. Halten Sie einen Augenblick dort inne. Frieren Sie das Bild an dieser Stelle einen Augenblick ein, okay?

Schauen Sie sich jetzt dieses eingefrorene Bild an: Können Sie sich darin erkennen? Okay. Welche Wirkung hat das? Wenn Sie das Gefühl in jenem Bild hätten, das Sie jetzt in diesem Augenblick haben, in dem Sie hier mit mir sitzen, was würden Sie dann anders machen, als Sie es tatsächlich tun? Wir sprechen im Augenblick nicht über das reale Leben, wir sprechen über das

Bild in Ihrem Kopf. Wir wollen das Bild in Ihrem Kopf verändern, so daß das, was Sie tun würden, was Sie sagen würden, mit diesem Gefühl des entspannten Selbstvertrauens kongruent wäre.

J: Ich würde einen Augenblick lang innehalten.

TE: Wie würde das Ihnen ermöglichen, eine neue Idee zu entwickeln?

J: Es würde mir Zeit geben, mir eine andere Möglichkeit auszudenken, das, was ich vermitteln will, zu formulieren.

TE: Gut, wir wollen das Ganze noch einmal ablaufen lassen und den Film anhalten, wenn der Punkt unmittelbar vor dem Ausbruch der Wut erreicht ist. Ich möchte, daß Sie in jener Pause tief atmen. Ich möchte, daß Sie in Ihrem Kopf ein Szenario durchspielen, das sich in die Zukunft erstreckt; daß Sie eine völlig andere Serie von Bildern ablaufen lassen, die beinhalten: »Hier ist etwas, das ich hätte anders machen können«. Mit anderen Worten: Ich möchte, daß Sie Alternativen entwickeln, auch wenn Sie dies nur in Ihrem Geist tun. Ich möchte, daß Sie in Ihrem Geist Alternativen entwickeln.

J: (Pause) Okay.

TE: Gut, da ist also eine. Jetzt wollen wir sie uns wieder in jenem eingefrorenen Bild mit dem Gefühl anschauen. Und jetzt wollen wir drei Alternativen suchen, weil eine Möglichkeit noch nicht ermöglicht zu wählen, und zwei ein Dilemma darstellen, während man erst bei dreien wirklich eine Wahl hat. Entwickeln Sie also weitere Möglichkeiten, wie Sie es anders hätten machen können, und benutzen Sie jenes Gefühl in dem Bild. Klar?

Gut. Ich werde Sie jetzt einen Augenblick damit allein lassen, und ich möchte, daß Sie diese drei Möglichkeiten durchspielen und Ihre Auswirkungen untersuchen. Stellen Sie fest, ob Sie irgendwelche geringfügigen Anpassungen vornehmen wollen. Okay? Vielleicht wollen Sie ja jene anderen Leute einbeziehen und herausfinden, wie sie reagiert hätten, wenn Sie dies gesagt oder sich auf diese Weise verhalten hätten. Träumen Sie einfach über all die möglichen Auswirkungen. Wenn irgendwelche davon ökologische Probleme erzeugen, dann bleiben Sie einfach weiterhin mit Ihrer Identität und Mission in Kontakt, und führen Sie die notwendigen Anpassungen durch.

(zu M.) M., haben Sie die Ursache für Ihr Symptom herausgefunden? Haben Sie einen Punkt gefunden, an dem das Telefongespräch in die falsche Richtung zu laufen anfing?

M: Ich hatte ein Gefühl der Dringlichkeit.

TE: Woran haben Sie das gemerkt?

M: Der Klang der Stimme. Daran, wie sich die Stimme erhebt; sie wird schneller.

Der Kritiker

TE: Sie wird schneller? Okay. Wir kennen jetzt das Repräsentationssystem und die Orientierung – es wird durch eine äußere auditive Qualität ausgelöst. Wir wollen nun die Verbindung ein wenig gründlicher untersuchen. Wenn jemand seine Stimme erhebt und anfängt, schneller zu sprechen, was läßt Sie dann glauben, daß der Betreffende nicht mehr interessiert ist, daß er das Gespräch bald beenden wird?

M: Erfahrungen, die ich gemacht habe.

T: Das klingt in meinen Ohren so, als würde da der »Realist« sprechen.

Sie sagen also, daß sich Ihr Glaube auf Erfahrungen aus der ferneren Vergangenheit gründet. Was an diesen Erfahrungen bringt Sie dazu, jene Verbindung herzustellen? Ich bin nämlich der Ansicht, daß realistisch gesehen die meisten Verhaltensweisen erlernt sind. Es gibt zwar sicherlich ein paar, die wir schon aus dem Mutterleib mitbringen, aber viele von ihnen sind erlernt. Und ich bin der Meinung, weil sie erlernt sind, kann man sie auch wieder *ver*lernen – man kann die Verbindungen verändern. Deshalb nehme ich an, daß dies ein erlerntes Verhalten ist. Es ist die Art, wie Sie gelernt haben, auf eine bestimmte Klangcharakteristik einer Stimme zu reagieren. Können Sie sich an Erlebnisse erinnern, die Sie dazu veranlaßt haben könnten, so auf jene Stimmcharakteristik zu reagieren?

M: O ja... von Angesicht zu Angesicht mit dem »Kritiker«.

TE: Woher wissen Sie in Situationen, in denen Sie jene Stimme hören und in denen Sie das Gefühl haben, daß die Zeit drängt, daß Sie in jener Weise auf den »Kritiker« reagieren? Was für ein Gefühl ist das? Wie würden Sie jenes Gefühl nennen?

M: Angespannt.

TE: Wo spüren Sie das Gefühl? In welchem Teil Ihres Körpers erleben Sie es?

M: Im Magen und in den Armen.

TE: Mir ist aufgefallen, daß Sie fast mitten in einem Atemzug innegehalten haben. Vielleicht halten Sie sogar den Atem eine Sekunde lang an, während Sie warten.

M: Ja, und ich versuche, etwas zu finden, das ich tun könnte.

TE: Ich könnte mir vorstellen, daß das schwierig ist, weil mir scheint, daß in Ihrem Inneren irgendwelche Dinge blockiert sind. Sie werden Ihnen nicht den Gefallen tun, einfach so zum Vorschein zu kommen. Deshalb sind Sie wegen dieser Angelegenheit sozusagen »gedrosselt«.

M: Ja.

TE: Okay. Jetzt ist die Zeit des Träumers gekommen. Sie wissen ja sicherlich, wie Magneten funktionieren – daß ein Magnet einen Nord- und einen Südpol hat? Wir wollen das Gefühl, das sich bei Ihnen einstellt, wenn Sie beim Telefonieren in die Situation kommen, daß sich Ihre Arme anspannen, den »Nordpol« nennen. Was wäre demnach der Südpol? Welches Ziel-Gefühl hätten Sie statt dessen lieber?

M: Etwas, woran ich gedacht habe, ist einfach ein freundliches und entspanntes Gefühl, keine Reaktion auf Druck. Normalerweise, wenn ich mit Menschen spreche, bin ich entspannt und freundlich.

TE: Okay, wir wollen einige der Ressourcen sicherstellen, die Ihnen in Situationen zur Verfügung stehen, in denen Sie nicht das Gefühl von Druck haben. Erinnern Sie sich an das letzte Mal, als Sie sich in einer angenehmen Situation befanden, in der Sie in der Lage waren, mit Menschen entspannt zu sprechen. Denken Sie daran, welche Ressourcen Ihnen zur Verfügung standen, die es Ihnen ermöglichten, so zu sein. Wählen Sie darunter eine wirklich gute aus, in der Sie jene Gefühle wirklich wahrnehmen können.

Wo empfinden Sie nun diese angenehmen Gefühle – im Gegensatz zu den Körperbereichen, in denen Sie die Spannungen empfunden haben? Sie hatten jenes schöne, warme, entspannte Gefühl. Wenn sich jenes schöne, warme Gefühl bei Ihnen einstellt, wo empfinden Sie es dann? Können Sie sich daran erinnern, wie es sich anfühlt?

M: Ja.

TE: Okay, gut. Ich möchte, daß Sie sich merken, wie es sich anfühlt, wenn Sie es überall spüren. Achten Sie darauf, wie es sich in Ihrem Gesicht anfühlt, auf Ihren Armen, beachten Sie, wie es sich anfühlt, wenn Ihre Muskeln entspannt sind, und darauf, wie Sie atmen, und ich möchte, daß Sie das einen Augenblick lang mit dem Gefühl vergleichen, das Sie bekommen, wenn die Stimme schneller wird und die Tonhöhe steigt. Okay! Haben Sie bemerkt, daß die beiden Gefühle an unterschiedlichen Stellen auftreten?

M: Da sind zwei Dinge: Ich bin nicht entspannt, ich bin am ganzen Körper verspannt, wenn ich das Gefühl habe, daß jemand gleich den Hörer auflegen wird oder daß ich nicht zu ihm durchdringe; und im anderen Fall empfinde ich, daß ich mich frei und leicht bewege und leicht atme.

TE: Besonders indem Sie leicht atmen, können Sie Dinge herausbringen. Das ist eine wichtige Ressource, an die Sie stets denken sollten. Wenn Sie atmen, kommen die Dinge aus dem Inneren leichter zum Vorschein. Ideen kommen, Wörter kommen, alles. So ist das nun einmal. Wenn Sie nicht atmen können, dann ist es schwierig zu reden. Halten Sie einmal den Atem an, und versuchen Sie dann zu sprechen; das ist schwierig. Es ist rein physiologisch schwierig.

Wir wollen schauen, was geschieht, wenn wir diese Ressourcen in die Problemsituationen hineinbringen. Ich möchte, daß Sie nun ein kleines Experiment ausprobieren. Kommen wir auf das Telefongespräch zurück. Allerdings wollen wir jetzt zu dem Zeitpunkt zurückgehen, *bevor* die Stimme schneller wurde. Wir gehen zurück zu dem Zeitpunkt, als Sie die Verbindung zu jener Person am Telefon herstellten. Und halten Sie das Telefongespräch an, bevor die Stimme zu angespannt wird.

M: Ah ah...

TE: Okay, sind Sie da? Gehen Sie nun ein wenig in Richtung Anfang zurück. Gut, und jetzt atmen Sie tief. Achten Sie darauf, wo Sie jenes entspannte Gefühl spüren würden, wie Sie atmen würden, wie Ihre Stimme klingen würde. Okay, ich möchte, daß Sie dabei bleiben, dieses Gefühl aufrechterhalten, daß Sie zu dem Telefongespräch zurückgehen und mir sagen, was es für eine Auswirkung haben würde, wenn Sie dieses Gefühl bei jenem Telefongespräch gehabt hätten. Wären Sie dann in der Lage, irgend etwas anders zu machen?

M: Ja, ganz sicher.

TE: Okay, ich würde jetzt gerne wieder am Anfang des Telefongesprächs beginnen und es dann bis zu jenem problematischen Punkt durchgehen, und wenn Sie dort angekommen sind, dann benutzen Sie wieder jene Ressource und entwickeln eine völlig neue Alternative, einen völlig neuen Gesprächsverlauf. Machen Sie das jetzt. Nehmen Sie sich die Zeit, alle Auswirkungen zu untersuchen, die damit verbunden sind, daß Sie jene Ressource in jene Situation hineinbringen. Es gibt keinen Grund zur Eile. Wir stehen hier nicht unter irgendeinem Zeitdruck, okay?

(Pause) Wie würden Sie sich fühlen, wenn Sie diese Ressourcen bei jenen Menschen in dem ursprünglichen Kontext ausprobieren würden?

M: Ich würde mich gut dabei fühlen.

TE: Okay, können Sie sich irgend etwas vorstellen, das Sie davon abhalten würde, dies auch zu tun, wenn Sie das nächste Mal in einer solchen Situation sind?

M: Nein, nichts.

TE: Sehr gut. Wir werden diesen Prozeß jetzt noch einen Schritt weiter führen. Sind Sie in der Lage zu visualisieren, wie es sein würde, wenn Sie in der Zukunft an Ihrem Schreibtisch sitzen würden? Ich möchte, daß Sie sich jenes Bild einen Augenblick lang anschauen. Schauen Sie auf den Schreibtisch, wo vor Ihnen das Telefon steht. Sie spüren den Hörer. Und wenn Sie den Tele-

fonhörer aufnehmen, um jemanden anzurufen, dann denken Sie daran weiterzuatmen. Denken Sie daran, wo jenes Gefühl lokalisiert ist. Und wenn Sie hören, daß jemandes Stimme anfängt schneller zu werden, wenn die Stimme am anderen Ende der Leitung höher wird, was geschieht dann?
M: Dann muß ich mich vielleicht ein wenig zusammenreißen, um entspannt zu bleiben.
TE: (zu J. und M.) Ich möchte Ihnen beiden herzlich danken. (Applaus)

Um kreativ zu sein, muß man sich in einen Geisteszustand versetzen können, in dem man Alternativen entwickeln kann. Zu einem früheren Zeitpunkt haben Sie eine Strategie erlernt, mit deren Hilfe Sie neue Verhaltensweisen generieren können. Das ist eine wunderbare Sache, aber woran erkennen Sie, *wann* Sie diese Strategie einsetzen sollen? Was könnte Sie zu dem Zeitpunkt, zu dem Sie diese Strategie benötigen, dazu bringen, dies auch tatsächlich zu tun? Und was könnte Sie dazu bringen, es mit einer anderen Strategie zu versuchen, wenn jene erste ihren Zweck nicht erfüllt?

Kreativität ist etwas, das Sie ständig einsetzen. Wenn Sie am Morgen aufwachen und Ihr Lieblingshemd oder Ihr Lieblingskleid anziehen, und es fehlt ein Knopf, und Sie haben nicht die Zeit, den Knopf wieder anzunähen, und verbergen deshalb die Stelle, so daß man nicht mehr sehen kann, daß da etwas fehlt – dann ist das kreativ.

Wenn Sie am Morgen aufwachen und feststellen, daß keine Kaffeefilter mehr da sind, und Sie wollen Kaffee machen, und dann fällt Ihnen ein, »Ich könnte doch auch einfach ein Papierhandtuch nehmen und es als Filter in die Kaffeemaschine stecken«, dann ist das ebenso kreativ. Das Problem ist, daß viele Menschen solche Dinge nicht als kreativ ansehen und sich deshalb nicht für kreativ halten. Wenn Sie Kinder haben, und diese kommen nach Hause und haben ein Problem in der Schule, und Sie lösen es für sie, dann ist das ebenso kreativ, als würden Sie eine Maschine erfinden, die einen Menschen zum Mond zu befördern vermag. Ich halte es für wichtig, daß Sie in allen Bereichen kreativ sind, in jedem Bereich Ihres Lebens, mit jeder Faser Ihres Seins.

Übung: Anwendung des S.C.O.R.E.-Modells

Probieren Sie dies selbst in der nun folgenden Übung aus. Die einzelnen Schritte sind:

1. *Identifizieren Sie die Symptome des Problemzustandes.* Wählen Sie eine inter- oder intrapersonelle Beziehung. Es könnte zum Beispiel Ihr Umgang mit einem Mitglied Ihrer Familie sein. Es könnte sich auch um Ihre Beziehung zu einem engen Freund oder einem Geschäftspartner handeln. Es kann alles sein, wobei Sie sich entweder mit einer Gruppe oder mit einer einzelnen anderen Person im Kontakt befinden. Ich bin mir sicher, daß Sie alle, wenn Sie es bis zu diesem Punkt in Ihrem Leben gebracht haben, sich an mehrere Fälle erinnern können, in denen Sie gern in Ihrer Kommunikationsweise kreativer gewesen wären. Wählen Sie eine jener Situationen, und suchen Sie sich dann einen Partner, der Sie durch den Prozeß geleiten soll.
2. *Untersuchen Sie Struktur und Ursachen der Symptome.* Beginnen Sie mit dem Realisten. Positionieren Sie das Symptom auf der Zeitlinie. Wenn Sie die Rolle des Helfers übernommen haben, lassen Sie Ihren aktiven Partner jene Erfahrung rekapitulieren, und stellen Sie fest, ob diese Erfahrung überwiegend in Form von Bildern oder in Form von Klängen repräsentiert ist. Lassen Sie anschließend den aktiven Partner berichten, was für eine Art von Gefühlen für ihn oder sie mit jenem Punkt, jenem Bild oder jenen Wörtern verbunden ist, an denen er/sie erkennt, daß irgend etwas nicht wie gewünscht verläuft. Benutzen Sie die Unterscheidungen des R.O.L.E.-Modells, um die Struktur weiter zu klären.

An diesem Punkt sind Ihnen aufgrund irgendeiner Reaktion in jener Situation, deren Ursachen Sie untersuchen wollen, die Verhaltensalternativen ausgegangen. Es ist nicht so, daß Sie nicht kreativ sein können; nur wird jener Prozeß durch irgend etwas blockiert. Suchen Sie die Verbindungen. Suchen Sie die Auslöser. Welche Erfahrungen treten vor den Symptomen auf? Vielleicht treten Sie unmittelbar davor auf, vielleicht wird das Symptom auch durch etwas hervorgerufen, das vor langer Zeit geschehen ist. Dies ist der Punkt, an dem Sie höchstwahrscheinlich auf den »Kritiker« stoßen werden.

3. *Definieren Sie die gewünschten Ziele.* Befreien Sie den »Träumer«. Lassen Sie Ihren Partner die gewünschte Reaktion für jene Situation benennen. Sie könnten das *Bild* eines *Magneten* verwenden. Wenn das eine Ende der Norden und das andere der Süden wäre, das eine positiv und das andere negativ, welches *Gefühl* wäre dann dem einschränkenden *entgegengesetzt?* Vielleicht ist es das Gefühl, das Sie haben, wenn Sie zu Hause, in einer Bar oder in einem Restaurant sitzen, oder das sich bei Ihnen einstellt, wenn Sie ein paar Freunden etwas auf der Gitarre vorspielen. Und Sie denken: »Gott, wenn ich das doch nur schon vor einer Stunde getan hätte, dann hätte ich jetzt vielleicht einen Vertrag mit einer Schallplattenfirma. – Aber als ich im Büro vor dem Mann von der Schallplattenfirma saß, war ich plötzlich wie versteinert, weil das Gefühl, das ich da hatte, nicht das gleiche war wie dasjenige, das ich jetzt habe.«
4. *Identifizieren Sie die Ressourcen, die jenes Ziel möglich machen.* Untersuchen Sie die Repräsentationssysteme und die Physiologie nach potentiellen Ressourcen. Wenn sich bei dem aktiven Partner jenes entgegengesetzte Gefühl einstellt, dann fragen Sie ihn bzw. sie: »Was ermöglicht es Ihnen, jenes Ergebnis zu erhalten?« – »Wo spüren Sie jenes Gefühl?« – »Wie atmen Sie?« Wenn Sie nichts anderes tun können, dann können Sie in jedem Fall feststellen, wo jenes Gefühl auftritt. Vielleicht ist es im einen Fall im Magen und in einem anderen in der Brust. An der jeweiligen Position erkennen Sie, worum es sich handelt, und dies kann den entscheidenden Hinweis auf eine ganze Gruppe von Ressourcen liefern.

In J.s Fall verband sich sein *Atem* mit einer *höheren logischen Ebene* – seiner Identität und Mission. Bei M. war die *Atmung* mit einem *Glaubenssatz* über die zur Verfügung stehende Zeit verbunden.

Eine der zentralen Vorannahmen des NLP ist, daß Menschen in der einen oder anderen Form bereits über alle Ressourcen verfügen, die sie benötigen. Der Schlüssel liegt darin, die Struktur dieser Ressourcen und die Verbindungen zu ihnen zu finden, damit sie in Situationen, in denen sie gebraucht werden, genutzt werden können.
5. *Bringen Sie die Ressourcen in den Problemzustand.* Sobald Sie festgestellt haben, worin sich die einschränkenden und die ressourcenreichen Gefühle hinsichtlich ihrer Position und Physiologie voneinander unterscheiden, können Sie den Film oder die Tonspur bis kurz vor den Punkt zurücklaufen lassen, wo das einschränkende Gefühl aufgetaucht wäre; also nicht bis zu dem Zeitpunkt, an dem die Situation bereits eingetreten ist, sondern unmittelbar davor. Wenn es eine Tonspur ist, dann halten Sie sie an diesem Punkt an. Wenn es sich um einen Film handelt, dann lassen Sie die betreffende Situation als Standbild stehen.

Gehen Sie anschließend zum Anfang des Films zurück, und erinnern Sie sich an die Ressourcen, die mit dem erwünschten Ergebnis assoziiert sind.

6. *Untersuchen Sie, welche Auswirkungen es hat, daß Sie Ihre Ressourcen auf den Problemzustand anwenden.* Benutzen Sie Ihre Ressourcen, um neuartige Alternativen zu entwickeln. Fragen Sie (als Begleiter): »Wenn Sie jenes ressourcenreiche Gefühl hätten, was hätten Sie dann sonst noch anders machen können?« Entwickeln Sie ein neues Szenario, das sich in die Zukunft erstreckt. Was hätten Sie anders machen können, und wie, glauben Sie, hätten Sie es ermöglichen können, daß es anders ausgegangen wäre?«

Fragen Sie anschließend erneut: »Was hätten Sie sonst noch anders machen können?« Und dann: »Was wäre eine dritte Alternative?« Lassen Sie Ihren Partner die Situation mit dem neuen Gefühl und mit den drei Alternativen erneut durchspielen. Stoppen Sie die Erinnerung jedesmal, bevor sie das einschränkende Gefühl auslöst. Wir wollen sozusagen nur im Entstehungsstadium »daran nippen«, denn das ist der Punkt, an dem Sie kreativ sein können. Wir wollen in der Lage sein zu sagen: »Hmmmm, das ist interessant. Ich frage mich, wie ich auf eine neuartige Weise damit umgehen kann.«

Nachdem Sie diese neuen Optionen programmiert haben, können Sie diese Erfahrungen in Ihrem Geist in die Zukunft ausdehnen. Das trägt dazu bei, das neue Programm stärker zu integrieren.

Diskussion: Erzeugen von Alternativen und Wahlmöglichkeiten

Ich habe an einer Reihe von Studien mitgearbeitet, die mit Basketball-Spielern aus der High-School durchgeführt wurden. Wir hatten zwei Gruppen aus Mitgliedern des gleichen Teams gebildet. Diese mischten wir so, daß wir eine gleichgroße Zahl von Spielern der ersten und der zweiten Garnitur in beiden Gruppen hatten. Eine dieser beiden Gruppen ließen wir die ganze Zeit über auf dem Spielfeld trainieren – das übliche Balltraining von täglich zwei Stunden. Die andere Gruppe setzten wir in einen Raum, wo sie sich täglich eine Stunde lang alle Verhaltensalternativen im Geiste vorstellen sollten, all die unterschiedlichen Spielvarianten, all die unterschiedlichen »Blocks« und »Picks«, all die vielen Dinge, die passieren können, wenn man beim Basketball auf dem Spielfeld steht. Anschließend ließen wir die beiden Gruppen eine Stunde lang gegeneinander spielen. Die Spieler, die in dem Raum gesessen und die sich eine Stunde lang die Zukunft vorgestellt hatten, spielten ebensogut, wenn nicht gar besser Basketball als die Gruppe, die auf dem Spielfeld trainiert hatte.

Einer der Spieler, der Center, wußte nicht, was er mit seinem Körper anfangen sollte. Er hatte keine Alternativen. Sein Körper hatte nicht mit ihm selbst Schritt gehalten. Deshalb ließen wir ihm Filme von Kareem Abdul Jabar vorführen, die zeigten, wie dieser als Center spielte. Wir ließen die Filme in Zeitlupe ablaufen und ließen den Spieler jene Bilder in seinem Geist reproduzieren. Wir forderten ihn auf, sich vorzustellen, wie es wäre, wenn er seinen Körper auf diese Weise bewegen würde. Welche Muskeln würden sich zuerst bewegen? Welche Muskeln würden sich danach bewegen? Welches Gefühl müßte er haben, um sich so bewegen zu können? Und wissen Sie, was passierte? Es gelang uns tatsächlich, ihn dazu zu bringen, sich auf die gleiche Weise zu bewegen. Statt weiterhin der riesige, schlacksige High-School-Senior zu sein, der kaum in der Lage war, einen Arm und einen Fuß gleichzeitig zu bewegen, entwickelte der Bursche plötzlich eine extrem gute Koordinationsfähigkeit, weil wir ihm etwas gegeben hatten, anhand dessen er sich bezüglich seiner Verhaltensweise orientieren konnte. Er hatte ein wohldefiniertes, klares Ziel und eine Wahlmöglichkeit hinsichtlich dessen, wie er jenes Ziel erreichen konnte, und darüber hinaus auch eine Möglichkeit, seinen Forschritt zu kontrollieren.

Kreativität ist überall zu finden. Sie steckt unter dem Stuhl, sie sitzt Ihnen in den Knochen, sie befindet sich in Ihrem Haar, und sie steckt in Ihrem Kopf. Sie ist im ganzen Universum gegenwärtig.

Diese Übung soll Ihnen eine Methode zeigen, mit deren Hilfe Sie durch Verändern eines einschränkenden Gefühls, das Sie in bestimmten Situationen haben, Alternativen finden können. Meiner Meinung nach hat auch das etwas mit Kreativität zu tun. Ob Sie etwas völlig Neues erfinden oder ob Sie etwas für sich neu entdecken, das Sie zwar schon seit langem tun, das Ihnen aber in einer ganz bestimmten Situation noch nicht in den Sinn gekommen ist, ist meiner Meinung nach gleichermaßen kreativ.

Es ist eine erwiesene Tatsache, daß wir uns manchmal durch die Wörter »kreativ« und »Kreativität« selbst einschränken. Für mich ist das Entscheidende, worum es bei alldem geht, das Finden von Alternativen, oder besser noch von Wahlmöglichkeiten. Wenn Sie versuchen, ein spezifisches Problem zu lösen, welcher Vorgehensweise bedienen Sie sich dann, um das Problem zu lösen, um Wahlmöglichkeiten zu schaffen? In dem Rahmen, mit dem wir uns hier beschäftigen, und auch in der Gesellschaft im allgemeinen, wird dieser Prozeß dem Bereich der Kreativität zugeordnet. Für mich ist dies jedoch nichts weiter als eine Methode, effektivere

Wahlmöglichkeiten zu finden – das ist die umfassendere Klassifikation –, insbesondere im Umgang mit Kritikern.

Bei der Kreativität in dem Sinne, wie ich den Begriff benutze, geht es nicht nur darum, etwas völlig Einzigartiges oder Brandneues zu erfinden. Ein Mensch kann vielmehr auch kreativ sein, indem er Dinge tut, die er auch vorher schon getan hat, die er jedoch nun in einer neuartigen Situation oder in einem neuen Zusammenhang tut. Ein ansehnlicher Teil der gesamten Kreativität entsteht durch diese Art von Strategie. Die Essenz aller Kreativität besteht darin, daß man eine neue Landkarte entwirft.

Obgleich Spannung oder Frustration manche Menschen in manchen Situationen einschränken mögen, können derartige Gefühle auch zur Kreativität motivieren. Es ist nicht so, daß bestimmte Gefühle von ihrem Wesen her die Kreativität einschränken. Wenn man mit jemandem streitet, so kann das, auch wenn man dies gar nicht beabsichtigt hat, eine sehr kreative Handlung sein. Um mit jemandem zu streiten und dabei eine Meinung zu vertreten, die nicht derjenigen des anderen entspricht, muß man sehr kreativ sein. Um den eigenen Standpunkt verteidigen zu können, während die andere Person den ihren verteidigt, ist Kreativität erforderlich. Die Frage ist, ob man im Kontext dessen, was geschieht, das ERGEBNIS erzielt, das man wirklich erzielen möchte. Wenn Ihr Ziel ist, mit dieser Person einen Streit zu haben, dann haben Sie einen wundervollen Erfolg erzielt, und Sie sind kreativ gewesen. Wenn jedoch Ihr Ziel ist, den anderen dazu zu bringen, die Dinge aus einer anderen Perspektive zu sehen, nicht aber, einfach um des Streitens willen mit ihm zu streiten, dann haben Sie es mit einem Symptom zu tun gehabt. Dennoch waren Sie in beiden Fällen kreativ. Und wenn Sie das nächste Mal mit jemandem auf diese Weise streiten wollen, dann haben Sie bereits ein Muster dafür. Sie haben bereits die dafür notwendige Kreativität entwickelt. Die entscheidende Frage lautet: »Arbeitet Ihre Kreativität für oder gegen Sie?« Um eine Anleihe bei dem zu machen, was der Erfinder Lowell gesagt hat: »Ein fehlgeschlagener Streit ist nichts anderes als eine Lösung zu einem anderen Problem als demjenigen, das Sie im betreffenden Augenblick zu lösen versuchen.«

Bei dieser Übung geht es darum, neue Alternativen zu jeder Situation zu entwickeln. Der Zusatz »neu« hat in diesem Fall nicht unbedingt die Bedeutung, daß Sie das betreffende Verhalten noch nie zuvor gezeigt haben – es bedeutet lediglich, daß Sie dieses Verhalten in der konkreten Situation noch nie benutzt haben. In jedem Fall kann man es zu einer neuartigen Alternative machen. Das Wesen des NLP und der Kreativität ist es, zusätzliche Wahlmöglichkeiten zu eröffnen. Zu wissen, welche Gefühle Ihre Fähigkeit, Alternativen zu erzeugen oder zu wählen, einschränken, gibt Ihnen die Möglichkeit, entweder mit dem fortzufahren, was Sie bereits tun, oder etwas anderes auszuprobieren.

Vermutlich gibt es nur sehr wenig, was wir nicht schon einmal getan haben. Wir haben Bewegungen gemacht, wir haben Bilder erzeugt, wir haben geredet. Es gibt wahrscheinlich kaum etwas im Bereich von Wörtern, Bildern oder Gefühlen, das wir nicht schon einmal erlebt haben. Es geht lediglich darum, diese Dinge auf neue Art zu organisieren. Dann werden sie zu etwas anderem.

Die Frage, die durch diese Übung angesprochen wird, lautet: »Wie könnten Sie jene Ideen, die manchmal wie aus dem Nichts in Ihrem Kopf auftauchen, dazu bringen, dann aufzutauchen, wenn Sie sie wirklich dringend brauchen?« Das ist meiner Meinung nach der eigentliche Quantensprung, nicht nur, daß man Alternativen zur Verfügung hat – es geht darum, sie dann zu haben, wenn man sie wirklich braucht. Der kreative »Quantensprung« tritt ein, wenn Sie die Wahl haben. »Was können Sie tun, um sicherzustellen, daß Sie kreativ zu sein vermögen, wenn dies notwendig ist?« Kreativität »aus dem Hut«, sozusagen, nicht erst, nachdem Sie sich erst einmal bequem hingesetzt und sich das Ganze lang und breit durch den Kopf haben gehen lassen. Vielmehr befinden Sie sich hier und jetzt in der Situation und haben ein Gefühl: Was tun Sie, um dies zu verändern?

Das andere Thema, das die Übung anspricht, ist: »Was ist in der betreffenden Situation die beste Option?« – »Welche Alternative wird am wahrscheinlichsten das erwünschte Ergebnis und die erwünschte Wirkung herbeiführen?« Deshalb sollen Sie alle Alternativen in der Zukunft durchspielen. Wenn Sie eine bestimmte Alternative wählen, wie beeinflußt das dann den Rest des Systems?

Wenn Sie beispielsweise in einem Hotel sind, und Sie werden wütend auf den Mann an der Rezeption, der Ihnen das Zimmer gibt, und dieser wird daraufhin seinerseits wütend auf Sie, dann gibt er dieses Gefühl an den Liftboy weiter, und dieser an den Zimmer-Service und dieser an das Zimmermädchen usw. usw. usw. Mit anderen Worten: Wie viele Menschen sind davon betroffen? Wenn Sie also eine Reihe von Alternativen haben, möchten Sie herausfinden: »Welche wird mir das Ergebnis bringen, das ich will, nicht nur jetzt, sondern in dem gesamten größeren Zeitrahmen, der von jener Alternative beeinflußt wird?«

Ein altes Sprichwort lautet: »Man bekommt, was man verdient hat.« Das bedeutet, daß man sich in jedem System von Interaktionen irgendwann mit den Auswirkungen der eigenen früheren Verhaltensweisen innerhalb des betreffenden Systems auseinandersetzen muß.

Übrigens besteht eine andere interessante Variante dieser Übung darin, daß man dem Partner das eigene Problem übergibt und ihn fragt, welches Gefühl er/sie benutzen würde und welche Alternativen er/sie schaffen würde. Lassen Sie den Partner berichten, was er fühlt, wie intensiv er/sie es empfindet, und wo das Gefühl lokalisiert ist. Er versucht das Gefühl des Betroffenen nachzuvollziehen und eine Alternative zu entwickeln. Probieren Sie auch die Alternativen des anderen aus. Sie können unendlich viele Dinge damit anstellen. Sie haben gerade erst angefangen, sie zu entdecken. Bei dieser Art von Kreativität ist das nur die Spitze des Eisbergs.

Mein Ziel war, Ihnen zu helfen, innerlich kreativer zu werden. Sie müssen mit sich selbst ein Zwiegespräch führen und sich Ihre eigenen Bilder anschauen, wenn Sie denken, lernen, Entscheidungen treffen usw. Ich möchte, daß Sie in der Lage sind, die eigenen Bilder zu verändern, wenn sie Ihnen nicht gefallen; daß Sie in der Lage sind, Ihre innere Stimme zu nutzen, wenn sie Ihnen sagt, Sie sollten Dinge tun, die Sie nicht tun wollen. Mensch zu sein bedeutet, kreativ zu sein; das ist ein fester Bestandteil unseres Menschseins. Es ist nicht möglich, *nicht* kreativ zu sein.

Wie man die Resultate des kreativen Prozesses schützen kann: Patente

RBD: Obgleich es »Kritiker« in vielen Arten und Formen gibt, ist das »Gesetz« wahrscheinlich eine der direktesten und konkretesten Ausdrucksformen des Kritikers. Sicherlich ist es ein wichtiges »Werkzeug« für Träumer.

RWD: Es ist wichtig, über die Möglichkeiten des Patentschutzes und des rechtlichen Schutzes, die man für kreative Leistungen beanspruchen kann, Bescheid zu wissen. Wie alle Funktionen des Kritikers können diese Möglichkeiten entweder zu Ihren Gunsten oder Ungunsten wirken – je nachdem, auf welcher Seite Sie sich wiederfinden.
  Nicht jede Form von Kreativität wird von der Gesellschaft gleichermaßen anerkannt. Das Gesetz oder die gesetzlichen Verfahren gewähren bestimmten Erfindern eine bevorzugte Behandlung.
  An den Anfang dieser Ausführungen sollte ich vielleicht den grundsätzlichen Satz stellen: »Eine Idee läßt sich nicht schützen.« Es ist nicht möglich, eine Idee zu schützen. Wir haben hier viel über kreative Ideen gesprochen. Aber Ideen als solche lassen sich nicht schützen. Ein Manager mag extrem kreativ sein in der Art, wie er eine Gruppe völlig unterschiedlicher Persönlichkeiten zusammenbringt und sie dazu veranlaßt, zusammenzuarbeiten. Dies mag einen hohen Grad an Kreativität erfordern, die Art von Kreativität, über die wir hier sprechen: die Anwendung von Kommunikationsfähigkeiten, unterschiedliche Arten von Fähigkeiten, die zu erlernen lange Zeit erfordert; es mag zusätzlich viel Mühe kosten, diese Fähigkeiten auf die spezielle Management-Situation der betreffenden Firma anzuwenden und die Firma zum Erfolg zu führen. Aber dies alles läßt sich nicht patentieren. Man kann es nicht patentieren, man kann es nicht gesetzlich schützen, man kann kein Copyright darauf erheben, und man kann eine bestimmte Art, eine Firma zu leiten, auch nicht unter den Schutz eines Warenzeichens stellen. Dies gehört zu den Dingen, die sich nicht schützen lassen. Man kann nicht einmal eine bestimmte Kombination von Leuten gesetzlich schützen.
  Nur ein spezifischer Ausdruck einer Idee läßt sich schützen. Es gibt drei Hauptarten von gesetzlichem Schutz für Ausdrucksformen von Ideen. Eine davon ist das

Patent, die zweite das *Urheberrecht (Copyright)*, und die dritte das *Warenzeichen*[*]. Dies sind unterschiedliche Arten von gesetzlichem Schutz. Sie haben jeweils eine unterschiedliche Geschichte, und sie basieren auf unterschiedlichen Philosophien. Aber alle drei sind grundlegende Werkzeuge des Gesetzes, die benutzt werden, um Ideen oder die Resultate kreativer Tätigkeit zu schützen – also Resultate, die spezifische Ausdrucksformen einer bestimmten Idee sind.

Patente

Das erste Patentgesetz entstand in England zur Zeit von Königin Elisabeth I. Es wurde »Anti-Monopol«-Gesetz genannt. Königin Elizabeth I. bewilligte Patente in Form von *Letters patent* (»Patentbriefen«), was bedeutet, daß Briefe veröffentlicht wurden, die jeder einsehen konnte. Die Königin vergab diese Patente, die gewisse Rechte gewährten. Beispielsweise gewährte sie Sir Walter Raleigh das exklusive Recht, in London Salz zu verkaufen. Niemand, der nicht eine Lizenz von Sir Walter Raleigh erhalten hatte, durfte in London Salz verkaufen. Dieses Recht wurde Sir Walter Raleigh als eine königliche Gunst gewährt.

Natürlich waren diejenigen, die in London Salz kaufen wollten, über diese Regelung nicht sonderlich erfreut. Dies führte schließlich zu einem Gesetzesbeschluß des Parlaments, der beinhaltete: »Die Krone soll nicht länger das Recht haben, Monopole zu vergeben.« Doch irgend jemand erhob sich und sagte: »Die Königin hat aber auch Monopole über Erfindungen vergeben. Wir sind der Meinung, wenn jemand etwas erfindet, das der Industrie zugute kommen könnte – es geht also nicht um Salz oder um andere Grundstoffe, sondern um etwas wirklich Neues –, dann sollte das Recht an seiner Erfindung geschützt werden. Man sollte solche Leute auf diese Weise dazu ermutigen, ihre Erfindungen zu verkaufen, zumindest für eine begrenzte Zeitspanne.«

Daraufhin erwähnte jemand als Beispiel eine Hebamme, die zu jener Zeit in London tätig war und die äußerst erfolgreich war. Bei dieser speziellen Hebamme lagen die Chancen, daß das Baby lebend geboren wurde, bei 80 Prozent. Bei anderen Hebammen waren die Chancen einer Lebendgeburt wesentlich niedriger. Als diese Hebamme nach einiger Zeit starb, führte ihr Sohn die gleiche Tätigkeit mit gleichhoher Erfolgsquote fort. Schließlich stellte sich heraus, daß dieser Mann mit

---

[*] Der Leser sollte sich darüber im klaren sein, daß die gesamte folgende Darstellung über Patente, Urheberrechte und Warenzeichen auf der US-amerikanischen Rechtslage beruht. Diese stimmt nicht in allen Aspekten mit der deutschen und europäischen überein. Anm. d. Übers.

der ersten Geburtszange arbeitete: Wenn sich das Baby im Mutterleib in der falschen Position befand, drehte er es zuerst mit der Zange. Dies war der Grund gewesen, weshalb bei dieser Hebamme die Prozentzahl der Lebendgeburten wesentlich höher lag als bei allen anderen. Zu jener Zeit mußten bei der Ankunft der Hebamme alle übrigen Anwesenden das Zimmer verlassen. Was immer die Hebamme tat, tat sie in der Abgeschiedenheit des Geburtszimmers. Deshalb war es dieser Frau und später ihrem Sohn gelungen, ihr Geheimnis über zwei Generationen zu bewahren. Die Argumentation im Parlament lautete nun, wenn diese Hebamme und ihr Sohn eine bessere Möglichkeit gehabt hätten, von ihrer Erfindung zu profitieren als durch bloße Geheimhaltung – wenn sie ihr Gerät hätten patentieren lassen können und wenn sie die exklusiven Recht daran erhalten hätten und sie als Gegenleistung für dieses Recht auch andere von ihrer Erfindung hätten profitieren lassen –, wären wesentlich mehr Babys lebend geboren worden. Das Endergebnis dieser Diskussion war, daß Monopole auf Erfindungen aus dem Anti-Monopol-Gesetz ausgeschlossen wurden.

Dieser Ausschluß ging auch in die Verfassung der Vereinigten Staaten ein, allerdings nicht ohne beträchtlichen Widerstand von Seiten von Leuten wie Thomas Jefferson. Thomas Jefferson war selbst ein begabter Erfinder, der eine Reihe von Patenten angemeldet hatte. Er war jedoch dagegen, daß dem amerikanischen Kongreß die Möglichkeit gegeben werden sollte, ein Patentgesetz zu verabschieden. Er war der Auffassung, daß »Ideen frei sein sollten wie die Luft. Und wenn ich auf einen guten Gedanken komme, so sollte dieser allen Menschen zugänglich gemacht werden.« Er sagte: »Wenn ich eine Kerze anzünde, weil ich einen neuartigen Gedanken habe, und wenn dann ein anderer kommt und seine eigene Kerze an der meinen anzündet, dann hat dieser andere mir nichts weggenommen.« Anders formuliert war er der Meinung: »Wenn ich eine Idee habe und kann sie an andere Menschen weitergeben, so daß diese sie nutzen können, dann ist mir nichts abgenommen worden, und indem ich diese Idee anderen übermittelt habe, ist das Licht in der restlichen Welt heller geworden.« Das ist ein gutes Argument – einerseits.

Andererseits jedoch vermute ich, daß Jefferson nicht über die Art von Argumentation nachgedacht hat, die dazu geführt hatte, daß jene Geburtszange der Hebamme patentiert werden konnte. Jeffersons Argumentation gibt Erfindern keinerlei Anreiz, ihre Erfindungen der Öffentlichkeit vorzustellen. In vielen Fällen hatten Erfinder ihre Ideen geheimgehalten. Auf diese Weise konnten sie größtmöglichen Gewinn daraus ziehen, bis das Geheimnis schließlich enthüllt wurde. Die Möglichkeit, ein Patent zu erhalten, bietet einen Anreiz, der Erfinder dazu anregt, ihre Geheimnisse zu offenbaren.

Was läßt sich nun durch Patente schützen? Grundsätzlich schützen Patente etwas Konkretes, etwas, das man anfassen kann.

Das amerikanische Patentrecht basiert, wie ich bereits erwähnt habe, auf der Verfassung der Vereinigten Staaten. In Artikel 1, Absatz 8 der Verfassung heißt es: *»Der Kongreß soll die Macht erhalten, den Fortschritt der Wissenschaft und der angewandten Künste zu fördern, indem er Erfindern für eine begrenzte Zeit das ausschließliche Recht an ihren Erfindungen zusichert.«* Das Patentrecht besagt, daß jeder, der einen »neuen und nützlichen artifiziellen (oder hergestellten) Gegenstand« (*article of manufacture*) erfindet, Schutz genießt.

Ein »hergestellter Gegenstand« ist etwas Konkretes, etwas, das man anfassen kann. Es handelt sich dabei um eine Komposition aus Materie: um ein Medikament, eine chemische Verbindung, eine »Maschine« – um etwas, das aus materiellen Bestandteilen gemacht ist.

Man kann auch »eine Methode zur Herstellung eines Gegenstandes oder zur Benutzung einer Maschine« patentieren lassen. Das heutzutage üblich gewordene Patentieren von Methoden und Verfahren kommt dem Schutz von Ideen am nächsten. Doch kann immer noch lediglich die Methode zur Herstellung eines artifiziellen (hergestellten) Gegenstandes, die Methode zur Herstellung einer Komposition von verschiedenen Stoffen oder die Methode zur Bedienung einer Maschine oder zum Zusammenbau einer Maschine geschützt werden.

Es gibt also tatsächlich zwei Arten von Patenten: einerseits Patente, die sich auf einen künstlich hergestellten Gegenstand, auf eine Maschine oder auf eine bestimmte Zusammensetzung materieller Stoffe beziehen (»Erzeugnispatente«), und zweitens solche, die eine Methode zur Herstellung eines künstlichen Gegenstandes, einer Maschine oder der Zusammensetzung eines materiellen Stoffs zum Inhalt haben (»Verfahrenspatente«).

Wenn man sich überlegt, was eine »Komposition von materiellen Stoffen« sein könnte, so wird einem vielleicht als erstes ein Kochrezept einfallen. Kann man die Hamburger von McDonalds patentieren lassen? Oder können Sie in die Küche gehen, einen Kuchen backen und diesen patentieren lassen? Wahrscheinlich nicht. Es ist zu 99,9 Prozent wahrscheinlich, daß Sie ein Rezept, welcher Art auch immer, nicht patentieren lassen können. Ich bezweifle, ob Sie bei so etwas in der Lage sein werden zu beweisen, daß Sie dabei irgend etwas Neuartiges getan haben, etwas, das nicht schon irgend jemand einmal vor Ihnen getan hat.

Beispielsweise könnte jemand wie Colonel Sanders ein Patent über die Methode zur Zubereitung von Kentucky Fried Chicken anmelden, die ganz bestimmte Gerätschaften erfordert, etwa, daß man die Hühner mit einer Mikrowelle erhitzt oder etwas ähnliches. Man kann für so etwas ein Patent anmelden. Man könnte eine Methode entwickeln, etwas zu kochen, bei der irgendeine komplizierte Maschinerie eingesetzt wird. Es ist zwar nicht möglich, Colonel Sanders' Brathühner zu patentieren, aber man kann einen sehr spezifischen Ausdruck einer Idee patentieren, einschließlich einer spezifischen Ausrüstung.

Es besteht ein Unterschied zwischen *Design-Patenten* (in Deutschland: *Geschmacksmuster*) und *regulären Patenten*. Design-Patente werden aufgrund der ästhetischen Erscheinungsform eines Gebrauchsgegenstandes vergeben, nicht aufgrund dessen, was der betreffende Gegenstand zu leisten vermag. Man kann ein Design-Patent auf einen Aschenbecher bekommen oder auf ein Mikrofon oder einen Stuhl. Diese Stühle hier könnten Gegenstand eines Design-Patents sein: nicht, weil sie eine andere Aufgabe zu erfüllen in der Lage wären als andere Stühle oder weil sie irgendwie anders funktionieren, sondern einfach nur deshalb, weil sie anders aussehen als irgendein anderer Stuhl. Das Design-Patent-Recht ist (in den USA) eine Unterklasse des regulären Patentrechts.

Es gibt (in den USA) auch Pflanzenpatente[*]. Man kann eine asexuell reproduzierte Pflanze patentieren lassen, Rosen zum Beispiel, oder veredelte Obstbäume. Die Geltungsdauer eines Pflanzenpatents entspricht der jedes anderen Patents: siebzehn Jahre (in Deutschland und Europa 20 Jahre). Bei allen Arten von Patenten ist der Geltungsbereich prinzipiell der gleiche. Im Gegensatz zum Bereich der Pflanzenpatente hat es in den letzten Jahren erhebliche Kontroversen darüber gegeben, ob Produkte der Gen-Manipulation und der Biochemie patentierbar sein sollten. Die Gerichte haben schließlich entschieden, daß man auch diese Dinge gemäß den geltenden Patentgesetzen patentieren lassen kann.

Viele Jahre lang wurde argumentiert, man könne nichts Lebendes patentieren. Man konnte Medikamente patentieren, die in der Lage waren, Krankheitserreger zu vernichten, aber man konnte keine Kleinlebewesen patentieren, die in der Lage waren, andere Kleinlebewesen zu vernichten, auch wenn man dies entdeckt hatte. In diesem Fall handelte es sich um etwas, daß bereits lebendig und in der Natur vorhanden war. Als die Wissenschaftler dann herausfanden, wie man durch Gen-Manipulation und andere Methoden neue Arten von Antikörpern und neue Arten von Bio-Organismen herstellen konnte, stellte sich die Frage: Sollte es möglich sein, die Ergebnisse solcher Arbeit zu patentieren? Wenn man etwas Lebendiges veränderte, sollte es dann möglich sein, dies zu patentieren? Die Gerichte entschieden schließlich, daß etwas derartiges patentiert werden kann. Trotzdem kann man auch heute noch keine neue Zuchtvariante von Hunden patentieren. Aber

---

[*] In Deutschland gibt es »Sortenschutz«; Anm. d. Übers.

man *kann* ein biochemisches Produkt patentieren, wenn man einen neuartigen Organismus produziert hat.

Eine andere Kontroverse entstand durch die Entwicklung der Computer-Technologie. Ein Computer-Programm, das nichts weiter ist als der Algorithmus zum Berechnen von Pi, also zum Berechnen des Verhältnisses zwischen dem Durchmesser und dem Umfang eines Kreises, kann man nicht patentieren lassen. Wenn es sich um eine simple Berechnung handelt, und das Computerprogramm leistet nicht mehr, als diesen feststehenden, bekannten Algorithmus anzuwenden, dann kann man dies nicht patentieren lassen.

Aufgrund dieser Überlegungen fing das Patentamt an, alle Patente auf Computerprogramme abzulehnen. Wenn jemand einen Antrag auf Patentierung eines Computerprogramms einreichte, lautete die Antwort: »Es muß irgendwo einen Algorithmus enthalten, und deshalb werden wir uns nicht damit befassen.« Ich vermute, daß das Patentamt mit Patentanträgen für Computerprogramme überschwemmt wurde. Die Argumentation lautete: »Es ist zu schwierig, sie zu untersuchen, es würde einfach zuviel Zeit kosten.« Die Regierung hatte die Budget-Zuweisungen für das Patentamt gekürzt. Deshalb suchte der Chef des Patentamts nach einer Möglichkeit, einen Teil der Arbeit von sich abzuwälzen, damit seine Behörde auch mit dem reduzierten Budget weiterarbeiten konnte und um gleichzeitig Druck auf die Regierung ausüben zu können, so daß diese gezwungen wäre, das Budget des Patentamts wieder zu erhöhen.

Wenn Ihr Computerprogramm eine neue Methode zur Benutzung eines Computers beinhaltet, wobei in dem Programm Schritte enthalten sind, die neuartig und anders als alles bisher Existierende sind, so sollte es Ihnen möglich sein, ein solches Programm zu patentieren. Das Computerprogramm muß dann eine patentierbare Methode sein, die neue und sich nicht in naheliegender Weise aus dem Stand der Technik ergebende Bedienungsschritte enthält.[*]

Man kann auch spezifische, in die Hardware fest eingebaute Programme patentieren, und zwar als »neuen und in nicht naheliegender Weise hergestellten Gegenstand« für eine Maschine. Wenn das Programm mechanische und stoffliche Elemente enthält, die bisher noch nicht benutzt worden sind oder die auf eine nichtnaheliegende Weise miteinander verbunden werden, dann könnte es möglich sein, auch die Hardware zur Ausführung eines neuen Programms zu patentieren.

---

[*] Hiermit wird umschrieben, daß die Erfindung eine gewisse »Erfindungshöhe« gegenüber dem Stand der Technik aufweisen muß; Anm. d. Übers.

Copyright

Das Copyright gründet ebenfalls auf der amerikanischen Verfassung. Der gleiche Abschnitt der Verfassung, in dem das Patentrecht garantiert wird, gibt dem amerikanischen Kongress auch die Macht, *»den Fortschritt der Wissenschaft und der angewandten Künste zu fördern, indem Urhebern für begrenzte Zeit das ausschließliche Recht an ihren Schriften zugesichert wird.«* Das Copyright stellt ein völlig eigenständiges Recht dar. Es ist interessant, daß diese Verfügungen in der Verfassung nur vier oder fünf Zeilen umfassen. Sowohl das Patentrecht als auch das Copyright basieren auf diesen wenigen Zeilen, und doch beanspruchen beide jeweils ein ganzes Gesetzbuch zu ihrer Erläuterung. Und es gibt ganze Regale voll von Gesetzeskommentaren und Präzedenzfällen bezüglich des Patentrechts und des Copyrights, die über viele Jahre hinweg entstanden sind und die zu präzisieren versuchen, was die Aussage in der Verfassung bedeutet und was das Gesetz bedeutet, daß auf jener Aussage der Verfassung beruht. Dieser ganze Gesetzesbereich ist im Laufe der Zeit sehr kompliziert geworden.

Das Copyright schützt grundsätzlich alles Geschriebene. Man hat es dahingehend erweitert, daß es nun auch Kunstwerke, Gemälde und Plastiken schützt, und man hat es auch auf Landkarten und Computerprogramme ausgedehnt. Auch Fotografien kann man unter Copyright-Schutz stellen. Jedoch ist es nicht möglich, Ideen unter Copyright-Schutz zu stellen, und man kann auch keine Idee patentieren lassen. Letzteres ist nur bei einem spezifischen Gegenstand oder eine Herstellungsmethode, die auf einer Idee basiert, möglich. Ein Copyright kann man weiterhin auch auf eine spezifische Wiedergabe einer Idee bekommen. Und auch Reproduktionen von Kunstwerken lassen sich unter Copyright-Schutz stellen. Wenn man von der Mona-Lisa eine dreidimensionale Reproduktion herstellen würde, beispielsweise in Form eine Statuette, dann könnte man darauf wahrscheinlich ein Copyright anmelden. Ebenso könnte man vermutlich ein Copyright auf eine Darstellung der Mona-Lisa auf Sackleinen anmelden.

Manchmal taucht die Frage auf: »Wenn man ein Foto von der Golden Gate Bridge bei Sonnenuntergang machen und darauf das Copyright anmelden kann, warum kann man dann nicht auch ein Copyright auf die fotografische Matrize anmelden, die benutzt wird, um einen Computer-Chip herzustellen?« Diese Matrizen weisen sehr komplizierte Muster auf, die zur Herstellung des Chip erforderlich sind. Manchmal wird gefragt: »Wenn ich ein Copyright auf ein Kunstwerk anmelden kann, warum kann ich dann nicht die kunstvolle Arbeit durch Copyright schützen, die bei der Herstellung derartiger Computer-Chips geleistet wird?« Ich vermute, daß sich die Rechtslage in diese Richtung verändern wird. Irgendwann wird die kunstvolle Arbeit, die zur Herstellung eines Computer-Chips geleistet wird, unter Copyright-Schutz gestellt werden. Doch zur Zeit ist immer noch die Argumentation maßgebend, daß diese Dinge nicht unter den Schutz des Copyrights fallen.*

Um ein Copyright zu bekommen, muß man etwas Neues, etwas Ursprüngliches haben. Ein gewisses Maß an Neuheit muß dabei im Spiel sein. Es kann durchaus sein, daß Sie ein Copyright auf Ihr Arrangement der musikalischen Komposition eines anderen Menschen bekommen – sofern Sie der ursprünglichen Komposition etwas hinzugefügt haben. Allerdings bedeutet dies noch nicht, daß Sie damit schon das Recht haben, jene Komposition auch aufzuführen.

Wenn ich zum Beispiel eine Geschichte der Stadt San Francisco schreiben würde, dann könnte ich mein Buch über die Geschichte von San Francisco unter Copyright-Schutz stellen. Doch könnte dies niemanden daran hindern, ebenfalls eine Geschichte der Stadt San Francisco zu schreiben. Die Tatsachen, um die es in beiden Fällen ginge, wären die gleichen. Wenn ich ein Buch über die Geschichte der Stadt San Francisco geschrieben habe und sie unter Copyright-Schutz stelle, dann bin ich davor geschützt, daß ein anderer meine Arbeit benutzt, sie kopiert, unter seinem eigenen Namen veröffentlicht oder sie als seine eigene verkauft. Ich bin jedoch *nicht* davor geschützt, daß jemand sagt: »Heh, das ist eine gute Idee, eine Geschichte über San Francisco zu schreiben. Ich werde das jetzt auch tun«, und dieser andere sich dann daran macht, dies in die Tat umzusetzen.

Eine wichtige Frage ist natürlich, wie eng sich jemand an ein Buch oder ein Computerprogramm eines anderen »anlehnen« darf, ohne gegen das Copyright zu verstoßen. Könnte jemand lediglich fünf Zeilen verändern oder genau den gleichen Aufbau benutzen und die Sätze einfach nur abwandeln?

Stellen Sie sich einen Augenblick lang eine Karte von San Francisco vor. Ich kann sie durch Copyright schützen, aber ich kann dadurch niemanden davon abhalten, ebenfalls eine Karte von San Francisco zu entwerfen. Wenn ich eine Karte von San Francisco entwerfe, und Sie tun dies ebenfalls, dann ist es unvermeidlich, daß beide sich zumindest sehr ähnlich sind. Die Straßen müssen natürlich die gleichen sein. Der Maßstab kann unterschiedlich gewählt sein. Und die farbliche Gestaltung kann sich auch unterscheiden.

---

* Inzwischen gibt es in den USA, in Japan und in den EG-Staaten Sondergesetze zum Schutz dieser fotografischen Matrizen (Halbleiter-Topografien); Anm. d. Übers.

Viele Kartenverleger bauen in ihre Karten irgendwo eine in der Realität nicht existierende Straße ein. Wenn dann jemand jene Karte mit der fiktiven Straße einfach kopiert, statt wirklich selbst eine eigene Karte zu entwerfen, übernimmt der Betreffende natürlich unfreiwillig auch die nicht existierende Straße.

Um Copyright-Verletzungen nachzuweisen, muß man beweisen, (1) daß der Kopierer Zugang zu dem angeblich von ihm kopierten Material hatte, und (2) daß er es kopiert hat.

Wenn Sie nun die Karte des mutmaßlichen Nachahmers kaufen, dessen Produkt später als sein eigenes auf den Markt gekommen ist, und sich dann herausstellt, daß er die fiktive Straße übernommen hat, dann hat man damit einen Beweis.

Copyright-Verletzungen hinsichtlich einer Geschichte der Stadt San Francisco sind ein wenig schwieriger nachzuweisen. In diesem Fall müßte man sich einzelne Absätze und Sätze des betreffenden Buchs vornehmen. Man müßte alle Elemente untersuchen, aus denen die Darstellung besteht, und feststellen, wie viel von alldem ähnlich ist. Das könnte so ähnlich sein, als würde man zwei Karten daraufhin vergleichen, was an beiden ähnlich und was unterschiedlich ist.

Es gibt zu diesen Themen eine Menge interessanter Fälle. Einer von ihnen dreht sich um den amerikanischen Film *Gaslight*. Bob Hope (ein bekannter amerikanischer Komiker) hat eine Parodie auf *Gaslight* gemacht und sie im Fernsehen vorgestellt. Der Dialog von *Gaslight* entsprach in der Parodie dem Original. Doch in Hopes Parodie paßte der Dialog nicht mit der Handlung zusammen. Die Worte waren die gleichen, aber sie wurden mit einer anderen Betonung gesprochen und mit einem anderen Handlungsverlauf verbunden, um einen humoristischen Effekt zu erzielen. Es kam zu einem Prozeß, bei dem auf Copyright-Verletzung entschieden wurde, weil in der Parodie die gleichen Texte wie im Original verwendet worden waren. Obgleich das Endergebnis ein völlig anderes war, handelte es sich hier um eine Copyright-Verletzung.

Im Bereich der Musik gibt es in dieser Hinsicht sehr komplizierte Probleme. Man kann die grundlegende musikalische Komposition unter Copyright-Schutz stellen; man kann eine spezielle Notenausgabe einer Komposition, die in der Öffentlichkeit verkauft wird, unter Copyright-Schutz stellen; und man kann eine Tonaufnahme der Komposition unter Copyright-Schutz stellen. Es gibt also drei verschiedene Arten von Copyright für eine Komposition, die alle auf speziellen Arten der Wiedergabe der Idee beruhen.

Gewöhnlich ist eine der grundlegenden Voraussetzungen für Copyright-Verletzungen der Zugang zu dem zugrundeliegenden Werk, der Zugang zu dem unter

Der Kritiker

Copyright-Schutz stehenden Material. Man muß jedoch das Copyright beim Copyright-Büro* angemeldet haben, bevor man jemanden wegen Verletzung dieses Rechts anklagen kann.

Wie lange ein Werk geschützt ist, hängt davon ab, ob es sich um ein »Auftragswerk« handelt oder nicht. Gewöhnlich erstreckt sich das Copyright auf das Leben des Urhebers zuzüglich fünfzig Jahren. Wenn Sie den Antrag auf Registrierung abgeben, geben Sie auch Ihr Geburtsdatum an, welches zu einem wichtigen Bestandteil des Copyright-Schutzes wird. Das alte Copyright-Gesetz, das bis zum Jahre 1980 gültig war, beinhaltete, daß ein Werk 28 Jahre lang geschützt war und daß der Schutz anschließend für weitere 28 Jahre erneuert werden konnte. Das neue Copyright-Gesetz hat die Lebensdauer des Copyrights erheblich verlängert.

Nun ist das Copyright also für die Lebenszeit des Autors plus fünfzig Jahre gültig. Wenn es sich um ein Auftragswerk handelt, ist das Copyright 75 Jahre vom Datum der Veröffentlichung an gültig. Auftragswerke sind solche Arbeiten, bei denen der Autor damit beauftragt wurde, ein bestimmtes Werk zu schaffen. Angenommen, Walt Disney gibt jemandem den Auftrag, ein Drehbuch für einen Film zu schreiben, und infolge dieses Auftrags wird das betreffende Drehbuch geschrieben, dann wäre das ein Auftragswerk, und die Lebensdauer des Copyrights betrüge in einem solchen Fall 75 Jahre.

In den Vereinigten Staaten ist am 1. Januar 1980 nach vielen Jahren und vielen Anhörungen ein neues Copyright-Gesetz in Kraft getreten. Unter dem alten Copyright-Gesetz mußte man ein Buch oder einen Song publizieren, man mußte das Werk in schriftlicher Form veröffentlichen, um das Copyright darauf anmelden zu können. Wenn man etwas versehentlich ohne einen Copyright-Vermerk darauf veröffentlicht hatte, war es nicht mehr möglich, nachträglich noch den Copyright-Schutz dafür zu beantragen.

Ein Fall, mit dem ich persönlich zu tun gehabt habe, waren die »Keep on Trucking«-Zeichen. Können Sie sich an jenen alten »Keep on Trucking«-Cartoon erinnern, der plötzlich überall auftauchte und die allgemeine Aufmerksamkeit weckte? Er war eine Art Symbol der sechziger Jahre. Der Urheber dieses Cartoons stellte diesen schließlich unter Copyright-Schutz und verklagte dann eine große Zahl von Leuten, die den Cartoon aufgegriffen und ihn für ihre Zwecke benutzt hatten. Und er hatte damit ziemlichen Erfolg, bis er in San Francisco einen solchen Prozeß führte, wo man ihm nachweisen konnte, daß er seinem Marketing-Manager das Recht übertragen hatte, diesen Cartoon auf seinen Visitenkarten zu verwenden, ohne daß auf diesen Karten ein Copyright-Vermerk war. Das Gericht

---

* Dies ist in Deutschland nicht erforderlich; Anm. d. Übers.

entschied daraufhin, daß der Ankläger sein Copyright verwirkt hätte, weil er jemand anderen den Cartoon ohne Copyright-Hinweis hatte benutzen lassen.

Der Copyright-Vermerk ist ein »C« in einem Kreis – © –, dazu der Name der Person, die das Copyright für sich beansprucht, und das Jahr, in dem das Werk zuerst veröffentlicht wurde. Dies hat eine andere Bedeutung als das »R« im Kreis – ® –, das man oft findet. Letzteres ist das Symbol für Warenzeichen.

Warenzeichen (*trademarks*) und Dienstleistungsmarken (*service marks*)

Das Warenzeichen-Recht ist etwas völlig anderes als das Patentrecht und das Copyright-Gesetz. Das amerikanischen Warenzeichen-Gesetz beispielsweise basiert nicht auf der amerikanischen Verfassung. Warenzeichen basieren (in den USA) auf dem *»common law«*. Warenzeichen gehen auf die alten Gilden in England und Europa zurück. Wenn man Mitglied einer Gilde war, beispielsweise Mitglied der Gilde der Silberschmiede, dann setzte man das Zeichen jener Gilde auf das fertige Produkt, wodurch man anzeigte, (1) wer es hergestellt hatte und (2) daß es von jemandem hergestellt worden war, der als Mitglied der zuständigen Gilde dazu befugt war.

Später diente dieses Zeichen mehr zur Identifikation des Ursprungs. Wenn Sie in einem Museum eines von Paul Reveres Silberprodukten sehen, werden Sie darauf sein Zeichen finden.

Die Idee des Warenzeichens ist erweitert worden. Das Warenzeichen dient nun dazu, den Ursprung eines Gegenstands anzuzeigen. In den letzten Jahren hat das Warenzeichen eine neue Funktion übernommen. Es dient nun auch dazu, die Öffentlichkeit vor Konfusion hinsichtlich des Ursprungs eines Produkts zu schützen. Wenn jemand in ein Geschäft geht und eine Schachtel irgendeines Markenwaschpulvers kauft, dann sollte der Betreffende die Sicherheit haben, daß er, wenn er dies morgen wieder tut, das gleiche Produkt vom gleichen Hersteller bekommt. Die Öffentlichkeit soll vor Verwirrung hinsichtlich der Herkunft eines gekauften Produkts bewahrt werden, auch wenn die Firma, die das Produkt entwickelt hat, bereit sein mag, jemand anderen mit der Herstellung des betreffenden Produkts zu beauftragen. Es gibt auch Warenzeichen-Lizenzen, beispielsweise Lizenzen von McDonald's oder Kentucky Fried Chicken. In diesen Fällen hat irgend jemand ein Warenzeichen eingetragen, und dann vergibt er Lizenzen oder Franchisen darauf und erlaubt es anderen Leuten, sein Warenzeichen zu benutzen. Wenn Sie jeman-

dem gestatten, Ihr Warenzeichen zu benutzen, ohne daß Sie eine Qualitätskontrolle ausüben, können Sie Ihre Rechte an dem Warenzeichen verwirken. Das Ziel ist sicherzustellen, daß die Öffentlichkeit geschützt ist, daß man, wenn man ein mit einem bestimmten Warenzeichen gekennzeichnetes Produkt kauft, eine bestimmte Qualität voraussetzen kann. Das muß nicht unbedingt eine sehr hohe Qualität sein, aber es muß stets die *gleiche* Qualität sein. Es geht nicht darum, unbedingt eine hohe Qualität zu garantieren, sondern vielmehr darum, daß ein Produkt, das mit einem bestimmten Warenzeichen gekennzeichnet ist, stets die gleiche Qualität hat.

Eine Dienstleistungsmarke wird dann benutzt, wenn es keine Waren gibt, an denen man ein Warenzeichen anbringen könnte. Das NLP-Logo beispielsweise ist eine Dienstleistungsmarke, weil NLP-Trainingsprogramme eine Dienstleistung sind. Das Chevron-Zeichen (ein Winkel), das in Amerika an Tankstellen zu finden ist, ist eine Dienstleistungsmarke. Was tun diese Leute? Sie verkaufen eine Flüssigkeit, der man keinen Stempel aufdrücken kann, weil Sie aus einer Pumpe kommt. Und die Tankstelle bietet außerdem einen Service an: Sie versorgt Auto- und Motorradfahrer mit Benzin, wenn sie an der Tankstelle halten und Benzin kaufen wollen. Ich habe in den letzten Jahren an die vierzig verschiedener Registrationsanträge von Chevron gesehen, denn dieser Konzern hat jetzt auch Insektizide, Düngemittel, Haushaltsreiniger, Fensterputzmittel und dergleichen mehr in seinem Produktions- und Lieferprogramm, und sie mußten jenes Zeichen, den bekannten Winkel, für jedes dieser Produkte eintragen lassen, weil sie diese Produkte in ganz Amerika mit dem Warenzeichen darauf verkaufen.

Warenzeichen werden in zirka vierzig verschiedenen Kategorien registriert. Wenn Sie ein Warenzeichen schützen lassen wollen, können Sie es in ungefähr dreißig unterschiedlichen Kategorien von Gütern eintragen lassen. Außerdem gibt es noch ungefähr fünf unterschiedliche Kategorien von Dienstleistungsmarken: Erziehung, Handel und Unterhaltung sind die Dienstleistungsbereiche. Und schließlich gibt es auch noch eine gemischte Kategorie, die alle möglichen Dinge abdeckt.

Ein Warenzeichen beinhaltet drei wichtige Dinge:

1. das Wort selbst;
2. die Form des Wortes;
3. die Güter, auf denen es verwendet wird.

Beispielsweise gibt es in den USA Johnson and Johnson Baby-Puder, Johnson's Bohnerwachs und Johnson's Außenbordmotoren. Es handelt sich um drei völlig verschiedene Firmen, die alle das gleiche oder zumindest ein im wesentlichen gleiches Warenzeichen benutzen – obwohl die geschützten Handelsgüter völlig unterschiedlich sind.

Übrigens ist ein Handelsname (*trade name*) nicht das gleiche wie ein Warenzeichen (*trade mark*). Der Handelsname ist der Name des Unternehmens. Das Warenzeichen hingegen ist das Zeichen, das die hergestellten Güter kennzeichnet. So ist zum Beispiel General Electric der Handelsname der General Electric Company. GE, das kleine GE-Zeichen mit dem verschnörkelten Ding darum herum, ist das Warenzeichen dieses Unternehmens. Und diese Leute würden mit Ihnen auf Leben und Tod um ihr Warenzeichen kämpfen. Wenn Sie sich jedoch General Electronics oder GE nennen würden, würde die Firma wahrscheinlich nichts dagegen unternehmen. Jedermann weiß, wer GE ist und daß Sie es nicht sind.

Mercury Außenbordmotoren werden nicht von der Ford Motor Company hergestellt und auch nicht mit Genehmigung der Ford Motor Company. Tatsächlich hat die Ford Motor Company versucht, die Hersteller jener Außenbordmotoren durch einen Prozeß davon abzubringen, den Namen Mercury für ihre Außenbordmotoren zu verwenden. Das Gericht vertrat in diesem Fall die Auffassung, daß Menschen, die sich Außenbordmotoren kaufen, »unterscheidungsfähige Käufer« (*discriminating purchasers*) sind. Das heißt, daß sie nicht soviel Geld für einen Motor ausgeben würden, ohne sich zu informieren, wer ihn tatsächlich gebaut hat.

Menschen, die Automobile kaufen, informieren sich, bevor sie Tausende von Dollars für ein neues Auto ausgeben, sehr genau, von welcher Firma das betreffende Auto hergestellt worden ist. Sie sind also unterscheidungsfähige Käufer. Die beiden Arten von Gütern stehen nicht zueinander in Beziehung. Menschen, die Automobile kaufen, werden nicht unbedingt auch Außenbordmotoren kaufen und umgekehrt. Deshalb ist es durchaus möglich, daß beide Firmen den Namen Mercury in Verbindung mit ihren spezifischen Produkten benutzen, ohne daß eine Verwechslung sonderlich wahrscheinlich ist. »Wahrscheinlichkeit der Verwechslung« ist das entscheidende Kriterium, wenn es um Warenzeichen geht. GE ist ein interessantes Beispiel hierfür. Tatsache ist, daß viele Leute GE benutzt haben und dies auch dürfen, doch können sie dies nicht in der speziellen Form tun, wie General Electric es verwendet.

Grundsätzlich gibt es zwei Dilemmas in Verbindung mit Warenzeichen. Jeder möchte ein Warenzeichen haben, das so gut ist und so zwangsläufig ins Auge springt, daß jeder potentielle Konsument das betreffende Produkt kauft. Das ist alles gut und schön, so lange das Produkt nicht zu attraktiv, zu gut ist, denn dann gerät man in die Situation von Namen wie »Zellophan«, »Aspirin«, »Kleistron«

oder, um ein Beispiel aus neuerer Zeit anzuführen, »Thermosflasche«, Fälle, in denen das Produkt so neu und der Name so gut war, daß er zu einem Gattungsnamen geworden ist.*

Generell muß man sicherstellen, daß ein Warenzeichen nicht wie der Gegenstand an sich benutzt wird. Wenn die Leute anfangen, den Namen wie die Bezeichnung für den Gegenstand selbst zu benutzen, bekommen Sie Probleme.

Aspirin war ursprünglich ein Warenzeichen. Eine deutsche Firma hat es erfunden. Heute ist es ein Gattungsname: Aspirin wird von vielen Firmen hergestellt. Bei Zellophan ist es ähnlich. Die Hersteller wußten nicht, wie sie diese Art von dünnem transparentem Papier nennen sollten. Es hat heute noch keinen anderen Namen. Wenn man »zellophandünnes durchsichtiges Papier« oder »zellophanes flexibles Einwickelpapier« sagen würde, wäre es korrekt. Aber der Name Zellophan ging sehr schnell in den allgemeinen Sprachgebrauch für diese Art von Produkten über.

Kleistron war ursprünglich eine Marke der Firma Sperry Gyroscope. Wahrscheinlich wissen die meisten von Ihnen nicht, was ein Kleistron ist. Das Wort stammt aus dem Griechischen, und es bezeichnet ein Welle, die am Ufer aufprallt. Ein Kleistron war ein Gerät zur Modulation der Geschwindigkeit von atomaren Partikeln, und der Name war eine sehr elegante Anleihe bei den alten Griechen. Schließlich wurde es zum Namen für eine völlig neue Art von Geräten, und damit ging es als Warenzeichen verloren. Daran sieht man, daß es gefährlich ist, im Bereich der Warenzeichen Namen zu wählen, die zu populär werden könnten.

Die Firma Xerox hat einen äußerst erbitterten Kampf geführt, um den Verlust ihres Namens zu verhindern, weil er fast zu gut ist. Es handelt sich um einen frei erfundenen Namen. Das Wort bedeutete gar nichts, bis die Firma es erfand, es zum Warenzeichen machte und ihm eine spezielle Bedeutung verlieh. Schließlich wurde die Lage für Xerox geradezu katastrophal, als sich der Sprachgebrauch »Mach' mir davon ein Xerox« oder »Ich werden diesen Bericht xeroxen« einbürgerte, und wahrscheinlich kursieren auch heute noch solche Ausdrucksweisen. Die Firma Xerox hat ungeheuer viel Energie aufgewandt, um dies zu unterbinden.

Die Firma Kodak lief ebenfalls Gefahr, aus dem gleichen Grunde ihren Namen zu verlieren. Man verliert die Warenzeichen-Rechte an einem Namen in dem Maße, wie man anfängt, ihn selbst als Gattungsnamen zu benutzen oder dies anderen Leute zu gestatten. Kodak hat in den zwanziger oder dreißiger Jahren Anzeigenserien veröffentlicht, in denen es hieß: »Kodake dich durch das Land«. Ein Warenzeichen sollte stets nur als Zusatz verwendet werden – zum Beispiel in For-

---

* Ein sogenanntes »Freizeichen«; Anm. d. Übers.

men wie »Xerox-Fotokopierer«. In diesem Fall bleibt Xerox ein Phantasiewort. Oder »Kodak-Handkameras«. Eine Handkamera von Kodak zu benutzen ist eine Sache, eine Kodak zu benutzen eine andere. Definiert der Begriff Kodak die Kamera, oder ist die Kamera das Ding, das den Namen Kodak trägt?

Die Firma Coca-Cola mußte aus dem gleichen Grunde viele Millionen in den Schutz ihres Warenzeichens investieren.

Copyright versus Warenzeichen

Copyrights sind nicht das gleiche wie Warenzeichen. Das ist etwas, das viele Leute verwirrt, und auch die meisten meiner Klienten bringen diese Dinge durcheinander. Sie kommen mit einem Namen zu mir und sagen: »Ich möchte ein Copyright auf diesen Namen anmelden.« Oder sie sagen, daß der Name von dem und jenem unter Copyright steht.

Es ist nicht möglich, einen Namen oder einen kurzen Slogan oder ein Warenzeichen unter Copyright-Schutz zu stellen. Man kann einen Namen nicht durch Copyright schützen. Copyright ist für den Ausdruck von Ideen reserviert. Für ein Buch kann man Copyright-Schutz beantragen. Das gleiche gilt für eine Fotografie oder ein Gemälde. Auch Architektenzeichnungen kann man unter Copyright stellen. Und auch für Schallplatten und musikalische Werke kann man Copyright beantragen. In all diesen Fällen handelt es sich um den Ausdruck einer Idee. Aber ein Name, ein kurzer Name, der eine Firma von einer anderen unterscheidet, läßt sich nicht durch Copyright schützen.

Für einen Namen kann man Warenzeichenschutz beantragen. Wenn man in den USA einen Namen schützen lassen will, muß man ihn als Warenzeichen entweder für einen bestimmten Bundesstaat oder für die ganzen Vereinigten Staaten eintragen lassen. Jeder Staat der Vereinigten Staaten registriert Warenzeichen. Sie registrieren den Namen Ihrer Firma oder den Namen, unter dem Sie ein Produkt verkaufen. Man könnte im Staate Kalifornien die ausschließlichen Rechte an einem Namen anmelden und sie beim Staatssekretariat eintragen lassen. Wenn man den Namen auf Bundesebene schützen will, muß man zum Patentamt in Washington gehen und ihn dort eintragen lassen. Man kann allerdings einen Namen erst dann bundesweit registrieren lassen, wenn man die betreffenden Güter mit einem Warenzeichen darauf schon über Landesgrenzen hinweg befördert hat. Das bedeutet, daß man den Namen auf Bundesebene erst dann eintragen lassen kann, wenn man tatsächlich am zwischenstaatlichen Handel teilnimmt.

Der Kritiker

Nehmen wir an, Sie führen einen Namen für Ihre Produkte ein, sagen wir »Acme-Produkte«. Acme soll Ihr Warenzeichen werden, und deshalb setzen Sie Acme mit einem »R« in einem Kreis – ® – auf die Produkte und verkaufen sie im zwischenstaatlichen Handel. Nun könnte man meinen, damit wäre alles Notwendige veranlaßt. Das Problem ist jedoch, daß jenes »®« anzeigt, daß das Warenzeichen bundesweit registriert ist. Wenn es *nicht* registriert ist, setzt man ein kleines »TM« – ™ – darauf. Und wenn Sie das Zeichen »®« benutzen, bevor die Registrierung bei der Bundesbehörde tatsächlich abgeschlossen ist, begeht man einen Betrug. Zumindest vertreten das Patentamt und das Warenzeichenamt die Meinung, daß dies betrügerisch sei. Wenn Sie das »®« zusammen mit Ihrem Warenzeichen benutzt haben, bevor Sie es tatsächlich eingetragen haben, dürfte es Ihnen eigentlich nicht gestattet werden, es zu einem späteren Zeitpunkt noch zu registrieren.

Das widerspricht unmittelbar dem alten Copyright-Gesetz, in dem es hieß: »Wenn Sie Copyright-Schutz für etwas beantragen wollen, müssen Sie die betreffende Sache veröffentlichen und ein C in einem Kreis – © – darauf anbringen.«

Das hört sich alles ziemlich verwirrend an, nicht wahr? Copyright und Warenzeichen erfordern die entgegengesetzten Voraussetzungen. Was im einen Fall richtig ist, ist im anderen falsch. Und das ist natürlich eines der klassischen Probleme des »Kritikers«. Es ist so, als würden Sie ein Wort falsch buchstabieren, weil Sie versuchen, die falsche Rechtschreibung zu vergessen.

RBD: Wenn Sie nur einen einzigen Kritiker zufriedenzustellen bräuchten, wäre alles leicht. Kritiker treten jedoch gewöhnlich in der Mehrzahl auf – und ihre Werte sind nicht immer identisch.

RWD: Ein Teil der US-Bundesregierung vergibt Patente, weil die Verfassung sagt, daß der Kongreß die Macht haben soll, den Fortschritt der Wissenschaft und der angewandten Künste zu fördern, indem er den Erfindern exklusive Rechte an ihren Erfindungen zugesteht. Was ist nun ein exklusives Recht? Ein exklusives Recht ist ein Monopol. Jedesmal, wenn man »Monopol« sagt, ist das, als würde man vor einem Stier – der Anti-Trust-Abteilung der amerikanischen Bundesregierung – ein rotes Tuch hin und herwedeln. Diese Leute mögen Monopole nicht. Aber sie können Patente nicht angreifen, obgleich sie das vielleicht gern tun würden, weil Patente durch die Verfassung geschützt sind.

Angenommen, Sie sind Inhaber einer Firma wie der Aluminium Company of America. Diese Firma war die erste, die eine praktikable Methode fand, um Aluminium aus dem Erz zu gewinnen. Die Firma wandte diese Methode also an und gründete ein gutes Management-Team sowie auch ein gutes Team für Forschung und Entwicklung. Und sie machten noch weitere Erfindungen. Sie investierten einen Teil des Gewinns, den sie machten, um die Veredelungsmethoden weiter zu perfektionieren. Ein Teil des Profits wurde darauf verwandt, neue Vorkommen zu kaufen, neue Fabriken zu bauen und generell um die Spitzenposition in der Branche zu halten. Sie leisteten so gute Arbeit, daß alle Patente, die etwas mit der Aluminium-Veredelung zu tun hatten, im Besitz der Aluminium Company of America waren. Sie hatten keine Konkurrenz. Die Firma verfügte über alle Patente in diesem Bereich. Jedesmal, wenn irgend jemand einen guten Einfall hatte, der mit Aluminium in Zusammenhang stand, kauften sie die Idee. Jedesmal, wenn irgendwo ein Vorkommen von Aluminium-Erz entdeckt wurde, kauften Sie es. Und wenn irgendwo eine Aluminium-Fabrik benötigt wurde, bauten sie sie. So hatten sie schließlich ein Monopol. Daraufhin entschied die Anti-Trust-Behörde der US-Bundesregierung, daß an dieser Situation etwas geändert werden müsse. Niemand konnte zu dieser Firma in Konkurrenz treten. Deshalb wurde die Aluminium Company of America wegen Verstoßes gegen das Anti-Trust-Gesetz angeklagt, und es gelang der Behörde, die Gesellschaft zu zwingen, einige ihrer Patente abzugeben. Es war illegal, einen »Patent-Pool« zu kreieren, und der Vorwurf lautete, daß das Unternehmen genau das getan hätte.

Das gleiche passierte auch RCA. RCA war von GE, Westinghouse und Bell Telephone gegründet worden, die ihre Patente bezüglich Radios in einem Patent-Pool zusammengefaßt und dann gemeinsam ein Unternehmen gegründet hatten, das im Besitz dieser Patente war, nämlich die Radio Corporation of America (RCA). Die Rechtmäßigkeit dieses Patent-Pools wurde während des Ersten Weltkriegs nicht in Frage gestellt. Tatsächlich hatte Franklin Delano Roosevelt den Anstoß zur Gründung dieses Unternehmens gegeben. Der Erste Weltkrieg hatte begonnen, und es stellte sich heraus, daß Marconi alle Radio-Firmen gegründet hatte und besaß, die damals existierten. Als in Europa der Krieg ausbrach, wurde den Amerikanern plötzlich klar, daß sie keine funktionsfähige Radio-Industrie hatten. Deshalb wurde die Radio Corporation of America gegründet. Es gab damals eine phantastische Neuentwicklung, bei der man an einem bestimmten Ort sprechen konnte, und das Gesprochene an einem anderen Ort gehört werden konnte, ohne daß beide Orte durch irgendwelche Drähte verbunden zu sein brauchten. Alle Patente, die damit in Zusammenhang standen, wurden in der Radio Corporation of America zusammengefaßt, wodurch die RCA viele Jahre lang ein sehr mächtiges Unternehmen war. Ich glaube, daß IBM und ein paar Firmen von der Westküste der USA den Niedergang der RCA eingeleitet haben.

Wenn man diese begrenzten Monopole nimmt und genügend von ihnen zusammenfaßt, kann man ein großes Monopol errichten, das gegen das Anti-Trust-Gesetz der Vereinigten Staaten verstößt. Ich bin nicht der Meinung, daß Patente schon an sich mit Monopolen gleichzusetzen sind. Sie sind zeitlich begrenzt. Sie haben eine siebzehnjährige Lebensdauer (in Deutschland 20 Jahre). Meiner Ansicht nach handelt es sich dabei nicht wirklich um Monopole. Aber, wie Sie sich vielleicht noch erinnern werden, stand das Monopol in der Zeit von Königin Elisabeth I. am Anfang des Patentrechts.

Betriebsgeheimnisse

Außer Patent, Copyright und Warenzeichen gibt es noch einen weiteren Gesetzesbereich, der sich auf kreative Ideen bezieht. Ich meine das Betriebsgeheimnis oder den Besitz an Informationen *(proprietary information)*.

Das neue Copyright-Gesetz und das Patent-Gesetz haben im Laufe der Jahre dem Schutz von Informationen den Weg geebnet. Das Copyright-Gesetz besagt: Sobald Sie irgend etwas in greifbarer Form vorgelegt haben, sobald Sie eine Kopie von einer Zeichnung hergestellt haben, sobald Sie eine Idee, die zuvor nur in Ihrem Kopf existierte, zu Papier gebracht haben, wird all dies zum Gegenstand des Copyright-Gesetzes der amerikanischen Bundesregierung und kann fortan nicht mehr nach dem einzelstaatlichen Gesetz gegen unlauteren Wettbewerb behandelt werden. Das Copyright-Gesetz hat also den Einzelstaaten der USA die Regelung dieser Dinge entzogen und sie unter den Schutz des Copyright-Gesetzes gestellt.

Betriebsgeheimnisse werden in den USA durch die Gesetze der Einzelstaaten geschützt. Wenn Sie ein neuartiges Material erfunden haben oder eine neuartige chemische Verbindung entwickelt haben, so daß etwas entsteht, das besonders gut verkäuflich ist, so können Sie zwei Dinge tun. Eine Möglichkeit wäre, das betreffende Produkt patentieren zu lassen. Die andere bestünde darin, die Idee geheimzuhalten, sofern dies möglich wäre – falls sie sich nicht durch Analyse herausfinden ließe. Sie stellen das Produkt her und verkaufen es, und wenn es dem Käufer nicht möglich ist, es irgendeinem ausgeklügelten Analyseverfahren zu unterwerfen, um herauszufinden, woraus es besteht, dann sollte man vielleicht tatsächlich in Erwägung ziehen, es einfach geheimzuhalten.

Wenn Sie das Produkt hingegen patentieren lassen, werden Ihnen beschränkte Rechte daran zugesprochen. Um ein Patent zu erhalten, müssen Sie genügend Information über das Produkt geben, so daß jemand mit durchschnittlichen Fähigkeiten auf dem betreffenden Gebiet in der Lage ist, Ihre Erfindung herzustellen und zu benutzen, um die stoffliche Verbindung oder das Produkt herzustellen, die oder das die von Ihnen entwickelte stoffliche Zusammensetzung aufweist. Wenn Sie dies getan haben, und die Prüfer kommen zu der Überzeugung, daß es sich um etwas Neues und Nicht-Naheliegendes handelt, dann werden Ihnen die Patentrechte für siebzehn Jahre gewährt. Nach Ablauf dieser siebzehn Jahre steht alles, was Sie gelehrt haben, alles, was Sie in Ihrem Patent beschrieben haben, der Öffentlichkeit zum freien Gebrauch zur Verfügung.

Diskussion: Beispiele für Copyright-Schutz

FRAGE: Ich habe einen Roman geschrieben und ihn unter Copyright-Schutz gestellt. Aber ich fange jetzt mit einem neuen Roman an, und jedesmal, wenn ich eine vorläufige Version geschrieben habe, setze ich ein kleines C im Kreis sowie meinen Namen und das Datum darauf. Wird das Manuskript dadurch bis zur Veröffentlichung geschützt? Ich will nicht unbedingt auch schon für diese vorläufigen Fassungen Copyright-Schutz anmelden.

RWD: Das neue Copyright-Gesetz gewährt Ihnen einen Copyright-Schutz auf Ihre Arbeit von dem Zeitpunkt an, zu dem diese erstmals eine konkrete Form annimmt. Sobald Sie die Ideen zu Papier gebracht haben, haben Sie sofort Rechte an dem Werk, ganz gleich, ob sich der Copyright-Vermerk darauf befindet oder nicht. Wenn Sie ein paar Kopien davon beispielsweise an Verleger schicken, um diese auf Ihr Projekt aufmerksam zu machen, haben Sie damit Ihren Copyright-Anspruch nicht verwirkt. Das Copyright-Gesetz ermöglicht heute auch die Registrierung unveröffentlichter Werke. Sie könnten eine Kopie Ihres Werks zum Copyright-Büro schicken und diese dort in unveröffentlichter Form registrieren lassen. Damit hätten Sie ein Copyright an diesem Werk. Das neue Copyright-Gesetz ist insofern nachsichtiger als das frühere, als es gestattet, eine begrenzte Zahl von Werken ohne Copyright-Vermerk zu veröffentlichen. Natürlich ermöglicht es auch, Werke schon vor ihrer Veröffentlichung registrieren zu lassen.

Trotzdem bin ich der Meinung, daß die Gewohnheit, Copyright-Vermerke auf Ihren Rohfassungen anzubringen, Ihnen in keinem Fall schaden kann, und möglicherweise könnte Ihnen dies in bestimmten Fällen sogar zum Vorteil gereichen. Sie können niemanden wegen Verletzung Ihrer Copyright-Ansprüche verklagen, wenn Sie nicht zuvor das Copyright an dem betreffenden Werk beim Copyright-

Büro haben eintragen lassen. Sie müssen das Copyright registrieren lassen, bevor Sie jemanden wegen solcher Verstöße verklagen können.

Das Copyright-Gesetz ist in mehrfacher Hinsicht interessant. Es gibt darin auch einen Abschnitt über strafrechtliche Aspekte. Wenn jemand Ihr Copyright verletzt, können Sie dem Betreffenden damit drohen, ihn beim Generalstaatsanwalt anzuzeigen und ihn bestrafen lassen. Für Copyright-Verletzungen können Geld- und Gefängnisstrafen verhängt werden – dazu muß es sich allerdings um eine willentliche, absichtliche und mutwillige Verletzung handeln. Aber es gibt genügend Dinge auf diesem Gebiet, die ständig geschehen und die meiner Meinung nach ebenfalls in dieses Gesetz einbezogen werden sollten.

FRAGE: Ich habe einen Katalog produziert, auf dem ich ein Copyright-Vermerk angebracht habe. Aber ich habe dieses nicht eintragen lassen. Und ich habe einen Handelsnamen, den ich zusammen mit dem »TM«-Zeichen daraufsetze. Ist das so in Ordnung?

RWD: Das ist völlig in Ordnung. Wenn man einen Copyright-Vermerk auf ein Werk setzt, sollte man dieses nach dem Copyright-Gesetz anschließend möglichst umgehend registrieren lassen. Wahrscheinlich wäre es gut, wenn Sie dies in nächster Zeit tun würden. Es kostet nicht viel. Sie bekommen vom Copyright-Büro Formulare zugeschickt, die Sie ausfüllen müssen. Die Schwierigkeit bei einem Katalog besteht darin, daß Sie die Namen derjenigen angeben müssen, die den Katalog gebunden und produziert haben, die Namen aller, die irgend etwas mit dem Druck- und Herstellungsprozeß zu tun hatten. Dies alles muß immer noch angegeben werden – ein etwas anachronistisches Verfahren. Das alte Copyright-Gesetz war so abgefaßt, daß es dazu anhielt, alle im Zusammenhang mit der Veröffentlichung notwendigen Arbeiten in den Vereinigten Staaten ausführen zu lassen. Unter diesem Gesetz war es nicht möglich, Werke unter Copyright-Schutz zu stellen, wenn der Druck oder lithographische Arbeiten außerhalb der Vereinigten Staaten hergestellt worden waren.

Zumindest verweigert das neue Copyright-Gesetz in solchen Fällen heute nicht mehr den rechtlichen Schutz, doch verlangt es immer noch, daß angegeben wird, wo das betreffende Werk gedruckt und gebunden worden ist. Wenn Sie die Gebühr von zehn Doller an das Copyright-Büro überweisen, wird Ihr Werk dort registriert.

Was das Warenzeichen anbetrifft, so kann Sie nichts dazu zwingen, ein Warenzeichen registrieren zu lassen. Das »TM«-Zeichen zu benutzen ist in jedem Fall eine gute Sache. Verwenden Sie nicht das R im Kreis, sondern das »TM«-Zeichen, oder verwenden Sie einen Stern, und vermerken Sie an irgendeiner anderen Stelle »Warenzeichen von Joe Smith« oder »Warenzeichen von dieser und jener Firma«, und zwar solange, bis das Registrierungsverfahren im Patent- und Warenzeichen-Büro abgeschlossen ist.

Statt eines Warenzeichens könnte, falls Sie eine Dienstleistung anbieten, auch eine Dienstleistungsmarke von Vorteil sein – wenn es sich beispielsweise – wie bei Ihnen vermutlich – um einen Postversanddienst handelt. Der Unterschied liegt darin, ob Sie einen Handel oder ein Dienstleistungsunternehmen haben, ob Sie Waren anbieten, wobei ein bestimmter Name den Ursprung dieser Waren anzeigt, oder ob Sie diesen Leuten eine Dienstleistung anbieten, wobei der Name den Ursprung der speziellen Dienstleistungen angibt. Es gibt allerdings keinen besonders deutlichen Unterschied zwischen den dabei jeweils gültigen Rechten.

Das Warenzeichen-Büro hat sämtliche Waren in dreißig oder vierzig Kategorien unterteilt. Wir haben jetzt ein internationales Klassifikationssystem.

FRAGE: Ich weiß, daß man, wenn man einen Song komponiert hat, ein Tonband zum Copyright-Büro schicken und ihn dort schützen lassen kann. Kann jemand hingehen, einen Notendruck von diesem Song herstellen und diesen benutzen, nachdem man das Band unter Copyright-Schutz gestellt hat, oder ist der Inhalt des Tonbandes geschützt?

RWD: Unter dem neuen Copyright-Gesetz gibt es zwei Möglichkeiten, wie man einen Song unter Copyright-Schutz stellen kann. Die eine besteht darin, daß man eine geschriebene Version beim Copyright-Büro registrieren läßt. Die andere besteht darin, daß man eine Bandaufnahme von dem Song produziert und diese beim Copyright-Büro registrieren läßt. Beides schützt den Song.

FRAGE: Wie verhält es sich damit bei Software?

RWD: Sie können sie registrieren lassen, indem Sie die Software in Form eines Printouts einreichen, Sie können aber auch die Diskette mit der Software einsenden.

FRAGE: Muß man dazu den Quellcode einsenden, oder wird nur das Endprodukt registriert?

RWD: Das Copyright gilt für das Endprodukt.

FRAGE: Angenommen, man würde ein Kreativitätsseminar abhalten. Welche Arten von Rechten hätte man daran?

RWD: In solchen Fällen geht es um zwei Dinge: darum, was gebräuchlich ist, und um die rechtliche Situation.

Es gibt sogenannte Aufführungsrechte *(performance rights)*, es gibt das Copyright, und es gibt das Gesetz zur Bekämpfung unlauteren Wettbewerbs. Für ein Kreativitätsseminar könnte man alle möglichen Rechte geltend machen.

Natürlich können Sie, wenn das Seminar auf Tonband aufgezeichnet wird, diese Aufzeichnung schützen lassen. Sie könnten jemanden daran hindern, daß er das Band nimmt und dann ein in wesentlichen Teilen identisches Seminar abhält. Und wenn Sie die Tonbandaufzeichnung zur Grundlage eines Buches machen, könnten Sie für dieses Buch Copyright-Schutz beantragen.

Plagiat ist natürlich eine Copyright-Verletzung. Im neuen Copyright-Gesetz gibt es einen Abschnitt über den fairen Umgang mit fremdem geistigem Eigentum. Es ist zu allen Zeiten gestattet gewesen, aus den urheberrechtlich geschützten Werken eines anderen Autors zu zitieren, solange man kenntlich macht, daß die betreffende Stelle geistiges Eigentum des Betreffenden ist, und sofern man Kontakt zum Inhaber des Copyrights aufnimmt und ihm mitteilt, daß man aus seinem Buch zu zitieren gedenkt. Natürlich kann man keinen Bestseller nehmen und sagen: »Wie es in *Vom Winde verweht* heißt...« und dann das vollständige Buch wiederholen. Man kann jedoch Auszüge aus einem Buch zitieren. Als »fairer Umgang« gilt dies so lange, wie man nicht das gesamte Werk für eigene Zwecke »ausschlachtet«. Wenn Sie das Werk des anderen benutzen, um irgend etwas im Rahmen eines größeren Zusammenhangs zu veranschaulichen, so gilt dies als »fairer Umgang«.

Außerdem darf natürlich auch jeder die Bücher anderer in einer Bibliographie aufführen und sagen: »Diese Abhandlung basiert auf...« Derjenige, der das betreffende Buch veröffentlicht hat, kann keinerlei Einwände dagegen erheben, daß Sie sein Buch zur Vorbereitung Ihrer eigenen Arbeit verwendet haben. Wenn Sie es erwähnen, dann ist das so, als würden Sie den Namen einer in der Öffentlichkeit bekannten Persönlichkeit zitieren. In Zeitungen geschieht das ständig. Wenn Sie irgend etwas Erwähnenswertes getan haben, dürfen die Zeitungen Ihren Namen abdrucken. Es ist keine Verletzung Ihres Rechts auf eine Privatsphäre, wenn die Zeitungen schreiben, daß Sie an der Wand des Gebäudes der Bank of America bis zur Spitze hochgeklettert und dann von der Polizei festgenommen worden sind.

Immer wenn Sie irgend etwas getan haben, das erwähnenswert ist, wie beispielsweise, daß Sie ein Buch veröffentlicht haben, dann darf eine solche Tatsache publiziert werden. Wie bereits gesagt ist also eine Bibliographie kein Problem, soweit es das Auflisten von Namen anbetrifft.

Problematisch wäre es hingegen, wenn Sie im Anhang eines Buches praktisch die gesamte Doktoraldissertation von jemandem oder ein Kapitel aus einem Buch abdrucken würden, ohne dafür die Genehmigung des Urhebers eingeholt zu haben. In diesem Fall würde es sich um eine Copyright-Verletzung handeln.

Wenn Sie vorhaben, aus den geistigen Produkten eines anderen zu zitieren, ist es in jedem Fall eine gute Verfahrensweise, die Zustimmung des Betreffenden einzuholen, beispielsweise in Form einer schriftlichen Einverständniserklärung.

Utilisieren des Kritikers

Ich möchte hier ausdrücklich betonen, daß – so wie es beim Kritiker immer der Fall ist – das Spektrum oder das »Was« des gesetzlichen Schutzes ein sehr begrenzter und enger Bereich der Kreativität ist – jedoch nichtsdestoweniger ein wichtiger. Man kann gesetzlichen Schutz für einen sehr kleinen, sehr beschränkten Bereich der Kreativität bekommen. Hingegen ist es sehr schwierig, eine hochkreative Predigt oder ein Kunstwerk gesetzlich schützen zu lassen. Man kann die Architektenpläne für ein Hotel, bei dem es sich um eine völlig neue Art von Gebäude handelt, unter Copyright-Schutz stellen, aber damit ist die Idee, aus der heraus dieser Entwurf entstanden ist, nicht geschützt. Das Copyright hält lediglich andere Leute davon ab, einfach jene Pläne zu kaufen, sie zu reproduzieren und diese Kopien dann weiterzuverkaufen. Hingegen hindert es niemanden daran, die Pläne zu kaufen und ein Gebäude im Werte von 20 Millionen Dollar zu errichten, nachdem er die Pläne einmal hat. Der Copyright-Schutz erstreckt sich nicht auf die Produkte, die sich aufgrund der Pläne herstellen lassen.

Wenn Sie Ihren kreativen Prozeß abgeschlossen und ein neues Produkt entwickelt haben, benötigen Sie kein Patent für das Recht, es zu verkaufen. Sie können alles verkaufen, was Sie verkaufen wollen. Menschen verkaufen Mäntel, Anzüge und Hosen. 99 Prozent von dem, was heute verkauft wird, steht nicht unter Patentschutz. Der weitaus größte Teil aller Waren sind Dinge des täglichen Gebrauchs wie Lebensmittel, Kleidung, Radios, Thermoskannen usw. Viele dieser Dinge standen vielleicht vor langer Zeit einmal unter Patentschutz, doch jetzt nicht mehr. Sie werden immer noch in großen Mengen verkauft. Das Patent gewährt Ihnen nicht das Recht, etwas herzustellen. Vielmehr gewährt es Ihnen das Recht, andere von der Herstellung auszuschließen.

Gesetzlicher Schutz ist der Inbegriff des Kritikers. Alles wird in negativer Form formuliert. Weder ein Patent noch das Copyright gewährt das Recht, etwas zu benutzen oder zu tun. Sie berechtigen lediglich dazu, andere davon *auszuschließen*, etwas zu benutzen oder zu tun. Das ist ein großer Unterschied.

Ein Patent ist ein Recht, das andere daran hindert, etwas herzustellen, zu benutzen und zu verkaufen. Das Copyright ist ein Recht, das andere daran hindert, etwas herzustellen, zu benutzen und zu verkaufen. In beiden Fällen muß man sich trotzdem damit auseinandersetzen, ob ein anderer ein Grundrecht hat oder nicht. Man könnte auf das Problem stoßen, daß sich die Rechte verschiedener Leute überschneiden. Jemand kann im Besitz eines Patents sein, das sich auf einen sehr weitgefaßten Bereich bezieht, doch kann sich dann herausstellen, daß ein ganz bestimmter Teilbereich davon in kommerzieller Hinsicht besonders interessant ist.

Sie können auch gesetzlichen Schutz für etwas beantragen, das einen ungewöhnlichen Zusatz zu einem bereits existierenden Ausdruck von etwas darstellt. Im Fall eines Patents muß es sich nicht nur um etwas Neues handeln, sondern auch um etwas Nicht-Naheliegendes – um etwas, dessen Konstruktion oder Funktionsweise für einen in der Materie Kundigen nicht »auf der Hand liegt«. Der Schutz ist also darauf beschränkt, daß Sie einen nicht-naheliegenden Beitrag zu etwas bereits Existierendem leisten. Manche Leute nennen derartige Patente »Verbesserungspatente«. Sie werden vielleicht einmal jemanden sagen hören: »Er hat ein Verbesserungspatent auf etwas.« Tatsächlich sind aber alle Patente Verbesserungen im Hinblick auf etwas bereits Existierendes. Ich kann mir kein Patent vorstellen, das nicht Dinge einbeziehen würde, die bereits vorhanden sind. Und ich kann mir auch keine Erfindung vorstellen, die nicht Dinge enthielte, die bereits von Vorgängern entdeckt oder erfunden worden sind. In diesem Sinne sind alle Erfindungen Verbesserungen früherer Entwicklungen.

Um ein Copyright für etwas zu bekommen, braucht man nur etwas zu entwickeln, das neu und orignell ist, dem ein gewisser Grad an Originalität eigen ist. So wie bei den Patenten wird man auch in diesem Bereich Überschneidungen finden. Bei einer musikalischen Komposition beispielsweise kann es sein, daß ein bestimmtes Arrangement eines Songs wesentlich attraktiver ist als alle anderen.

Das Patentamt fällt kein Werturteil über eine Erfindung. Das heutige Patentrecht sagt: »Jeder, der einen neuen und gewerblich verwertbaren (hergestellten) Gegenstand erfindet, ist berechtigt, dafür ein Patent anzumelden.« Und fast alles kann als gewerblich verwertbar bezeichnet werden. Ein Spielzeugschwert, das sich zusammenschiebt, wenn man jemanden damit »sticht«, und aus dem dann rote Tinte hervorquillt, kann als verwertbar und deshalb patentierbar gelten – und tatsächlich ist ein solches Gerät patentiert worden. Sofern eine Erfindung neu und nützlich ist, ist sie patentierbar, es sei denn, das Prinzip dieser Erfindung wäre für jemanden, der zum Zeitpunkt der Erfindung über normale Fähigkeiten und Fertigkeiten im betreffenden Bereich verfügt, eine naheliegende Idee gewesen. Dieses Erfordernis des Nicht-Naheliegens macht eine Erfindung einem Witz sehr ähnlich. Was macht einen Witz aus? Die unerwartete Wendung am Ende. Die unerwartete, nicht auf der Hand liegende, naheliegende Aussage macht die Komik des Witzes aus, und genau dies ermöglicht auch Erfindungen. Die Qualität des Unerwarteten und Nicht-Naheliegenden macht eine Sache patentierbar.

Nehmen wir an, ich wollte ein Auto bauen und dabei ausschließlich Linksgewinde verwenden. Das hat noch nie jemand gemacht. Alle heutigen Autos haben ausschließlich Rechtsgewinde. Ich aber werde nun ausschließlich Linksgewinde verwenden. Das ist etwas Neues und kann als nützlich bezeichnet werden, denn ein Auto ist schließlich nützlich. Ich könnte argumentieren, daß die Verwendung von Linksgewinden es zumindest Linkshändern erleichtert, an ihren Autos zu arbeiten. Folglich ist das, was ich erfunden haben, neu und nützlich. Aber ist es möglicherweise auch naheliegend? Die Antwort lautet ja. Wenn man ein Auto ausschließlich mit Rechtsgewinden bauen kann, kann man dies auch mit Linksgewinden tun. Wenn an einer Erfindung nichts Nicht-Naheliegendes zu finden ist, dann ist vielleicht der am wenigsten naheliegende Aspekt der Erfindung das geniale Argument dafür, warum sie nützlich sein soll. Viele Patente sind auf diese Weise zustande gekommen.

Um Patentschutz zu bekommen, müssen Sie nach dem Nicht-Naheliegenden, dem Unerwarteten Ausschau halten. Oft, wenn Erfinder in mein Büro kommen und mir ihre Erfindungen vorstellen, muß ich unwillkürlich lachen, weil ich das Naheliegende erwartet hatte. Der Erfinder erklärt mir das Problem, dem er sich gegenübersah, und anschließend die unerwartete Lösung, die ihm dazu eingefallen ist.

Ich erinnere mich noch gut an einen Patentanwalt, den ich am Anfang meiner beruflichen Laufbahn kennenlernte. Seither habe ich es vermieden zu sagen, es sei nicht möglich, etwas Bestimmtes zu patentieren. Dieser Mann sagte: »Ich kann alles patentieren lassen. Ich kann Ihnen sogar Pferdemist patentieren lassen, wenn Sie das wollen. Dazu braucht man diesen nur in Blumentöpfe zu pressen und das Ganze dann als Kombipackung aus Blumentopf und Dünger zu verkaufen. Auf diese Weise läßt sich sogar Pferdemist patentieren.« Natürlich hat er damit nicht den Pferdemist als solchen patentiert, sondern ein bestimmte Art von Blumentopf in Kombination mit Dünger.

Das einzige, von dem ich weiß, daß das Patentamt es jemals abgelehnt hat, es zu patentieren, ist das Perpetuum mobile. Das Patentamt lehnt jede Erfindung ab, bei der der Antragsteller irgendeine Art von Perpetuum mobile vorstellt. Aber eines Tages wird auch das irgend jemand schaffen.

Das Patentamt vertritt die Auffassung, daß es nicht möglich sei, ein Perpetuum mobile zu bauen. Und Erfinder sind dafür bekannt, daß sie gerne sagen: »Wenn Sie mir sagen, ich könne das nicht schaffen, dann werde ich es erst recht schaffen.«

Tatsächlich habe ich genau das erlebt, als ich einmal einem Erfinder sagte, er könne ein Perpetuum mobile nicht patentieren lassen. Das war ihm jedoch völlig gleichgültig. Er kam zu mir mit einer Erfindung, einer komplizierten Pumpe. Angeblich nutzte diese den Wärmekreislauf – es lohnt sich nicht, die Details dieses Geräts zu erklären –, aber schließlich gelang es mir, für ihn auf dieses Gerät ein Patent anzumelden. Wir mußten dazu die Aussagen über den Funktionsumfang des Geräts verringern, und wir mußten vor allem einen ganz spezifischen Teil des Geräts hervorheben, um das Patent dafür zu bekommen. Aber schließlich gelang es uns, und ich schickte ihm eine Kopie von der Urkunde. Daraufhin schickte er mir ein Antwortschreiben, in dem er sich dafür bedankte, daß ich ihm geholfen hätte, ein Patent für sein Perpetuum mobile zu bekommen. Diese Pumpe war ein wichtiger Bestandteil eines umfassenderen Systems, für das wir nie ein Patent bekamen. Es war ein kompliziertes System, und wenn man es sich komplett mit der Pumpe anschaute, handelte es sich tatsächlich um ein Perpetuum mobile. Er hielt dieses System sorgsam verborgen und sagte: »Ich möchte nichts weiter als Patentschutz für die Pumpe.« Und es gelang uns auch tatsächlich, diesen zu bekommen.

Das Patentamt fällt keinerlei Werturteile darüber, ob eine Erfindung gut oder schlecht ist, sondern es geht ihm nur um die Antwort auf die Frage: »Ist dieser Gegenstand erfinderisch neu und gewerblich verwertbar?« Wenn man einen Nutzen dafür nachweisen kann, fällen sie kein Werturteil darüber.

Das Urteil, das die Beamten dieser Behörde fällen, bezieht sich auf die Frage: »Handelt es sich um etwas Nicht-Naheliegendes?« – »Wäre es naheliegend für jemanden, der zum Zeitpunkt der Erfindung über die normalen Fähigkeiten eines auf dem betreffenden Gebiet Kundigen verfügt, so etwas zu erfinden?«

Ein amerikanischer Politiker sagte einmal, seiner Meinung nach würden schrecklich viele nutzlose Patente vergeben. Er sagte, er könne sich erinnern, gelesen zu haben, daß irgend jemand Tetraäthyl-Blei habe patentieren lassen. Jemand erhielt ein Patent auf die Methode, Tetraäthyl-Blei dem Benzin zuzusetzen, um das Klopfen des Motors zu reduzieren – ein Verfahren, das mittlerweile in Verruf geraten ist, weil es die Umwelt vergiftet. Zum Zeitpunkt der Entdeckung dieser Methode galt dieses Verfahren jedoch als begrüßenswerte Neuerung. Der Kommentar des Politikers lautete: »Was ist daran patentierbar? Was könnte man denn sonst noch mit Tetraäthyl-Blei machen? In den Kaffee gießen kann man es nicht.« Für ihn war die ganze Sache völlig klar. Natürlich, in Benzin kann man es schütten, aber nicht in den Kaffee.

Dies ist ein klassischer Fall von »nachträglicher Klugheit«. Viele Dinge erscheinen uns als völlig offensichtlich und naheliegend, nachdem erst einmal jemand darauf gekommen ist. Je weniger jemand sich in einem bestimmten Bereich auskennt, um so wahrscheinlicher ist es, daß er nicht in der Lage ist, das Nicht-Naheliegende an einer Erfindung zu erkennen. Wenn Sie sich in einem bestimmten Wissensbereich nicht auskennen, beispielsweise was Anti-Klopf-Mischungen für Benzin betrifft, dann wirkt auf Sie alles, was Sie darüber hören, völlig naheliegend – einfach deshalb, weil es das einzige ist, was Sie darüber wissen. Dies ist ein weiteres Charakteristikum vieler Kritiker.

Es gibt also auch Kritiker anderer Kritiker. Und das gehört zu den Dingen, die das Patentrecht so interessant machen. Die Patentprüfer in den Vereinigten Staaten haben sich in den letzten Jahren auf die Ansicht versteift, daß zu viele nutzlose Patente vergeben würden, und deshalb haben sie eine große Zahl von Patentanträgen mit der Begründung abgelehnt, ihr Inhalt sei »naheliegend«, nicht auf erfinderischer Tätigkeit beruhend. Die erste Handlung eines Prüfers ist in neun von zehn Fällen eine Ablehnung, weil er erreichen will, daß man sich gegen diese Entscheidung wehrt und gezwungen ist, die ganze Sache ausführlicher zu erläutern.

Einer meiner Lehrer war ein alter Patentanwalt, der die Einstellung des klassischen Kritikers (und eines guten Patentanwalts) zum Ausdruck brachte. Er sagte: »Es hat mir nie Spaß gemacht, wenn ein Patent gleich beim ersten Anlauf oder nach Stattgebung eines Einspruchs angenommen wurde. Denn wenn mir dies auf Anhieb gelang, so bedeutete es, daß der Schutzbereich des Patents nicht breit genug angelegt war, um den Prüfer in ein Streitgespräch zu verwickeln. Und wenn der Einspruch zu meinen Gunsten entschieden wurde, so bedeutete dies, daß ich das Patent gleich beim ersten Anlauf hätte bekommen müssen und daß ich es nicht richtig präsentiert hatte, denn sonst wäre es erst gar nicht erforderlich gewesen, Einspruch zu erheben.« Worum es also geht, ist, den Anspruch breit genug anzulegen, so daß der Prüfer ihn ablehnen *muß*. Doch dann fängt man an, sich mit ihm auseinanderzusetzen, um den Anspruch auf das richtige Maße zuzuschneiden.

Oft verwenden die Prüfer das Kriterium des Naheliegens als Einwand. Eine Möglichkeit, darauf zu reagieren, ist, daß man einen kommerziellen Erfolg vorweist. Es genügt nicht einzuwenden: »Wenn meine Idee so naheliegend ist, warum ist dann nicht vorher schon jemand darauf gekommen?« Darauf würde der Prüfer antworten: »Nun, es ist zweifellos etwas Neues, und ich kann nichts finden, was dieser Sache genau entspricht, aber trotzdem bin ich der Meinung, daß die Idee naheliegend ist.« Sie sagen dann vielleicht noch einmal: »Wenn diese Sache so verdammt naheliegend ist, warum ist dann noch niemand darauf gekommen?« Und der Prüfer erwidert: »Wenn noch niemand darauf gekommen ist, dann deshalb, weil es nicht der Mühe wert gewesen wäre.« Deshalb können Sie durch

Vorweisen eines kommerziellen Erfolgs den Einwand der Naheliegendheit entkräften.

Wenn Sie nachweisen können, daß der Prüfer in einem vorangegangenen Gespräch gesagt hat: »Es ist einfach nicht möglich, das zu tun, was Sie getan haben wollen: A mit B zu verbinden und dann C hinzuzufügen«, dann müßte es Ihnen gelingen, ein Patent darauf anzumelden, wie man A mit B verbinden und dann C hinzufügen kann. Wenn Sie beweisen können, daß dies in der Tat nützlich ist und Ihnen dies tatsächlich gelungen ist, dann müßten Sie dieses Verfahren patentieren lassen können.

Die meisten Erfinder, die zu mir kommen, machen sich sehr große Sorgen darüber, daß ihnen jemand ihre Idee stehlen könnte. Sie glauben, ihr größtes Problem wäre, sich davor zu schützen, daß jemand ihre Idee stehlen könnte. Meiner Erfahrung nach ist das eigentliche Problem des Erfinders jedoch tatsächlich das genaue Gegenteil. Die größte Schwierigkeit besteht für ihn darin, jemanden so sehr für seine Idee zu begeistern, daß dieser andere bereit ist, in die Umsetzung der Idee zu investieren. Es gibt immer viele Leute, die sagen: »O, das ist eine großartige Idee. Das ist eine unglaubliche Idee. Sie sollten wirklich etwas daraus machen.« Solche Leute sind eifrig bemüht, den Erfinder zu ermutigen, etwas aus seiner Erfindung zu machen, doch wenn es darum geht, in die Idee eines anderen Menschen zu investieren, dann ist ihnen das meist zu gewagt.

Das Problem des Erfinders ist weniger, daß jemand ihm seine Ideen stehlen könnte, als vielmehr, andere Menschen dazu zu bringen, in seine Idee zu investieren. Dies gilt insbesondere dann, wenn Sie die notwendigsten Schritte unternommen haben, um Ihre Idee zu schützen.

Vorbereitung auf den Kritiker: Schritte zum Schutz der eigenen Ideen

Was sind die minimal notwendigen Schritte, die man unternehmen muß, um die eigenen Ideen zu schützen?

Man könnte beispielsweise ein Ingenieurs-Tagebuch führen. Wenn Sie planen, etwas Kreatives zu entwickeln, ist es in jedem Fall ratsam, ein Notizbuch zu führen – möglichst eine gebundene Kladde mit numerierten Seiten. Am besten geeignet ist eine mit kariertem Papier, so daß man nicht nur Notizen, sondern auch kleine Zeichnungen und Skizzen einfügen kann – so wie Leonardo da Vinci es getan hat. Schreiben Sie Ihre Ideen auf. Sie wissen nie, welche davon sich einmal als gut erweisen werden. Viele sind Antworten auf zukünftige Probleme. Vielleicht sind sie nicht von Bedeutung für das, woran Sie im Augenblick gerade arbeiten, aber Sie sollten sich trotzdem eine Notiz darüber machen, sie schriftlich festhalten. Signieren und datieren Sie jede Seite dieses technischen Notizbuchs, und lassen Sie es von Zeit zu Zeit von jemandem durchsehen, gegenzeichnen und ebenfalls datieren. Lassen Sie den Betreffenden zusätzlich den Vermerk »bezeugt und verstanden« hineinschreiben – und zwar möglichst auf jeder Seite. Sie können auch Zeitungsausschnitte, Fotos und andere Papiere in dieses Buch einkleben. Versuchen Sie, teilweise über die Fotos und teilweise über die Seite hinweg zu signieren, damit Sie einen Beweis dafür haben, daß das Foto von dem Zeugen signiert wurde.

Das Patentamt und die Gerichte schenken Erfindern generell keinen Glauben, obgleich man heute davon spricht, daß dies in Zukunft anders gehandhabt werden soll. Man muß immer einen oder mehrere Zeugen beibringen. Deshalb ist es in jedem Fall ratsam, das Notizbuch von einem oder zwei anderen Personen signieren zu lassen.

Sie brauchen nicht unbedingt ein Notizbuch oder Tagebuch zu führen. Sie können auch einfach jede Idee, die Sie für besonders gut halten, schriftlich dokumentieren und sie durch Zeugen signieren und datieren lassen.

Sich selbst solche Notizen mit Einschreiben zuzusenden, ist jedoch von keinerlei Vorteil. Daß ein Briefumschlag per Einschreiben durch die Post gegangen ist, beweist nicht zwangsläufig, daß sich irgend etwas in dem betreffenden Brief befand. Es gibt die verschiedensten Methoden, Briefumschläge zu öffnen und etwas anderes hineinzustecken. Deshalb ist es wesentlich besser, die Idee auf ein Blatt Papier zu schreiben und sie von jemandem, von dem Sie wissen, daß Sie über längere Zeit Kontakt zu ihm haben werden, signieren und datieren zu lassen. (In Anhang G sind weitere Anregungen zum Führen eines solchen Arbeitstagebuches zu finden.)

Natürlich sichert auch dieses Verfahren nicht unbedingt Schutz. Im Patentgesetz heißt es: »Die Person, die eine Idee als erste entwickelt, darüber nachdenkt und sie mit aller gebotenen Sorgfalt praktisch in eine *reale Form* umsetzt, ist berechtigt, die betreffende Idee zu patentieren.«[*] Die Dokumente, die Ingenieurs-Notizbücher, das Blatt Papier, über das ich soeben gesprochen habe, sind Beweise für die Entstehung einer Idee. Wenn Sie eine solches Arbeitsnotizbuch führen und sich darin Notizen darüber machen, was Sie unternommen haben, um jene Idee praktisch umzusetzen, so können Sie dadurch Ihre Sorgfalt unter Beweis stellen. Sie müssen mit Ihrer Idee etwas tun. Sobald Sie sie aufgeschrieben haben, müssen Sie sich mit angemessener

---

[*] Das gilt nur für das US-Patentrecht. In Deutschland, der EU und in der Schweiz kommt es auf den Zeitpunkt der Einreichung beim Patentamt an; Anm. d. Übers.

Geschwindigkeit an die praktische Umsetzung machen. Es hat nichts mit »gebotener Sorgfalt« zu tun, wenn Sie meinen, Sie müßten alles andere in Ihrem Leben stehen und liegen lassen, nur um jene Idee in die Tat umzusetzen. Aber Sie müssen tun, was für einen Menschen, der eine solche Idee entwickelt hat, zu tun vernünftig wäre.

RCA, General Electric oder General Motors müßten deshalb in solchen Fällen wesentlich schneller arbeiten als eine Privatperson – besonders wenn die Erfindung etwas beinhaltet, das für ein Unternehmen von besonderem Interesse sein könnte. Ein Industrieunternehmen muß wesentlich schneller aktiv werden, um das Gebot der »Sorgfalt« zu erfüllen, als eine Privatperson mit ihren begrenzten Mitteln. Somit ist die sorgfältige Arbeit an einer praktischen Umsetzung der Idee eine weitere wichtige Voraussetzung, wenn man Patentschutz für eine Erfindung sichern will – doch dieser Faktor unterliegt natürlich der jeweiligen Interpretation.

Ein konstruktiver Schritt auf dem Weg zur praktischen Umsetzung ist, daß man einen Patentantrag stellt. Bei vielen Erfindungen ist die praktische Umsetzung zu aufwendig, als daß eine Privatperson tatsächlich dazu in der Lage wäre. Deshalb ist in solchen Fällen der naheliegendste Schritt, innerhalb eines angemessenen Zeitraums einen Patentantrag zu stellen.

Der engagierte Fürsprecher und der kreative Kritiker

Eine der größten Fallen der Kreativität ist, daß man sich in seine eigene Erfindung verliebt. Ich halte das in verschiedener Hinsicht für ein Problem, obwohl es auch seine gute Seite hat. Die Tatsache, daß Erfinder dazu tendieren, sich in ihre Erfindungen zu verlieben, setzt eine Menge Kreativität frei. Ich habe kürzlich mit jemandem darüber gesprochen, wieviel Kreativität Erfinder benötigen, um ihre Lieblingsidee so zu gestalten, daß sie in ein von der Regierung finanziell unterstütztes Forschungsprogramm hineinpaßt. Zu der Zeit, als die Bundesregierung viel Geld in Forschungsprogramme dieser Art steckte, gab es im ganzen Land Erfinder, die irgendeine Möglichkeit fanden, ihre Ideen in eines der vielen Regierungsprogramme einzupassen, so daß die Forschungsarbeiten, die sie zur Entwicklung ihrer Vorhaben durchführen mußten, vom Staat finanziert wurden.

Die Gefahr des Sich-Verliebens in die eigene Idee wird durch das Phänomen der »Patentverwerter« *(invention developers)* charakterisiert, die viele Jahre lang ihr Unwesen trieben. Diese Leute boten Erfindern an, ihre Erfindungen gegen ein Honorar nutzbar zu machen. Und wenn sie jemanden dazu gebracht hatten, einen

Vertrag mit ihnen zu unterschreiben, dann sagten sie: »Wissen Sie, dies ist ein sehr heikles Geschäft. Ich bin ständig unterwegs, um Leute zu kontaktieren; deshalb werde ich Sie anrufen, wenn ich etwas für Sie erreicht habe. Natürlich ist Ihnen klar, daß ich Ihnen keinen Erfolg garantieren kann, aber ich werde tun, was ich kann. Rufen Sie also nicht an, ich melde mich, wenn ich irgend etwas erreicht habe.« Der Erfinder gab dem Mann das Geld und hörte nie mehr etwas von ihm.

Nach einiger Zeit mußten diese Leute sich etwas Klügeres einfallen lassen. Sie sagten nun: »Oh, tausend Dollar sind zuviel. Wissen Sie was? Wenn Sie mir eine fünfzigprozentige Beteiligung an Ihrer Erfindung abtreten, mache ich es für 500 Dollar.« Das klingt natürlich gut. Das Problem bei der Sache ist nur, daß sie gar nicht die Absicht haben, auch nur den kleinen Finger zu rühren. Sie wollen nichts weiter als die 500 Dollar. Wenn sie eine Möglichkeit sehen, Sie davon zu überzeugen, daß Sie ihnen für ihre Arbeit zugunsten der Erfindung Geld geben sollten, dann beglücken solche Leute Sie mit allen möglichen Ermutigungen – insbesondere, wenn Sie bereit sind, dafür zu bezahlen.

Sind mehrere Personen an der Entwicklung einer Idee beteiligt, so bringt dies natürlich Probleme eigener Art mit sich. Dieses Thema taucht insbesondere bei Firmen auf. Ich habe eine Zeitlang bei der Elektronik-Firma EIMAC gearbeitet. Jack McCullough (der MAC von EIMAC) hielt nichts davon, Erfindungen anzukaufen, die außerhalb der Firma entstanden waren. Und er hielt auch nichts davon, in Ideen zu investieren, wenn es ihm nicht zuvor gelang, den »engagierten Fürsprecher« zu finden. Damit eine Idee Erfolg haben kann, muß dem Erfinder soviel daran liegen, daß er sich der Kritik zu stellen vermag und nicht unter ihr zusammenzubricht – es bringt eben nichts, jemanden für Ermutigungen zu bezahlen.

Erfindungen, die von mehreren Erfindern gemeinsam entwickelt worden sind, können ein echtes Problem darstellen. Dieses Problem läßt sich sehr häufig an Universitäten oder in der Industrie beobachten, wo eine Person eine ganze Gruppe anderer für sich arbeiten läßt und sich dann die Erfindungen seiner Leute unrechtmäßig aneignet. Ich habe im Rahmen meiner Tätigkeit ziemlich oft mit solchen Situationen zu tun gehabt.

Um einen Patentantrag einreichen und ein Patent erhalten zu können, muß ich so viel wie möglich über die Erfindung wissen. Deshalb kritisiere ich in neun von zehn Fällen die Erfindungen, für die ich Schutz beantragen soll. Meine Kritik fällt gewöhnlich ziemlich hart aus, weil ich herauszufinden versuche, worin die Erfindung besteht, und, sofern es sich um eine gemeinsame Erfindung mehrerer Personen handelt, um herauszufinden, wer tatsächlich der Erfinder ist.

Es ist ein wenig so wie bei Salomon und den beiden Frauen, die beide behaupten, ein Baby sei das ihre. Salomon beschließt daraufhin, das Baby in zwei Hälfte zu zerteilen, so daß beide jeweils eine Hälfte erhalten. Eine der beiden Mütter ist bereit, sich dieser Entscheidung zu beugen, doch die andere ist eher bereit, das Kind aufzugeben, als es töten zu lassen. Daran erkennt Salomon, welche von beiden die echte Mutter des Kindes ist. Wenn Sie die Erfindung kritisieren, dann wird derjenige, der *nicht* der Erfinder ist, sagen: »So habe ich das noch nie betrachtet«, und er wird dann bereit sein aufzugeben. Der Erfinder hingegen wird sagen: »Augenblick mal. Es *muß* eine Möglichkeit geben, diesen Einwand zu widerlegen. O ja, jetzt fällt mir ein, wie man das machen könnte.« Er wird eine Möglichkeit finden, seiner Erfindung zum Erfolg zu verhelfen. Er ist fest entschlossen zu erreichen, daß die Erfindung ihren Zweck erfüllt, ganz gleich, auf welches Hindernis er stößt.

Ich bin der Meinung, daß das der Grund ist, weshalb Hartnäckigkeit einer der charakteristischen Wesenszüge von Erfindern ist. Im Laufe vieler Jahre habe ich gelernt, daß es letztlich der engagierte Fürsprecher ist, der dafür sorgt, daß eine Erfindung zum Erfolg wird – ganz gleich, wie lange dies dauert oder wieviel Geld es kostet. Wenn man die gleiche Idee Leuten in die Hand gibt, die nicht solche engagierten Fürsprecher sind, dann wird aus der Sache nie etwas.

RBD: Es ist wichtig zu wissen, was andere von Ihrer Idee halten. Eine der Funktionen des Kritikers ist es, Ihren eigenen Denkprozeß stringenter zu machen.

RWD: Man könnte auch sagen, daß ein Großteil der Kreativität darin besteht, ein Kritiker zu sein, auf einen Kritiker zu reagieren sowie herauszufinden, was für eine Art von gesetzlichem Schutz Sie für eine Idee bekommen können. Vielleicht können Sie nicht das Ganze schützen lassen, aber doch zumindest einen Teil davon. Beispielsweise könnten Sie feststellen, daß Sie die Grundidee zu einem Spiel nicht schützen lassen können, oder vielleicht können Sie kein Copyright auf das Spielbrett bekommen – aber vielleicht können Sie Warenzeichen-Rechte für den Namen erwerben, unter dem das Spiel verkauft wird.

Scrabble ist ein Beispiel hierfür. Scrabble ist ein Spiel mit Wörtern, das eine Zeitlang sehr populär war. Kurz nachdem es auftauchte, brachte ein anderes Unternehmen unter dem Namen »Skip-across« ein Konkurrenzprodukt auf den Markt. Ich glaube nicht, daß Skip-across heute noch existiert, aber es ist im Prinzip das gleiche Spiel wie Scrabble. Ich erinnere mich noch gut an einen Abend, an dem wir ein paar Leute zum Scrabble-Spielen in unser Haus eingeladen hatten. Als wir dann Skip-across auspackten, sagten sie: »Wir sind zum Scrabble-Spielen hergekommen. Das ist doch nicht Scrabble, sondern Skip-across.« Sie wollten dieses Spiel nicht spielen, obwohl es mit Scrabble identisch war.

Sie können nie wissen, was letztlich der Faktor ist, der Ihre Idee schützt oder der dazu führt, daß sie sich gut verkaufen läßt. Deshalb sind der engagierte Fürsprecher und der kreative Kritiker so wichtig.

RBD: Der Pet-rock hatte nicht deshalb so großen Erfolg, weil dies eine bessere Idee als alles war, was es sonst noch gab. Vielmehr war es etwas, daß sich gut schützen und vermarkten ließ.

Ich habe vor kurzem gelesen, daß der alte »Flying wing« ein ökonomisch wesentlich günstigerer und zudem ein eleganterer Entwurf eines Flugzeugs gewesen sein soll als all die anderen Modelle jener Zeit. Trotzdem ist dieses Modell aus irgendwelchen Gründen nie produziert worden. Erst viele Jahre später setzte sich die Ansicht durch, daß man mit dieser Art von Konstruktion viel Geld und Treibstoff und andere Dinge hätte sparen können. Niemand hat jemals den Flying Wing weiterentwickelt – obwohl dies ein wesentlich besseres Flugzeug als andere hätte sein können –, und zwar nur deshalb, weil sich dafür kein engagierter Fürsprecher fand.

6 Koordinieren des Träumers, des Realisten und des Kritikers

RBD: Wir haben in diesem gesamten Buch darüber gesprochen, daß die Feedback-Schleife zwischen Zielen, Evidenz und Operationen einerseits und dem Träumer, Realisten und Kritiker andererseits die Essenz effektiver Kreativität ist. Ohne diese Schleife führen selbst die interessantesten Ideen nicht zum erhofften Ziel.

Einige der innovativsten Menschen, die ich kenne, nehmen ständig das Medikament Thorazin ein, das man benutzt, um Schizophrenie zu behandeln. Es gibt Menschen, die unglaublich kreativ sind, denen es jedoch nicht möglich ist, ihre Ideen zu filtern. Sie werden von der Funktion des Träumers völlig in Anspruch genommen, doch fehlt ihnen der Realist und der Kritiker und damit jedes Gleichgewicht.

Ich habe einmal mit einem jungen Mann gearbeitet, der als schizophren bezeichnet wurde. Dieser Mann hatte eine sehr einfache, aber äußerst wirksame kreative Strategie, die ihn zu einem ausgezeichneten Träumer machte – ihm aber ansonsten nicht viel Raum ließ, darüber hinaus noch irgend etwas anderes zu sein. Er saß den ganzen Tag herum und nahm Bilder von Objekten in sich auf – beispielsweise von einem Garderobenständer, einem Fernsehgerät und einem Mikrofon. Er machte jeweils ein Bild von diesen Objekten, als ob sie sich auf einer Klarsichtfolie befänden, und dann legte er sie übereinander und versuchte, aus der Synthese all dieser Objekte etwas neues zu machen.

Versuchen Sie das einmal einen Augenblick lang. Wie würden Sie einen Garderobenständer, ein Fernsehgerät und ein Mikrofon miteinander kombinieren? Wenn Sie Ihren Mantel in einem Restaurant auf einen solchen Ständer hängen würden, würde vielleicht eine leise Stimme Sie nach Ihrem Namen fragen und Ihnen dann sagen, wo Sie sich hinsetzen können.

Oder wenn Sie in das Mikrofon hineinsprechen würden, würde Ihr Mantel vom Garderobenständer herunterkommen, und Sie würden ihn einfach anziehen.

Statt daß jemand Ihren Hut suchen würde, würden Sie Ihren Namen nennen und dann auf einem Fernsehbildschirm sehen, wo er läge.

Dies war eine Strategie zum Produzieren von Ideen. Ich bin mir sicher, daß Sie diese Strategie der sich überlagernden Bilder benutzen und Tag für Tag eine Million Innovationen entwickeln könnten. Sie könnten jede Minute eine neue Idee produzieren – und vielleicht wären eine oder zwei davon auch tatsächlich gut. Probieren Sie einmal aus, ob es Ihnen auf diese Weise jemals langweilig wird. Nehmen Sie sich ein paar Dinge vor, und schauen Sie, was Sie daraus machen können. Wählen Sie beispielsweise eine Sprinkler-Anlage, ein Radio und einen Stuhl. Überlagern Sie diese drei Dinge, und bringen Sie sie in einem Bild zusammen. Es besteht auch keine Notwendigkeit, es bei drei Bildern zu belassen. Dieser junge Mann behauptete, er könne bis zu 32 Bildern überlagern, doch wenn er es mit mehr versuche, würde sein Schädel zerspringen.

Tatsächlich entwickelte er Ideen für einige interessante Erfindungen. So kam er darauf, daß man bei einer Badewanne die Heißwasserrohre außen um die Wanne herumführen könnte, um auf diese Weise die Emaille aufzuheizen, während das Badewasser in die Wanne lief. Wenn man sich dann in die Wanne setzte, wäre der Temperaturunterschied zwischen dem Wasser und der Wanne im Rücken nicht so unangenehm. Es könnte durchaus lohnend sein, diese Idee umzusetzen. Aber er erfand auch Dinge, die wesentlich weniger nützlich waren, beispielsweise »Anti-Schwerkraft-Fußwärmer«.

So wie die meisten kreativen Menschen hatte er zumindest einen gewissen Humor hinsichtlich seiner merkwürdigen Einfälle. Einmal erzählte er mir, er verbrächte den größten Teil der Zeit damit, »über Scheiße nachzudenken«. Tatsächlich suchte er nach Möglichkeiten, wie man Pferdemist als alternative Energiequelle nutzen könnte. Dieser Stoff erzeugt eine beträchtliche Menge Methangas. Jener Mann verfügte über genügend Informationen, um ein paar interessante Ideen zu diesem Thema entwickeln zu können.

Worum es mir hier geht, ist, daß dieser junge Mann ständig Bilder konstruierte und sie überlagerte, diese Bilder jedoch nie mit irgendeiner konkreten oder sinnvollen Handlung in Zusammenhang brachte. Eines seiner Hauptprobleme war, daß er keinerlei Verbindung zu seinem eigenen Körper hatte. Er bewegte sich ständig im freien Raum. Sein Körpergefühl war so gestört, daß er ständig Unfälle hatte. Er hatte einmal unabsichtlich sein eigenes Haus niedergebrannt, und er hatte zahlreiche Unfälle mit seinem Motorrad gehabt. Bei einer Gelegenheit sagte er mir: »Ich neige sehr stark zu Unfällen. Die Unfälle sind zwar gewöhnlich nicht besonders schwer, aber die Neigung dazu ist sicherlich schwerwiegend!«

Ich wollte ihm helfen, in stärkerem Maße zum Realisten zu werden, indem ich die Evidenz-Prozeduren anzureichern versuchte, die er zur Evaluation seiner Ideen benutzte, so daß sie eine nützlichere, weniger gefährliche Feedback-Schleife mit anderen Aspekten seiner Erfahrung bilden könnten.

Eines der Hauptprobleme jenes Mannes war, daß er seine Fähigkeit, auf kreative Weise Ideen zu entwickeln, mit der Identität des »Schizophrenen« verband. Er fürchtete, er würde seine Kreativität verlieren, wenn er gesund werden würde. Mein Ziel war unter anderem, ihm zu helfen, jene Verbindung aufzulösen oder ihm zumindest mehr Wahlmöglichkeiten in dieser Hinsicht zu eröffnen, damit er eine umfassendere Kreativität und Wahrnehmung von sich selbst entwickeln könnte. Ich fragte ihn über seine Strategie aus, bis ich diese selbst beherrschte (natürlich ohne dabei schizophren sein zu müssen). Ich erzählte ihm vom Prozeß der Bissoziation [Koestler, siehe weiter oben, Anm. d. Übers.] und sagte, daß dieser Prozeß meiner Ansicht nach eher dem Geisteszustand Gutenbergs oder Leonardos ähnele als dem eines Schizophrenen. Ich erklärte, daß an seinem Prozeß nichts Verrücktes sei, sondern daß er nur unvollständig wäre.

Als ich am nächsten Tag wieder zu ihm kam, hatte ich mit Hilfe seiner Strategie eine Reihe von Ideen entwickelt, die ebenso bizarr und innovativ waren wie seine eigenen. Manche davon waren nützlich, und einige waren sehr weit hergeholt. Beispielsweise entwickelte ich ein Auto, das auf der Grundlage eines *Perpetuum mobile* funktionierte. Das Konstruktionsprinzip war ausgesprochen einfach: Hinten baute ich große Räder ein und vorn kleinere, so daß das Auto immer abwärts fuhr. Aber ich entwickelte auch die Idee, wie man Computerprogramme zur Behandlung von Schizophrenie einsetzen könnte. (Ich überlagerte ein Bild von ihm mit einem Computerspiel, das ich spielte.) Diese Idee führte zu anderen, die sich als wertvoll erwiesen, und schließlich baute ich sogar eine ganze Software-Firma darum herum auf.

Ich hatte ein Computerspiel, bei dem man aus einem Labyrinth herausfinden mußte. Man sah das Labyrinth von oben, also aus der »Gottesperspektive«, in der man dissoziiert ist und auf etwas hinabschaut – die Art, wie dieser junge Mann gewöhnlich die Welt sah. Anschließend sah man das Labyrinth von außen – es war nichts weiter zu sehen als ein einziger Gang mit Türen, die in verschiedene Richtungen führten. Im Laufe des Spiels wechselte der Spieler zwischen der dissoziierten Sicht von oben und der assoziierten Innenansicht hin und her. Je besser man sich erinnern und die beiden Ansichten miteinander verbinden konnte, um so leichter wurde es, aus dem Labyrinth herauszukommen. Und dies war eine Fertigkeit, über die dieser Mann nicht verfügte. Er fing an, das Spiel zu spielen, und er wurde allmählich sehr gut darin. Ich vermute, daß ihm die Metapher »sich einen Weg durch das Labyrinth bahnen« sehr gut gefiel. Das Ganze ähnelte wahrscheinlich sehr stark seinem Leben.

Indem wir dieses und andere Computerspiele benutzten, die die Entwicklung bestimmter Arten von Strategien erforderten, halfen wir ihm, neue Arten, über Dinge nachzudenken, zu entwickeln. Typisch für ihn war, daß er sich nie irgendwelche seiner Ideen in die Tat umsetzen sah. Ich veranlaßte ihn dazu zu visualisieren, wie er mit Hilfe der Strategie des New Behavior Generators eines seiner Projekte durchführte. Ich fragte ihn: »Was würden Sie tun müssen? Was ist Ihre Evidenz für Fortschritt? Wo sind die weißen Flecken auf der Landkarte? Können Sie alle Schritte sehen?« Nachdem wir diese Vorgehensweise mit anderen therapeutischen Methoden kombiniert hatten, besserte sich sein Zustand deutlich.

Er lernte, sich eine Idee vorzunehmen – nicht unbedingt die erste, die ihm einfiel – und sie so auszuarbeiten, daß sie immer realistischer wurde. Er half mir übrigens dabei, das Bild zu entwerfen, das sich auf dem Schutzumschlag dieses Buches befindet und das ich als Logo für unser Kreativitätsprogramm verwende. (Sie werden die Bezugnahme auf seine Strategie darin erkennen.) Ich ließ ihn Ideen zur Entwicklung des Programms, zur Vermarktung desselben und zur praktischen Realisation beisteuern. Er übernahm dabei einen beachtlichen Teil der Arbeit, und im Laufe dieser Zeit lernte er, realistischer zu denken.

Übung: Design-Raster

In der nächsten Übung wollen wir all die verschiedenen Aspekte der Kreativität, die wir untersucht haben, zu einer einzigen Strategie zusammenfassen. Obgleich diese Übung sowohl von Einzelnen als auch von Teams ausgeführt werden kann, werden wir sie im Zusammenhang eines Team-Projekts präsentieren.

Ziel dieser Übung ist, eine Idee in einem Design-Team zu entwickeln, die Sie dann zur Evaluation einer größeren Gruppe präsentieren sollen. Die Gruppe beurteilt die Idee nach zwei Gesichtspunkten: wie sie geschützt und wie sie vermarktet werden kann.

Um einer kreativen Idee zum Erfolg zu verhelfen, muß man in der Lage sein, sie zu evaluieren und sie so zu formulieren, daß sie in einer ausgewogenen Kombination sowohl geschützt als auch vermarktet werden kann.

Sie können die Struktur dieser Übung benutzen, um in vielen unterschiedlichen Bereichen Ideen zu entwickeln. Diese Art, an eine kreative Tätigkeit heranzugehen, ähnelt einer »chinesischen Speisekarte«, bei der man jeweils eine Speise aus Sparte A, eine aus Sparte B usw. auswählt.

Wenn Sie sich das Raster auf der folgenden Seite anschauen, werden Sie feststellen, daß es die Definition und das Zusammenwirken dreier Elemente der Kreativität erfordert, mit denen wir uns im gesamten Verlauf dieses Buches beschäftigt haben: Variablen, Ergebnisse und Kriterien. Variablen sind die Komponenten oder Elemente, die Sie miteinander kombinieren, um Ideen zu entwickeln. Ergebnisse sind die Ziele, die den Ideen eine Richtung und einen Zweck liefern. Kriterien sind die Evidenz, die benutzt wird, um die Ideen zu filtern und um zu entscheiden, welche davon weiterverfolgt und welche verworfen werden.

Wichtig ist die Reihenfolge, in der Sie die einzelnen Spalten des Rasters ausfüllen. Als erstes füllen Sie die Zeile mit dem Titel »Allgemeines Ziel« aus. Dies ist eine Aussage über den übergeordneten Zweck, den das Team erfüllen soll. Es könnte eine beliebige Zahl von Dingen sein, je nach der Art des Teams und der Team-Mitglieder. Wenn Sie eine Gruppe von Musikern sind, könnte es darum gehen, gemeinsam eine musikalische Komposition zu entwickeln. Wenn Sie Unternehmer sind, könnte es darum gehen, ein neues Produkt zu entwickeln oder eine Firma zu gründen. Wenn Sie ein Verkaufsteam sind, könnte es darum gehen, einen innovativen Marketing-Plan zu entwickeln. Wenn Sie eine Gruppe von Trainern oder Lehrern sind, könnte das Ziel sein, einen Kurs zu entwickeln. Das Ziel könnte auch sein, Übungen für ein Seminar oder für ein Buch über Kreativität zu entwikkeln.

Allgemeines Ziel: _____

Welche Kriterien muß Ihre Idee erfüllen?

Listen Sie die Kategorien von Grundelementen auf, die Sie miteinander kombinieren werden.

A	**B**	**C**	**D**	**E**

Ziele

Abbildung 6.1.: Brainstorming-Raster

Koordinieren des Träumers, des Realisten und des Kritikers

Der nächste Schritt besteht darin, daß Sie als Team gemeinsam die Kriterien-Rubrik ausfüllen. Die Kriterien, die sie festlegen, definieren die Grundlage, auf der Sie die Ideen beurteilen und evaluieren werden. Wenn Sie Ihr Design-Team bilden, lautet die erste Frage, mit der Sie sich beschäftigen müssen: »Welche Minimalkriterien muß unsere Idee erfüllen?« Zu diesem Zeitpunkt haben Sie noch keinerlei Vorstellung davon, was für eine Art von Ideen Sie entwickeln werden, und das ist völlig in Ordnung. Sie wollen Ihre zentralen Kriterien nicht beugen, indem Sie sie auf eine bestimmte Idee ausrichten. In dieser Phase wissen Sie noch nicht, welche Ideen auftauchen werden, aber Sie wissen, daß dieselben, wie sie auch beschaffen sein mögen, die besagten Kriterien erfüllen müssen. Ein naheliegender Vorschlag lautet, mit den Wohlgeformtheitsbedingungen des NLP für Ziele zu beginnen, die wir an früherer Stelle erwähnt haben, und dann nach Belieben andere Kriterien hinzuzufügen, die für Ihr allgemeines Ziel relevant sein könnten. (In Anhang H sind die Wohlgeformtheitsbedingungen aufgeführt, die für die verschiedenen Phasen der Kreativität von Bedeutung sind.)

Beispielsweise könnte Ihre Gruppe beschließen, daß eine Idee finanziellen Profit abwerfen muß oder daß sie eine Summe der Größenordnung X abwerfen muß, um akzeptabel zu sein. Vielleicht muß sie auch bestimmte Ressourcen nutzen. Vielleicht muß sie innerhalb eines bestimmten Zeit-Limits entwickelt werden. Mit anderen Worten: Was ist das, wozu Ihre Idee in der Lage sein muß, auch wenn Sie noch nicht wissen, worin sie bestehen wird?

TE: Es könnte auch etwas völlig Verrücktes sein, beispielsweise das Sie sich »gut dabei fühlen« müssen. Das könnte ein Kriterium sein.

RBD: Wenn Sie herauszufinden versuchen, was Sie erfinden werden, bevor Sie es erfinden, begrenzen Sie dadurch automatisch Ihren potentiellen Innovationsradius. Kriterien sind sehr allgemeine Filter; sie sollten sich auf die übergeordneten Ziele oder Ergebnisse Ihrer Ideen beziehen.

Beispielsweise hat Chester Carlson, der den Xerox-Kopierer erfunden hat, sich nicht einfach hingesetzt und gesagt: »Ich glaube, ich werde heute den Xerox-Kopierer erfinden.« Er war Rechtsanwalt und mußte sich ständig mit vielen Tonnen von Dokumenten auf Papier beschäftigen. Er geriet ständig in die Situation, daß er irgend etwas abtippen lassen und für mehrere Leute Kohlepapier-Durchschläge machen lassen mußte – und immer wieder passierte es natürlich, daß später jemand noch einen zusätzlichen Abzug benötigte, und dann mußte das Ganze noch einmal abgetippt werden. Sein erster Gedanke war: »Wäre es nicht angenehm, wenn ich etwas hätte, das man auf den Schreibtisch stellen und das exakte Kopien von Dokumenten produzieren könnte?« Er wollte etwas haben, das ihm diese Flexibilität verschaffen würde. Der Wert des Xerox-Kopierers besteht darin, daß man, wenn jemand eine Extra-Kopie von etwas haben möchte, nicht noch einmal das ganze Dokument abzutippen braucht. Das übergeordnete Ziel war ein Zuwachs an Flexibilität. Die Kriterien waren hinsichtlich der Größe und Leistungsfähigkeit festgelegt, nicht jedoch hinsichtlich der spezifischen Konstruktionsmerkmale der Maschine.

Der erste Schritt besteht also darin, eine Liste von unverzichtbaren Kriterien aufzustellen, denen Ihre Idee gerecht werden muß. Muß sie Ihnen Geld einbringen? Muß sie anderen Menschen helfen? Muß sie Spaß machen?

Am unteren Ende des Rasters sehen Sie einen weiteren Kasten mit dem Titel »Ziele«. Füllen Sie diesen Kasten als nächsten aus, indem Sie die Frage beantworten: »Nennen Sie einige spezifische Ziele, die Sie mit den Ideen, die Sie hervorbringen werden, erreichen könnten.« Im Gegensatz zu Ihren zentralen Kriterien sind dies Dinge, die Sie mit der Idee nicht erreichen *müssen*, doch sind es mögliche Ziele, die durch die Ideen eventuell umgesetzt werden könnten. Es handelt sich um erwünschte Ergebnisse, die sich auf die Interessen der einzelnen Team-Mitglieder beziehen.

Der Unterschied zwischen einem Kriterium und einem Ergebnis besteht darin, daß die Idee ein Kriterium erfüllen muß, während ein Ergebnis etwas mit den Interessen Ihres Teams zu tun hat, wobei die betreffenden Ideen behilflich sein könnten.

Wenn Ihr Entwicklungsteam aus einer Gruppe von Lehrern bestünde, und Ihr übergeordnetes Ziel wäre, einen Kurs zur Vermittlung von sprachlichen Fähigkeiten zu entwickeln, könnten Sie sagen: »Nach unseren Kriterien muß die Idee eine Aktivität sein, die alle in der Klasse einbezieht, und es muß etwas sein, das sich innerhalb der zeitlichen Begrenzung einer Stunde durchführen läßt.« Dies sind also die inneren Einschränkungen, denen die Idee gerecht werden muß. Andererseits könnten mögliche Ergebnisse auch sein: »Wir könnten der Klasse die richtige Rechtschreibung beibringen. Wir könnten der Klasse Grammatikunterricht geben. Wir könnten der Klasse kreatives Schreiben beibringen.« Mit anderen Worten: Dies sind nicht Dinge, die die Idee leisten *muß*; es sind mögliche Ziele der Lehraktivität.

Der Unterschied liegt nicht in der Art der Wörter, die Sie benutzen, sondern er besteht zwischen dem, was Sie als einschränkende Bedingungen festlegen, und der potentiellen Richtung bzw. potentieller Ergebnisse. Bei einem Team könnte das

Kriterium Profit sein; bei einem anderen könnte dies das mögliche Ziel sein. Auf diese Weise wird entscheidend beeinflußt, welche Rolle Profit bei der Idee spielt.

Zwischen Ihren Kriterien und Ihren Ergebnissen stehen fünf Spalten, in die Sie Ihre »Operatoren« eintragen sollen – die Dinge, die Sie variieren werden, um Ideen zu produzieren und Ergebnisse zu erreichen. Die Überschriften für diese Spalten von Variablen sollen die Team-Mitglieder festlegen. Sie hängen vom jeweiligen Hintergrund sowie vom Fokus und der Sachkenntnis der Beteiligten ab.

Jede Spalte repräsentiert eine bestimmte Klasse von Schlüssel-Elementen oder Variablen, mit denen Sie arbeiten müssen oder die Sie durch Ihre Arbeit umgehen müssen.

Wenn Sie beispielsweise dieses Raster benutzen wollten, um Übungen zu erarbeiten, die die Entwicklung der Kreativität fördern, können Sie Überschriften wählen, die mit den Elementen zusammenhängen, welche die Struktur einer Übung bestimmen – beispielsweise: A) *Kontexte für Übungen*, B) *Technische Ausrüstung und Materialien für den Unterricht* C) *Zahl der Teilnehmer in einer Gruppe* D) *Zeitrahmen* und E) *Arten der Aktivität*. Dies wären mögliche Parameter, die so variiert werden könnten, daß man mit ihrer Hilfe unterschiedliche Übungen entwickeln und unterschiedliche Trainingsergebnisse erzielen könnte.

Wenn Sie eine Gruppe von Musikern sind, deren übergeordnetes Ziel ist, gemeinsam eine musikalische Komposition zu entwickeln, dann würden bei Ihnen die Spaltenüberschriften anders aussehen, beispielsweise so: A) *Art des Publikums*, B) *verwendete Musikinstrumente*, C) *musikalische Stile*, D) *Zahl der beteiligten Musiker* und E) *Arten musikalischer Komposition*.

Wenn Sie ein Team von Unternehmern sind, deren übergeordnetes Ziel es ist, ein neues Produkt oder ein neues Unternehmen zu gründen, könnten Sie Rubrik-Überschriften wählen wie: A) *neue Technologien*, B) *Produktarten*, C) *Markt-Trends*, D) *Zeitrahmen* und E) *Geldquellen*.

Wenn Sie eine Gruppe von Videospiel-Entwicklern sind, die ein neuartiges Videospiel entwickeln wollen, könnten Sie Überschriften wählen wie: A) *Arten von Computern*, B) *Arten von Benutzer-Schnittstellen*, C) *populäre Filme*, D) *frühere Spiele-Bestseller* und E) *Arten von Spezialeffekten*.

Wenn Sie ein Verkaufsteam sind, das einen Marketing-Plan entwickeln will, könnten Ihre Überschriften lauten: A) *geographische Regionen*, B) *Distributions-Kanäle*, C) *wichtige Marktsegmente*, D) *Produkteigenschaften* und E) *Bedürfnisse, die erfüllt werden müssen*.

Grundsätzlich geht es darum, daß Sie eine Reihe von Überschriften zu Papier bringen wollen, die relevante Arten von »Instrumenten« repräsentieren, welche

Ihrem Team bei der Arbeit zur Verfügung stehen, ebenso die Parameter, mit denen es umgehen muß. Natürlich kann nicht davon die Rede sein, daß es für eine bestimmte Gruppe eine einzig richtige Zusammenstellung von Variablen gibt. Auf einer anderen Ebene sind die Überschriften, die Sie für die Spalten wählen, natürlich selbst ebenfalls Variablen.

Nachdem Sie Ihre Überschriften gefunden haben, stellen Sie als nächstes eine Liste spezifischer Elemente für jede der gefundenen Kategorien auf. Wenn Sie beispielsweise eine Gruppe von Musikern sind, und eine Ihrer Überschriften ist *Musikinstrumente*, führen Sie als nächstes eine Reihe von Musikinstrumenten unter der betreffenden Überschrift auf – zum Beispiel *Piano, Gitarre, Schlagzeug, Saxophon* usw. Praktisch ist dies ein »Chunking down« der einzelnen Überschriften zu einer Liste möglicher Spezifikationen jener Kategorie von Variablen.

An diesem Punkt wissen Sie noch nicht, wie diese Elemente zusammenpassen könnten, und Sie sollten sich auch noch nicht darum kümmern. Versuchen Sie lediglich, einige der Variablen zusammenzustellen, mit denen Sie arbeiten müssen.

TE: Wenn sich Ihre Gruppe beispielsweise mit Kommunikation beschäftigt, dann wollen Sie vielleicht untersuchen, durch welche unterschiedlichen Kanäle Sie kommunizieren könnten, und Sie könnten diese dann aufführen: Fernsehen, Zeitung, Radio, Briefe, Diskussionen usw. Vielleicht wollen Sie auch eine Rubrik für verschiedene Gruppen von Menschen anlegen und diese darunter aufführen: Priester, Unternehmer, College-Studenten, Bankleute usw.

RBD: Die Spaltenüberschriften ähneln den Regelknöpfen des Erfinders Lowell. Die Liste unter der jeweiligen Überschrift repräsentiert die möglichen Werte, auf die Sie einen Knopf einstellen können.

Das Beispiel auf der folgenden Seite zeigt, wie das Raster im vollständig ausgefüllten Zustand aussehen könnte, wenn es sich bei der Gruppe um ein Trainings-Team handeln würde, das Kreativitätsübungen entwickeln will.

Natürlich zeigt dieses Beispiel nur eine Möglichkeit, wie man das Raster ausfüllen könnte. Ein anderes Team, das an dem gleichen Ziel arbeitet, könnte das Raster völlig anders ausfüllen. Die Darstellung zeigt nur eine konkrete Möglichkeit.

TE: Jedes individuelle Team wird seine eigenen »Knöpfe« definieren, indem es die von ihm bevorzugten oder für notwendig gehaltenen Variablen festlegt – so wie Lowell es in seiner Strategie gemacht hat. Man weiß nie im voraus, was die Knöpfe hervorbringen werden. Sie definieren sie nicht durch das, was Sie als spezifisches Ergebnis erzielen wollen. Sie fragen nur: »Welche Arten von Knöpfen würden wir gerne haben?« Wer weiß, was passieren wird, wenn wir dies mit den anderen Knöpfen zusammenbringen? Wir haben nicht die leiseste Ahnung, was geschehen wird. Wir wollen zunächst einmal unsere Knöpfe definieren und dann herausfinden, was sie produzieren, wenn wir anfangen, sie einzustellen.

Phase 1 – der Träumer

RBD: Das ist der Teil, der Spaß macht. Sobald Sie das Raster ausgefüllt haben, lassen Sie einfach von jedem Team-Mitglied jeweils einen Punkt aus Spalte A, B, C usw. auswählen. Wie ich bereits vorher gesagt habe, ist das die Brainstorming-Methode »chinesische Speisekarte«: Jedes Team-Mitglied wählt eine Variable aus jeder Spalte und schreibt diese auf, so daß jeder schließlich fünf Dinge auf seinem Papier stehen hat, die er oder sie nach Belieben aus den einzelnen Spalten ausgewählt hat. Jedes Team-Mitglied stellt nach dem Zufallsprinzip jeden der »Knöpfe« auf einen bestimmten Wert ein.

TE: Zum Beispiel könnte ich in unserem Fall eines Teams, das sich zum Ziel gesetzt hat, Kreativitätsübungen zu entwickeln, die folgenden Punkte auswählen: A = Fußgängerzone, B = Musikinstrumente, C = vier Teilnehmer, D = 45 Minuten und E = Tanz. Ich schreibe ein Element aus jeder Spalte auf.

RBD: Als ein anderes Team-Mitglied könnte ich statt dessen wählen: A = Privatwohnung, B = Computer, C = drei Teilnehmer, D = 30 Minuten und E = Fallbeispiel und Diskussion. Damit habe ich eine andere Kombination von »Menü-Bestandteilen« ausgewählt. Ich habe mir von der gleichen Speisekarte eine andere Mahlzeit bestellt.

RWD: Als drittes Team-Mitglied könnte ich wählen: A = Büro, B = Buch, C = 2 Teilnehmer, D = eine Stunde und E = Gespräch.

RBD: Nachdem wir alle nach Belieben unsere Punkte gewählt haben, besteht die Aufgabe des Teams darin, über die jeweiligen Zusammenstellungen nachzudenken und so viele Ideen wie möglich darüber zu entwickeln, wie man jene Dinge zu einer einzigen Sache kombinieren kann – in unserem Beispiel zu einer Kreativitätsübung.

Übergeordnetes Ziel: Entwickeln von Kreativitätsübungen

Welche Kriterien muß Ihre Idee erfüllen?	
entwickelt eine praktische Fähigkeit	relevant für eine Reihe von Berufsgruppen
macht Spaß	Alle Gruppenmitglieder profitieren auf irgendeine Weise.
paßt zu anderen Aktivitäten	baut auf bereits existierender Kompetenz auf
erfordert physische Aktivität	einzigartig / neuartig

Liste der Kategorien der zu kombinierenden Grundelemente

A	B	C	D	E
Kontexte	*Ausrüstung*	*Zahl der Gruppenmitglieder*	*Zeitrahmen*	*Aktivitäten*
Klassenraum	Computer	2	5 Min.	Fragebogen und Diskussion
Hotel	Musikinstrumente	3	10 Min.	Fallbeispiel und Diskussion
Fußgängerzone	Video	4	20 Min.	Demonstration
Restaurant	nutzlose Gegenstände	5	30 Min.	Rollenspiel
	Leselernkarten			Simulation
Privatwohnung	Buch	6	1 Stunde	Gespräch
	Klassentafel			Spiele
Büro		gesamte Gruppe	ganzer Tag	Sport
				Tanz

Ziele	
verbesserte Beobachtungsfähigkeit Erlernen von Submodalitäten Verbessern der Gedächtnisleistung	Entwickeln von Synästhesien Erweitern der Verhaltensflexibilität

Abbildung 6.2.: Beispiel für ein ausgefülltes Brainstorming-Raster

Wir wollen uns nun zunächst mit Todds Auswahl beschäftigen und uns fragen: »Wie könnte man Fußgängerzone, Musikinstrumente und Tanz 45 Minuten lang für vier Teilnehmer so miteinander verbinden, daß daraus eine Kreativitätsübung würde?« Das ist der Punkt, an dem Sie alle Gutenberg oder da Vinci oder meinem sogenannten »schizophrenen« Klienten ähnlich werden müssen, indem Sie diese Elemente zu einem einzigen Ding überlagern, synthetisieren und »bissoziieren«. Natürlich können Sie dazu alle »Träumer«-Strategien anwenden, die wir in diesem Buch beschrieben haben.

Das ist auch der Punkt, an dem Ihre Liste von Zielen ins Spiel kommt. Während Sie darüber nachdenken, wie sich diese Elemente miteinander kombinieren lassen, gehen Sie die Liste der Ziele am unteren Ende des Rasters durch und schauen, ob irgend etwas davon Ihnen hilft, die Komponenten, die Sie ausgewählt haben, zu einer bestimmten Synthese zusammenzufügen. Vielleicht stellen Sie sich die Frage, wie Sie Flexibilität hinsichtlich der Repräsentationssysteme in der Fußgängerzone beispielsweise von Santa Cruz entwickeln können, wenn Sie Musikinstrumente in der Kreativität des Tanzes verwenden.

Irgendwann wird ein Teammitglied durch Vorschlagen einer Idee das Brainstorming einleiten. Zunächst werden die vorgetragenen Ideen wahrscheinlich nicht besonders großartig oder kreativ erscheinen. Aber das ist völlig normal. Es ist nur das erste Stadium des gesamten Prozesses. Tatsächlich ist es die Aufgabe aller Gruppenmitglieder, einander zu unterstützen und anzuregen. Ihre erste Aufgabe besteht darin, einander zu helfen, indem Sie die Ideen der anderen Teilnehmer ans Licht bringen. Sie alle sind gemeinsam »Träumer« – und zwar gleichzeitig.

Nehmen wir beispielsweise an, daß einer von uns vorschlägt, die Teilnehmer unseres Seminars aufzufordern, Viergruppen zu bilden und an der Aufgabe zu arbeiten, in der Fußgängerzone einen Tanz aufzuführen. Ein anderer von uns könnte daraufhin sagen: »Eine ausgezeichnete Idee! Und um die Flexibilität der Repräsentationssysteme zu fördern, werden wir sie ein Musikstück komponieren lassen, wobei sie die Strategie von Michael Colgrass verwenden und die Partitur malen sollen.« Daraufhin schlägt wieder ein anderer vor, daß ein Mitglied der Gruppe tatsächlich tanzen soll, während zwei auf ihren Instrumenten das Musikstück spielen und der vierte das Gemälde präsentieren und das Musikstück und den Tanz vom Gemälde aus dirigieren soll.

Ein anderes Team-Mitglied könnte dann eine völlig andere Idee vorschlagen, beispielsweise, daß die Gruppe zusammen einen Tanz aufführen soll. Statt »richtige« Musikinstrumente zu benutzen, sollten sie dies nur pantomimisch darstellen, um auf diese Weise auditive und kinästhetische Synästhesien zu entwickeln.

So kämen immer neue Ideen darüber zum Vorschein, wie man die von Todd ausgewählte Zusammenstellung von Einzelheiten miteinander kombinieren könnte.

Natürlich müßte ein Verfahren festgelegt werden, wie das Brainstorming über Todds »Menü« zum Abschluß gebracht werden soll, so daß wir zur Auswahl des nächsten Team-Mitglieds übergehen könnten. Dies kann auf drei verschiedene Weisen geschehen:

1. Legen Sie ein Zeit-Limit fest. Sie könnten beispielsweise beschließen, sich jeweils 10-15 Minuten gemeinsam mit der Auswahl eines Team-Mitglieds zu befassen.
2. Legen Sie ein »Ideen-Quantum« fest. Das Team könnte beschließen, das Brainstorming so lange fortzusetzen, bis drei oder fünf oder x Ideen für die jeweilige Kombination eines Teilnehmers gefunden worden sind.
3. Man könnte sich auch darauf einigen, daß jedes Team-Mitglied zu jeder ausgewählten Kombination von Elementen einen Vorschlag machen muß.

Ganz gleich, für welche dieser Methoden sich Ihr Team entscheidet, die Aufgabe des Teams besteht in jedem Fall darin, am Ende mehrere Ideen für die jeweils von den einzelnen Mitgliedern ausgewählten Kombinationen zur Verfügung zu haben. In unserem Beispiel würde unser Team also jeweils mehrere Ideen für Todds Auswahl, für meine Auswahl und für die Auswahl meines Vaters suchen. Nachdem das geschehen ist, haben wir die »Träumer«-Phase der Übung abgeschlossen.

Phase 2 – der Realist

Nachdem wir unsere Ideen gefunden haben, wollen wir sie dem »Realisten« übergeben. Das Ziel der Phase des Realisten ist in dieser Übung, die zuvor entwickelten Träume mit unseren Kriterien in Einklang zu bringen. Ich möchte ausdrücklich klarstellen, daß es nicht Aufgabe des Realisten ist, zu entscheiden, ob eine Idee gut ist oder nicht. Vielmehr hat er die Aufgabe, die Ideen auszuarbeiten oder eine Feinabstimmung vorzunehmen, so daß sie den Einschränkungen der Kriterien gerecht werden, die das Team ganz zu Anfang des Prozesses festgelegt hat.

Genauer gesagt müssen wir uns als ganze Gruppe die Ideen vor Augen führen, die wir während der Phase des Brainstormings entwickelt haben, uns alle unsere Kriterien vornehmen und feststellen, ob jede der entwickelten Ideen den festgelegten Kriterien entspricht. Ist dies der Fall, dann wenden wir uns dem nächsten Kriterium zu. Wenn die Idee einem bestimmten Kriterium nicht gerecht wird, verwerfen wir sie deshalb noch nicht gleich. Denken Sie daran, daß wir uns im Augenblick in der Phase des Realisten befinden, nicht in der Phase des Kritikers. Statt dessen versuchen wir herauszufinden, was wir der Idee hinzufügen oder was wir an ihr verändern müssen, damit Sie jenen Kriterien gerecht wird.

Angenommen, unser Team würde zur Entwicklung von Kreativitätsübungen die erste Idee nehmen, die wir über das Komponieren eines Musikstücks und die Aufführung eines Tanzes in der Fußgängerzone entwickelt hatten, und die Frage formulieren: »Liefert diese Übung sensorisch begründete Evidenz, daß die Gruppe Flexibilität hinsichtlich ihrer Repräsentationssysteme entwickelt?« Das ist eindeutig etwas, das man in dieser Übung sehen, hören oder fühlen können sollte. Es scheint der Struktur dieser Übung inhärent zu sein. Deshalb sagen wir alle: »Gut, wir wollen uns nun dem nächsten Kriterium zuwenden.«

»Bringt die Übung unbewußte Kompetenzen zum Vorschein? Bringt die Struktur der Übung automatisch bei den einzelnen Mitgliedern Fähigkeiten zum Vorschein, ohne daß sie sich bewußt darauf konzentrieren müssen?« Das scheint in dieser Übung ziemlich gut berücksichtigt zu sein. »Gut. Werden dabei alle Teilnehmer einbezogen?« Ganz sicher.

»Ist sie selbst-korrigierend? Enthält die Übung, falls die Gruppe in Schwierigkeiten gerät, etwas, das ihr hilft, den Grund des Problem zu erkennen und, wie er sich beseitigen läßt?« Die Art, wie die Übung im Augenblick strukturiert ist, läßt nicht erkennen, daß ein Selbst-Korrektiv darin enthalten ist. Es ist kein Prozeß darin enthalten, der besagt: »Wenn jemand von den Teilnehmern einen Fehler macht, dann können Sie zusammen folgendes tun, um ihn zu beheben.«

Wir haben also ein Kriterium gefunden, das unsere erste Idee nicht erfüllt. Doch statt daraufhin die Idee zu verwerfen, fragt das Team: »Wie könnten wir diese Übung so verändern, daß sie das Kriterium erfüllt?« Daraufhin könnte ein Teilnehmer sagen: »Um Probleme zu erkennen und zu korrigieren benötigt man Feedback zwischen den einzelnen Mitglieder der ausführenden Gruppe. Da wir bereits einen Dirigenten für die Aufführung haben, könnte der oder die Betreffende vielleicht zusätzlich die Funktion übernehmen, das Feedback zwischen den einzelnen Gruppenmitgliedern zu steuern.« Ein anderes Team-Mitglied könnte hinzufügen: »Da sie eine Partitur für die musikalische Aufführung haben, können sie vielleicht auch eine Partitu für ihre Aufführung als Gruppe entwickeln.«

Das Team fängt also an, die ursprüngliche Idee so zu verändern, daß sie schließlich auch jenes Kriterium erfüllt, das sie zuvor nicht erfüllt hatte. Das Team überprüft die entwickelten Ideen anhand der zuvor aufgestellten Kriterien, bis es die Ideen schließlich so verändert hat, daß sie alle wichtigen Kriterien erfüllen.

Selbst wenn Sie große Schwierigkeiten damit haben, eine der Ideen so abzuwandeln, daß sie alle Kriterien erfüllt, brauchen Sie sie deshalb immer noch nicht zu verwerfen. Statt dessen können Sie eine der Variablen verändern. Falls es Ihnen nicht gelingt, die Idee über eine Tanzvorführung in der Fußgängerzone mit dem Kriterium der Möglichkeit der Selbstkorrektur in Einklang zu bringen, verändern Sie eine der ausgewählten Variablen: Statt die Aufführung in der Fußgängerzone stattfinden zu lassen, können Sie das Ganze auch in einen Klassenraum oder in eine Privatwohnung verlegen. Oder Sie setzen als Aktivität Sport oder Rollenspiel statt des Tanzes ein. Man könnte auch die Anzahl der Gruppenmitglieder verändern und zwei Vierergruppen losschicken. Dann könnte eine der beiden Gruppen als Trainer für die andere Gruppe fungieren. Wenn man eine der gewählten Variablen verändert, so kann das viele neue Möglichkeiten eröffnen.

Führen wir uns noch einmal die bisherigen Schlüsselelemente dieser Übung vor Augen.

1. Sie wissen vor Beginn des Brainstormings nicht, welche Ideen sich entwickeln werden. Es könnte sein, daß Sie auf Hunderte von Ideen stoßen, an die Sie noch nie zuvor gedacht haben.
2. Sie wenden die zuvor festgelegten Kriterien erst an, *nachdem* Sie die Ideen entwickelt haben. Die Ideen in ihrem anfänglichen Zustand entsprechen der Rohfassung eines Textes. Man schließt die Rohfassung ab, bevor man anfängt, Rechtschreibung und Grammatik zu überprüfen. Eines der am häufigsten auftretenden Probleme im Bereich der Kreativität ist, daß die Beteiligten anfangen, den Träumer, den Realisten und den Kritiker auf eine Weise miteinander zu vermischen, so daß alles zum Stillstand kommt.

Sie legen zunächst als Team ein allgemeines Ziel fest und spezifizieren dann die Kriterien, die Ihre Ideen erfüllen sollen, obgleich Sie noch gar nicht wissen, wie diese Ideen aussehen werden. Anschließend legen Sie die Grundkategorien der Variablen fest und schreiben für die einzelnen Kategorien konkrete Beispiele in die Liste.

Der nächste Schritt ist, daß jedes Team-Mitglied jeweils ein konkretes Element einer Spalte auswählt.

Koordinieren des Träumers, des Realisten und des Kritikers 353

TE: Das können Sie auch mit geschlossenen Augen tun.

RBD: Oder man könnte Darts werfen.

TE: Das geht ganz kurz und schmerzlos: Eins hiervon, eins davon und dann noch eins von diesen, und jemand anders schreibt dies alles auf – so wie bei einer chinesischen Speisekarte. Der erste Schritt ist noch nicht zielorientiert. Ich weiß nicht, was geschehen wird, wenn ich dies mit dem und jenem zusammenbringe. Ich weiß nur: »Jetzt habe ich diese Gruppe von Dingen, und wir werden versuchen, sie zu einer Idee zusammenzufassen.« In dieser Phase sind wir wirklich dabei, uns mit dem »Nicht-Wissen« zu beschäftigen.

RBD: In Phase I soll das Team also lediglich eine Idee entwickeln, in der die Variablen zusammengefaßt sind, die ein Team-Mitglied ausgewählt hat. Möglicherweise gefallen Ihnen die Ideen nicht einmal, die Ihnen als erstes in den Sinn kommen – selbst wenn es sich um Ihre eigenen handelt. Der Zweck dieser Produkte ist nur, daß Sie auf diese Weise einen Ausgangspunkt bekommen. Dieser erste Schritt dient nur dazu, die Perspektive zu erweitern. Sie sollen die Ideen zunächst erweitern und sie erst später filtern.

In Phase II schauen wir uns jede Idee erneut an und fragen: »Erfüllt sie alle unsere Kriterien?« Wenn nicht, verwerfen Sie die Idee noch nicht sofort, sondern Sie versuchen, sie Schritt für Schritt zu modifizieren, bis sie die Kriterien erfüllt. Wenn das nicht zum Erfolg führt, stellen Sie die Frage: »Welche der Variablen könnte ich verändern, um zu erreichen, daß diese Idee jenem Kriterium entspricht?«

Wenn Sie immer noch das Gefühl haben, mit den von Ihnen ausgewählten Variablen auf diese Weise nichts zu erreichen, können Sie Ihrer Tabelle eine weitere Variablen-Rubrik hinzufügen und die Idee um ein konkretes Element dieser Rubrik erweitern, oder Sie können eine Rubrik abwandeln. Beispielsweise könnten Sie die Rubrik »Zahl der Mitglieder der Gruppe« abwandeln in »Arten des beruflichen Hintergrundes« oder etwas ähnliches.

TE: Nachdem wir die Variablen ausgewählt und miteinander kombiniert haben, müssen wir unsere Kriterien erneut durchgehen und fragen: »Erfüllt diese Idee nun alle Kriterien?« Wenn das nicht der Fall ist, haben Sie drei Möglichkeiten. Sie können:

1. die Idee auf irgendeine Weise anpassen oder modifizieren,
2. eine andere Variable auswählen, die es ermöglicht, die Idee so zu verändern, daß sie allen Kriterien entspricht, oder
3. eine neue Variable hinzufügen.

Geben Sie in keinem Fall auf. Seien Sie hartnäckig. Wagen Sie das Unerhörte!

RBD: Ideen entstehen durch diese Art von Feedback-Schleife. Das, was Sie am Anfang dieser Übung entwickeln, ist nicht identisch mit dem, was am Ende dabei herauskommt. Das Ganze ähnelt ein wenig der Arbeit eines Goldwäschers. Sie schütten einen Haufen Variable in die einzelnen Rubriken. Dann schütteln Sie das Ganze und schauen, was durch das »Sieb« (den Filter) Ihrer Kriterien fällt und was nicht. Wenn Sie eine Idee übrig behalten haben, die alle Kriterien erfüllt, dann schreiben Sie sie auf und gehen zur nächsten über.

TE: Wir möchten Sie bitten, sich für eine Weile von der Art zu lösen, wie Sie normalerweise Ideen entwickeln. Benutzen Sie dieses Modell nur als Ausgangspunkt. Es entscheidet keineswegs über das Endresultat. Aber es ist eine Möglichkeit, einen Anfang zu machen, besonders wenn es sich um eine Gruppe von Leuten handelt, die noch nie zuvor zusammengearbeitet hat. Jeder in der Gruppe hat die Möglichkeit, Input anzubieten und teilzunehmen.

RBD: In den ersten beiden Phasen dieser Übung geht es um die Interaktion zwischen dem Träumer und dem Realisten – eine sehr wichtige Feedback-Schleife im Bereich der Kreativität.

Tatsächlich ist es so, daß ein großer Teil aller praktischen kreativen Aktivität auf diese Weise stattfindet.

Chester Carlson begann mit seiner Erfindung des Xerox-Kopierers, indem er zunächst einmal eine Reihe von Kriterien festlegte. Das Gerät sollte die Arbeit des erneuten Abtippens von Dokumenten ersparen; außerdem sollte es so klein sein, daß es in ein Büro paßte, und es sollte weniger als 100.000 Dollar kosten. Das waren die Kriterien. Ihm war klar, daß die Erfindung diesen grundlegenden Einschränkungen gerecht werden mußte. Er wußte nicht, wie der konkrete Ausdruck dieser Idee einmal aussehen oder sich anhören oder sich anfühlen würde. Er wußte nur, daß das Gerät die gestellten Bedingungen erfüllen mußte. Ganz gleich, wie die Idee aussehen mochte, wenn sie jene Bedingungen nicht erfüllte, dann war sie für ihn nicht mehr von Interesse.

Koordinieren des Träumers, des Realisten und des Kritikers 355

Nachdem diese Kriterien festgelegt waren, stellte er die Frage: »Welche Verfahren kann ich benutzen, um mein Ziel zu erreichen?« – »Nun, es gibt verschiedene Arten von photographischen Verfahren.« Carlson führte eine Untersuchung durch und stellte eine Liste aller Arten von photographischen Verfahren zusammen, die seit der Zeit der Griechen entwickelt worden waren. »Außerdem gibt es verschiedene Arten von Dokumenten, die man darauf kopieren können müßte.« – »Es gibt verschiedene Arten von Berufen und Büros: Rechtsanwälte, Manager, Ärzte usw. Und es gibt Leute, an die ich mich wenden kann, um finanzielle Unterstützung für das Projekt zu erhalten.« Und so weiter. Sobald er all diese Informationen zusammengetragen hatte, sagte er: »Nachdem ich nun all diese Dinge habe, muß ich eine Methode finden, wie ich all dies irgendwie zusammenbringen kann.« Er mußte irgendwo anfangen. Tatsächlich hat Carlson gesagt: »Ich mußte etwas konstruieren, von dem ich im voraus wußte, daß es nicht funktionieren würde. Aber ich mußte es trotzdem produzieren, um das Feedback zu erhalten, das ich brauchte, um zu wissen, was ich als nächstes tun könnte.«

Mit anderen Worten mußte er einen Entwurf oder einen Prototypen produzieren, um herauszufinden, welchen Schritt er als nächsten unternehmen mußte. Auf diese Weise wird die Feedback-Schleife zwischen dem Träumer und dem Realisten hergestellt. Nehmen wir also einmal an, er hat eine Idee und baut ein Gerät, das alles kopieren kann, ganz gleich, welche Größe das betreffende Dokument hat, doch das einzige Problem ist, daß die Maschine die Größe des Empire State Building hat. Daraufhin sagt er: »Das entspricht nicht meinen Kriterien. Das Ding muß auf einen Schreibtisch passen, und das ist bei diesem Exemplar nicht der Fall – es sei denn, es würde sich um den Schreibtisch eines Riesen handeln. Ich muß also nun ein paar Schritte zurückgehen und etwas an dem Gerät ändern. Ich muß es so lange verfeinern oder modifizieren, bis es jenes Kriterium erfüllt.«

Ich habe ein faszinierendes Beispiel von einer Gruppe von Wissenschaftlern gehört, die versuchten, ein Gerät zu entwickeln, das in der Lage war, Moleküle zu filtern. – Dagegen ist alles, was wir normalerweise unter *Chunking down* verstehen, leeres Gerede. – Sie versuchten, eine Möglichkeit zu entwickeln, wie man spezifische Moleküle aus einer Substanz herausfiltern konnte. Nun konnten sie zwar die Formen der Moleküle identifizieren, aber sie fanden keine Möglichkeit, die Löcher des Filters so klein zu machen, daß nur ganz bestimmte einzelne Moleküle hindurchpaßten. Schließlich sagten sie: »Wir werden die Löcher zuerst groß machen und später das Ganze verkleinern. Wenn wir eine Substanz finden, in die wir die Löcher schneiden und die wir anschließend dehydrieren können, dann wird das Ganze schrumpfen.« Und das gelang ihnen. Sie fanden gewisse Substanzen, in die sie diese ganz speziell geformten Löcher schneiden konnten, und diese schrumpften Sie dann ein und stellten auf diese Weise eine Membran her, die tatsächlich fein genug war, um als Filter für Moleküle dienen zu können.

Wenn etwas seinen Zweck nicht erfüllt, brauchen Sie es deshalb noch nicht wegzuwerfen; Sie können einfach etwas anderes ausprobieren. Sie können eine andere Methode erproben. Sie verändern eine Ihrer Variablen.

Die gleiche Art von Prozeß kann ebenso effektiv sein in Situationen, in denen es um Kommunikation geht, beispielsweise im Bereich des Verkaufs. Wenn Sie im Immobiliengeschäft tätig sind, und ein Kunde kommt zu Ihnen und sagt: »Ich möchte ein Haus mit einem großen Garten«, und Sie haben kein Haus mit einem großem Grundstück im Angebot, brauchen Sie deshalb nicht gleich zu sagen: »Tut mir leid, ich kann Ihnen leider nicht helfen.« Wenn Sie das Ziel nicht erreichen können, dann suchen Sie nach den Kriterien. Sie können fragen: »Weshalb wollen Sie denn einen großen Garten?« Daraufhin könnte der Kunde antworten: »Ich möchte einen großen Garten, weil ich fünf Kinder haben, die viel Platz zum Spielen brauchen.« Damit haben Sie sich eine gewisse Flexibilität erobert, weil Sie nun das Kriterium kennen, das hinter dem gewünschten Ergebnis steht. Sie könnten nun sagen: »Ich habe zwar keine Häuser mit großem Garten, aber ich habe ein Haus, das nur drei Häuserblocks von einem Park entfernt liegt. Da haben Kinder viel Platz zum Spielen – und denken Sie auch daran, daß Sie auf diese Weise eine Menge Grundsteuer sparen.« Wenn der Kunde sagt: »Ich brauche ein großes Gelände, weil ich Araberpferde züchten will«, könnten Sie fragen: »Weshalb wollen Sie denn Araberpferde züchten?« – »Weil ich Geld damit verdienen will.« – »Oh, Sie suchen also nach einer lohnenden Kapitalanlage...«

Wenn es Ihnen gelingt, die Kriterien herauszufinden, können Sie in eine Feedback-Schleife eintreten, in der Sie versuchen, die Kriterien auf verschiedene Arten zu erfüllen, indem Sie andere Variablen verändern. Der Kunde ist vielleicht mit einem Haus, das drei Häuserblocks von einem Park entfernt liegt, ebenso zufrieden wie mit dem, was er ursprünglich haben wollte.

Meine Frau Anita hat eine Untersuchung über die Innovation in Firmen durchgeführt, die im Bereich von Silicon Valley in Kalifornien ansässig sind. Sie fand heraus, daß die überwältigende Mehrheit Produkt-Innovationen durch die Feedback-Schleife zwischen den Firmen und ihren Kunden zustandegekommen war.

Bevor Sie sich dem nächsten Abschnitt dieses Buches zuwenden, könnten Sie sich mit anderen zusammentun, die ähnliche Interessen wie Sie haben, und mit Hilfe dieser Methode ein paar Ideen entwickeln.

Kreativität ist größtenteils ein schrittweise fortschreitender, iterativer Prozeß, bei dem die am Anfang stehende Idee ständig verbessert wird – ähnlich wie beim Prozeß der Evolution. Der Trick besteht darin, daß man ein Ziel hat, ein Ergebnis, das weder zu allgemein gehalten ist, so daß alles darauf paßt, noch zu spezifisch ist, so daß es durch nichts zu erfüllen ist.

Phase 3 – der Kritiker

In der nächsten Phase der Übung übergeben wir unsere Ideen dem »Kritiker«. Der Kritiker hat die Funktion herauszufinden, ob es möglich ist, die Idee zu schützen und zu vermarkten. Ist die Idee wirklich so gut, daß es sich lohnt, sie weiterzuverfolgen? Was müßten Sie tun, um sie schützen zu können? Läßt sie sich wirklich vermarkten?

In unserem Seminar hatten wir vier Teams: ein Team von Geschäftsleuten, ein Computer-Team, ein Team von Priestern und Seelsorgern und ein es von Ingenieuren. Wir baten diese Gruppen, die jeweils von ihnen entwickelte Idee von einem Sprecher vortragen zu lassen, und stellten den Gruppenmitgliedern dann Fragen, um die Realisierbarkeit der Idee zu beurteilen. Es folgen einige der Ideen, die Teilnehmer unserer Seminare entwickelten.

Berücksichtigen Sie beim Lesen der Seiten über diese Ideen, daß das Material aus dem Jahre 1983 stammt. Viele der Ideen, die die Gruppen damals völlig eigenständig entwickelten, sind mittlerweile zu festen Bestandteilen unserer heutigen Welt geworden. Beispielsweise ist die erste vorgestellte Idee eine Definition des heutigen Macintosh-Computers (im Jahre 1983 gab es noch keinen Macintosh).

Wie sieht es in der Computer-Gruppe aus?

FRAU: Uns kam die Idee eines Computer-»Bildprozessors« oder »Farbprozessors«, der wie ein »Wortprozessor« arbeitet [die gängige amerikanische Bezeichnung für ein »Textverarbeitungssystem«, Anm. d. Übers.]. Mit seiner Hilfe könnte man Bilder und Farben editieren (bearbeiten). Zusätzlich zu den Funktionstasten würde man dabei etwas benutzen wie einen Lichtstift (dies war vor dem Auftauchen der »Maus« – RBD), und man hätte mehr Funktionen zur Verfügung. Das Produkt würde sowohl Software als auch Hardware umfassen und es ermöglichen, Dinge zu tun, wie verschiedene Farben zu überlagern und zu mischen. Beispielsweise würde man etwas mit dem Lichtstift zeichnen können, dann die Funktionstaste für die Farbe gelb drücken, und dann würde das gezeichnete Objekt gelb werden.

Anschließend könnte man ein anderes Objekt zeichnen, das blau wäre. Man könnte das blaue Objekt dem gelben überlagern, oder man könnte beide mischen und so Grün erzeugen. Auf diese Weise könnte man ein ganzes Bild produzieren.

Dieses Produkt wäre hauptsächlich für Künstler und Textverarbeiter gedacht. Man könnte damit auf dem Bildschirm mit dem Lichtstift ein Bild zeichnen und dann die Farben mit Hilfe eines Menüs am unteren Ende des Bildschirms bearbeiten. Man könnte alle Dimensionen des Bildes verändern – alle Submodalitäten. Man könnte das Bild verändern, es speichern, es am folgenden Tag wieder laden und weiter daran arbeiten.

Wir würden außerdem eine Videokamera daran anschließen, so daß man in die Stadt gehen und Porträts damit produzieren könnte. Dazu nähme man die Betreffenden mit der Videokamera auf, brächte das Bild auf den Bildschirm des Geräts und könnte das Bild dann verändern.

TE: Man könnte die Porträts mit kleinen Schnurrbärten versehen.

RBD: Ich habe von jemandem gehört, der ein Gerät für Frisöre entwickelt hat, das so etwas konnte. Es war mit einer Videokamera verbunden, so daß man das Gesicht des Kunden auf den Bildschirm bringen und eine Frisur künstlich hinzufügen konnte. Der Kunde wußte dann, wie er mit dieser Frisur später aussehen würde.

TE: Sie könnten mit Ihrer Idee das gleiche machen, oder Sie könnten zum Beispiel Ihre Kunden in spezifische Kleider gekleidet abbilden.

FRAU: Unser Bildprozessor wäre portabel, so daß Sie ihn in den Urlaub mitnehmen könnten, Bilder von Ihren Urlaubserlebnissen aufnehmen und dann eine Computer-Postkarte oder ein Dia davon produzieren könnten. Sie könnten die Bilder auch modifizieren.

TE: Das ist eine gute Möglichkeit, wenn Sie im Winter nach Washington D.C. oder Oregon reisen und später erzählen wollen, Sie hätten einen sehr sonnigen Urlaub verbracht. Ich kann mir vorstellen, daß Sie dieses Gerät problemlos an die Handelskammer von Portland verkaufen könnten.

RWD: Ich würde sagen, daß Sie etwas entwickelt haben, das man sowohl patentieren als auch unter Copyright-Schutz stellen könnte, obwohl ich nicht weiß, ob irgendwelche neue Hardware dafür erforderlich wäre.

Koordinieren des Träumers, des Realisten und des Kritikers　　　　　　　　　　359

FRAU: Das weiß ich auch nicht. Ich vermute, daß der größte Teil bereits existiert. Ich weiß, daß es bereits verschiedene Systeme zur Bearbeitung von Videobildern gibt.

RWD: Sie müssen möglicherweise ein paar zusätzliche Tasten an dem Gerät anbringen, um die Farben beeinflussen zu können, und es müßte zusätzliche Software entwickelt werden. Für die Software könnte man deshalb Copyright-Schutz bekommen. Ich vermute, daß es sich hier um eine Methode handelt; deshalb besteht die Möglichkeit, Schutz für die Methode zu beantragen.

Das Problem besteht in der »Naheliegendheit«. Sie würden dabei kaum alles, als es heute mit der Hardware gemacht wird, anders machen. Wenn ich es richtig verstehe, kann man Farbe auch mit der bisher existierenden Hardware manipulieren. Deshalb vermute ich, daß die Naheliegendheit das Problem sein könnte, daß Ihnen die Möglichkeit verwehren könnte, ein Patent für eine umfassende neue Methode zu bekommen.

Ich würde in diesem Fall versuchen, Patenschutz zu beanspruchen für »die Methode, Farbbilder auf einer CRT (Kathodenstrahlröhre) zu erzeugen, unter Verwendung eines Lichtstifts, mit dessen Hilfe man zuerst eine Farbe und dann eine zweite erzeugen kann.«

Die meisten CRTs haben drei Punkte: rot, blau und grün, und all dies auf sehr engem Raum. Man kann jeweils eine dieser Farben aktivieren. Ich vermute, damit Ihr Editierstift in der Lage ist, Rot oder Rot/Blau zu aktivieren, müssen Sie beeinflussen können, in welchem Maße jedes Pixel angeregt wird. Ich nehme an, daß Sie nicht nur reines Rot, Blau usw. erzeugen wollen.

MANN: Man kann verschiedene Farbbereiche erzeugen.

RWD: Aber können Sie diese mit dem Stift beeinflussen?

MANN: Ich glaube nicht, daß das geht. Man kann nur eine Farbe damit auswählen. Der Stift stellt die Pixel nur an und aus. Man kann die Farbe Mittelblau/Grün wählen, die Farbe mit der Nummer 159. Wenn Sie den Stift auf diese Farbe setzen, tun Sie nichts weiter, als diese spezielle Farbe zu aktivieren.

RWD: Ich glaube, man könnte eine Methode entwickeln, um Farben auf einem CRT-Gerät dynamisch zu kombinieren und zu mischen. Ich denke, daß in einer solchen Lösung wahrscheinlich etwas Patentierbares enthalten wäre – falls Sie ein

Gerät entwickeln, bei dem Sie über eine Tastatur jede beliebige Farbe auswählen, diese Farbe mit dem Stift an die betreffende Stelle bringen und anschließend eine andere Farbe mit dem Stift auftragen können. Dabei könnte eine ganze Reihe von mechanischen Problemen auftreten. Und die Lösung zu diesen Problemen wäre wahrscheinlich patentierbar. Es könnte sich am Ende herausstellen, daß das Ganze tatsächlich ein Software-Problem ist. Vielleicht läßt es sich mit den Geräten, die im Augenblick zur Verfügung stehen, machen, und Sie bräuchten nichts weiter zu tun, als eine entsprechende Software zu entwickeln.

RBD: Es gibt also gute und schlechte Nachrichten von seiten des Kritikers. Die schlechte Nachricht lautet, daß es nicht möglich ist. Die gute Nachricht lautet, daß man, wenn es einem gelingt, so ein Ding zu entwickeln, es patentieren lassen kann.
Wir wollen uns nun einer anderen Gruppe zuwenden. Was hat die Gruppe der Priester und Seelsorger entwickelt?

J: Wir haben nichts gefunden, das man patentieren könnte.

RBD: Einen Augenblick bitte, die Rolle des Kritikers zu übernehmen ist *unsere* Aufgabe. Sie müssen uns zumindest erst einmal Ihren Traum mitteilen. Abgesehen davon ist es nicht unsere Absicht, irgendwelche Ideen zurückzuweisen. Wenn Sie eine Idee entwickelt haben, dann sagen wir: »Wenn Sie diese Sache schützen und vermarkten wollen, müssen Sie folgendes tun.« Und vielleicht finden Sie dann eine Möglichkeit, die Sache patentieren zu lassen. Deshalb meine ich, Sie sollten die Idee zumindest einmal vortragen.

J: Also gut. Unser Ziel war, einen Beitrag zur weltweiten Einheit zu leisten. Eines der Elemente, die wir dabei einbezogen haben, war das »Agape«-Fest – das ist das griechische Wort für Liebe, brüderliche Liebe. Die Agape-Feier war ein Gemeinschaftsmahl der Verbundenheit, das von den frühen Christen eingeführt wurde und in dessen Verlauf Gebete gesprochen, Lieder gesungen, Abschnitte aus den Schriften vorgelesen und Opfer für die Armen gespendet wurden. Im formellen Rahmen eines Festmahls kam die ganze Gemeinschaft zusammen und die Anwesenden brachten zum Ausdruck, daß sie einander unterstützen wollten.

RBD: Das heißt, Sie haben vor, in eine Gemeinde zu gehen und ein Festmahl zu organisieren, an dem alle Gemeindemitglieder teilnehmen sollen. Müssen die Teilnehmer für ihre Teilnahme bezahlen, oder ist die Teilnahme kostenlos?

Koordinieren des Träumers, des Realisten und des Kritikers 361

J: Die meisten Teilnehmer würden bezahlen. Aber einige, die kein Geld hätten, bräuchten dies nicht.

RBD: Wie würde sich dies von einem normalen Gala-Essen unterscheiden, wie es beispielsweise für einen Präsidentschaftskandidaten veranstaltet wird?

J: Das Ganze nennt sich »Gemeinschaft zur gegenseitigen Unterstützung«, was bedeutet: Wenn ich eine Idee oder ein Problem habe, über das ich mit anderen sprechen möchte, dann gibt es da Leute, mit denen darüber zu sprechen eine Ressource wäre.

RBD: Dann ist das so etwas wie ein gigantisches Entwickler-Team, das eine Kreativitätsübung durchführt – während des Essens.

J: Durch das gemeinsame Essen wird in gewisser Weise eine gemeinsame Basis geschaffen.

RBD: Automatisches Pacing, automatischer Rapport.

TE: Ja, Essen ist eine Erfahrung, die uns allen gemeinsam ist. Natürlich müßte man vorsichtig sein, falls man in eine Stadt geraten würde, in der es viele Anorektiker gibt.

RBD: Ihr Problem wäre, daß sie zuviel essen würden.

TE: »Wir wollen zusammen etwas essen und über unsere Gewichtsprobleme sprechen.«

RBD: Die Idee beinhaltet also, daß diese Leute zusammenkommen und über Ideen miteinander kommunizieren. Wie machen sie das? Gehen Sie davon aus, daß Sie fünfzig Menschen zusammenbringen werden, oder denken Sie eher an fünfhundert?

J: Alle, die zu der betreffenden Gemeinde gehören.

RBD: Sie wollen die ganze Gemeinde zusammenbringen?

J: Genau. Ich meine die Farmer, die Stadtbewohner, die Kinder usw.

RBD: Also alle, die in einem bestimmten Gebiet wohnen. Das heißt, es geht um *viele* Menschen.

RWD: Mit den unterschiedlichsten Voraussetzungen.

J: Ja.

RBD: Wie wollen Sie sie dazu bringen, miteinander zu kommunizieren? Wenn ich einer von denjenigen bin, die zu diesem Festmahl kommen, und ich sage: »Ich habe dieses und jenes Problem«, was würde dann geschehen?

TE: Auf welche Weise würden diese Leute ihre Idee zum Ausdruck bringen müssen?

RBD: Gäbe es ein Mikrofon?

J: Nein, alle würden gleichzeitig miteinander kommunizieren. Es gäbe keine feste Form.

RWD: Ihre Idee ist also, daß sich alle zu einem gemeinsamen Zweck versammeln, nämlich zum Essen, und daß sie beim Essen miteinander reden und auf diese Weise unbewußt Ideen austauschen. Da es bei der ganzen Sache kein Profit-Motiv gibt, spielt gesetzlicher Schutz bei alldem keinerlei Rolle.
   Ich möchte aber einen anderen Punkt ansprechen. Sie werden für so etwas viele Plakate aufhängen und andere Werbemaßnahmen durchführen müssen. Deshalb müssen Sie dem Ganzen einen Namen geben.
   Außerdem müssen Sie sich vor Leuten schützen, die versuchen könnten, die Situation zu ihrem Vorteil zu nutzen. Nehmen wir an, ich bin ein Betrüger, und ich komme in diese Gemeinde und sehe, daß diese Leute ein riesiges Festmahl veranstalten. Natürlich muß das Essen für dieses Festmahl beschafft werden. Deshalb fasse ich den Plan, die Bewohner zu Hause aufzusuchen und ihnen zu sagen, daß ich für die Organisation des Festmahls arbeite und Geld dafür sammle. Und mit dem Geld verschwinde ich dann. Deshalb benötigen Sie irgendeine Art von Registrierung, eine Art Namensschutz, um andere daran zu hindern, Mißbrauch mit Ihrer Idee zu treiben. Das ist ein Punkt, über den Sie nachdenken sollten.

Koordinieren des Träumers, des Realisten und des Kritikers 363

RBD: Natürlich könnten Sie das in eine Chance verwandeln. Wenn Sie eine Dienstleistungsmarke für Ihr Festmahl schaffen könnten, hätten die Leute eine Möglichkeit, sich mit Ihrer Idee zu identifizieren. Wenn Ihnen dafür etwas Eingängiges einfiele, würden die Leute es sehen und sagen: »Ich frage mich, was es damit auf sich hat.« Das würde Sie nicht nur davor schützen, daß irgend jemand hingeht und unberechtigterweise behauptet, etwas mit der Organisation zu tun zu haben, sondern dies würde außerdem dazu führen, daß Sie als Teil von etwas Besonderem angesehen werden würden. Sie trügen dann einen Button, auf dem FA oder etwas ähnliches stünde, und die Leute würden sich fragen: »Was ist denn das nur?« Das trüge dazu bei, Aufmerksamkeit und Interesse auf die Gemeinschaft zu lenken.

TEILNEHMERIN: Könnte man für eine Prozedur, nach der so etwas abläuft, Copyright-Schutz beantragen? Es könnte eine bestimmte Vorgehensweise geben, an die man sich hält, wenn man dies in verschiedenen Gemeinden durchführt.

TE: Sie meinen für die Organisationsprozedur?

RWD: Ich fürchte, das, worum es hier geht, ähnelt der »Bank night at the movies«, etwas, das es in meiner Jugend gab. Jemand kam auf diese Idee, um mehr Besucher in die Kinos zu locken. Nachdem man sich die Eintrittskarte gekauft hatte, steckte man diese in eine Art Urne. Nach dem Film wurde eine dieser Karten gezogen, und derjenige, dessen Karte gezogen worden war, erhielt zehn Prozent der Abendeinnahme. Das Ganze fing in einem Kino irgendwo auf dem Lande an und breitete sich dann über ganz Amerika aus.

Auf so etwas bekommt man kein Copyright, und man kann solch eine Idee auch nicht anderweitig schützen. Es ist eine Idee, eine Methode der Geschäftsförderung. Ihre Prozedur zur Organisation dieses Festmahls wäre eine Methode zur Geschäftsförderung, und so etwas kann man nicht durch Copyright schützen.

Wenn Sie hingegen ein kleines Buch schreiben und dieses in den Handel bringen, in dem Sinn und Zweck Ihres Festmahls beschrieben wird und was Sie damit zu erreichen gedenken – also ein bestimmter Ausdruck der Idee –, dann könnten Sie dafür Copyright-Schutz bekommen. Wenn Sie beschließen würden, Sie wollten eine Illustration entwickeln, die als Symbol für dieses Ereignis dienen sollte, dann könnte das ein Warenzeichen sein und somit Copyright-Schutz genießen, je nachdem, was sein künstlerischer Inhalt wäre. Es gibt also Dinge, die Ihre Identität als Urheber der Idee und Methode schützen würden.

RBD: Ich kann mir auch noch etwas anderes vorstellen. Angenommen Sie haben tatsächlich alle Menschen aus dieser Gemeinde zusammenbekommen, und ich bin einer der Teilnehmer, zusammen mit Hunderten oder Tausenden anderer Leute. Da ich niemanden kenne, wie soll ich da diejenigen finden, die für mich die besten Ressourcen sein könnten? Nehmen wir an, daß jeder, der kommt, sich an einem Computer-Terminal »ein-checkt«, das als Datenbank benutzt wird. Jeder Neuankömmling sagt also etwas wie: »Ich bin Joe Schmoe, ich bin Banker. Und meine Interessen sind blah blah blah. Mein spezielles Problem ist dieses und jenes.« Diese Informationen werden in den Computer eingegeben, und dieser nennt Ihnen dann die Tischnummern von Teilnehmern, die den gleichen Beruf oder die gleichen Interessen oder Probleme haben. Auf diese Weise können Sie dann Kontakt zu diesen Leuten aufnehmen – Sie erhalten Zugang zu ihnen.

Statt daß die Gemeinde sich ein Computersystem anschaffen muß, veranstalten Sie ein Agape-Festmahl. Vielleicht gibt es in dieser Gemeinde zehntausend Menschen. Wie sollen alle Menschen mit ähnlichen Interessen oder mit komplementären Bedürfnissen einander finden? Sie könnten für dieses Gemeinde-Informations-Netz den Computer zur Verfügung stellen oder die dafür notwendige Software entwickeln. Abgesehen davon, daß Sie Menschen miteinander in Verbindung bringen, bauen Sie gleichzeitig auch eine Adreßkartei auf.

RWD: Und natürlich kann man diese Adressenliste schützen lassen.

RBD: Und dann verkaufen Sie die Adressensammlung. (Gelächter)

RWD: Man könnte sie verkaufen, aber man könnte sie auch vor Mißbrauch schützen.

TE: Man bestellt die Adressenliste, nachdem das Festmahl beendet ist.

RBD: Zum Beispiel kommt jemand, der an Menschen mit Lernbehinderungen interessiert ist. Der Betreffende gibt Ihnen eine Liste von Programmen, über die er verfügt, und Sie geben ihm eine Liste von Personen, mit denen er sich in Verbindung setzen kann, und BAMMM, fließt die Information. Der Heilige Geist tritt in das Informationszeitalter ein. Ich bin mir sicher, Jesus hätte gerne solch ein System für die Bergpredigt gehabt. Die »Sanftmütigen« hätten dann die »Friedensstifter« finden können, und die »Armen im Geiste« diejenigen, die »hungern und dürsten nach Gerechtigkeit« und so weiter.

TE: Wie sieht es bei der Ingenieursgruppe aus?

MANN: Wir haben uns mit dem Parkplatzproblem beschäftigt.

TE: Ich bin froh, daß sich da endlich einmal jemand drum kümmert. Herzlichen Dank.

MANN: Wir kamen auf ein industriell gefertigtes, bewegliches Gerät, das einem Riesenrad ähnelt, in welches man ein Auto hineinfahren kann und das sich dann hochbewegt, so daß das nächste Auto hineinfahren kann. Und auf der obersten Ebene fahren die Autos dann wieder heraus.

RBD: Und wenn Sie sie gleichzeitig auch noch waschen würden, könnten Sie sie runddrehen wie Kleider am Laufgestell einer chemischen Reinigung und dann Zellophan darüberstülpen.

RWD: Ich glaube, Sie sollten zuerst einmal eine Patentrecherche durchführen, denn es könnte sein, daß Sie mit solch einem Gerät bereits vergebene Patente verletzen. In San Francisco gibt es meines Wissens ein Parkhaus, in dem man auf eine Rampe fährt, und dann wird das Auto emporgehoben und »weggepackt«. Sie werden übereinandergestapelt.

TEILNEHMER: Okay, wir hatten auch noch eine andere Variante gefunden. Ich habe so etwas in der Schweiz gesehen. Wir könnten unter die Erde gehen und die Berge aushöhlen. Man könnte die bereits existierenden Strukturen erhalten und sie nutzen. Ein weitere Idee, die wir entwickelt haben, war, diese »Autoregale« an den Seiten existierender Gebäude hochzubauen.

TE: Und nicht nur das, Sie könnten die Leute, die in diesen Gebäuden arbeiten, gleich auf der richtigen Etage parken lassen.

RWD: Ich verstehe nicht ganz, wie der Mechanismus funktionieren soll. Habe ich richtig verstanden, daß Sie eine Art Förderband konstruieren wollen, vielleicht eines, das nicht kreisförmig verläuft?

FRAU: Wir haben uns noch nicht auf das konkrete Design festgelegt.

RWD: Sie werden auf eine Menge früherer Versuche stoßen, die genau das gleiche versucht haben. Sie werden staunen. Wenn Klienten in mein Büro treten, beschreiben sie mir eine Erfindung und sagen: »Ich bin seit fünfzig Jahren in diesem Geschäft, und ich habe noch nie etwas derartiges gesehen. Ich habe überall danach gesucht, in allen Katalogen; nirgends ist so etwas zu finden.« Dann ist gewöhnlich das Erste, was ich ihnen empfehle, eine Patentrecherche durchführen zu lassen. Mindestens in der Hälfte aller Fälle fördert eine solche Recherche Dinge zutage, die auf dem betreffenden Gebiet bereits versucht worden sind – vielleicht in den dreißiger Jahren, manchmal sogar noch früher – und die es unmöglich machen, ein Patent für diese Erfindung anzumelden. Es ist wirklich erstaunlich, was man unter älteren Patenten alles findet. Ich weiß nicht, was Sie dort alles finden würden. Das Gerät, um das es Ihnen geht, ist in jedem Fall ein patentierbares Objekt.

Doch selbst wenn es Patente in diesem Bereich gäbe, die in den dreißiger Jahren angemeldet worden sind und die Sie daran hindern würden, ein Patent dafür zu bekommen, wären jene Patente längst erloschen, so daß dieser Umstand es Ihnen *nicht* verbieten würde, die betreffende Konstruktion herzustellen und zu verkaufen. Sicherlich könnten Sie, da es sich um eine Dienstleistung handelt ein Warenzeichen anmelden.

RBD: Sie könnten das Gerät »Auto-Karussell« nennen.

RWD: Ja, das ist gut, »Auto-Karussell«. Wenn Sie einen guten, eingängigen Namen dafür finden würden, könnten Sie sicherlich ein Warenzeichen dafür eintragen lassen. Ich glaube nicht, daß Copyright-Schutz in diesem Fall von Bedeutung wäre, aber Warenzeichenschutz oder Dienstleistungszeichen-Schutz wären wichtig. Ich glaube, daß Sie wahrscheinlich etwas daran finden könnten, daß Sie patentieren lassen oder für das Sie Copyright-Schutz beanspruchen könnten. Vielleicht wäre irgendwelche Computer-Hardware oder -Software erforderlich, um die Konstruktion zu betreiben. Oder vielleicht hätte es einzigartige Konstruktionsmerkmale.

Wenn Sie versuchen, dies in die Tat umzusetzen, werden Sie unvermeidlich auf Probleme stoßen. Wie ich bereits in bezug auf das Gerät zur Bildverarbeitung gesagt habe: Wenn Sie auf Probleme stoßen, auf die Sie keine Antwort wissen, und wenn Sie diese Antwort auch nicht in der Literatur finden, und wenn Sie schließlich doch auf eine Lösung kommen, dann handelt es sich dabei höchstwahrscheinlich um etwas, das sich patentieren läßt.

RBD: Wie steht es mit unserem Manager-Team?

MANN: Wir haben an einem Spezialbleistift gearbeitet. Ein normaler Bleistift oder Füllfederhalter ist zu langsam. Eines unserer Kriterien war, Zeit zu sparen – mehr freie Zeit zur Verfügung zu haben. Wir sind auf die Idee eines Laser-Bleistifts gekommen, mit dem man sehr schnell schreiben kann. Die Idee ist, einen Stoff wie Kohle auf das Papier zu schießen.

RWD: Dann handelt es sich also um eine Art pneumatisches Handgerät, das Kohlepartikel auf ein Blatt Papier bläst, und dann werden diese von einem Laserstrahl getroffen, wenn sie auf das Papier treffen? So daß sie auf irgendeine Weise mit dem Papier verbunden oder darauf fixiert werden?

MANN: Ja, dadurch könnte man schneller schreiben. Die Spitze des Stifts bräuchte dann niemals die Seite zu berühren.

TE: Befände sich eine Vorrichtung daran, mit der man den Stift ein- und ausschalten könnte?

MANN: Ja, eine Art Auslöser.

RBD: Brauchen Sie wirklich die Kohle? Vielleicht könnte man es so machen, daß der Stift einfach nur einen Laserstrahl aussendet. Sie könnten ihn auf chemisch vorbehandeltes Papier fallen lassen, und er würde, ebenso wie beim Prozeß des Fotokopierens, die Chemikalien verändern und sie dunkel werden lassen.

RWD: Ich möchte darauf aufmerksam machen, daß es bei einem Gerät dieser Art ein Problem gibt. Was denjenigen, die mit Laserstrahlen arbeiten, immer wieder Sorgen macht, ist der potentielle Schaden, den sie anrichten können. Wenn man in ein Labor kommt, wo mit Lasern gearbeitet wird, kann es passieren, daß man plötzlich erblindet, weil jemand einen Laser ungeschickt bewegt hat – sein Licht ist auf den Türknauf gefallen, von dort ist er zu einer Lampenhalterung weitergeleitet worden und von dort wiederum auf Ihre Netzhaut. Bei einem Laserstrahl, der stark genug ist, um Kohle zu schmelzen, sollten Sie bedenken, daß Ihr Körper größtenteils aus Kohlenstoff besteht.

RBD: Deshalb sollten Sie das Ganze vielleicht zu einem Tätowierstift machen.

TEILNEHMER: Wir waren ziemlich begeistert von dieser Idee. Es ist uns gelungen, innerhalb der kurzen Zeitspanne einen Gegenstand, der ein paar Groschen kostet, in seiner Funktion zu verändern und ihn in etwas umzuwandeln, das 25.000 Dollar kostet.

TE: Das erinnert mich an jenen Bleistiftverkäufer an der Straßenecke, zu dem jemand kommt und ihn fragt: »Wieviel kosten die Bleistifte?« – »25.000 Dollar.« – »Wahrscheinlich verkaufen Sie nicht viele Stifte bei dem hohen Preis, nicht wahr?« – »Nein, aber ich brauche auch nur einen im Jahr zu verkaufen.« (Gelächter)

RWD: Ich nehme an, daß Ihre Gruppe sich darüber im klaren ist, daß das Gegenteil zu Ihrer Erfindung bereits realisiert worden ist – der Laser-Radiergummi. Es gibt ein Patent darauf. Dieses Gerät wurde tatsächlich entwickelt und auf den Markt gebracht, und es basiert auf der Verwendung eines Laserstrahls. Wenn Sie beim Tippen einen Fehler machen, beseitigt der Laser-Radierer den Fehler, indem er die Kohle vom Papier brennt. Der Stift kostet ein paar Groschen, und ein Radiergummi noch weniger – dieses Gerät hingegen kostet ungefähr 25.000 Dollar.

Ich gehe davon aus, daß Ihre Gruppe sich auch darüber im klaren ist, daß es moderne Drucker gibt, die einen Tintenstrahl ausstoßen. Dabei wird die Tinte elektrisch aufgeladen und dann so gelenkt, daß ein Buchstabe entsteht. Aber ich glaube, daß es möglich wäre, Ihren Stift zu patentieren. Wenn Sie dieses Gerät tatsächlich entwickeln würden, glaube ich, daß Sie es patentieren lassen könnten. Aber Sie müßten sich damit beschäftigen, ob Sie auf diese Weise tatsächlich die Schreibgeschwindigkeit erhöhen würden. Ich glaube nicht, daß die Verwendung eines Lasers wirklich mit Sicherheit dazu führt, daß Sie schneller drucken können, als es heute mit dem Tintenstrahl möglich ist.

RBD: Wenn die Idee mit dem Stift nicht zum Ziel führt, könnten Sie versuchen, die Sache größer zu machen. Bauen Sie eine Laser-Kanone. Damit könnte man vielleicht Botschaften an den Himmel schreiben, vielleicht auf Wolken oder auf die Wände von Gebäuden.

Oder machen Sie das Objekt kleiner. Es gibt einen Film mit dem Titel *Blade Runner*, der in der Zukunft spielt, zu einer Zeit, in der die Menschen gelernt haben, durch Genmanipulation Lebewesen zu erschaffen. Sie können Fische und Schlangen und alle möglichen geklonten Kreaturen herstellen. Die Gen-Designer unterschreiben in dieser Welt mit kleinen Laserstrahlen. Wenn jemand einen Fisch produziert hat, kann er sein winzig kleines Zeichen auf alle Schuppen des Tiers setzen.

Der Vorteil eines Laser-Schreibgeräts wäre, daß man sehr große Dinge und sehr kleine Dinge damit schreiben könnte.

RWD: Vielleicht könnte man damit auch eine dauerhaftere Form des schnellen Schreibens entwickeln. Vielleicht könnten Sie damit ebensoschnell gravieren, wie Sie schreiben könnten.

RBD: Was glauben Sie wohl, wie sie es bei den Zehn Geboten gemacht haben?

Diskussion: Prozeß versus Inhalt

TEILNEHMER: Ich bin sehr stark an dem Prozeß interessiert. Er lag irgendwie allem zugrunde, was Sie hier präsentiert haben. Wir sind alle so unterschiedliche Menschen. Ich bin mir sicher, daß es sehr leicht möglich gewesen wäre, viel Zeit mit Meinungsverschiedenheiten zu vergeuden, wäre der Prozeß nicht gewesen.

RBD: Es ist immer wesentlich leichter, Menschen dazu zu bringen, in einen Prozeß einzuwilligen, um ein Resultat zu erreichen, als sie dazu zu bringen, sich auf ein bestimmtes Resultat zu einigen. Mit anderen Worten: Es ist leichter, Menschen dazu zu bringen, eine Form zu akzeptieren, als dazu, einen Inhalt zu akzeptieren. Ich habe das in einem Kurs über Politik im College gelernt. Durch den Kurs selbst habe ich im Grunde nicht viel gelernt, aber in die Klasse hineinzukommen, war wirklich interessant. Der Kurs war für Studenten mit dem Hauptfach Politik Pflicht, und ungefähr sechzig Studenten versuchten, in den Kurs hineinzukommen. Doch der Professor sagte, er könne nur zwanzig Teilnehmer zulassen. Er sagte: »Mir ist es gleich, wer diese zwanzig sind. Mich interessiert nur, daß Übereinstimmung darüber erzielt wird, wer zu den Teilnehmern gehören soll.« Diese erste Zusammenkunft des Kurses sollte laut Plan anderthalb Stunden dauern, doch zwei Stunden später stritten die Anwesenden immer noch darüber, wer teilnehmen sollte. Je länger die Studenten warteten und Zeit »investierten«, um so hartnäckiger versuchten sie, ihre Interessen durchzusetzen – deshalb hatten sie nicht das Gefühl, Zeit zu vergeuden.

Es war unglaublich. Der Lehrer ließ diesem Gezänk freien Lauf. Die Seniors (Studenten im letzten Studienjahr) sagten: »Das ist unsere letzte Chance, an diesem Kurs teilzunehmen.« Die jüngeren Studenten mit Politik im Hauptfach sagten: »Ich weiß nicht, ob ich bei diesem Hauptfach bleiben werde, wenn ich jetzt nicht sofort an diesem Kurs teilnehmen kann.« Jeder hatte einen Grund, weshalb gerade er zu den zwanzig Auserwählten gehören sollte. Und jedesmal, wenn jemand einen Grund angab, fragte der Lehrer: »Sind alle der Meinung, daß das ein wichtiger Grund ist?« Natürlich war das nicht der Fall. Also fingen sie wieder von vorne an.

Solange alle versuchten, für ihre eigene Position zu argumentieren, schaffte es keiner. Es gab stets ein Gegenargument. Nach zweieinhalb Stunden war etwa ein

Drittel der Anwesenden aus Zermürbung oder Frustration gegangen, aber es waren immer noch doppelt so viele Personen da, wie tatsächlich in den Kurs aufgenommen werden konnten. Schließlich fingen die Anwesenden an, Verfahren *(Prozesse)* vorzuschlagen, nach denen über die Auswahl der Teilnehmer entschieden werden sollte. Mit anderen Worten: Statt daß jeder Einzelne seine Situation schilderte und die gesamte Gruppe aufgrund der individuellen Sachlage zu entscheiden versuchte, wer teilnehmen oder nicht teilnehmen sollte, versuchten die Anwesenden nun, sich auf ein Verfahren für die Entscheidungsfindung zu einigen, mit dem die gesamte Gruppe einverstanden war.

Zuerst wurden ein paar grundlegende Kriterien festgelegt, wie etwa: »Wenn es dein letztes Semester ist, und du bist ein Senior, und du brauchst den Kurs, um deinen Abschluß zu bekommen, dann sind wir alle der Meinung, daß du zu den Teilnehmern gehören solltest.« Dann wurden bestimmte Kategorien von Leuten ausgewählt, und es wurde festgelegt, ein wie großer Prozentsatz jeder Kategorie in den Kurs aufgenommen werden sollte. Eine bestimmte Anzahl von Studenten mit dem Hauptfach Politik, ein bestimmte Anzahl von Leuten, die einfach am Thema des Kurses interessiert waren, die aber nicht vorhatten, Politik als Hauptfach zu wählen, usw. Jede Gruppe, die vertreten war, mußte irgendwie berücksichtigt werden, weil es sonst nicht gelungen wäre, eine einhellige Zustimmung zu der Auswahl zu erhalten. Abgesehen davon war das einzige Auswahlverfahren, das alle Anwesenden für »fair« hielten, daß nach dem Zufallsprinzip Namen aus einem Hut gezogen würden. Schließlich waren alle damit einverstanden, daß eine bestimmte Anzahl von Namen aus jeder Gruppe aus dem Hut gezogen würde. Ich weiß nicht, ob ich es als glücklichen oder unglücklichen Umstand bezeichnen soll, daß mein Name darunter war.

Was ich jedoch dabei lernte, war, daß man, um einen Konsens zwischen sehr unterschiedlichen Menschen zustandezubringen, sich auf die Strategie konzentrieren muß, auf den Prozeß der Entscheidungsfindung, statt sich auf ein bestimmtes Ergebnis zu versteifen. Um einhellige Zustimmung zu erreichen, mußten die Studenten die Vorgehensweise festlegen, ohne zu wissen, wie das Endergebnis dabei für den Einzelnen aussehen würde. Das Erstaunliche an der Sache war, daß die gleichen Studenten, die stundenlang mit großer Vehemenz um ein für sie günstiges Ergebnis gekämpft hatten, nun die Ergebnisse des selbstgewählten Verfahrens ohne weitere Einwände akzeptierten, auch wenn das Resultat nicht zu ihren Gunsten ausgefallen war.

7 Abschluß
Nutzung der restlichen 90 Prozent

RBD: Die Fähigkeit, den kreativen Prozeß zu steuern, hat zu allen Zeiten die Menschen von anderen Lebewesen unterschieden. Eines meiner Lieblingszitate stammt von Jacob Bronowski, dem Autor des Buches *The Ascent of Man*. Er sagte: »Jedes Tier hinterläßt Spuren von dem, was es einmal war. Nur menschliche Wesen hinterlassen Spuren von dem, was sie geschaffen haben.« Menschen unterscheiden sich von anderen Lebewesen durch ihre weitreichende Fähigkeit, Landkarten zu benutzen und Werkzeuge zu verwenden, um diese Landkarten in Realität umzuwandeln. Ameisen können eine Straße hinterlassen, Bienen können tanzen und komplizierte Bienenstöcke bauen, aber kein Tier kann etwas zeichnen, das nur in seiner Vorstellung existiert.

Ich erinnere mich an eine Diskussion, die ich einmal mit John Grinder hatte. Wir äußerten beide die Überzeugung, daß die Fähigkeit zu wählen die Wurzel der Evolution sei – daß der Prozeß der Evolution ein Prozeß der Erwerbens immer weiterer Wahlmöglichkeiten sei. Die Möglichkeit der Wahl setzt voraus, 1) daß man ein detailreiches und umfassendes Modell von der Welt hat und 2) daß man über die Fähigkeit verfügt, sich von einem unmittelbaren Reflex zu dissoziieren. John war der Meinung, daß die Fähigkeit, ein dissoziiertes Bild davon zu erzeugen, wie man selbst etwas tut, bevor man es real tut – so wie es beim New Behavior Generator der Fall ist – einer der entscheidenden evolutionären Unterschiede zwischen Mensch und Tier sein könnte. Ich weiß nicht, ob ein Hund sich selbst visualisieren kann, wenn Pawlow die Glocke läuten läßt, und dann denkt: »Was werde ich nun als nächstes tun?« Was Menschen voneinander unterscheidet, ist ihr Vermögen, Abstand zu nehmen und in ihrem Gehirn eine Landkarte von etwas zu erzeugen. Die Evolution beruht auf dem Wachsen jener Fähigkeit.

Man schätzt, daß das menschliche Gehirn, so wie es konstruiert ist, über das Hardware-Potential von zehn Millionen Computern verfügt und daß die meisten Menschen lediglich fünf bis zehn Prozent jener Kapazität nutzen. Kreativität wächst in dem Maße, wie Raum dafür vorhanden ist. Sie haben genügend davon. Es dauert eine ganze Reihe von Jahren, bis wir all jene Milliarden von Zellen dort oben aufgebraucht haben. Kreativität entfaltet sich in dem Maße, wie Sie jene Kapazität nutzen.

Menschen sind auch in einzigartiger Weise dazu in der Lage, Werkzeuge zu benutzen – Werkzeuge, die ihre Fähigkeiten sogar noch über die Kapazität jener zehn Millionen Computer hinaus steigern, die ihr Gehirn von Geburt an enthält. Es gibt Werkzeuge, die es uns ermöglichen, unseren individuellen Körper und unser Nervensystem zu erweitern; andere ermöglichen es uns, unser Nervensystem mit anderen Menschen und anderen Systemen in unserer Umgebung zu verbinden, wodurch wir potentiell Millionen oder gar Milliarden weiterer Computer mit unserer kreativen Fähigkeit verbinden. Unser Ziel in diesem Buch war, Ihnen ein paar Werkzeuge anzubieten, mit deren Hilfe Sie mehr von jener ungeheuren Kapazität freisetzen können, die Ihnen als Mensch von Geburt an zur Verfügung steht, und durch die sie diese Kapazität besser in Ihrer Interaktion mit anderen nutzen können – Werkzeuge für den Träumer, Werkzeuge für den Realisten, Werkzeuge für den Kritiker.

Wir haben uns mit konzeptuellen Werkzeugen in Form des R.O.L.E.-Modells, des T.O.T.E.-Modells, der Meta-Programm-Muster, der Unterscheidung logischer Ebenen und der Wohlgeformtheitsbedingungen für Ergebnisse beschäftigt, und wir haben versucht, ein grundlegendes Verständnis für die Instrumente der Patent- und Copyright-Gesetze zu vermitteln. Außerdem haben wir Ihnen eine Reihe von Vorgehensweisen *(operational tools)* in Form von Techniken und Strukturen an die Hand gegeben, die helfen sollen, jene konzeptuellen Werkzeuge als Einzelne und im Team anzuwenden, auf eine Vielfalt von Zusammenhängen, die Kreativität erfordern. Zu ihnen zählen Prozeduren zur Strategie-Elizitation sowie die B.A.G.E.L.-Unterscheidungen, der T.O.T.E.- und der R.O.L.E.-Utilisationsprozeß, der New Behavior Generator, das S.C.O.R.E.-Modell und das Design-Raster.

Man könnte die wichtigsten Punkte dieses Buches wie folgt zusammenfassen:

1. Sie denken mit Ihrem Gehirn. Ihr Gehirn operiert, indem es sensorische Repräsentationen und Sinneseindrücke verarbeitet. Jene Sinneseindrücke sind sozusagen das »Fleisch« dessen, was einen Menschen »menschlich« und was Kreativität »kreativ« macht.

2. Die Art, wie Sie jene Repräsentationen miteinander verbinden, während Sie Ihr Modell von der Welt aufbauen, entscheidet darüber, welche Arten von Wahlmöglichkeiten Sie als verfügbar wahrnehmen. Je reicher und robuster Ihr Mo-

dell von der Welt ist, um so reicher und kreativer wird Ihr Leben. Unsere Modelle von der Welt sind das Resultat der Verbindungen, die wir zwischen unserer Wahrnehmung und der Umgebung, unseren Verhaltensweisen, unseren inneren Plänen und Strategien, unseren Überzeugungen (Glaubenssätzen) und Werten und unserem Selbstgefühl herstellen.
3. Der Prozeß, in dessen Verlauf wir unser Modell von der Welt entwickeln, besteht aus einer Feedback-Schleife oder T.O.T.E., die aus intern generierten Zielen zusammengesetzt ist, aus Operationen, mit deren Hilfe jene Ziele in die Tat umgesetzt werden, sowie aus Evidenz-Prozeduren, mit deren Hilfe wir unseren Fortschritt auf jene Ziele hin überprüfen.
4. Die Grundfunktion dieser Feedback-Schleife ist es, Erfahrungen zu erzeugen und zu filtern. Wir werden mit solchen Mengen von Informationen bombardiert, daß wir gezwungen sind, einen großen Teil davon auszufiltern. Die Art, wie wir unsere Wahrnehmungsfilter anpassen und nutzen, entscheidet darüber, was wir mit der uns zur Verfügung stehenden Information tun.
5. Unsere inneren Repräsentationsprozesse und unsere neuralen Prozesse manifestieren sich in körperlichen Aktivitäten und Verhaltensweisen, und zwar in Form von Zugangshinweisen und physiologischen Zuständen.
6. Kreativität beinhaltet ständig fortschreitendes Verändern und Anpassen der Ziele, Evidenz-Prozeduren und Operationen an die aktuelle Situation. Verschiedene Arten von Kreativität entstehen durch Verändern wichtiger Bestandteile der Feedbackschleife, mittels derer wir mit der Welt interagieren:

Innovation ist eine Funktion des Entwickelns neuer Ziele und Visionen.
Entdecken ist eine Funktion des Veränderns von Wahrnehmungsfiltern und Evidenz-Prozeduren.
Erfinden (Invention) ist eine Funktion des Anwendens und Variierens der Operationen, mit deren Hilfe wir Ziele innerhalb der Beschränkungen unserer Umgebung manifestieren und erreichen.

7. Kreativität ist ein reiterativer Prozeß, der ein ständiges Zirkulieren von Makro-Programmen in Form des Träumers, des Realisten und des Kritikers voraussetzt.
8. Zum Gesamtprozeß der Kreativität gehören nicht nur unsere eigene mentale Aktivität, sondern auch unsere Verbindung zu den Gehirnen und Nervensystemen anderer Menschen. Kreativität wird durch unsere Interaktion und Kommunikation mit andern beeinflußt und zum Ausdruck gebracht – in einem System, das größer ist als wir selbst.

Wir hoffen, daß Sie ein paar neue Werkzeuge entdeckt und entwickelt haben, die Ihnen helfen, Filter zu verwenden, Ihr Gehirn besser zu nutzen und die Funktionen des Träumers, des Realisten und des Kritikers auf ausgewogene Weise einzusetzen. Das Paradoxe an der Kreativität ist, daß der größte Teil davon in Wahrheit ein in hohem Maße reiterativer (sich wiederholender), ständig fortschreitender Prozeß ist, der auf Feedback basiert. Wenn Sie etwas ausprobieren, und es erfüllt seine Funktion nicht, dann kehren Sie zum Ausgangspunkt zurück und probieren etwas anderes aus. Statt aufzugeben, Ideen zu verwerfen oder das Gleiche zur Sicherheit noch einmal zu versuchen, verändern Sie es ein wenig und probieren es dann noch einmal. Sie nehmen ständig neue kleine Veränderungen vor, und dann plötzlich scheint es, als hätten Sie einen Quantensprung getan. Die 99 Prozent Schweiß produzieren das eine Prozent Inspiration.

Manche Menschen halten Schweiß für etwas Negatives. Doch ich werde mich wohl zeitlebens an etwas erinnern, das mein Basketball-Trainer in der Junior-Highschool einmal sagte. Wir hatten gerade ein intensives Training beendet. Als wir schweißgebadet das Spielfeld verließen, machte ich eine Bemerkung über das starke Schwitzen. Da blinzelte er mir zu und sagte: »Das ist kein Schweiß. Das ist Befriedigung.« Und er hatte recht.

TE: Ich möchte Sie daran erinnern, daß diese Werkzeuge nicht nur dazu da sind, um damit Geld zu verdienen oder um Dinge zu erfinden, die sich patentieren oder vermarkten lassen. Ich hoffe, daß bei Ihnen allen durch die Lektüre dieses Buches die kindliche Grundhaltung der Neugierde wiedererweckt worden ist, verbunden mit einer gewissen Unbesorgtheit gegenüber dem Mißerfolg, und auch damit, Dinge deshalb zu tun, weil alles, was man tut, Erfolg irgendeiner Art repräsentiert. Ganz gleich, ob Sie diese Werkzeuge dazu benutzen wollen, um Geld zu verdienen, ob Sie in der Lage sein möchten, mit jemandem, an dem Ihnen viel liegt, besser zu kommunizieren, oder nur dazu, sich, wenn Sie irgendwo in einem Raum allein sind, besser zu fühlen, denken Sie bei alldem daran, daß alles, was auch immer Sie tun mögen, von Wert ist. Und es hat noch mehr Wert, wenn Sie es mit einer kindlichen Neugier und Faszination tun. Wenn Sie diese Techniken aus dieser inneren Einstellung heraus anwenden, bestehen gute Chancen, daß für Sie selbst und für die Menschen in Ihrer Umgebung dabei etwas Wertvolles herauskommt.

RWD: Patente, Copyrights und Warenzeichen erfassen nur einen sehr kleinen Teil der menschlichen Kreativität. Doch was mir im Bereich des Patentwesens immer am meisten Spaß gemacht hat, ist die Freude, die mit dem Prozeß des Erfindens und der Kreativität verbunden ist, ganz gleich, in welcher Form dies stattfindet, und unabhängig davon, ob es sich um den Bereich des Träumers, den des Realisten oder um den des Kritikers handelt. Je kreativer wir in der Kommunikation, in der Kunst, in der Musik und im Entwickeln neuer Ideen sind – ganz gleich, ob diese sich schützen lassen oder nicht –, um so mehr Möglichkeiten werden wir haben, Freude zu erleben und das Wesen des Menschseins zu erfahren. Ich glaube, daß dies letztlich unsere Gesellschaft und die gesamte Erde retten wird.

RBD: Im Laufe der Jahre habe ich viele unterschiedliche Beschreibungen des NLP gehört. Es wurde beschrieben als eine Reihe von kommunikativen Fähigkeiten, als Sammlung von »Quick-fix«-Techniken, als Verhaltensmodell, als eine Art der Psychotherapie und so weiter und so weiter. Doch für mich war das Wichtigste am NLP immer, daß ich es als eine Sammlung von »Werkzeugen für Träumer« angesehen habe – von Werkzeugen für diejenigen unter uns, die Träume verwirklichen wollen. Wir hoffen, daß Ihnen diese Werkzeuge in irgendeiner Weise dabei helfen werden, Ihre eigenen Träume in die Tat umzusetzen.

Nachwort

Nachdem Sie nun die Landkarte kennengelernt haben, möchten wir Sie einladen, das Territorium zu erkunden. Wir sind uns sicher, daß Sie feststellen werden, daß diese Werkzeuge sich in vielerlei Hinsicht in Ihrem Alltag anwenden lassen.

Wie wir im Verlaufe des Buches erwähnt haben, erfordert Effektivität ständige Praxis und permanentes Feedback, um die Erfahrungskurve auf einem Niveau zu halten, das für Verhaltenskompetenz notwendig ist. Seminare und Workshops wie derjenige, der als Grundlage für dieses Buch gedient hat, sind eine effektive Möglichkeit, sich die Fähigkeiten und Praktiken anzueignen, die erforderlich sind, um die Werkzeuge, die wir hier vorgestellt haben, auf die erfolgreichste und umfassendste Weise anzuwenden.

Das *Dynamic Learning Center for Neuro-Linguistic Programming* bietet Beratungs- und Trainings-Dienstleistungen in der Anwendung des NLP sowohl für professionelle Kommunikatoren als auch für Nicht-Fachleute an. Zusätzlich zu Trainings, die sich mit den Bereichen Kreativität und Innovation befassen, bietet das Dynamic Learning Center auch Trainings, Tonbänder, Bücher und Interventionen in den Bereichen Gesundheitsfürsorge, Leadership (Führungsqualitäten), Erziehung, Psychotherapie und Modelling an sowie Qualifikationskurse für NLP-Practitioners, Master Practitioners und Trainer.

Nähere Informationen erhalten Sie bei:

Dynamic Learning Center
for Neuro-Linguistic Programming
P.O. Box 1112
Ben Lomond, California 95005
Tel.: (408) 336-3457
Fax: (408) 336-5854

Bibliographie

Bandler, Richard: *Veränderung des subjektiven Erlebens*; Junfermann, Paderborn, 4. Aufl. 1992.

Bandler, R., & Grinder, J.: *Neue Wege der Kurzzeit-Therapie*; Junfermann, Paderborn, 11. Aufl. 1994.

Bandler, R., & Grinder, J.: *Die Struktur der Magie I & II*; Junfermann, Paderborn, 7. Aufl. 1992, bzw. 6. Aufl. 1994.

Dilts, R., Grinder, J., Bandler, R., DeLozier, J.: *Strukturen subjektiver Erfahrung. Ihre Erforschung und Veränderung durch NLP*; Junfermann, Paderborn, 5. Aufl. 1994.

Dilts, R.: *Walt Disney: The Dreamer, The Realist and The Critic*; Dynamic Learning Publications, Ben Lomond, CA, 1990.

ders.: *Einstein – Geniale Denkstrukturen & Neurolinguistisches Programmieren*; Junfermann, Paderborn 1992.

ders.: *Applications of Neuro-Linguistic Programming*; Meta Publications, Cupertino, California, 1983.

ders.: *Die Veränderung von Glaubenssystemen*; Junfermann, Paderborn 1993.

Dilts, R., & Epstein, T.: *NLP in Training Groups*, Dynamic Learning Publications, Santa Cruz, Californien, 1989.

Dilts, R., Halbom, T., & Smith, S.: *Identität, Glaubenssysteme und Gesundheit*; Junfermann, Paderborn, 2. Aufl. 1993.

James, William: *Principles of Psychology*, Britannica Great Books, Encyclopedia Britannica Inc., Chicago Ill., 1979.

Miller, G., Galanter, E., & Pribram, K.: *Plans and the Structure of Behavior*; Henry Holt & Co., Inc., 1960.

Die folgenden Broschüren sind erhältlich bei:

Superintendent of Documents / U.S. Government Patent Office / Washington, D.C. 20402

General Information Concerning Patents
Patents and Inventions: An Informative Aid for Inventors
General Information Concerning Trademarks
Questions and Answers About Patents
Questions and Answers About Trademarks

Introduction to Patents, / SBA, P.O. Box 15434, Ft. Worth, TX 76119.

Anhang A

Übersicht über Strategien

I. Definition von »Strategie«

A. leitet sich vom griechischen Wort *strategos* – »allgemein« – her.
B. *»Ein detaillierter Plan zum Erreichen eines Ziels oder Vorteils.«* (Random House Dictionary)
C. Im NLP wird der Begriff *Strategie* für die Schritte eines mentalen Prozesses oder Programms (im Sinne eines Computer-Programms) benutzt, das zu einem speziellen Ziel oder Ergebnis führt. Jeder Schritt in der Strategie wird durch die Verwendung eines der fünf Sinne oder *Repräsentationssysteme* charakterisiert.

II. Klassen von Strategien

A. Erinnerung
B. Treffen von Entscheidungen
C. Lernen
D. Kreativität
E. Motivation
F. Realität
G. Überzeugung [Glaubenssatz] (oder Überzeuger)

III. Struktur einer Strategie

A. Allgemeines System-Modell

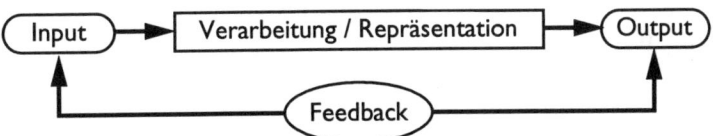

B. **T.O.T.E.-Modell** – steht für **T**est-**O**perate-**T**est-**E**xit

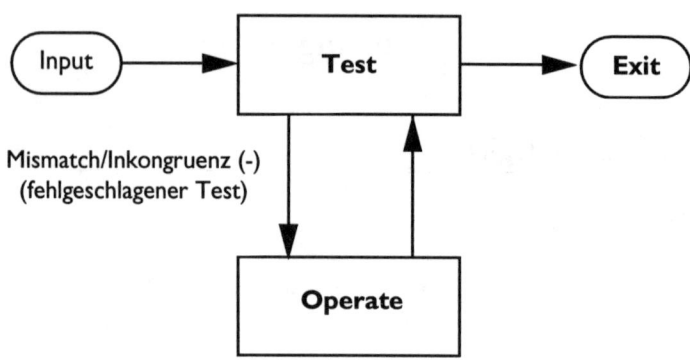

C. NLP-Strategie-Struktur

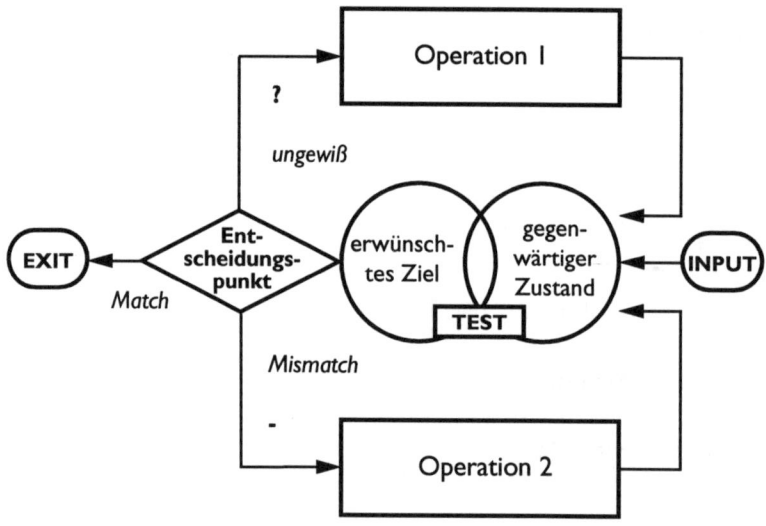

IV. Strategie-Prozeduren

A. Elizitation
B. Utilisation
C. Design
D. Installation

Anhang B

Überblick über das R.O.L.E.-Modell

Das **R.O.L.E.-Modell**™ ist eine einfache, aber sehr effektive Art, Informationen darüber, wie jemand denkt, zu ordnen. Die Unterscheidungen, die durch das R.O.L.E.-Modell angezeigt werden, sollten für jeden signifikanten Schritt der Denkstrategie, die Sie modellieren, identifiziert werden.

1. **(R)epräsentationssystem:** Welcher der fünf Sinne ist bei einem bestimmten mentalen Schritt in der Strategie der dominierende: das Sehen (**V**isuell), das Hören (**A**uditiv), das Fühlen (**K**inästhetisch), das Riechen (**O**lfaktorisch) oder das Schmecken (**G**ustatorisch).
   a. **Submodalitäten.** Jedes Sinnesorgan nimmt eine bestimmte Art von Eigenschaften wahr, die auch eine entscheidende Rolle im Denkprozeß spielen können. Z.B.:

visuell	**auditiv**	**kinästhetisch**
HELLIGKEIT (dunkel-hell)	LAUTSTÄRKE (laut-leise)	INTENSITÄT (stark-schwach)
GRÖSSE (groß-klein)	TON (tief-hoch)	FLÄCHE (groß-klein)
FARBE (schwarzweiß-farbig)	TONLAGE (hoch-tief)	TEXTUR (rauh-weich)
BEWEGUNG (schnell-langsam-stillstehend)	TEMPO (schnell-langsam)	DAUER (konstant-intermittierend)
ENTFERNUNG (nah-fern)	ENTFERNUNG (nah-fern)	TEMPERATUR (heiß-kalt)
FOKUS (klar-verschwommen)	RHYTHMUS	GEWICHT (schwer-leicht)
ORT	ORT	ORT

2. **(O)rientierung**. Ist das sensorische System nach (a)ußen orientiert, also auf die äußere Welt gerichtet, oder nach (i)nnen, entweder auf die (e)rinnerten oder auf die (k)onstruierten Erfahrungen?
3. **Verbindung** (**L**inkage). Wie ist ein bestimmter Schritt oder ein Sinn mit den anderen verbunden?

    Ist er beispielsweise Teil einer Überlappung oder einer *Synästhesie*, so wie etwas »sehen-fühlen« (V→K), »hören-sehen« (A→V), »fühlen-sehen« (K→V), »hören-fühlen« (A→K), usw.
    a. Wenn die Verbindung keine automatische Synästhesie ist, ist es dann eine *kongruente Reaktion, eine Polaritätsreaktion* oder eine *Meta-Reaktion* (eine Reaktion über etwas) bezogen auf den vorherigen Schritt?
4. **Wirkung** (**E**ffekt). Was ist das Resultat, die Wirkung oder der Zweck des Schritts? Es könnte sein: (a) *sich Zugang zu Information verschaffen*, (b) *Information zu ordnen* oder (c) *Information zu evaluieren oder zu beurteilen*. Deshalb könnte es die Funktion des Schritts sein, Sinnesinformation zu überprüfen oder auf die Veränderung eines Teils der laufenden Erfahrung einzuwirken.
    a. Umwandeln des R.O.L.E. zu einem B.A.G.E.L.: Sobald die obige Information elizitiert worden ist, kann sie durch die folgenden physiologischen Prozesse bestätigt oder ins Spiel gebracht werden:

        1. Körperhaltung (**B**ody Posture),
        2. Zugangshinweise (**A**ccessing Cues) – Atemfrequenz, Geräusche, Gesichtsausdruck usw.,
        3. **G**esten,
        4. Augenbewegungen (**E**ye Movements),
        5. Sprachmuster (**L**anguage Patterns).

Anhang C

Das R.O.L.E.-Modell

Zweck des Modellierens ist, eine pragmatische Landkarte oder ein »Modell« von einem bestimmten Phänomen zu entwerfen, mit dessen Hilfe jenes Phänomen von jedem, der daran interessiert ist, reproduziert werden kann.

A. Repräsentationssystem

Repräsentationssysteme sind die Gehirnstrukturen, die die fünf Sinnesorgane steuern – den Sehsinn (Visuell), den Hörsinn (Auditiv), das Fühlen (Tastempfinden) (Kinästhetisch), den Geruchssinn (Olfaktorisch) und den Geschmackssinn (Gustatorisch). Basierend auf der Tatsache, daß das Gehirn Informationen der fünf Sinne speichert und verarbeitet, sieht das NLP jeden Schritt in einem mentalen Programm als Reaktivierung eines sensorischen Prozesses – das bedeutet, daß »Denken« ein Kombinieren und sequentielles Ordnen (*sequencing*) mentaler Bilder, Klänge, Gefühle usw. ist. Ganz gleich, ob es sich bei dem betreffenden Denkprozeß um Erinnern, um Entscheidungsfindung, um Lernen, Motivation, Kreativität oder Überzeugungen handelt, in jedem Fall spielen sensorische Erfahrungen dabei eine Rolle. Die Art, wie wir unsere mentalen Repräsentationen beim Denken kombinieren und anordnen, entscheidet in einem erheblichen Maß über die Genauigkeit und die Auswirkung der Information, mit der wir uns befassen.

Das (oder die) sensorische(n) System(e), das (die) jemand verwendet, um eine bestimmte mentale Aufgabe auszuführen, kann (bzw. können) sich in erheblichem Maße auf die Effektivität des Betreffenden auswirken. Beispielsweise sind einige Aufgaben ihrer Natur nach stärker visuell (z.B. Korrekturlesen) und erfordern die Fähigkeit zu visualisieren. Andere Verhaltensweisen sind stärker mit einem der anderen Sinne verbunden, beispielsweise das Spielen eines Musikinstruments (auditiv) oder das Ausführen gymnastischer Übungen (kinästhetisch).

1. Sprache als Repräsentationssystem

Während das gesprochene Wort Bestandteil des auditiven Systems ist, besteht seine Funktion darin, Information, die von den anderen Sinnen stammt, zu organisieren und zu verbinden, statt einfach die Eigenschaften einer Erfahrung als eher tonale Elemente des auditiven Systems zu registrieren. Da Sprache im Gehirn anders repräsentiert wird als reine Klänge und Geräusche, gilt im NLP die Sprache als ein weiteres, eigenständiges Repräsentationssystem. Im NLP unterscheidet man also zwischen den linguistischen und den tonalen Funktionen des auditiven Systems, indem man die reinen Klänge und Geräusche als A_t – für (**A**)uditiv (**t**)onal – bezeichnet und Wörter als A_d – für (**A**)uditiv (**d**)igital (der Begriff »digital« wird in diesem Zusammenhang verwendet, weil Wörter diskrete [abgegrenzte] verbale Symbole oder Ziffern [*digits* – hier im Sinne von »Zeichen«, evtl. »Informationseinheiten«; Anm. d. Übers.] sind).

2. Submodalitäten

Jedes Repräsentationssystem hat die Funktion, bestimmte Grundqualitäten einer Erfahrung wahrzunehmen. Dazu gehören Charakteristika wie: Farbe, Helligkeit, Ton(höhe), Lautstärke, Temperatur, Druck usw. Diese Qualitäten werden im NLP *Submodalitäten* genannt, weil es sich dabei um Unter-Komponenten der einzelnen Repräsentationssysteme handelt.

Menschen unterscheiden sich hinsichtlich ihrer Fähigkeiten, diese sensorischen Charakteristika zu identifizieren und zu manipulieren, was ein entscheidender Faktor bei der Bewältigung bestimmter geistiger Aufgaben sein kann. Die Information über sensorische Eigenschaften von Dingen ist für unseren Geist am wichtigsten, nicht die Dinge selbst. Eine Reihe von NLP-Techniken basieren sogar darauf, daß der Klient bewußt die Submodalitäten seiner geistigen Repräsentationen verändert, um seine Reaktionen auf bestimmte Erinnerungen oder Gedanken zu verändern.

In der folgenden Tabelle sind die verschiedenen Submodalitäten der Sinne aufgeführt.

visuell	**auditiv**	**kinästhetisch**
HELLIGKEIT (dunkel-hell)	LAUTSTÄRKE (laut-leise)	INTENSITÄT (stark-schwach)
GRÖSSE (groß-klein)	TON (tief-hoch)	FLÄCHE (groß-klein)
FARBE (schwarzweiß-farbig)	TONLAGE (hoch-tief)	TEXTUR (rauh-weich)
BEWEGUNG (schnell-langsam-stillstehend)	TEMPO (schnell-langsam)	DAUER (konstant-intermittierend)
ENTFERNUNG (nah-fern)	ENTFERNUNG (nah-fern)	TEMPERATUR (heiß-kalt)
FOKUS (klar-verschwommen)	RHYTHMUS	GEWICHT (schwer-leicht)
ORT	ORT	ORT

B. Orientierung

Wir können den Gebrauch unserer Sinne in drei Grundrichtungen orientieren: (1) so, daß sie Informationen aus der *Außenwelt* aufnehmen, (2) so, daß sie sich an Information *erinnern*, die das Gehirn bereits aufgenommen hat, und (3) so, daß sie neue Information *konstruieren*, imaginieren oder zusammenfügen, die bisher noch nicht wahrgenommen worden ist.

Natürlich richten wir unser Leben danach aus, wie wir unsere Erinnerungen und die Konstrukte der Zukunft zusammenfügen, so daß sie zu dem passen, was wir in unserer derzeitigen äußeren Umgebung wahrzunehmen vermögen. Welches Gewicht diese verschiedenen Funktionen erhalten, in welcher Anordnung sie miteinander kombiniert und in einen Zustand der Ausgewogenheit gebracht werden, wieviel Information durch die einzelnen Sinne beigesteuert wird usw., beeinflußt den Erfolg oder Mißerfolg eines bestimmten Denkprozesses.

Im NLP benutzen wir die Abkürzungen **a**, **e** und **k**, um anzuzeigen, wann die Orientierung eines Repräsentationssystems nach **außen** gerichtet, **e**rinnert oder **k**onstruiert ist. Wenn es unklar oder unwichtig ist, ob die Orientierung konstruiert oder erinnert ist, benutzen wir einfach die Abkürzung **i** für die Orientierung nach **innen**.

C. Verbindungen (Links)

Die Reihenfolge und die Art, in der jeder sensorische Schritt mit demjenigen, der ihm vorangeht, sowie mit demjenigen, der ihm folgt, verbunden ist, ist ein weiteres wichtiges Charakteristikum des Denkens. Es gibt zwei grundlegende Arten von Verbindungen: *analoge* und *digitale*.

1. Sequentielle und digitale Verbindungen

Digitale Verbindungen sind solche, die grundsätzlich als Auslöser (Trigger) oder Schalter fungieren. Sie stellen bestimmte Prozesse an oder ab. Es gibt keine Überschneidungen zwischen der Repräsentation, die als Stimulus oder Trigger dient, und derjenigen, die als Reaktion darauf auftritt. Die meisten *verbalen* und *symbolischen* Auslöser (*cues*) bilden *digitale* Verbindungen. Beispielsweise klingt das Wort »Katze« nicht wie eine Katze, und es fühlt sich auch nicht pelzig an, und die Klänge und Buchstaben versuchen auch nicht, auf vier Beine, einen Katzenschnurrbart, einen Schwanz usw. hinzuweisen. Das Wort ist für uns lediglich ein Stichwort (Zeichen), das uns veranlaßt, eine bestimmte Klasse von geistigen Bildern, Klängen, Gefühlen usw. zu aktivieren. In der NLP-eigenen Notation werden digitale Verbindungen als Pfeil dargestellt, der zwischen zwei Erfahrungen steht, die miteinander verbunden sind. Der Pfeil geht vom Auslöser der Repräsentation aus und weist auf die Reaktion. Somit würde $A_d \rightarrow V^e$ anzeigen, daß ein Wort ein erinnertes mentales Bild aktiviert. Die Abkürzung $V^a \rightarrow K^a$ würde auf ein äußeres visuelles Signal hinweisen (so wie das rote Licht einer Verkehrsampel), das eine äußere Bewegung auslöst.

2. Simultane oder analoge Verbindungen

Bei analogen Verbindungen gibt es eine Überschneidung zwischen den mentalen Prozessen, die miteinander verbunden sind. Anders als bei der digitalen Verbindung unterscheiden sich zwei Repräsentationen, die auf analoge Weise miteinander verbunden sind, in ihrem Verhältnis zueinander (im Gegensatz dazu, nur »an«- oder »aus«-geschaltet zu sein). Beispielsweise erleben manche Menschen eine Überschneidung zwischen dem, was sie sehen, und dem, was sie fühlen. Tänzer zum Beispiel berichten manchmal, daß sie Bewegungen von einem Kollegen, dem sie bei einer Aufführung zuschauen, körperlich mitempfinden. Und wenn die Bewegungen, die sie sehen, intensiver sind, ist auch ihre eigene Gefühlsreaktion intensiver. Im NLP würde man diese Verbindung eine *»Seh-fühl«*-Überschneidung nennen. Wir stellen diese Art von analogen Verbindungen in der Form $V^a \rightarrow K^i$ dar. Bei einem Musiker könnten sich Töne und Bilder überschneiden. Eine solche Verbindung würde *»Hör-Fühl«*-Überschneidung ($A_t \rightarrow V^i$) genannt werden.

Die Abfolge, in der die Schritte miteinander verbunden werden, bestimmt in starkem Maße, ob die Strategie effektiv ist. Zum Beispiel könnte sich eine Seh-Fühl-Verbindung besser für evaluierende Funktionen wir Kunst-Kritik oder Lektoratsarbeit eignen, während eine Fühl-Seh-Verbindung besser geeignet sein könnte für produktive Funktionen wie das Schaffen eines Kunstwerks oder für Brainstorming.

a. Synästhesie

Im NLP wird der Begriff *Synästhesie* oft benutzt, um den Prozeß des Überlagerns der Information von einem Sinnesorgan mit der Information in einer anderen Modalität zu bezeichnen. Der Begriff bedeutet wörtlich »ein Synthetisieren der Sinne«. Zwei Erfahrungen werden so überlagert, daß es schwierig ist, sie voneinander zu unterscheiden oder zu isolieren. Synästhesie-Muster können ein sehr wichtiger Faktor sein, wenn es darum geht festzustellen, mit welcher Leichtigkeit oder Effektivität bestimmte mentale Funktionen ausgeführt werden. So wie bei den übrigen Unterscheidungen, die wir getroffen haben, ist auch hierbei die Stärke der verschiedenen Synästhesie-Beziehungen von Mensch zu Mensch unterschiedlich. In vielerlei Hinsicht sind dies sehr primäre neurologische Funktionen, welche die angeborenen Fähigkeiten eines Menschen bestimmen und das Fundament von Intelligenz und Persönlichkeit bilden.

b. Synästhesien zwischen Submodalitäten

Es sollte darauf hingewiesen werden, daß diese Synästhesie-Verbindungen auch zwischen den Submodalitäten der verschiedenen Repräsentationssysteme auftreten können. Es könnte beispielsweise sein, daß sich bei einer $V \rightarrow K^i$-Synästhesie manche Menschen entspannt fühlen, wenn sie die Farbe blau sehen, und gereizt, wenn sie die Farbe rot sehen, wohingegen andere auf Farben kaum reagieren, sich jedoch entspannt fühlen, wenn sie langsame Bewegungen sehen, und gereizt, wenn die Bewegungen zu schnell für sie sind. Für wieder andere könnte die Gefühlsintensität mit Helligkeit verbunden sein, usw.

So könnte man beispielsweise Submodalitäten verwenden, um die Reaktion zu verändern, die mit einer bestimmten Erinnerung oder mit einem bestimmten Gedanken verbunden ist. Um dies auszuprobieren, können Sie einmal an ein angenehmes Essen und an einen unangenehmen Gang zum Zahnarzt denken. Welche Qualitäten des Sehens, des Klangs, des Gefühls, des Geruchs und des Geschmacks lassen das eine angenehm und das andere unangenehm erscheinen? Machen Sie einmal das Experiment, einige der Dimensionen der sensorischen Qualitäten Ihrer Erinnerungen zu verändern. Verändern Sie das mentale Bild, das Sie von dem angenehmen Essen haben, indem Sie es dunkler und heller werden lassen. Verändern Sie die Größe des Bildes auf Über-Lebensgröße, und verkleinern Sie es anschließend und rücken es weiter weg. Lassen Sie die Klänge und Geräusche, die Sie mit der Erfahrung verbinden, lauter und anschließend leiser werden. Heben und senken Sie den Klang der Stimme sowie auch andere Klänge und Geräusche. Achten Sie darauf, wie dies alles die Intensität oder Qualität der angenehmen Gefühle beeinflußt, die mit der betreffenden Erfahrung verbunden sind.

Tun Sie anschließend das gleiche mit der unangenehmen Erfahrung des Zahnarztbesuchs. Beispielsweise könnten Sie alle Bilder, die Sie mit dieser Erfahrung assoziieren, verblassen lassen und weiter wegrücken. Versuchen Sie, Ihre Erinnerungen an jene Erfahrungen von einem dissoziierten Standpunkt aus zu sehen – als würden Sie in einem Kino sitzen und sich selbst als Schauspieler auf der Leinwand sehen. Verringern Sie die Lautstärke aller Geräusche, die damit assoziiert sind, lassen Sie den Klang des Bohrers tiefer werden, so daß er wie ein tiefes Summen klingt. Wahrscheinlich werden Sie feststellen, daß sich durch die soeben beschriebene Veränderung der Qualitäten der Erfahrung das Ausmaß der Unannehmlichkeit, die Sie mit der Erinnerung verbinden, in erheblichem Maße verändert.

Ihre Fähigkeit, diese Manipulationen durchzuführen, gibt Ihnen einen gewissen Aufschluß darüber, welche Repräsentationssysteme bei Ihnen am stärksten entwickelt sind, welche Sie am höchsten schätzen und welche am bewußtesten sind.

D. Wirkung (Effekt)

Die Funktion (oder der Zweck), die die einzelnen mentalen Schritte oder Verbindungen im gesamten Programm haben, beeinflußt ebenfalls in starkem Maße die Effektivität einer Strategie. Die Wirkung eines bestimmten Schritts in der Denksequenz hängt davon ab, wie und wozu sie benutzt wird.

1. Die T.O.T.E.-Struktur

Das Verfolgen in der Zukunft liegender Ziele und die Wahl von Mitteln, die zum Erreichen derselben führen sollen, sind Kennzeichen und Kriterium für die Gegenwart des Geistigen in einem Phänomen.

William James, *Principles of Psychology*

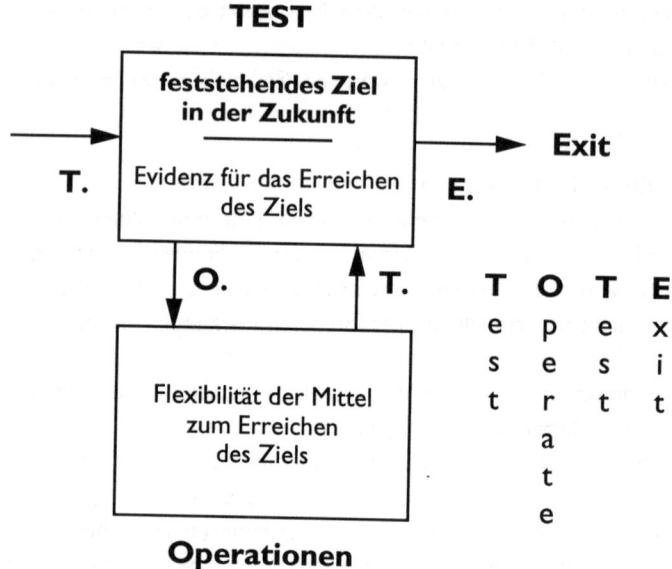

Eine mentale Strategie ist gewöhnlich in Form einer grundlegenden Feedback-Schleife organisiert, die T.O.T.E. (Miller, et al., 1960) genannt wird. Die Buchstaben **T.O.T.E.** stehen für *Test-Operate-Test-Exit*. Das T.O.T.E.-Konzept beinhaltet, daß es bei allen mentalen Programmen und bei allen Verhaltensprogrammen um ein *festes Ziel* und um *variable Mittel* geht, *mit deren Hilfe man das Ziel erreichen kann*. Dieses Modell besagt, daß wir, indem wir denken, in unserem Geist (bewußt oder unbewußt) Ziele setzen und einen TEST dafür entwickeln, ob jenes Ziel erreicht worden ist. Wenn jenes Ziel nicht erreicht ist, wirken wir darauf hin (OPERATE), daß sich etwas ändert oder daß wir unserem Ziel näherkommen. Wenn unsere TEST-Kriterien erfüllt sind, beenden wir diesen Teil des Prozesses (EXIT), um zum nächsten Schritt überzugehen. Deshalb könnten die einzelnen Teile des Verhaltensprogramms den Zweck erfüllen, Informationen der Sinne zu (T)esten, um den Fortschritt auf das Ziel hin zu überprüfen oder um eine Veränderung eines Teils der laufenden Erfahrung einzuleiten [(O)perate], so daß der (T)est daraufhin zufriedenstellend verläuft und wir den betreffenden Teil beenden [(E)xit] und zum nächsten Teil des Programms übergehen können.

Um die minimal notwendige Information darüber zu erhalten, wie jemand denkt, müssen wir herausfinden:

1. die Ziele der betreffenden Person,
2. welche Evidenz die Person benutzt, um Fortschritt auf das Ziel hin festzustellen,
3. welche Wahlmöglichkeiten der Person zur Verfügung stehen, um jenes Ziel zu erreichen, und welche spezifischen Verhaltensweisen sie einsetzt, um jene Wahlmöglichkeiten in die Tat umzusetzen; und
4. die Art, wie die Person reagiert, wenn das Ziel nicht sofort erreicht wird.

2. Das AEIOU der Wirkungen

Bei der detaillierten Ermittlung der Schritte in einer Strategie sollte man daran denken, daß Operationen gewöhnlich aus *Zugangs-* oder *Utilisations*-Prozeduren und Tests aus *Organisations-* und *Evaluations*-Prozeduren bestehen. Deshalb rufen die Schritte einer Strategie sehr wahrscheinlich eine der folgenden Wirkungen hervor:

access: Information wird durch den Prozeß der Assoziation und der Anwendung von Wahrnehmungsfiltern zugänglich gemacht.
evaluate: Information wird evaluiert oder beurteilt, indem sie mit einem Standard oder mit einem bestimmten Kriterium verglichen wird oder anhand dieser getestet wird.
input: Information wird aus der äußeren Umgebung aufgenommen.
organize: Information wird organisiert, indem sie einer bestimmten Struktur entsprechend angeordnet wird.
utilize: Ein Aspekt der äußeren Umgebung wird utilisiert (genutzt), um etwas zum Ausdruck zu bringen oder zu verändern.

Die typische Sequenz der einzelnen Schritte in der Strategie wäre:

Input aus der Umgebung → Erschließung (**A**ccess) anderer relevanter Information, die mit dem Input assoziiert ist → **O**rganisieren der Information in einer adäquaten Struktur → **E**valuieren der Information entsprechend bestimmten Prioritäten von Kriterien → **U**tilisieren von etwas in der äußeren Umgebung in Reaktion auf die Evaluation (wodurch neuer Input entsteht).

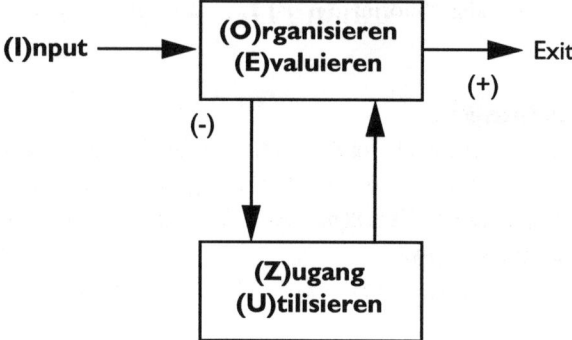

Nach der im NLP vertretenen Ansicht entscheidet natürlich die Art der Repräsentationssysteme, Submodalitäten, Orientierungen, Verbindungen usw., die ein Mensch benutzt, um diese verschiedenen Tests und Operationen durchzuführen, darüber, wie groß der Erfolg ist, den er oder sie hat.

Anhang D

Metaprogramm-Muster

1. Annäherung an Probleme
    a. Auf das Positive zu – pro-aktiv
    b. Vom Negativen weg – reaktiv

2. Chunk-Größe
    a. große Chunks – Generalisierungen
    b. kleine Chunks – Details

3. Zeitrahmen
    a. kurzfristig – langfristig
    b. Vergangenheit – Gegenwart – Zukunft

4. Annäherung an die Lösung von Problemen
    a. Aufgabe (Leistung)
        1. Wahlmöglichkeiten – Ziele
        2. Prozeduren – Operationen
    b. Beziehung (Macht; Zugehörigkeit)
        1. Selbst – *mein, ich, mir*
        2. anderer – *Du, sie, sein, ihr*
        3. Kontext – *wir, die Firma, der Markt*

5. Vergleichsmethode
    a. Match *(Ähnlichkeiten)* – Konsensus
    b. Mismatch *(Unterschiede)* – Konfrontation

6. Denkstil
    a. Vision
    b. Aktion
    c. Logik
    d. Emotion

Anhang E

Prozedur zur Elizitation von Strategien

I. Vorbereitung

A. Werden Sie sich darüber klar, weshalb und wofür Sie die Strategie elizitieren wollen. Das Ziel oder Ergebnis, dem die Strategie dienen soll, ist ausschlaggebend dafür, wie detailliert Sie die Strategie ausarbeiten müssen.
   1. Etablieren Sie Ihre Kriterien, nach denen Sie auswählen wollen, wen Sie als Modell verwenden wollen, welche Chunk-Größe die Strategie haben soll, wie groß die Zahl derer sein soll, die Sie als Modelle heranziehen wollen, was eine handhabbare Zeitspanne ist usw. Wenn Sie beispielsweise versuchen, jemandem zu helfen, ein persönliches Problem zu lösen, werden Sie völlig anders vorgehen, als wenn Sie einen Lesekurs entwickeln oder einen neuen Manager engagieren wollen.

B. Erinnern Sie sich daran, daß Sie mit den allgemeinsten Mustern beginnen (beispielsweise mit dem *primären Repräsentationssystem*, mit dem offensichtlichsten *Zugangshinweis*, usw.) und sich erst dann um die Einzelheiten kümmern. Sobald Sie eine grobe Skizze der grundlegenden Strategie-Struktur haben, können Sie anfangen, die Details zu ergänzen, und es wird dann eine wesentlich geringere Gefahr bestehen, daß Sie sich verzetteln oder daß Sie verwirrt werden.

C. Denken Sie daran, daß es immer besser ist, VERHALTENSBEISPIELE der Strategie zu beobachten, als *über* die Strategie zu *sprechen*.

D. Denken Sie daran, daß einige (und manchmal viele) Schritte der Strategie außerhalb des Bewußtseins Ihres Klienten liegen können. Deshalb: (1) *Verlassen Sie sich auf sensorische Beobachtungen* von Zugangshinweisen und auf andere minimale Hinweise, und (2) *seien Sie geduldig* – die Information kommt häufig erst nach ein paar Wiederholungen zum Vorschein. Oft wird die Wahrscheinlichkeit, daß die Information sich außerhalb des Bewußtseins befindet, um so größer, je feiner die Details sind, nach denen Sie suchen.

E. Timing ist sehr wichtig. Der Klient wird Ihre Frage oft wesentlich früher durch einen unbewußten Verhaltenshinweis beantworten, als er sich sprachlich dazu äußern wird.

F. *Wenn die Information wichtig ist, wird sie sich wiederholen.* Wenn Sie es versäumt haben, einen bestimmten Schritt zu beobachten, oder wenn Sie sich unsicher über einen solchen sind, dann machen Sie sich die Strategie erneut zugänglich. Wenn es sich um einen wesentlichen Teil der Strategie-Sequenz handelt, wird er sich *mit Sicherheit* wiederholen.

II. Vorgehensweise

A. Allgemeine Elizitationsprozeduren

1. Machen Sie sich **spezifische** Beispiele von Erfolg und Mißerfolg zugänglich. Das heißt, wenn Sie eine kreative Strategie elizitieren, dann elizitieren Sie Beispiele für den Zustand der Blockiertseins sowie für den Zustand des Kreativseins. Wenn Sie das Erinnern erforschen, dann streben Sie möglichst verhaltensmäßige Demonstrationen an, bei denen der Klient sich nicht erinnern kann, sowie auch nach solchen, bei denen er dies kann.
2. In manchen Fällen ist es zu schwierig, es so einzurichten, aktuelle verhaltensmäßige Demonstrationen hervorzurufen. Denken Sie in solchen Fällen an folgendes:
   a. Orientieren Sie den Klienten auf spezifische Momente und Beispiele aus der Vergangenheit hin.
      1. Sagen Sie: *»Denken Sie an eine spezifische Situation, in der Sie wirklich in der Lage waren, kreativ zu sein (oder in der Sie kreativ sein wollten, sich aber festgefahren haben)«*, statt etwas zu Allgemeines zu sagen wie: »Auf welche Weise sind Sie kreativ?«
   b. Filtern Sie alle Bestandteile der Erinnerungsstrategie aus, die Ihr Klient anfänglich benutzt, um sich an die Beispiele wiederzuerinnern, nach denen Sie gefragt haben.
   c. Sortieren Sie nach PROZESS statt nach Inhalt oder Ereignis.
   d. Achten Sie darauf, daß Ihr Klient eine überschaubare Zeitspanne gewählt hat; d.h., wenn der Klient an eine Erfahrung denkt, die mehrere Wochen oder Monate gedauert hat, wird es sehr schwierig werden, spezifische Details zu finden. Sie halten nach einem (gewöhnlich nur wenige Sekunden dauernden) mentalen Programm Ausschau, das sich unentwegt wiederholt.
   e. Assoziieren Sie Ihren Klienten zurück hinein in die Erfahrung. Sagen Sie: *»Versetzen Sie sich **vollständig** zurück IN jenes Ereignis, und erleben Sie genau wieder, was*

Sie damals getan haben. Durchlaufen Sie es noch einmal, und erleben Sie es jetzt, in diesem Augenblick erneut.«

B. Kontrast-Methode der Elizitation

1. Kontrastieren Sie zwei Beispiele, die von ihrem Inhalt her so ÄHNLICH wie möglich sind und die sich nur in der Hinsicht voneinander unterscheiden, daß eines ein Erfolg war und das andere ein Mißerfolg.
   a. Sagen Sie beispielsweise: *»Denken Sie an eine Telefonnummer, die man sich so leicht merken kann, daß Sie sie nie vergessen werden... Und versuchen Sie jetzt, sich an eine Telefonnummer zu erinnern, von der Sie wissen, daß Sie sie behalten sollten, bei der Ihnen dies aber immer noch Schwierigkeiten bereitet.«*
2. Finden Sie heraus, was bei beiden Erfahrungen VERSCHIEDEN ist. Dies wird sofort zeigen, was in der betreffenden Strategie über Erfolg oder Mißerfolg entscheidet.

C. Vergleichsmethode der Elizitation

1. Vergleichen Sie drei Beispiele, deren INHALT so UNTERSCHIEDLICH wie möglich ist, die jedoch alle drei Beispiele für den GLEICHEN PROZESS sind (d.h., Erinnerung, Kreativität usw.).
   a. Sagen Sie zum Beispiel: *»Denken Sie an eine bestimmte Situation, in der Sie etwas geschrieben haben, das Sie für sehr kreativ halten... Denken Sie an eine Situation, in der Ihnen in Ihrer Lieblingssportart eine kreative Aktion gelungen ist... Denken Sie an ein spezielles Beispiel, bei dem Sie eine kreative Lösung für ein berufliches Problem fanden.«*
2. Finden Sie heraus, was **ÄHNLICH** am Denkprozeß und an der Physiologie ist, die in diesen unterschiedlichen Situationen zum Ausdruck kommen.

D. Sequentielle Elizitationsmethode

1. Suchen Sie den Anfang der Strategie, und fragen Sie: *»Was ist als nächstes geschehen?«* Fahren Sie damit so lange fort, bis Sie den Endpunkt der Strategie erreicht haben.
2. Identifizieren Sie das Ende der Strategie, indem Sie fragen: *»Woran haben Sie gemerkt, daß Sie damit fertig waren?«* Und fahren Sie dann mit der Frage fort: *»Und was ist unmittelbar davor geschehen?«* Wiederholen Sie dies so lange, bis Sie den Anfang erreicht haben.

E. Elizitation von T.O.T.E.-Funktionen

Elizitationsfragen für Verhalten »X« (d.h., *kreativ sein, sich an etwas erinnern, eine Entscheidung treffen, sich motivieren, etwas lernen, sich überzeugen*).

1. Elizitation des **Entscheidungspunktes**.

   Reaktion auf einen befriedigend verlaufenen Test.
   a. Woran erkennen Sie, wenn Sie in der Lage waren, auf befriedigende Weise **X** zu tun?
   b. Wenn Sie in der Lage sind, **X** zu tun, woran erkennen Sie dann, daß Sie fertig sind.
   c. Denken Sie daran, wie es ist, wenn Sie sich absolut sicher sind, in der Lage gewesen zu sein, **X** tun zu können.

   Reaktion auf einen ergebnislos verlaufenen Test
   a. Woran erkennen Sie, daß Sie mit Ihrer Strategie für **X** noch nicht am Ende angekommen sind?
   b. Woran erkennen Sie, daß Sie nicht bereit sind, jetzt schon zu etwas anderem überzugehen?
   c. Wenn Sie sich nicht sicher sind, daß Sie in **X** erfolgreich waren, woran erkennen Sie das dann?

2. Elizitation des **Tests**
   a. Was ist eine Demonstration dafür, daß es Ihnen erfolgreich gelungen ist, zu **X**-en?
   b. Welche Art von Vergleich benutzen Sie, um zu erkennen, daß Sie in **X** erfolgreich gewesen sind?
   c. Woran erkennen Sie, ob es Ihnen gelungen ist, **X** zu tun, oder nicht?
   d. Woran erkennen Sie, ob Sie gut oder schlecht waren, wenn Sie **X**-en?

3. Elizitation der **Operation**
   a. Was speziell tun Sie, wenn Sie sich darauf vorbereiten, zu **X**-en?
   b. Was tun Sie, wenn Sie sich nicht sicher sind, ob Sie erfolgreich **X**-en?
   c. Welche spezifischen Schritte haben Sie unternommen / unternehmen Sie, um **X** tun zu können?
   d. Welche Prozedur durchlaufen Sie, um sicher zu sein, daß Sie bereit sind, zu **X**-en?

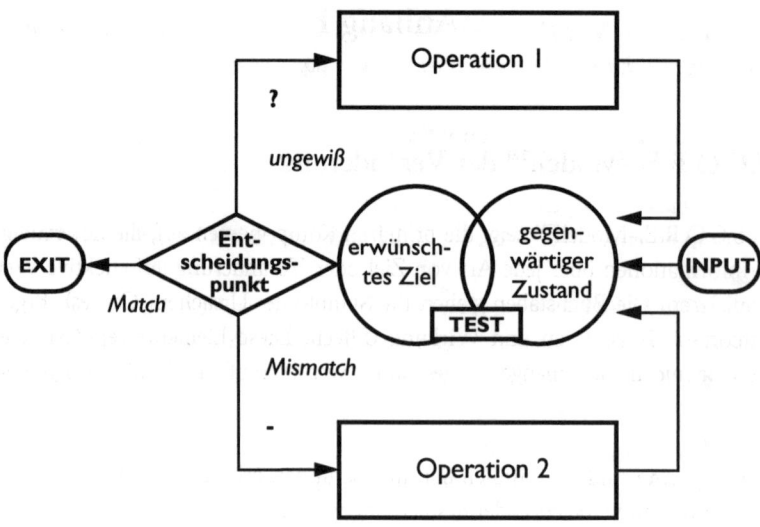

Anhang F

Das S.C.O.R.E.-Modell™ der Veränderung

A. Das S.C.O.R.E.-Modell™ zeigt die primären Komponenten auf, die notwendig sind, um Informationen über jede Art von Ziel oder Veränderung auf effektive Weise zu organisieren. Die Buchstaben stehen für **S**ymptome, Ursachen (**C**auses), Ergebnisse (**O**utcomes), **R**essourcen und Wirkung (**E**ffect). Diese Elemente repräsentieren die minimale Informationsmenge, die gesammelt werden muß, um Veränderungen herbeizuführen.

1. **Symptome** sind gewöhnlich der am leichtesten erkennbare bewußte Aspekt des *vorgetragenen Problems* oder des *derzeitigen Zustandes*.
2. **Ursachen** (**C**auses) sind die zugrundeliegenden Elemente, die zur *Entstehung* und *Aufrechterhaltung* der Symptome führen. Sie sind gewöhnlich weniger offensichtlich als die Symptome selbst.
3. Das **Ergebnis** (**O**utcome) ist das eigentliche *Ziel* oder der *erwünschte Zustand*, der an die Stelle der Symptome treten würde.
4. **Ressourcen** sind die zugrundeliegenden Elemente, die für Schaffung und Aufrechterhaltung des Zieles verantwortlich sind.
   a. Techniken wie *Reframing, Change History* (Verändern der persönlichen Geschichte), *Ankern* usw. sind Strukturen, in denen bestimmte Ressourcen zur Anwendung kommen.
5. **Wirkungen** (**E**ffects) sind die Resultate des Erreichens – oder die Reaktionen auf das Erreichen – eines bestimmten Ergebnisses (Zieles). Oft wird die erwünschte Wirkung des Erreichens eines Ergebnisses (Zieles) irrtümlich für das Ergebnis selbst gehalten.
   a. Positive Wirkungen sind oft der Grund oder die Motivation dafür, daß jemand überhaupt ein Ergebnis anstrebt.
   b. Negative Wirkungen können Widerstand oder ökologische Probleme hervorrufen.

B. Wichtige Hinweise sind die spezifischen Charakteristika oder Merkmale, die mit jedem der oben beschriebenen Elemente verbunden sind. Im NLP sind diese wichtigen Hinweise:

Zugangshinweise
Prädikate
Meta-Modell-Muster
Körperhaltung und Gestik
kritische Submodalitäten
Meta-Programm-Muster
Kriterien
Überzeugungen (Glaubenssätze)

C. Verhaltensmäßige Demonstrationen sind spezifische, beobachtbare, aktuelle Beispiele für diese wichtigen Hinweise. Eine Verhaltensdemonstration sollte für jedes der S.C.O.R.E.-Elemente elizitiert werden.

D. Ebenen der Veränderung stehen in folgender hierarchischer Beziehung zueinander:

spezifische Verhaltensweisen
Fähigkeiten
Überzeugungen (Glaubenssätze)
Identität

Jede dieser Ebenen ist umfassender und einflußreicher als die ihr vorangehende. Deshalb ist es wichtig zu wissen, auf welcher Ebene die S.C.O.R.E.-Elemente auftreten.

Ursachen *Problemzustand*	**Symptome** *gegenw. Zustand*	Techniken	**Ergebnis** *erwünschter Zustand*	**Wirkung** *Ökologie/ Resultat*
		Ressourcen		
wichtige Hinweise	wichtige Hinweise	wichtige Hinweise	wichtige Hinweise	wichtige Hinweise
verhaltensmäßige Demonstration	verhaltensmäßige Demonstration	verhaltensmäßige Demonstration	verhaltensmäßige Demonstration	verhaltensmäßige Demonstration
Ebene der Veränderung	Ebene der Veränderung	Ebene der Veränderung	Ebene der Veränderung	Ebene der Veränderung

Anhang G

Anregungen zum Führen eines Arbeitstagebuchs

Ganz gleich, ob Sie ein materielles Produkt entwickeln oder ob Sie an einem weniger greifbaren Ausdruck der Kreativität arbeiten, in jedem Fall ist es empfehlenswert, sich in Form eines Arbeitstagebuchs Aufzeichnungen über den Fortschritt der eigenen Arbeit zu machen. Ein sorgfältig geführtes Arbeitstagebuch kann eine wichtige Rolle spielen, denn man kann es später als Beleg dafür verwenden, was im Laufe der Entwicklungsarbeit geschehen ist, und insbesondere kann es als Nachweis dafür dienen, welche Erfindungen im Verlauf der Arbeit entstanden sind. Es folgen einige Detailvorschläge, die Ihnen helfen könnten, Ihre Erfindungen auf die bestmögliche Weise zu schützen.

1. **TINTE.** Obgleich Aufzeichnungen, die mit Bleistift geschrieben sind, besser sind als gar keine Aufzeichnungen, sollte man darauf achten, möglichst mit Tinte zu schreiben. (Radieren Sie niemals etwas aus; falls nötig, können Sie durchstreichen.)
2. **FREIRAUM.** Lassen Sie keinen Freiraum über, unter und zwischen den einzelnen Eintragungen. Schließen Sie jeden Eintrag mit einer horizontalen Linie ab, die unmittelbar der letzten geschriebenen Zeile folgt, und lassen Sie den nächsten Eintrag unmittelbar unterhalb dieser Abschlußlinie beginnen.
3. **SKIZZEN.** Fügen Sie wo immer möglich Skizzen und Diagramme in den Text ein. Generell sollte man fragmentarische Skizzen oder Diagramme sowie Skizzen und Diagramme ohne Erklärungen möglichst vermeiden.
4. **EINGEFÜGTE UNTERLAGEN.** Skizzen, Fotos, Blaupausen und andere Materialien auf separatem Papier sollten unablösbar auf eine Seite des Notizbuches geklebt werden (nicht mit Fotokleber oder Tesafilm). Jede Einfügung sollte mit einer Überschrift oder Zahl versehen werden, und auf diese Kennzeichnung sollte im entsprechenden Zusammenhang im Notizbuch Bezug genommen werden.
5. **THEMA.** Wann immer möglich sollte das Thema jeder Eintragung links auf die Seite am Anfang der betreffenden Eintragung geschrieben werden.
6. **DATUM.** Jede Eintragung sollte rechts auf der Seite, unmittelbar nach der letzten Zeile des Eintrags oder der Unterschrift (falls der Eintrag signiert ist) datiert werden.
7. **UNTERSCHRIFT.** Jede Eintragung, von der Sie der Meinung sind, daß Sie möglicherweise von Bedeutung sein könnte, sollte von Ihnen mit Unterschrift und Datum versehen werden.

8. ZEUGE. Jede wichtige Eintragung sollte außerdem von zwei anderen kompetenten Fachleuten gelesen und verstanden werden, die das Geschriebene anschließend mit ihrer Unterschrift versehen und datieren. Beide sollten außerdem dazuschreiben: »bezeugt und verstanden von« und dann ihre Unterschrift und das Datum dazuschreiben. Wenn ein Modell gebaut und getestet worden ist, sollte auch dieses auf ähnliche Weise bezeugt werden.

Anhang H

Wohlgeformtheitsbedingungen zur Evaluierung neuer Ideen

»Möchte-gern«-Phase *(want to)* – Träumer

Etablieren des Gewinns der Idee

> **Warum** tun Sie dies?
> **Was** ist der Zweck?
> **Was** ist der Gewinn?
> **Wie** werden Sie wissen, wenn Sie ihn haben?
> **Wann** können Sie damit rechnen, in den Genuß des Gewinns zu kommen?
> **Wo** wollen Sie in der Zukunft sein?
> **Wer** wollen Sie sein, oder **wem** wollen Sie gleichen?

»WIE«-Phase *(how to)* – der Realist

Formulieren Sie das spezifische Ziel in positiver Form.
Legen Sie Zeitrahmen und die Wahrnehmungen zur Beurteilung des Fortschritts fest.
Stellen Sie sicher, daß das Ziel durch die richtige Person oder die richtige Gruppe initiiert und aufrecht erhalten werden kann und daß der Fortschritt sich mit Hilfe sensorischer Erfahrungen feststellen läßt.

> **Was** werden *wir tun?*
> (Im Gegensatz zu dem, womit wir *aufhören* oder was wir *vermeiden* werden.)
> **Wie** genau wird die Idee in die Tat umgesetzt werden?
> **Woran** werden Sie erkennen, ob das Ziel erreicht ist?
> **Wie** werden die Kriterien für die Durchführung getestet werden?
> **Wer** *wird es tun?*
> (Übertragen Sie denjenigen, die mit der Ausführung betraut werden, Verantwortung, und sichern Sie sich deren verantwortungsvolle Mitarbeit.)
> **Wann** werden die einzelnen Phasen ausgeführt werden?

Wann wird das Gesamtziel erreicht werden?
Wo wird jede der Phasen ausgeführt werden?
Warum sind die einzelnen Schritte notwendig?

»ABÄNDERUNGS«-Phase *(change to)* – **der Kritiker**

Stellen Sie sicher, daß das Vorhaben ökologisch akzeptabel ist und daß alle positiven Nebenprodukte der jeweiligen Arbeitsweise(n), die zum Ziel führen soll(en), erhalten bleiben.

Warum könnte jemand etwas gegen diese neue Idee einwenden?
Wer wird diese neue Idee beeinflussen, und wer wird die Effektivität der Idee erhöhen, wer sie vermindern, und was sind die Bedürfnisse dieser Leute sowie ihr Gewinn?
Welche positiven Dinge beziehen Sie aus der derzeitigen Art, Dinge zu tun?
Wie können Sie diese Dinge erhalten, wenn Sie die neue Idee in die Tat umsetzen?
Wann *und* **wo** *würden Sie diese neue Idee nicht umsetzen wollen?*

Informationen zur Aus- und Fortbildung in NLP

NLP in Winzenburg !

Bildungsstätte Hoedekenhus e. V.

Lamspringer Str. 24 • D-31088 Winzenburg
Tel.: 0 51 84 / 82 32; Fax: 16 88
eMail: hoedekenhus@t-online.de
Internet: www.hoedekenhus.de

Practitioner-, Master- und Trainer-Ausbildungen
NLP und Business • NLP und Pädagogik • Coaching

Österreichisches Trainingszentrum für NLP

2 Tage Einführungs-, 5 Tage Intensivseminare
30 Tage Practitioner-, 27 Tage Master Practitioner-Kurs
Advanced Master-Practitioner für Coaching und Supervision
Staatlich anerkannte Ausbildung zum Lebens- und Sozialberater

Forschungs- und Entwicklungszentrum
für Neuro-Linguistische Psychotherapie (NLPt)

Anerkannt vom
Neuro-Linguistischen Dachverband Österreich (NLDÖ)

Dr. Brigitte Gross, Dr. Siegrid Schneider-Sommer,
Dr. Helmut Jelem, Mag. Peter Schütz

A-1094 Wien, Widerhofergasse 4
Tel: +43-1-317 67 80, Fax: +43-1-317 67 81 22
eMail: info@nlpzentrum.at, Internet: http://www.nlpzentrum.at

NLP INSTITUT BERLIN

Dipl.-Psych. Johann W. Kluczny

Althoffstr. 20 • D-12169 Berlin
Tel.: 0 30 / 7 92 08 05 • Fax: 0 30 / 93 11 33
www: Berlin@nlp-in.de • email: BerliNLP@aol.com

Ausbildungen zum NLP-Practitioner •
NLP Master Practitioner • NLP Trainer • Lehren und Lernen
Psychotherapie • Beratung • Coaching

NLP-Akademie Schweiz

Buckstrasse 13, CH-8422 Pfungen-Winterthur
Tel. +41-52-315 52 52, Fax +41-52-315 52 53
email: nlp@octave2.ch; http://www.nlp.ch

Ausbildungen: NLP Practitioner, -Master, -Trainer und zert.ErwachsenenbildnerIn NLP SVEB. Ausbildungsträger von International NLP, USA; IANLP, USA und DVNLP.

| Schulabschlüsse* | Studium* | NLP-Coaching* |

- ▶ NLP für Kinder: Unterricht, schulbegleitende Nachhilfe und Ferienkurse auf der Basis von NLP; LernFux-Seminare zur Schulung der Wissensaufnahme, Lernabenteuer im Club Aldiana
- ▶ NLP im Studium: Abschluss zum/zur Dipl.-Betriebswirt/in mit integriertem Praktikum, Cambridge-Sprachzertifikat und NLP-Master-Schulung
- ▶ NLP im Beruf: Vermittlung von individuellen Lern- und Kommunikationsstrategien, Verhaltenstraining gegen Mobbing am Arbeitsplatz, Bewerbertraining

Calwer Straße 31 · 70173 Stuttgart · Tel. (0711) 23977-89
http://www.privat-college.de · e-mail: privat-college@t-online.de

NLP-Resonanz-Training

Dr. Gundl Kutschera

Buchenweg 38 • D-69221 Dossenheim
Tel. 0 62 21 / 86 21 07 • Fax 0 62 21 / 86 92 94
Gumpendorfer Str. 81/3/37 • A-1060 Wien
Tel. +43-1 / 596 42 40 • Fax 596 42 40 12

Seminare: Lebensqualität • Eigenverantwortung • Neue Rollenbilder

---

INTERNATIONAL – NLP
Th INK Institut für Neue Kommunikationsstrategien

Gresgen 40 • D-79669 Zell
Tel.: 0 76 25 / 76 36
Fax: 0 76 25 / 2 17

MIND SYSTEMS

Trainingsinstitut für Strategische Kommunikation
Bert Feustel

Herzogstraße 83 • D-80796 München
Tel./Fax 0 89 / 3 08 13 66

Management-Kommunikations-Training • Coaching •
Change-Management • Culture-Values Change •
Teamentwicklung • NLP-Ausbildungen

Thomas Kirschner Seminare

NLP & Feldenkrais

Afragäßchen 5
D-86150 Augsburg
Tel.: 08 21 / 349 20 91
Fax: 08 21 / 349 20 92

Wir bieten Ausbildungen nach GANLP-Standard.

Stöger & Partner

Business®-NLP – München

Poinger Straße 37
D-85570 Markt Schwaben
Tel.: 0 81 21 / 4 14 20 • Fax: 0 81 21 / 38 15

Erlernen und erleben Sie angewandtes NLP-Know-How
im Business-Bereich.
NLP-Strategien für exzellente Kommunikation,
Coaching und Selbstmanagement.
Business®-NLP -Practitioner und
Masterpractitioner-Ausbildungen.

Milton H. Erickson Institut Berlin

Dr. Wolfgang Lenk, Dipl.-Psych.
Wartburgstr. 17 • D-10825 Berlin
Tel. & Fax: 0 30 / 781 77 95
homepage: www.erickson-institut-berlin.de

Ausbildungen in NLP (Practitioner, Master Practitioner,
Health Certification Training, Trainer Training),
in Systembezogener Therapie und in
Klinischer Hypnose nach M.H. Erickson • Beratung •
Supervision • Coaching

Forum für Meta-Kommunikation

Zertifizierte NLP-Ausbildungen (DVNLP)
im gesamten deutschsprachigen Raum
und in NLP-Ferienakademien

Thrasoltstr. 21 • D-10585 Berlin
Tel.: 030-94 41 49-00 • Fax: -01 • metaforum@aol.com

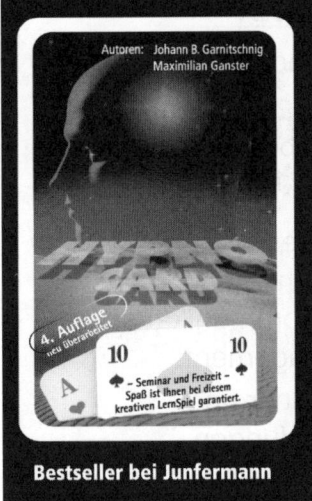

Bestseller bei Junfermann

GARNI
LifeManagement

Ittelshofen 6
91238 Offenhausen/Nürnberg
Tel. 0 9158-99 89 00
Fax 0 9158-99 89 01
www.lifemanagement.de

Kompetenter BildungsPartner in:
• Personal - & Organisationsentwicklung
• LifeTimeManagement
• NLP- und Suggestopädie-Ausbildung

Erfolgreiche Lernprodukte
• **SalesCard** - hypnotischer Sprachgebrauch in Management und Vertrieb
• **NLP-Raumanker** - Psychogeographie kreativ gestalten
• **Die Lesespinne** - ein Buchwerkzeug
• **Wood'n Book-Box** - für Bücher und Wertvolles

Private Management Consulting

Dr. Anders B. Seim / DGNLP-Trainer

Großherzog Friedrich-Str. 72
D-66121 Saarbrücken
Fon: 06 81 / 63 51 66 • Fax: 06 81 / 6 55 22

NLP-Ausbildungen, Gesundheitsförderung /
Sucht und Coaching

Kreativ und innovativ?

Hans-Peter Luz & Partner

Jahnstraße 40 • D-82110 Germering
Tel.: 089 / 84 80 37 • Fax: 089 / 84 80 38

Trainings zu: „Kreativitität & Innovation"
incl. Disney-Strategie (Autorisierung von R. Dilts);
„Überzeugend präsentieren"; „Teams gekonnt moderieren";
„Kurse & Trainings aktivierend gestalten"

Deutsche Akademie für Angewandtes NLP

Geschäftsstelle Berlin 1

Fasanenstraße 61 • D-10719 Berlin
Tel.: 030 / 881 57 12 • Fax: 030 / 883 84 65

Ausbildung zum NLP-Practitioner und NLP-Master-Practitioner;
NLP-Sonderseminare zu speziellen Themen

 JUNFERMANN

Die Vision allein genügt nicht

256 Seiten, kart.
DM 44,–
ISBN 3-87387-368-9

Was ist allen Managementsystemen gemeinsam? Die Menschen. 70 Prozent aller Managementaufgaben haben mit Menschen zu tun. Ein Managementsystem, das die Gefühle und Hoffnungen der Menschen nicht berücksichtigt, wird nicht funktionieren. Diese These findet weithin Zustimmung, doch nur selten wird sie verwirklicht. Es fehlt eine Methode, um Ziele und Strukturen des Unternehmensmanagements mit den Human Skills zu vereinbaren. Dieses Buch möchte eine solche Methode liefern.

Was hat nun NLP mit Management zu tun?

NLP untersucht die Strukturen unseres subjektiven Erlebens. Mit diesem Buch verfeinern Sie Ihre kommunikativen Fähigkeiten und Kompetenzen enorm. Zielbild ist der Manager als professioneller Kommunikator. Mit diesem durch und durch praktischen NLP-Buch besitzen Sie das dafür benötigte Handwerkszeug.

Als Trainer und Berater hat **Ian McDermott** Manager und Führungskräfte unterschiedlichster Wirtschaftszweige von den Vorteilen des NLP überzeugt.

Joseph O'Connor ist einer der bekanntesten NLP-Trainer Großbritanniens. Er ist Autor bzw. Mitautor zahlreicher Bücher.

**JUNFERMANN VERLAG • Postfach 1840
33048 Paderborn • Telefon 0 52 51/13 44 0**

Spielmaterial für das Unbewußte

200 Seiten, kart.
DM 34,80
ISBN 3-87387-378-8

Der Erfolg des Neurolinguistischen Programmierens steht und fällt mit seiner metaphorischen Fähigkeit – mit der Fähigkeit, Metaphern zu entwickeln, verfügbar zu machen und zu nutzen. Dies stellt das Wesen erfolgreicher Kommunikation dar. Das explizite Anliegen dieses Buches ist es, diese Fähigkeit transparent und für jedermann zugänglich zu machen.

Da die Kunst der metaphorischen Kommunikation nicht an das NLP gebunden und damit auch eigenständig nutzbar ist, wendet sich dieses Buch an alle Menschen, für die die Fähigkeit zur effektiven Kommunikation wichtiger Teil ihrer beruflichen Qualifikation ist. Darüber hinaus zählen zu seinen Adressaten alle NLP-Anwender und Trainer, weil die Metapher zwar zu den wichtigsten Sprachmitteln des NLP gehört und die Kunst der metaphorischen Kommunikation zu den Basisfähigkeiten jedes Neurolinguistischen Programmierers, aber sowohl die Metapher als auch die Kunst der metaphorischen Kommunikation sind auch unstrittig nachlässig dokumentiert. Diese ganz offensichtliche Lücke zu schließen, ist ein weiteres Anliegen dieses Buches.

Franz-Josef Hücker

Metaphern
Die Zauberkraft des NLP

Ein Leitfaden für Berufspraxis und Training

Dr. Franz-Josef Hücker lebt und arbeitet als Berufspädagoge, Coach und Psychotherapeut in Berlin. Er ist certified NLP-Lehrtrainer und Autor zahlreicher NLP-Fachbeiträge und anderer fachwissenschaftlicher Publikationen.

JUNFERMANN VERLAG • Postfach 1840
33048 Paderborn • Telefon 0 52 51/13 44 0

Finden Sie die Ideen, die Sie schon haben!

160 Seiten, zahlr.
Cartoons, geb.
DM 38,-
ISBN 3-87387-098-3

Wann hatten Sie zuletzt eine kreative Idee? Heute? Gestern? Letzten Monat? Letztes Jahr? Von Zeit zu Zeit brauchen wir Menschen einen *kreativen Kick*, um unser Denken und unsere Flexibilität wieder auf Vordermann zu bringen. Roger von Oechs Anliegen ist es, Kreativität und Innovation ins Wirtschaftsleben zu tragen. Da gemeinhin Eulen nicht nach Athen getragen werden, drückt er bereits mit seiner Zielsetzung aus, daß also dort in der Wirtschaft ein Mangel an diesem wertvollen Gut herrschen müsse. Konsequenterweise wendet sich von Oech an eben diese Menschen, und zwar an jeden einzeln.

Auch an Sie. Er macht Sie sozusagen kreafit. Und er weiß auch, wo anzupacken ist. Nicht an der eng-tiefsinnigen, sondern an der weit humorvolleren Seite der Seele.

Das MULTIMIND-Prinzip der unterschiedlichen Instanzen wird in diesem Buch spielerisch umgesetzt: Sie sind „rollierend": 1. Forscher, der Details sucht, 2. Künstler, der Zusammenhänge dort sieht, wo andere im Nebel stehen, 3. Richter, der verwirft, wiegt und entscheidet, und 4. Krieger, der „beherzt wie ein Löwe" loslegt und hartnäckig Feuer und Flamme ist.

Roger von Oech ist Gründer von *Creative Think*, einer Gesellschaft, die darauf spezialisiert ist, Innovationen und Kreativität im Wirtschaftsleben zu stimulieren.

**JUNFERMANN VERLAG • Postfach 1840
33048 Paderborn • Telefon 0 52 51/3 40 34**

Jede Medaille hat drei Seiten

312 Seiten, kart.
DM 39,80
ISBN 3-87387-379-6

„Ich bin nicht kreativ" ist eine oft geäußerte Behauptung. Dabei ist Kreativität eine Fähigkeit, über die jeder Mensch bereits von Geburt an verfügt und: die heutige und zukünftige Kernkompetenz in vielen Lebensbereichen. Sie ist eine neugierig forschende Geisteshaltung, die alltägliche Denkblockaden erfolgreich auflösen kann.

Wie läßt sich dieses Potential entwickeln? Die entscheidenden Fragen, um vorhandene Ressourcen zu aktivieren, lauten: „Wo bin ich bereits kreativ?" und: „Wo wäre ich es gerne?" Kreatives Denken und Eigenmotivation – die Lust, neue Wege als Chance zu begreifen – sind das Erfolgsgeheimnis innovativer Persönlichkeiten.

In drei Schritten bietet das Buch einen roten Faden, um die eigene Kreativität zu entdecken und die persönliche Flexibilität in Berufsalltag und Privatleben zu erhöhen.

Eine einzigartige Mischung aus Kreativitätstechniken, Spielen und Denksportaufgaben lädt dazu ein, das persönliche Repertoire an professionellem Handwerkszeug zu bereichern.

Michael Luther, Kommunikationstrainer, NLP-Lehrtrainer, ist als Trainer und Coach in den Bereichen Kreativität, Werbung, Teamentwicklung, NLP, Gesundheitsmanagement tätig.

Jutta Gründonner, Diplom-Sozialpädagogin, NLP-Lehrtrainerin. Sie arbeitet in den Bereichen Coaching, NLP-Trainings und -Ausbildungen und leitet Selbsterfahrungsseminare.

**JUNFERMANN VERLAG • Postfach 1840
33048 Paderborn • Telefon 0 52 51/13 44 0**